WILLIAM SHAKESPEARE
in seiner Zeit

Hans-Dieter Gelfert

WILLIAM SHAKESPEARE

in seiner Zeit

Hans-Dieter Gelfert

C.H.Beck

Satz: Fotsatz Amann, Memmingen
Druck und Bindung: Druckerei C.H.Beck, Nördlingen
Umschlaggestaltung: Anzinger | Wüschner | Rasp, München
Umschlagabbildung: Nachträglich kolorierter Stich, nach einem Portrait von Martin Droeshout © ullstein bild, – The Granger Collection
Gedruckt auf säurefreiem, altersbeständigem Papier (hergestellt aus chlorfrei gebleichtem Zellstoff)
Printed in Germany
978 3 406 65919 5

www.beck.de

Inhalt

III DER MANN AUS STRATFORD

IV DIE DRAMEN

V WILLIAM SHAKESPEARE SUPERSTAR

ANHANG

Vorwort

Wozu braucht Shakespeares würdiges Gebein
Ein Denkmal, kunstvoll aufgetürmt aus Stein?
Will man, dass eine Pyramidenspitze
Den großen Namen in den Himmel ritze?
Du teurer Erbe hohen Dichtertums,
Brauchst du so schwaches Zeugnis deines Ruhms?
Im Staunen eines jeden, der dich kennt,
Erschufst du dir dein eignes Monument.
Wenn deiner Verse müheloser Fluss
Gequälten Reim beschämt und der Genuss
Des tiefen Sinns in deinem großen Buch
Den Geist zu Marmor macht wie Delphis Spruch,
Dann liegst du dort in einem Sarg der Ehre,
Für den ein König gern gestorben wäre.

Dies schrieb John Milton, der als der zweitgrößte englische Dichter gilt, über den größten als anonymen Beitrag für die zweite Folio-Ausgabe von dessen Dramen, die 1632 herauskam.

Schon der ersten Ausgabe waren rühmende Verse von Dichterkollegen beigegeben, und die Verehrung nahm danach weiter zu. Im englischen Sprachraum gilt Shakespeare als der Dichter schlechthin, *the bard*, so dass für seine Vergötterung das Wort *bardolatry* geprägt wurde. Seit über zwei Jahrhunderten ist er der meistbeforschte Dichter aller Zeiten; und dennoch weiß man über ihn so wenig, dass selbst seine Autorschaft angezweifelt wird. An biographischen Quellen ist seit dem Erscheinen von E. K. Chambers' zweibändigem Standardwerk *William Shakespeare. A Study of Facts and Problems* (1930) wenig Relevantes hinzugekommen, und für das Wenige musste die Forschung immer größere Abraumhalden anhäufen. Wer nur nach gesicherten Fakten sucht, findet fast alles schon in F. E. Hallidays *Shakespeare Companion 1564–1964* (1964) und auf neuestem Stand im *Oxford Companion to Shakespeare,* den Michael Dobson und Stanley Wells 2005 herausbrachten. Was die beiden Lexika alphabetisch auflisten, bietet auf Deutsch in ausführlicher Sachbuchform das von Ina Schabert herausgegebene *Shakespeare-Handbuch. Die Zeit – Der Mensch – Das Werk – Die Nachwelt,* von dem 2009 die fünfte Auflage erschien.

Das vorliegende Buch liefert weder neue biographische Erkenntnisse noch stürzt es sich ins Getümmel der mit Theorie überfrachteten kritischen Auseinandersetzung mit Shakespeares Werken. Sein Ziel ist vielmehr, literarisch interessierte Leser, die sich durch ebendiese Theorieüberfrachtung abgeschreckt fühlen, wieder an den Dichter heranzuführen. Dabei geht es nicht um eine schöngeistige Betrachtung des Allgemeinmenschlichen in Shakespeares Werken, sondern um den Versuch, seine Dichtung formal und inhaltlich aus seiner Zeit heraus verständlich zu machen und zu zeigen, wie dieser große Dichter als Seismograph die bewusstseinsgeschichtlichen Erschütterungen der frühen Neuzeit anzeigt. Anders als Miltons Sonett nahelegt, ruht Shakespeare nicht in «einem Sarg der Ehre» bei den Goldschnittklassikern, vielmehr ist er noch immer der meistgespielte Dramatiker. Nur werden seine Stücke meist so gewaltsam modernisiert, dass vom Original wenig übrigbleibt. Während bei klassischer Musik das Credo der Werktreue gilt, werden klassische Theaterstücke oft bis zur Unkenntlichkeit entstellt unter dem Vorwand, ihre Aktualität freizulegen. Doch die zeigt sich viel deutlicher, wenn man die Werke an ihrem Ursprung aufsucht.

Ein Buch über Shakespeare schrieb der Verfasser bereits im Jahr 2000 für die Beck'sche Reihe «Wissen». Dort ging es vor allem um sachliche Information. Jetzt steht der Blick ins Innere des Dichters im Mittelpunkt, eingebettet in die Kultur seiner Zeit. Zu diesem Zweck kommt der Dichter in großem Umfang selber zu Wort, wobei der Verfasser, um sich die Qual der Wahl zwischen den vorhandenen Übersetzungen zu ersparen, alle zitierten Texte selber ins Deutsche übertrug. Dass er der im Anhang aufgeführten Sekundärliteratur unzählige Einsichten verdankt, versteht sich von selbst. Ebenso selbstverständlich ist aber auch, dass eine Auseinandersetzung mit ihr den Rahmen dieses Buches gesprengt hätte.

Wer schuf Shakespeares Werke?

Shakespeare (Will), ein englischer Dramaticus, geb. zu Stratford 1564, ward schlecht auferzogen und verstand kein Latein, jedoch brachte er es in der Poesie sehr hoch. Er hatte ein scherzhaftes Gemüthe, kunte aber auch sehr ernsthaft sein und excellierte in Tragödien.

Dieser Eintrag in Menckens *Gelehrten-Lexikon* von 1715 hatte nicht erwarten lassen, dass 44 Jahre später der kluge Lessing den Dramaticus mit dem scherzhaften Gemüte zum Vorbild für die dramenschreibenden Zeitgenossen erklären und die deutschen Klassiker und Romantiker ihn bald darauf wie einen Gott verehren würden. Seitdem strahlt sein Stern mit unverminderter Helligkeit am literarischen Himmel der Deutschen, und er ist noch immer der meistgespielte Autor auf unseren Bühnen. In England war und ist es nicht anders, nur dass dort die Verehrung gleich nach dem Tod des Dichters eingesetzt hatte, wie das Sonett John Miltons beweist. Seitdem hat sich die kritische Beschäftigung mit ihm zu einer wahren Industrie entwickelt, an der die Deutschen beträchtlichen Anteil hatten.

Hierzulande widmet die 1865 gegründete mitgliederstarke Shakespeare-Gesellschaft dem Dichter noch heute alljährliche Tagungen mit Abhandlungen, die in einem Jahrbuch gesammelt herauskommen. Das alles machte den Elisabethaner schon im 19. Jahrhundert zum besterforschten unter den älteren Dichtern der Weltliteratur. Da ist schwer zu begreifen, dass 1857 die Amerikanerin Delia Bacon glaubte beweisen zu können, dass die Werke Shakespeares nicht von dem in Stratford geborenen Schauspieler dieses Namens stammen, sondern von einem zu seiner Zeit berühmteren Zeitgenossen, dem Philosophen und Lordkanzler Francis

Bacon, was vor ihr, nach einer mündlichen Überlieferung, bereits 1785 der Pfarrer James Wilmot vermutet haben soll. Ihre verworrene Beweisführung wurde ein Jahr später von William Henry Smith sehr viel schlüssiger fortgeführt. Bei Delia Bacon, die später im Irrenhaus endete, konnte man noch annehmen, dass ihr eigener Name sie zu der Theorie verführte. Doch danach wurden immer neue Kandidaten als Autoren vorgeschlagen, und berühmte Geister reihten sich unter die Zweifler ein, die nicht glauben wollten, dass die gedankenreichsten Dramen der Weltliteratur von einem Schauspieler aus der Provinzstadt Stratford stammen sollten. Inzwischen ist die Liste der vermeintlich «wahren» Verfasser von Shakespeares Werken auf über sechzig angewachsen, und es kommen weiter neue Kandidaten hinzu. So hob die Literaturwissenschaftlerin Brenda James zusammen mit dem Historiker William D. Rubinstein in ihrem Buch *The Truth Will Out. Unmasking the Real Shakespeare* (2005) den bis dahin nahezu unbekannten Henry Neville auf den Schild. Drei Jahre später glaubte Brenda James, ihre Theorie im Alleingang durch die Aufdeckung eines vermeintlichen Geheimcodes in der Widmung zur Erstausgabe von Shakespeares Sonetten untermauern zu können. Noch jüngeren Datums ist Dennis MacCarthys 2011 publizierte Theorie, wonach Sir Thomas North, den man bis dahin nur als den Übersetzer Plutarchs kannte, der wahre Shakespeare sei.

Bereits 1922 hatte sich ein *Shakespeare Authorship Trust* gegründet, der dieser Debatte bis heute ein Forum bietet. Bisher haben nur zwei Kandidaten breitere Fürsprache gefunden: Christopher Marlowe und Edward de Vere, der 17. Graf Oxford. Für Marlowe plädierte erst kürzlich der deutsche Medizinprofessor Bastian Conrad in seinem 704 Seiten starken Buch *Christopher Marlowe: Der wahre Shakespeare* (2011). Da dieser Dichter nach damaliger Aktenlage am 30. Mai 1593 bei einem Streit um eine Wirtshausrechnung erstochen wurde, musste erst einmal erklärt werden, weshalb er danach unter einem Pseudonym weiterlebte. Angesichts lückenhafter Daten gibt es für Spekulationen natürlich immer Anhaltspunkte; und Conrad ist nicht der Erste, der eine Lanze für Marlowe bricht, er tut es nur mit mehr Aufwand als seine Vorgänger. Soweit sich seine Detektivarbeit auf Zeitgeschichtliches bezieht, klingt manches plausibel, doch sobald man die unter Shakespeares Namen kursierenden Werke mit denen vergleicht, die zu Marlowes Lebzeiten unter dessen

Namen erschienen waren, bricht die Verschwörungstheorie wie ein Kartenhaus zusammen. Stilistisch liegen die beiden so weit auseinander wie Michelangelo und Leonardo in der Malerei, wie Beethoven und Mozart in der Musik und wie Schiller und Goethe in der deutschen Dichtung. An Sprachkraft stand Marlowe Shakespeare nicht nach, doch ihm fehlte alles, was diesen darüber hinaus auszeichnet. Nirgendwo in Marlowes Werk gibt es einen Anflug von Humor, während Shakespeare mit Falstaff und seinen Komödien zu den Großen auf diesem Felde zählt. Auch bei den Frauengestalten findet man bei Marlowe nichts, was den Vergleich mit Shakespeare aushält. Marlowe mag als Absolvent der Universität Cambridge gebildeter gewesen sein, und seine an Machiavelli orientierten Bühnenhelden lassen ihn moderner erscheinen, doch das menschliche Spektrum seiner Figuren ist viel begrenzter als das des shakespeareschen Personals. Nur eine kunstblinde Betrachtungsweise kann in Shakespeares Werken die Handschrift Marlowes entdecken.

Die größte Anhängerschaft von allen Shakespeare-Kandidaten hat Edward de Vere, der 17. Graf Oxford. Seine Fürsprecher geben sogar eine eigene Zeitschrift heraus, in der sie ihre «Forschungsergebnisse» austauschen. Auch hierzu hat ein Deutscher, der Germanist Kurt Kreiler, erst kürzlich ein mit großer Gelehrsamkeit recherchiertes Buch mit dem Titel *Der Mann, der Shakespeare erfand: Edward de Vere, Earl of Oxford* (2009) beigesteuert. Den Anfang hatte Thomas J. Looney mit seinem Buch *‹Shakespeare› Identified* (1920) gemacht. Es wäre zu erwarten gewesen, dass schon Looneys Nachname, der ‹Spinner› bedeutet, seine Theorie der Lächerlichkeit preisgeben würde. Doch sie fand danach so zahlreiche Anhänger, dass diese sich zu einer Organisation zusammenschlossen, gefördert vom Grafen Burford aus der Familie de Vere. Zu den Hauptvertretern der Theorie zählen der Amerikaner Joseph Sobran mit seinem Buch *Genannt Shakespeare. Die Lösung des größten literarischen Rätsels* (2002; englische Ausgabe 1997) und der Deutsche Walter Klier mit dem Essay *Das Shakespeare-Komplott* (1994), den er 2004 in erweiterter Form unter dem Titel *Der Fall Shakespeare. Die Autorschaftsdebatte und der 17. Graf von Oxford als der wahre Shakespeare* herausbrachte. Aus der Feder des Grafen Oxford sind unter seinem richtigen Namen nur einige Gedichte erschienen, so dass der stilistische Vergleich schwerer als bei Marlowe zu führen ist. In einer zeitgenössischen Quelle werden ihm auch Komödien zugeschrieben, doch ist von keiner ein Text überliefert. De Vere war ein hochgebildeter Mann, und seine Verse sind von achtbarer Qualität, doch nichts darin verrät auch nur einen Funken von Originalität und Genie. Im Übrigen starb er bereits 1604, bevor nach breitem Konsens der Wissenschaft Shakespeares gewichtigste Tragödien überhaupt geschrieben wurden. Das zwingt die Zweifler dazu, die gesamte, von einer zweihundertjährigen Forschungstätigkeit immer wieder überprüfte Chronologie der Werke über den Haufen zu werfen.

Vom Grafen Oxford ist übrigens eine pikante Anekdote überliefert. Der Büchersammler John Aubrey (1626–97) hatte unter seinen Papieren über 400 auf Hörensagen beruhende biographische Skizzen über Personen des 16. und 17. Jahrhunderts hinterlassen, die 1898 als *Aubrey's Brief Lives* herausgegeben wurden. Dort ist zu lesen, dass dem Grafen Oxford, als er sich vor Königin Elisabeth verbeugte, ein Furz entfahren sei, worauf er sich aus Scham sieben Jahre lang vom Hofe fernhielt. Als er dann wieder erschien, habe die Königin ihn mit dem Satz begrüßt: «Den Furz hatte ich bereits vergessen.» Es ist eine Anekdote, die wie alle Anekdoten auf schwachen Füßen steht. Doch immerhin wurde sie weitererzählt, während es keinerlei Zeugnis über Oxfords Autorschaft der Shakespeareschen Dramen gibt.

Wer einen anderen «wahren» Shakespeare vorstellt, muss erst einmal zwingende Gründe nennen, weshalb der Schauspieler aus Stratford es nicht sein kann. Dessen Lebensstationen sind, mit Ausnahme der sogenannten «verlorenen Jahre» von 1585 bis 1592, Jahr für Jahr zuverlässig belegt. Von seinen Stücken kam zwar nur die Hälfte, zum Teil in nicht autorisierten Raubdrucken, zu seinen Lebzeiten unter seinem Namen auf den Buchmarkt, doch sieben Jahre nach seinem Tod erschien eine einbändige Gesamtausgabe, die von den beiden Schauspielern John Heminges und Henry Condell besorgt wurde und zu der berühmte Zeitgenossen wie Ben Jonson überschwängliche Gedichte zum Lob des Verfassers beisteuerten. In einer dieser Lobeshymnen wird ausdrücklich auf Shakespeares Grabmonument in Stratford verwiesen, woraus hervorgeht, dass die Herausgeber, die ja mit dem Dichter befreundet waren, an dessen Autorschaft keinen Zweifel hegten. Eindeutig von Shakespeare selber in Druck gegeben wurden nur seine beiden Versepen aus den Jahren 1593 und 1594, die er dem Grafen Southampton widmete. Hätte der Graf wohl die Widmung akzeptiert, wenn Shakespeare nur der Strohmann eines anderen Verfassers gewesen wäre? Ob die 1609 erschienene Ausgabe seiner Sonette von ihm selber autorisiert wurde, ist nicht gesichert, aber dass die Gedichte von einem William stammen, beweisen die Sonette, in denen der Dichter mit dem Namen Will absichtsvoll spielt. Alles in allem gibt es für Shakespeares Leben und Werk mehr zuverlässig belegte Daten als für die meisten seiner schreibenden Zeitgenossen. Wer seine Autorschaft bestreitet, muss deshalb erklären können, warum er es nicht sein kann, und weshalb ein anderer sich seines Namens bediente.

Der Ausgangspunkt für den Zweifel an der Autorschaft ist das, was der oben zitierte Eintrag aus dem Gelehrten-Lexikon nahelegt: Wie konnte ein «schlecht auferzogner» Schauspieler aus der Provinz, der kein Latein sprach und nur über ein «scherzhaftes Gemüt» verfügte, so kunstvolle und gedankenreiche Werke schaffen? Abgesehen davon, dass der Zweifel akademische Arroganz ausdrückt, beruht er auf drei großen Irrtümern. Der erste ist die Unterschätzung von Shakespeares Schulbildung. In Stratford gab es eine Lateinschule, die er mit hoher Wahrscheinlichkeit besucht hat, auch wenn es dazu kein Dokument gibt. Dort, wie an allen guten Grammar Schools jener Zeit, erwarb man erheblich bessere Lateinkenntnisse als an heutigen deutschen Gymnasien. Gute Schüler, die mit 15 Jahren die Schule verließen, konnten sich auf Latein unterhalten und hatten nicht selten in lateinischen Komödien von Plautus oder Terenz mitgespielt. Da die Naturwissenschaften wenig entwickelt waren, beschränkte sich der Lehrstoff weitgehend auf das, was man klassische Bildung nennt; und da in den Schulen ganztägig unterrichtet wurde, konnte ein beträchtliches Lernpensum bewältigt werden.

Der zweite Irrtum ist die Annahme, dass nur der Besuch einer Universität Shakespeare das große Bildungswissen vermittelt haben kann, das aus seinen Werken spricht. In seinem Fall gilt eher das Gegenteil. Diejenigen seiner Konkurrenten, die ein Universitätsstudium hinter sich hatten und die schon damals als *university wits* bezeichnet wurden, waren teils durch die klassischen Vorbilder, teils durch tradierte Geschmacksnormen in Stil und Darstellungsweise viel stärker auf Konventionen fixiert als ein Autor, der sich ausschließlich an der Wirkung auf das Publikum orientierte. Im Übrigen brauchte Shakespeare keine Universität, weil er in einer Stadt lebte, die schon von seinen Zeitgenossen als «dritte Universität Englands» bezeichnet wurde. Hier gab es nicht nur die vier bedeutendsten Rechtsschulen des Landes, sondern darüber hinaus Bildungseinrichtungen für fast alle Bereiche. Die Stadt war ein Schmelztiegel der intellektuellen Moderne, bereichert durch Immigranten vom Kontinent, die vor dem Druck der Gegenreformation und der physischen Bedrohung durch die spanische Besatzungsmacht aus den Niederlanden geflohen waren. Hier war ein freierer Austausch von Ideen möglich als an den Universitäten von Oxford und Cambridge, die unter kirchlicher Kontrolle standen. Wer glaubt, dass ein Schauspieler nicht fähig gewesen sein soll, sich selber geistig auszubilden, der sollte sich fragen, wie der schlesische Schuhmacher Jakob Böhme Gedanken niederschreiben konnte, die ihn zu einem Großen der deutschen Philosophie machten, und wie der Amsterdamer Linsenschleifer Benedictus de Spinoza eine rationalistische Philosophie entwickeln konnte, die ihn ebenbürtig neben Descartes und Leibniz stehen lässt. Dabei wäre bei diesen beiden eine akademische Schulung viel eher nötig gewesen als bei einem Dichter, dessen Kreativität auf angeborenem Genie beruht. Ein Autodidakt war auch Thomas Mann, der in seinem «anstößigen Lebenslauf» ironisch zerknirscht bekennt, nicht einmal das Abitur geschafft zu haben. Im Vergleich mit seinen Altersgenossen hatte er wahrscheinlich eine schlechtere Schulbildung als Shakespeare.

Der dritte Irrtum beruht auf der stillschweigenden Annahme, dass ein Schauspieler nur das reproduktive Medium für Texte sei, die von kreativeren Köpfen außerhalb der Bühne produziert wurden. Das entspricht der späteren Praxis, doch für Shakespeare gilt es ebenso wenig wie für die großen Dramatiker des antiken Athen. Man stelle sich einmal vor, Schiller wäre ein begabter Schauspieler gewesen und hätte damit seinen Lebensunterhalt verdient. Spricht nicht alles dafür, dass seine Stücke dann reicher, bunter und psychologisch glaubwürdiger geworden wären? Er hätte seinen Charakteren dann nicht nur die eigenen Ideen in den Mund gelegt, sondern wäre in ihre Rollen geschlüpft und hätte sie das sagen lassen, was ihrem Charakter entsprach. Genau das tat Shakespeare, und eben das zeichnet ihn vor Marlowe und den anderen aus. Als Schauspieler konnte er sich in edelmütige Helden wie in Schurken, in Weise wie in Narren, in von Vernunft geleitete Denker wie in leidenschaftliche Täter hineinversetzen, und er konnte sich sogar wie kein anderer in

Frauen einfühlen, die damals auf der Bühne von Knaben gespielt wurden. An dichterischer Sprachkraft stand ihm Marlowe nicht nach, doch der war kein Schauspieler, dafür aber geistig auf der Höhe der Zeit und kannte seinen Machiavelli. Deshalb spricht aus seinen Hauptheldren nur der Machiavellist. Aus Shakespeares Bühnenpersonal spricht ein vielstimmiger Chor, in dem fast alle menschlichen Regungen und alte wie neue Weltsichten hörbar werden.

Im Fall des Kandidaten Oxford kommt ein vierter Irrtum hinzu, nämlich die Annahme, dass es für einen Aristokraten ehrenrührig gewesen wäre, Dramen zu schreiben, weshalb er es unter einem Pseudonym habe tun müssen. Nun weiß man zwar, dass beim Hochadel Gedichte und Versepen in Buchform höher geschätzt wurden als Dramen, die vor einem buntgemischten Publikum aufgeführt wurden, doch dass es standeswidrig gewesen sein soll, fürs Theater zu schreiben, geht an der elisabethanischen Wirklichkeit vorbei. Die Bühnen der Zeit wurden allesamt von Truppen bespielt, die die Livree eines aristokratischen Patrons trugen, der dafür viel Geld ausgab und stolz auf seine Truppe war. Weshalb sollte sich dann ein Aristokrat geschämt haben, eigene Stücke aufführen zu lassen? Der Graf Oxford hatte es ja mit Komödien versucht. Auch der Aristokrat Fulke Greville, der spätere Lord Brooke, schrieb Stücke. Doch da er keine Bühnenerfahrung hatte, blieben es Lesedramen. Aristokratischer Standesdünkel war in England weniger ausgeprägt als auf dem Kontinent, was vor allem damit zusammenhängt, dass die jüngeren Söhne des Hochadels den Status von Bürgerlichen hatten und den Titel, wenn überhaupt, erst spät und nur durch Zufall erbten. Wenn der Graf Oxford, der sich nicht scheute, unter seinem richtigen Namen Verse von durchschnittlicher Qualität zu publizieren, das Dramenschreiben für nicht standesgemäß hielt, hätte er zumindest die beiden Versepen *Venus und Adonis* und *Die Schändung der Lukrezia*, die 1593 bzw. 1594 unter Shakespeares Namen erschienen, unter seinem eigenen herausgebracht, denn auf diese Art von Dichtung wäre damals jeder Aristokrat stolz gewesen. Stammen die beiden Werke aber von dem Schauspieler William Shakespeare, der just zu der Zeit arbeitslos war, weil die Theater wegen der Pest geschlossen waren, dann gibt es keinen Grund, an seiner geistigen Potenz zu zweifeln, denn in diesen Werken hat er außer seinem sprachlichen Genie auch noch klassische Bildung bewiesen.

Der wahre Grund des Zweifels an Shakespeare ist aber gar nicht seine vermeintlich fehlende Bildung, sondern das weit verbreitete Interesse an Verschwörungstheorien. Es scheint in der Natur des Menschen zu liegen, dass er einem Glauben mehr vertraut als wissenschaftlich gesichertem Wissen, denn das Wesen der Wissenschaft besteht darin, eine Erkenntnis immer nur unter dem Vorbehalt ihrer möglichen Falsifizierung für wahr zu halten, während ein Glaube keinen Zweifel zulässt. Hat man sich erst einmal zu ihm bekehrt, ist er durch nichts zu widerlegen. Das ist der Grund, weshalb alle Glaubenssysteme immun gegen den Zweifel sind. Wird der Glaube nur von einer kleinen Gruppe geteilt, kommt ein weiteres Moment hinzu: dann ist man ein Eingeweihter, was subjektiv als statuserhöhend erlebt wird. Immerhin haben selbst die abwegigsten Verschwörungstheorien oft positive Nebeneffekte. Was beispielsweise Kurt Kreiler und Bastian Conrad zugunsten ihres jeweiligen Favoriten ins Feld führen, mag wenig überzeugend sein, doch Anerkennung gebührt ihnen für das Verdienst, mit großem Forschungsaufwand in Nischen der elisabethanischen Gesellschaft und Kultur geleuchtet zu haben, die sonst wohl im Dunkel geblieben wären.

I

SHAKESPEARES ENGLAND

Eliza Triumphans.
Kupferstich von William Roger
(1589)

Verspätete Renaissance

In Literaturgeschichten wird die Shakespearezeit gewöhnlich als englische Renaissance bezeichnet. Das scheint dem kontinentalen Gebrauch dieser Epochenbezeichnung zu widersprechen, denn in Italien, dem Mutterland des *rinascimento*, war es das 15. Jahrhundert, das als *quattrocento* zum Inbegriff dieser «Wiedergeburt» der antiken Kultur aus dem Geist des neuzeitlichen Humanismus wurde. Als das Ende der italienischen Renaissance gilt allgemein das Jahr 1527, in dem die kaiserlichen Truppen Rom plünderten. Die Stilepoche nach diesem *sacco di Roma* wird in Kunstgeschichten meist als Manierismus bezeichnet. Insofern wäre die Shakespearezeit aus kontinentaleuropäischer Sicht eher dem Manierismus und in den letzten Jahren sogar dem frühen Barock zuzuordnen. Die Bezeichnung Renaissance ist dennoch berechtigt, denn auch England erlebte eine kulturelle Wiedergeburt, allerdings mit Verspätung: Das *quattrocento* hatte es bis zum Jahr 1453 mit der zweiten Hälfte des Hundertjährigen Kriegs gegen Frankreich verbracht. Nach nur zwei Friedensjahren folgten die 30 Jahre währenden Rosenkriege, in denen die beiden Zweige aus dem Königshaus der Plantagenets – das Haus Lancaster mit der roten Rose und das Haus York mit der weißen im Wappen – einen blutigen Kampf um die Thronfolge führten. Anders als beim Hundertjährigen Krieg wurden diese Kämpfe auf englischem Boden ausgetragen, was zum wirtschaftlichen Ausbluten des Landes und zu einer Dezimierung des Hochadels führte. Der letzte Plantagenet, Richard III. aus dem Haus York, der den Thron gewaltsam usurpiert hatte, wurde 1485 in der Schlacht von Bosworth von Henry Richmond aus dem Haus Tudor besiegt, der als Heinrich VII. den englischen Thron bestieg.

Dieser Sieg markiert den Beginn der englischen Renaissance, in deren Verlauf das Land drei Aufgaben zu bewältigen hatte. Politisch musste die neue Dynastie, die ihren Thronanspruch nur über eine weibliche Linie geltend machen konnte, ihre Legitimität sichern. Ökonomisch ging es um die Wiederbelebung der Wirtschaft, und kulturell musste ein Rückstand von fast hundert Jahren aufgeholt werden. Doch politisch und gesellschaftlich war England dem Kontinent weit voraus; denn es befand sich bereits auf dem Weg zu einer horizontaleren Ordnung, in der die Mittelschicht zunehmendes Gewicht erlangte.

Die mittelalterliche Feudalgesellschaft war im Weltlichen wie im Kirchlichen streng hierarchisch geordnet und blieb es auf dem Kontinent, wo der Feudalismus in den Absolutismus überging, noch für lange Zeit. In England aber hatte das vertikale System in der Mitte des 14. Jahrhunderts einen Schlag bekommen, der eine unaufhaltsame Horizontalisierung einleitete. Der Auslöser war die große Pest der Jahre 1348/49. Diese Epidemie hatte über ein Drittel der Bevölkerung hinweggerafft und ganze Teile des Landes entvölkert. Das hatte weitreichende Folgen. Als erstes entspannte sich die bis dahin prekäre Ernährungslage. Die sinkende Nachfrage nach Brotgetreide bewirkte, dass früheres Ackerland in Schafweide umgewandelt und damit die Wollproduktion mit den nachgeordneten Gewerbezweigen angekurbelt wurde. Zugleich entspannte sich auch der Arbeitsmarkt, denn die Fronarbeit der Leibeigenen war nun für die Grundherren nicht mehr so wichtig. Es war ökonomischer, je nach Bedarf Tagelöhner einzustellen. Damit begann sich das alte System der Grundherrschaft aufzulösen. Aus Leibeigenen wurden freie Pächter, Tagelöhner und Arbeiter in kleinen Manufakturen, eine Entwicklung, die auf dem Kontinent erst im 19. Jahrhundert zum Abschluss kam.

Die Auflösung der Feudalordnung, die sich als gesellschaftliches Phänomen in dem von Wat Tyler angeführten Bauernaufstand von 1381 ankündigte, fand ihre ideologische Entsprechung in der um die gleiche Zeit von Wiclif ausgehenden religiösen Reformbewegung. Wiclifs Anhänger, die sogenannten Lollarden, waren eine Hefe, die in England ein Jahrhundert vor Luther den Boden für die Reformation bereitete. Allerdings bewirkten sie zunächst das Gegenteil, denn als Unruhestifter wurden sie lange Zeit verfolgt und dienten der Legitimation von harten Repressionsmaßnahmen. Auch wenn sie wegen dieser Unterdrückung so gut wie nichts zur späteren Reformation beitrugen, sind sie ein Symptom für den beschriebenen Horizontalisierungsschub. Einer von Wiclifs Anhängern wurde unter anderem Namen durch Shakespeare unsterblich. Es ist Sir John Oldcastle, das historische Vorbild für Falstaff, der bis zur Reformation als Staatsfeind galt und dann als erster Märtyrer der Reformation angesehen wurde. Während Wiclifs Reformanstoß in England erst einmal zum Stillstand kam, sorgte ein Zufall dafür, dass der Bazillus auf den Kontinent übersprang. Als nämlich 1294 Anna von Böhmen, die Gemahlin Richards II., starb, kehrte der Tross böhmischer Geistlicher, der mit ihr nach England gekommen war, in die Heimat zurück und trug dort mit Wiclifs Ideen zu einer Bewegung bei, die in Jan Hus ihren Anführer fand.

Bis zur Entdeckung Amerikas war England ein Staat an der Peripherie Europas. Zur See dominierte die deutsche Hanse, und zu Lande war England zu weit entfernt von den europäischen Handelszentren, als dass es mit der aufblühenden Stadtkultur des Kontinents hätte Schritt halten können. Auch kulturell hatte es ein Handicap wettzumachen, denn nach der normannischen Eroberung hatte es für gut ein Jahrhundert seine Sprache verloren und musste sich eine neue durch die Verschmelzung des Angelsächsischen mit dem Französischen schaffen. Das alles, zusammen mit den genannten politischen Ereignissen, erklärt Englands Rückstand. Auf der anderen Seite war die Insel aber auch weit entfernt von Rom, so dass sich hier das aufklärerische Denken viel früher von der kirchlichen Bevormundung emanzipieren konnte. Zudem war England seit der normannischen Eroberung von 1066 dank der klugen Realpolitik Wilhelms des Eroberers ein Zentralstaat; und dank der ebenso weitsichtigen Politik Eduards I. hatte es seit 1295 ein Parlament, in dem bereits alle Stände – Hochadel, Klerus, niederer Adel und Städte – repräsentiert waren. Das wiederum erklärt, wie schnell die Briten den Rückstand aufholten und unter Elisabeth I. zum Sprung an die Spitze ansetzten.

Aufstieg der Gentry

Die Rosenkriege hatten den Hochadel so stark dezimiert, dass im ersten Parlament Heinrichs VII. von den 53 Peers, die zu Beginn der Kriege im Oberhaus saßen, nur noch 18 übrig waren. Das ebnete den Weg für den Aufstieg des Unterhauses. Es ist eine Besonderheit der Geschichte Englands, dass sich der als Gentry bezeichnete niedere Adel und die Vertreter der Städte schon früh zu einer Interessenallianz zusammengeschlossen hatten. Bereits im *model parliament* von 1295, das Eduard I. einberief, waren beide Gruppen vertreten. Im Verlauf des 14. Jahrhunderts wurde es Brauch, dass sie sich in einem eigenen Haus, dem *house of commons*, trafen. Hier repräsentierten Mitglieder der Gentry als Abgesandte der Grafschaften die Fläche, während die Vertreter der Städte das ökonomische Gewicht der reichen Bürger einbrachten. In den ersten Jahrhunderten, in denen England noch ein ausgeprägtes Agrarland war, hatten die Vertreter der Grafschaften das Sagen. Doch mit zunehmender Bedeutung von Handel und Gewerbe stieg auch das politische Gewicht der Städte, die sich anfangs noch oft durch Angehörige des niederen Adels vertreten ließen, denn Mitglieder des Parlaments erhielten keine Diäten, so dass es für Kaufleute ökonomisch von Nachteil war, ihre Arbeitszeit in die Politik zu investieren, wohingegen die Landadligen ohne eigene Arbeit von den Pachterträgen ihrer Ländereien lebten.

Welche Bedeutung das Unterhaus unter Elisabeth erlangt hatte, lässt sich daran ablesen, dass die Königin ihre wichtigsten Berater nicht aus dem Hochadel, sondern aus der Gentry holte. Unter ihrem Vater Heinrich VIII. hatte sich der aus einfachen Verhältnissen zum Ersten Sekretär des Staates aufgestiegene Thomas Cromwell noch den Hass des Hochadels zugezogen, was seinen Sturz mit anschließender Exekution zur Folge hatte. Demgegenüber hatte der aus der Gentry stammende

Elisabeth in ihrem Parlament. Zeitgenössischer Stich (Ausschnitt)

William Cecil, Elisabeths engster Berater und vierzig Jahre lang ihr informeller Regierungschef, trotz zeitweiliger Anfeindungen einen gesicherten Stand. Er wurde 1571 als Lord Burghley in den Adelsstand erhoben und blieb bis zu seinem Tod im Amt, das 1598 auf seinen zweiten Sohn Robert überging, den Jakob I. 1605 zum Viscount Salisbury adelte. Auch Elisabeths zweiter Staats-

William Cecil. Porträt von oder nach Arnold van Brounckhorst (ca. 1560–1570)

sekretär, Sir Francis Walsingham, der als Organisator eines gut funktionierenden Geheimdienstes große Macht hatte, kam aus der Gentry, ebenso Christopher Hatton, der in den kritischen Jahren 1587 bis 1591, in denen mit der Hinrichtung Maria Stuarts und dem Angriff der Spanischen Armada viel auf dem Spiel stand, das Amt des Lordkanzlers innehatte. Weitere einflussreiche Vertreter des niederen Adels waren Sir Thomas Gresham, der Gründer der Royal Exchange und zeitweilig der heimliche Finanzminister des Landes, sowie zwei der drei Hauptverantwortlichen für den Sieg über die Armada, Sir John Hawkins und Sir Francis Drake, die nur noch den aus dem Hochadel stammenden Admiral Charles Howard, Graf Nottingham, über sich hatten.

Elisabeth ließ den niederen Adel zwar deutlich spüren, dass er unter ihr stand und dass sie nur mit Hochadligen auf Augenhöhe verkehrte, doch sie benutzte ihn geschickt als Gegengewicht zu den mächtigen Lords. Im Übrigen war sie aber bestrebt, möglichst ohne Parlament auszukommen. In ihren 45 Regierungsjahren berief sie es nur 13mal ein, und die gesamte Sitzungsdauer aller 13 Parlamente belief sich auf weniger als zweieinhalb Jahre. Dennoch gewann unter ihr das Unterhaus die politische Initiative. Wenn es um Steuererhebungen ging, war die Krone auf die Zustimmung der Commons angewiesen; und in Rechtsfragen machte sich das Unterhaus zum Sachwalter des Common Law gegenüber dem Billigkeitsrecht *(equity)*, das im Namen der Krone vom Lordkanzler ausgeübt wurde. Für Kontinentaleuropäer ist diese Konkurrenz zweier Rechtssysteme schwer zu verstehen. Sie hatte sich schon im Hochmittelalter ausgebildet und wurde erst gegen Ende des 19. Jahrhunderts aufgehoben, als Common Law und Equity ohne inhaltliche Änderungen unter einem gemeinsamen Dach vereint wurden. Hier mag die Feststellung genügen, dass das Parlament in dem ungeschriebenen Gewohnheitsrecht des Common Law die Interessen des Volkes vertreten sah, während das am Römischen Recht und dem Kirchenrecht orientierte Billigkeitsrecht des königlichen Kanzleigerichtshofs vom Lordkanzler abhing, der der Krone direkt unterstand. Der Jurist John Selden (1584–1654) prägte den vielzitierten Satz, dass das Maß für ein Billigkeitsurteil «die Fußlänge des Lordkanzlers» sei.

Reformation

Als Elisabeth den Thron bestieg und gleich darauf die Rückkehr zum Protestantismus anordnete, bedeutete das für die englische Bevölkerung den dritten Religionswechsel in einem Vierteljahrhundert. 1534 hatte ihr Vater Heinrich VIII. den Bruch mit Rom vollzogen und sich mit der Suprematsakte zum Oberhaupt der englischen Staatskirche gemacht. Auf theologischem Gebiet beschränkte er sich auf geringfügige Änderungen. Heinrich hasste Martin Luther und veränderte deshalb an der kirchlichen Liturgie wenig. Er schaffte eine Reihe von Feiertagen ab, die mit Reliquienverehrung zu tun hatten, und verbot den Verkauf von Ablassbriefen und Totenmessen, ließ aber den größten Teil des religiösen Rituals beim Alten. Die von ihm erlassenen sechs Glaubensartikel, von den Calvinisten als «sechsschwänzige Peitsche» bezeichnet, entsprachen weitgehend der römisch-katholischen Lehre. Der harte Kern der protestantischen Bewegung kam erst in den sechs Regierungsjahren von Heinrichs Sohn Eduard VI. zum Zuge, der als Neunjähriger den Thron bestieg. Eduard, der ab seinem 6. Lebensjahr von seinem Tutor Sir John Cheke und anderen Lehrern eine protestantische Erziehung genossen hatte, war als König ein Spielball in der Hand seines Onkels Edward Seymour, des Herzogs von Somerset, der das Amt des Reichsprotektors ausübte. In seiner Regierungszeit nahm die englische Staatskirche immer mehr protestantische Positionen auf, was sich in den 1553 verabschiedeten 42 Glaubensartikeln ausdrückt.

Im gleichen Jahr kam es zu einer abrupten Kehrtwende, als Eduard starb und – nachdem die vom protestantischen Lager auf den Thron gebrachte Urenkelin Heinrichs VII., Jane Grey, nach neun Tagen wieder abgesetzt und exekutiert worden war – Heinrichs VIII. katholische Tochter Maria auf den Thron folgte. Die von ihr betriebene Rekatholisierung des Landes nahm schon bald blutige Formen an und brachte rund 300 Menschen auf die Scheiterhaufen. Es ist eine Ironie der Geschichte, dass sie mit dem Blut dieser Märtyrer den Boden für den Calvinismus in England düngte. Denn erst die vor ihr geflohenen Protestanten, die in Genf und anderen Zentren der Reformation Zuflucht gesucht hatten und dort mit den Lehren Calvins bekannt wurden, kehrten als radikale Puritaner zurück, als 1558 nach dem Tod von Bloody Mary ihre protestantische Halbschwester den Thron bestieg. Elisabeth erneuerte nach einigem Zögern 1559 die Suprematsakte, durch die sie Oberhaupt der Staatskirche wurde, und ebenso die Uniformitätsakte, die jedem Bürger das Bekenntnis zur anglikanischen Staatsreligion abverlangte. 1563 ersetzte sie aber die calvinistisch gefärbten 42 Artikel durch 39 moderatere und schloss damit ab, was in der späteren Geschichtsschreibung als *Elizabethan Settlement* bezeichnet wird.

In ländlichen Regionen – darunter auch die Grafschaft Warwickshire, aus der Shakespeare stammte – hatte der alte Katholizismus bis zum Ende des Jahrhunderts noch zahlreiche Anhänger, auch wenn die meisten ihren Glauben wegen der drohenden Strafen nicht offen bekannten. 1569 kam es im Norden, wo bereits unter Heinrich VIII. in den Jahren 1536 und 1537 eine pro-katholische Rebellion gewaltsam unterdrückt werden musste, zu einem Aufstand. Die Rebellen hofften auf die Unterstützung durch den spanischen Statthalter in den Niederlanden, doch sie wurden besiegt und 800 von ihnen wurden gehängt. Mit der Exekution Maria Stuarts im Jahre 1587, in der die Katholiken ihre rechtmäßige Königin sahen, verlor die antiprotestantische Bewegung buchstäblich ihren Kopf. Als im Jahr darauf der spanische König Philipp II., der verwitwete Ehemann Marias der Blutigen, seine Armada gegen England schickte, waren selbst die meisten Altgläubigen patriotisch genug, sich über den Sieg der eigenen Nation zu freuen.

Das Wort *puritan*, das auch bei Shakespeare auftaucht, ist im englischen Schrifttum erstmalig 1572 belegt. Es entstand als abwertende Bezeichnung für radikale Protestanten, denen die elisabethanische Kirchenreform nicht weit genug ging und die eine ‹Reinigung› *(purification)* der christlichen Lehre von allem forderten, was nicht durch die Bibel zu rechtfertigen sei. Dieses radikale Reformprogramm geht auf den Schweizer Reformator Calvin zurück, dem die moderate Reformation durch Luther zu halbherzig war. Der calvinistische Protestantismus unterschied sich von den verschiedenen Spielarten des lutherischen vor allem in drei Punkten: Er lehnte die hierarchische Struktur der Bischofskirche ab, er forderte die kirchliche Selbstverwaltung der Gemeinden und vertrat die sogenannte Prädestinationslehre. Die beiden ersten Punkte bewirkten, dass die Puritaner zur Speerspitze einer egalitären Bewegung wurden, die den Boden für die spätere Demokratie bereitete. Beim zweiten Punkt war der calvinistisch geprägte schottische Presbyterianismus, der dort zur Staatskirche wurde, moderater, da er eine Hierarchie von gewählten Kirchengremien vorsah, während die radikaleren englischen Puritaner auf der Priesterschaft aller Gläubigen beharrten und für jede Gemeinde (*congregation*) Autonomie forderten, weshalb sie auch als *congregationalists* bezeichnet werden.

Für Nicht-Puritaner am schwersten zu verstehen ist der Glaube an die Prädestination. Was bewog Menschen dazu zu glauben, dass Gott schon im Moment der Schöpfung vorherbestimmt hat, wen er für den Himmel erwählt und wen zur Hölle verdammt hat? Müsste solch ein Glaube nicht zu einem apathischen Fatalismus führen? Tatsächlich führte er aber zu einem höchst energischen Aktivismus, denn jeder Puritaner war bestrebt, schon im irdischen Leben Beweise für seine Erwähltheit zu finden. Als solche sah man neben einem moralisch makellosen Lebenswandel vor allem ökonomischen Erfolg an: Weshalb sollte Gott einen Menschen mit Erfolg segnen, den er für die Hölle bestimmt hat? Diese seltsam paradoxe Sicht hatte langfristig zwei folgenreiche Auswirkungen. Zum einen machte sie alle Menschen gleich, da jeder in der gleichen Ungewissheit bezüglich seiner Erwähltheit lebte, zum andern war sie ein Ansporn, sich durch Erfolg vor allen anderen auszuzeichnen. Es kann daher kaum verwundern, dass die Puritaner, die 1620 auf der *Mayflower* nach Amerika kamen und dort die erste Siedlergesellschaft aufbauten, die beiden charakteristischen Merkmale der amerikanischen Gesellschaft begründeten: das demokratische Insistieren auf absoluter Gleichheit und die tief verinnerlichte Wettbewerbsideologie.

Unter Elisabeth blieben die Puritaner eine Art Hefe, die den gesellschaftlichen Teig zur Gärung brachte, aber noch keine wirkliche Macht ausüben konnte. Unter Jakob I., der aus dem calvinistisch geprägten Schottland kam, spitzte sich der Konflikt zwischen den konservativ-hochkirchlichen und den fortschrittlich-puritanischen Kräften zu; unter

Titelblatt der *Great Bible* (1539)

Karl I. führte er schließlich zum Bürgerkrieg. Von einer solchen Bedrohung ahnte zu Shakespeares Zeiten kaum einer etwas, obgleich auch hier schon der Konflikt offen zu Tage trat. Vor allem die Theaterleute bekamen ihn zu spüren, denn die Puritaner, die schon früh in der Londoner Stadtverwaltung das Sagen hatten, duldeten innerhalb der Stadtmauern keine Theater, teils aus moralischen Gründen, teils weil sie darin Unru-

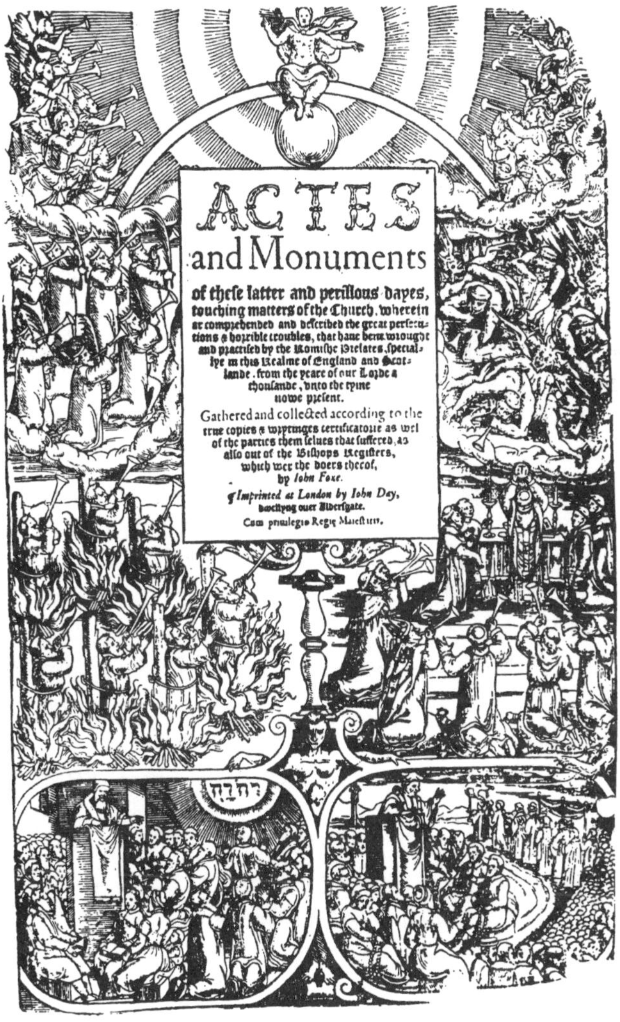

Titelblatt von John Foxes *Actes and Monuments* (1563)

heherde sahen. Noch auf eine andere Weise wirkte sich der Puritanismus in der Kultur aus. Zwar missbilligten die Puritaner jede Art von Vergnügen um des Vergnügens willen und standen infolgedessen der ästhetischen Kultur, also den Künsten, eher ablehnend gegenüber. Da sie aber bei der Suche nach Erwähltheitsbeweisen nicht nur auf äußerliche Erfolge, sondern auch in ihre Seelen schauten, entwickelte sich unter ihrem

Einfluss eine Tendenz zur Introspektion, die zu einer zunehmenden Psychologisierung vor allem der Literatur führte. In großem Stil machte sich das erst im 17. Jahrhundert bemerkbar, aus dem über 200 «spirituelle Autobiographien» überliefert sind, in denen die Verfasser sich Rechenschaft über ihren Seelenzustand ablegen. Doch die 14 autobiographischen Tagebücher aus dem 16. Jahrhundert lassen bereits die Tendenz erkennen und machen verständlich, weshalb die Elisabethaner so begierig auf das Theater waren: Dort konnte man den Charakteren in die Seele schauen.

Die Reformation hatte – auf dem Kontinent wie in England – zum ersten Mal das kirchliche Monopol auf Bibellektüre und -exegese gebrochen und dem Laienpublikum durch Bibelübersetzungen in die Volkssprache den Zugang zur Heiligen Schrift eröffnet. Was Luther für die Deutschen, taten William Tyndale und Miles Coverdale, anfangs noch gegen große Widerstände, für die Engländer. Auf der Basis ihrer Übersetzung, die sich beim Alten Testament auf die Luthersche stützte, entstand die erste, von Heinrich VIII. autorisierte Bibel, die 1539 herauskam und wegen ihrer Größe als *Great Bible* bezeichnet wurde. Sie blieb bis zum Erscheinen der *Authorised Version* von 1611 der von der Kirche anerkannte Text und übte dank der zunehmenden Lesefähigkeit der Bevölkerung nachhaltigen Einfluss auf Wortschatz, Denkformen und Inhalte der englischen Kultur aus. Noch stärkeren Einfluss sollte wenig später, nach dem Ende von Marias Rekatholisierungsversuch, John Foxes Buch *Actes and Monuments* haben, das 1559 auf Latein und 1563 auf Englisch erschien. Das Buch, das bald nur noch mit dem Titel *Book of Martyrs* bezeichnet wurde, erzählt das Martyrium der standhaften Protestanten, die unter Maria verbrannt worden waren.

Eine andere, folgenschwere Auswirkung der Reformation war die Auflösung der Klöster, mit der die größte Landtransaktion auf der Insel seit der normannischen Eroberung einherging. Heinrich VIII. brauchte Geld, um gegen einen möglichen Angriff der katholischen Kontinentalmächte gerüstet zu sein. Da er auf den Papst keine Rücksicht mehr nehmen musste, waren die Klöster für ihn eine leichte Beute. Beraten von seinem Kanzler Cromwell ließ er 1535 eine Bestandsaufnahme aller Klöster nach ihrer Wirtschaftskraft vornehmen. Im Jahr darauf konfiszierte er die Häuser mit Einkünften unter 200 Pfund. Vier Jahre später enteignete er auch die übrigen Klöster und warf ihre Ländereien auf den Markt. Das bot reich gewordenen Kaufleuten die Möglichkeit, Landbesitz zu erwerben und damit den sozialen Status der *landed gentry* zu erreichen, die bis dahin über ihnen stand. Dadurch gewann die im Unterhaus vertretene Gentry weiter an Macht. Auch im Oberhaus veränderten sich die Gewichte. Durch das Verschwinden der Äbte, die dort Sitz und Stimme hatten, waren jetzt die weltlichen Lords in der Mehrheit.

Neben der Stärkung der oberen Mittelschicht im Parlament bewirkte die Umverteilung des Landes eine ökonomischere Nutzung der landwirtschaftlichen Flächen. Da die neuen Besitzer darin investiertes Kapital sahen, das Profit abwerfen sollte, kam es zu einem positiven Schub für das Bruttoinlandsprodukt. Für die Landbevölkerung hatte die Auflösung der Klöster dagegen eine verhängnisvolle Auswirkung, denn diese Häuser hatten bis dahin die Hauptlast der Armenfürsorge getragen. Jetzt mussten die Gemeinden diese Aufgabe übernehmen. Da sie dies teils nicht konnten, teils nur widerwillig taten, kam es zu ernsten Versorgungsproblemen. Um zu verhindern, dass Armutswanderungen das Gefüge der Gesellschaft erschütterten, wurde bereits 1536 ein Gesetz erlassen, das für arbeitsfähige Arme eine allgemeine Arbeitspflicht einführte. Weitere Armengesetze folgten in den Jahren 1552, 1563 und 1597, bis schließlich 1601 eine umfassende gesetzliche Regelung eingeführt wurde, die bis 1834 fortbestand. Das Gesetz zwang die Gemeinden, eine Armensteuer zu erheben und dafür zu sorgen, dass arbeitsfähige Arme Arbeit bekamen und Kranke und Gebrechliche versorgt wurden. Es war ein Sozialgesetz, das lange Zeit in Europa einzigartig war und zu den großen sozialpolitischen Leistungen des elisabethanischen Zeitalters gezählt werden muss. Sein Nachteil war allerdings, dass es die Armen an die für sie zuständige Heimatgemeinde band und damit verhinderte, dass sie sich dort Arbeit suchten, wo es welche gab, was später während der Industriellen Revolution zu einem gravierenden Problem wurde. Aber auch in der elisabethanischen Zeit konnte das Gesetz nicht verhindern, dass eine wachsende Zahl von Menschen die ländlichen Gemeinden verließ und sich Arbeit in den Städten suchte, was wiederum durch Gesetze gegen Landstreicherei eingedämmt werden musste. Die Landflucht verstärkte die soziale Mobilität und führte zu einer Aufweichung des Zunftzwangs und damit zu freierem Wettbewerb, was dem puritanischen Denken entgegenkam.

Auf kulturellem und religiösem Gebiet wirkte sich das Verschwinden der Klöster weit weniger stark aus. Die meisten Häuser waren bereits auf einen Bestand von weniger als zehn Mitglieder gesunken, und die größeren hatten ihr religiöses Ethos und ihre kulturelle Kreativität weitgehend verloren. Seit Erfindung des Buchdrucks waren auch die Schreibstuben überflüssig, so dass die Klöster kaum noch etwas zur Kultur beitrugen. Im Bewusstsein der Bevölkerung blieb aber das Mönchswesen präsent, allerdings weniger das klösterliche als das der Bettelmönche, der *friars.* Sie lebten nicht in abgelegenen Klöstern, sondern mitten in den Städten, wofür damals wie heute die Namen ihrer Kapellen und Unterkünfte Zeugnis ablegen. Auf dem Gelände der *black friars* (Dominikaner) in London entstand zu Shakespeares Zeiten das *Blackfriars theatre,* an dem er selber Anteile erwarb; und auf dem der *white friars* (Karmeliter) vor den Mauern der Stadt stand ebenfalls ein Theater. Da für die Gebäude und Ländereien der ehemaligen Klöster auch nach ihrer Auflösung die kirchliche Rechtshoheit fortbestand, lagen sie außerhalb der Jurisdiktion der Stadtverwaltung, so dass sie dem Zugriff der theaterfeindlichen puritanischen Stadtväter entzogen waren.

Wirtschaft

Dem Aufstieg Englands ging ein Jahrhundert voraus, in dem Spanien und Portugal nach der Entdeckung Amerikas den mittleren und südlichen Teil der Neuen Welt zuerst ausplünderten und bald darauf kolonisierten. Die Konquistadoren beider Nationen raubten unvorstellbare Mengen an Gold und Silber und brachten sie in ihre Länder, was für diese aber kein Segen war. Statt eine heimische Industrie aufzubauen, verließ man sich hier auf den ununterbrochenen Zustrom der Edelmetalle und benutzte sie als Zahlungsmittel für importierte Fertigwaren, mit der Folge, dass Spanien gegen Ende des 16. Jahrhunderts hoch verschuldet war. England war zu der Zeit ein vergleichsweise armes Land, doch es hatte ein Gold, das mit Zins und Zinseszins nachwuchs: die Wolle. Schafzucht hatte es hier bereits im Hochmittelalter gegeben, zum dominanten Wirtschaftsfaktor wurde sie aber erst nach der Großen Pest von 1348/49, als weite Landstriche entvölkert waren, so dass aus Mangel an Arbeitskräften und wegen fehlender Nachfrage nach Brotgetreide große Teile der Ackerflächen in Schafweide umgewandelt wurden. Anfangs exportierte England Rohwolle in die hochentwickelten Niederlande, wo sie gesponnen, gewebt und gefärbt wurde. Mit der Zeit wurde aber die Verarbeitung mehr und mehr von der heimischen Bevölkerung übernommen. Während das Spinnen in Heimarbeit erfolgte, wurde das Weben schon früh in fabrikähnlichen Manufakturen ausgeführt. Die kurze, feingekräuselte Wolle der Schafe auf den englischen Hügeln eignete sich vorzüglich dazu, die daraus gewebten Stoffe durch ein spezielles Walkverfahren in ein sehr strapazierfähiges Tuch zu verwandeln, das als *broadcloth* in ganz Europa begehrt war. Nur zum Färben wurden die Tuche noch für längere Zeit nach Flandern gebracht, bis schließlich auch das in England erfolgte.

Zu Shakespeares Lebzeiten gab es überall in England fabrikähnliche

Manufakturen, in denen Stoffe gewebt und von Walkmühlen zu *broadcloth* verarbeitet wurden. An der Hierarchie der Zünfte lässt sich ablesen, welche Bedeutung die Textilwirtschaft damals hatte. Die *Mercers,* die seit dem Hochmittelalter für den Handel mit hochwertigen Tuchen aus Wolle und Seide zuständig waren, nahmen den höchsten Rang ein. Ihnen folgten die *Grocers,* die den Handel mit Gewürzen und importierten Nahrungsmitteln kontrollierten. An dritter Stelle standen die *Drapers,* die Wollfabrikanten. Es folgten Fischhändler, Goldschmiede, Lederhersteller, Schneider, Kurzwarenhändler, Salzhersteller, Eisenwarenerzeuger, Weinhändler und die Tuchbearbeiter. Diese Auflistung zeigt, wie differenziert das vorindustrielle Manufakturwesen in England bereits war. Während die dichter besiedelten Länder des Kontinents ihre landwirtschaftliche Nutzfläche für die Ernährung der Bevölkerung brauchten, konnte England einen Teil davon für den Rohstoff der Wollindustrie einsetzen.

Mit der ökonomischeren Nutzung der Agrarflächen kam das Problem der *enclosures* (‹Einhegungen›) auf, an dem sich bis ins 18. Jahrhundert der Volkszorn entzündete. Um seine Bedeutung zu verstehen, muss man wissen, wie Landwirtschaft unter dem Feudalsystem betrieben wurde. Dass ein Bauer sein eigenes Land bestellte, galt damals nur für die kleine Zahl der Freibauern, die als *yeomen* den höchsten Status gleich unterhalb des niederen Adels genossen. Die große Masse der Bauern bestand ursprünglich aus Leibeigenen, die zum *manor,* dem Grundbesitz eines Feudalherrn, gehörten. Die kleinste Wirtschaftseinheit eines Manors war das Dorf, das neben der Weidefläche, der Allmende, in der Regel drei große Felder besaß, von denen immer eines zur Erholung brachlag, während die beiden anderen für Wintersaat und Sommersaat genutzt wurden. Auf diesen Feldern war anfangs jedem Bauern ein Streifen zugeteilt, der durch eine Furche abgetrennt war. Da aber kein einzelner Bauer die sechs bis acht Ochsen halten konnte, die zum Pflügen nötig waren, mussten die Zugtiere aller Bauern zusammengespannt und die Felder kommunal bewirtschaftet werden. Das Anrecht auf die Streifen konnte verkauft und vererbt werden. Deshalb gab es mit der Zeit erfolgreiche Bauern, die größere Anteile an den Feldern hielten, während andere ihre Streifen verloren hatten, aber weiterhin die Allmende und die Stoppelfelder nach der Ernte für ihr Vieh nutzen durften. Eigentümer des Landes war aber der Grundherr. Als sich nach der Großen Pest die alte Feudalordnung aufzulösen begann, wurden aus den Leibeigenen Pächter, wobei die Rechtstitel für die von ihnen genutzten Streifen sehr unterschiedlich sein konnten. Je nachdem, was in den Dokumenten des Manors festgelegt war, hatten einige einen unbefristeten Anspruch, andere eine Pacht für eine bestimmte Anzahl von Jahren oder einen jederzeit kündbaren Vertrag.

Das große Manko der sogenannten «offenen Felder» war, dass alle Bauern gezwungen waren, die gleiche Frucht anzubauen, so dass sie ihre Streifen nicht marktgerecht nutzen konnten. Nach der Großen Pest versuchten die Grundbesitzer deshalb, ihr Land einzuzäunen und mit Schafzucht zu bewirtschaften. Allerdings erforderte dieser Eingriff in die alte Feudalstruktur in jedem einzelnen Fall eine Genehmigung durch das Parlament. Da das Einhegen außerdem wegen des Baus von Zäunen und Hecken kostspielig war, konnten sich nur reiche Grundbesitzer die Investition leisten. Weil eingehegte Flächen der Dorfgemeinschaft entzogen wurden, verloren die ärmsten Bauern, die ihre Streifen bereits verkauft hatten, auch noch die Möglichkeit, nach der Ernte ihr Vieh auf dem offenen Stoppelfeld fressen zu lassen. Wo auch das nicht aufgeteilte Weideland der Dörfer, die Allmende, eingehegt wurde, blieb den Ärmsten nur der Ausweg, sich als Tagelöhner zu verdingen oder in den Städten Arbeit zu suchen. Damit drohten Armutswanderungen, die die Regierung mit harschen Gesetzen gegen Landstreicherei zu unterbinden versuchte.

So hart es für die Kleinbauern war, vom Land vertrieben zu werden, so förderlich war es für die Volkswirtschaft insgesamt. Da die Besitzer der eingehegten Flächen durch kluge Nutzung daraus größeren Profit ziehen konnten, kam dies auch der Allgemeinheit zugute. England hatte schon damals eine frühindustrielle Wirtschaft, in der die alte, auf Subsistenz basierende Landwirtschaft eine geringere Rolle spielte als auf dem Kontinent. Für eine weitergehende Entwicklung, wie sie im Zeitalter der Dampfmaschine eintrat, fehlten allerdings die Voraussetzungen. Zwar wurde bereits Kohle gefördert, doch die konnte nur zum Kochen und Heizen verwendet werden. Für die Eisenherstellung brauchte man den reinen Kohlenstoff der Holzkohle, die inzwischen knapp geworden war, da die Wälder größtenteils abgeholzt waren. Erst die Erfindung des Verkokungsverfahrens im 18. Jahrhundert ermöglichte eine Eisen- und Stahlindustrie.

Inflation, Missernten und Pest

Das elisabethanische England trägt die Gloriole eines Goldenen Zeitalters. Doch obwohl das Land in dieser Zeit einen stetigen Aufstieg erlebte, lassen sich nur die Kultur und die höfische Selbstdarstellung als ‹golden› bezeichnen. In der Realität sah es oft nach eisernen Zwängen aus. Nicht nur die äußere Bedrohung durch Spanien und die nie gänzlich verschwindende Gefahr eines Aufstands der unterdrückten Katholiken schwebten wie Damoklesschwerter über dem Land. Auch ökonomisch gab es trotz der vergleichsweise fortschrittlichen Entwicklung schwerwiegende Probleme. Das ganze 16. Jahrhundert hindurch wurde Westeuropa und damit auch England von einer schleichenden Inflation geplagt, da die spanischen Importe von Edelmetallen und der in Deutschland florierende Silberbergbau zu einem Anstieg der umlaufenden Geldmenge geführt hatten. Während Gewerbetreibende und Händler den Inflationsdruck auf den Preis ihrer Waren abwälzen konnten, bekam die große Mehrheit der Landbevölkerung, deren Löhne durch Gesetze niedrig gehalten wurden, die volle Wucht des Preisanstiegs zu spüren. Selbst die Großgrundbesitzer blieben nicht verschont. Da sie ihr Land nicht selbst bewirtschafteten, waren sie auf Pachtzahlungen angewiesen, die oft vor langer Zeit zu einem niedrigen Zins festgeschrieben worden waren. Am besten ging es den Freibauern, den *yeomen*, die ihr Land selbst bestellten und beim Verkauf ihrer Erzeugnisse mit der Inflation Schritt halten konnten. Verstärkt wurde der Inflationsdruck noch durch eine Reihe von Missernten, die den Preis für Nahrungsmittel in die Höhe trieben. Die schlimmsten Hungerjahre fielen in die Zeit von 1593 bis 1600. Im europäischen Vergleich gehörten die Engländer trotzdem zu den bestgenährten Völkern, was vor allem daher rührte, dass der hohe Anteil der Viehzucht und das große Angebot an Fisch für eiweißreiche Kost sorgten. Austern galten als Arme-Leute-Essen, und Lachs gab es in solcher Fülle, dass Gefängnisinsassen sich beschwerten, wenn sie mehr als zweimal pro Woche davon bekamen. Doch auch die gute Ernährung hatte ihre Schattenseiten, denn die fleischreiche Kost begünstigte offenbar die Anfälligkeit für Gicht, die noch heute in England häufiger auftritt als bei anderen Völkern.

Als wären Inflation und Missernten nicht schon schlimm genug, kamen auch noch mehrfach wiederkehrende Pestepidemien hinzu. Da die Beulenpest durch einen Rattenfloh auf Menschen übertragen wird, ging ihr Auftreten meist mit Missernten Hand in Hand, denn wo Menschen wenig Brotgetreide haben, fehlt dieses auch den Ratten, so dass sie es dann in nächster Nähe der Menschen suchen. 1563 gab es einen schlimmen Ausbruch der Seuche mit ca. 20 000 Toten. Danach kam es eine Zeitlang nur zu gelegentlichem Aufflackern. Doch in den Jahren 1592 und 1593 folgte erneut eine Epidemie, bei der die Todesrate auf über 10 000 anstieg. Nach vorübergehendem Abflauen folgte 1603 ein noch schlimmerer Ausbruch, dem vermutlich bis zu 30 000 Menschen zum Opfer fielen. In den Jahren zwischen 1606 und 1610 bewegte sich die Todesrate zwischen 2000 und über 4000 pro Jahr. Die genannten Zahlen gelten für London; über die Opfer unter der Landbevölkerung gibt es keine verlässlichen Daten.

Bei Theaterleuten wie Shakespeare bedrohte die Pest nicht nur das Leben, sondern die ökonomische Existenz, denn sobald die Zahl der Todesfälle ein gewisses Maß überschritt, ordnete die Londoner Stadtverwaltung die Schließung der Theater an. Das war in den Jahren 1592 und 1593 der Fall, weshalb Shakespeare sich in dieser Zeit eine neue Erwerbsquelle suchen musste und seine beiden Verserzählungen schrieb. In den Jahren 1603 bis 1613 blieben die Theater insgesamt für 78 Monate geschlossen, d. h. für mehr als die Hälfte der Zeit. In solchen Fällen versuchten die Theatertruppen die Einnahmeausfälle durch Tourneen wettzumachen, was aber mit Kosten und Risiken verbunden war.

Ein äußerst seltenes und vergleichsweise harmloses Unglück traf die Londoner zu Ostern 1580, als ein Erdbeben mit dem Epizentrum in der Mitte des Ärmelkanals die Stadt erschütterte. Der materielle Schaden war gering, doch psychologisch verstärkte das Ereignis die angstvolle Grundstimmung, die durch das Aufdecken einer von Jesuiten betriebenen Mission in England bereits angeheizt war. Nimmt man die wachsende Besorgnis hinzu, die sich in der Bevölkerung wegen des Ausbleibens eines Thronerben breitmachte, zeigt sich das Goldene Zeitalter Elisabeths in sehr viel dunkleren Farben; und das ihres Nachfolgers sollte noch düsterer werden. Bereits in Elisabeths Todesjahr 1603 kam es zu dem erwähnten Pestausbruch mit bis zu 30 000 Toten, dem weitere folgten. Nimmt man die blutigen Kriege hinzu, die gegen Spanien zur See und in Irland zu Lande geführt wurden, wirkt es geradezu makaber, wenn «Shakespeares ruhelose Welt», wie Neil MacGregor sie im Titel seines Buches von 2013 treffend bezeichnet, mit Adjektiven wie ‹exuberant› beschrieben wird. Und doch zeichnet gerade diese Eigenschaft die Epoche aus, in der alles im Aufbruch war, und das im doppelten Sinn; denn England war nicht nur auf dem Weg zur Gründung seines ersten Weltreichs, sondern brach auch die letzten Verkrustungen seines überkommenen politischen und sozialen Systems auf: ein Prozess, der im Bürgerkrieg von 1642 bis 1649 zum Abschluss kam. Wie einst die Große Pest von 1348/49 das Ende des Feudalismus einläutete, so trugen auch jetzt die Pestausbrüche, zusammen mit Missernten und der schleichenden Inflation, dazu bei, den sozialen Umbruch zu beschleunigen und den Weg zur ersten konstitutionellen Monarchie zu ebnen, die am Ende des 17. Jahrhunderts erreicht wurde.

Kriminalität und Strafrecht

Das dunkelste Kapitel in der Geschichte der Shakespearezeit ist das Strafrecht. Das Anwachsen der Städte und die beginnende Landflucht infolge der Einhegungen bewirkten einen schleichenden Prozess sozialer Entwurzelung, der ein Ansteigen der Kriminalität zur Folge hatte. Da es weder eine Polizei noch einen organisierten Strafvollzug gab, konnte sich der Staat nur durch extrem harte Strafen gegen das Verbrechen wehren. Gefängnisse gab es nur für die Untersuchungshaft und im Privatrecht zur Inhaftierung von Schuldnern. Im Strafrecht bekamen allenfalls hochgestellte Personen längere Haftstrafen im Tower. Die meisten Verurteilten wurden mit drakonischen Körperstrafen bis hin zur Exekution bestraft. Die mildeste Strafe war der Pranger, bei dem der Verurteilte allerdings möglichen Steinwürfen durch Mitbürger ausgesetzt war. Zänkische Frauen, die ihre Ehemänner und Nachbarn durch fortgesetztes Keifen belästigten, wurden zum *ducking-stool*, dem Tauchstuhl verurteilt, einer großen Wippe, an deren einem Ende sie an einen Stuhl gehängt und mehrfach ins Wasser getaucht wurden. Die nächsthärteren Strafen waren das Einbrennen von Brandmalen, das Annageln und teilweise oder gänzliche Abschneiden der Ohren, das Zerquetschen von Gliedmaßen und schließlich die Exekution durch Hängen, Verbrennen oder Vierteilen bei lebendigem Leib. Schwerer Diebstahl reichte oft schon für ein Todesurteil aus; für Raub, Vergewaltigung, Fahnenflucht, Totschlag und Mord war es die Regel. Auch auf Homosexualität unter Männern stand die Todesstrafe, doch das Delikt scheint nicht allzu streng verfolgt worden zu sein. Als Verbrechen galt auch der Selbstmord, was übrigens erst 1961 aus dem englischen Strafrecht verschwand. Da bei diesem Delikt der Täter bereits tot war, wurde die Strafe nicht selten an seinem Leichnam vollzogen, indem man ihn öffentlich schändete. Auch alle übrigen Bestrafungen einschließlich der Exekutionen fanden öffent-

Der Tauchstuhl. Zeitgenössischer Stich

lich statt und wurden vom Volk als Spektakel genossen.

Die Folter galt als legitimes Mittel, ein Geständnis zu erzwingen. Nach einem solchen fiel der gesamte Besitz des Verurteilten an die Krone. Wohlhabende Personen, die wegen Hochverrats angeklagt wurden, hatten nur eine Möglichkeit, ihren Besitz für die Familie zu retten: Sie mussten die Aussage verweigern und sich für ein Verfahren entscheiden, das als *peine forte et dure* bezeichnet wurde. Dabei wurden sie unter ein Brett gelegt, auf das nach und nach immer mehr Steine gehäuft wurden, bis sie endlich davon erdrückt wurden oder vor Hunger und Durst starben. Man schätzt, dass damals in London jährlich etwa 300 Todesurteile gefällt wurden, die nicht von einem amtlichen Henker, sondern einem dafür angeheuerten Metzger vollstreckt wurden. Die Prozedur war außerordentlich grausam. Der Verurteilte wurde am Strick hochgezogen, so dass er nicht an einem Genickbruch starb, sondern langsam erstickte. Ein Landesverräter wurde noch lebend wieder abgeschnitten und vom Henker aufgeschlitzt, um ihm das noch schlagende Herz herauszunehmen und vors Gesicht zu halten. Danach wurde der Kopf abgeschnitten, der Körper gevierteilt und die Teile zur Abschreckung durch die Straßen geschleift, bis zuletzt der Kopf auf der London Bridge aufgespießt wurde. Adligen gewährte man das Privileg eines schnellen Todes durch Enthauptung. Nur in der Stadt Halifax im Norden Englands galt ein ähnliches Privileg für gewöhnliche Mörder. Dort wurde bis zum Jahr 1650 ein Fallbeil eingesetzt, das ähnlich wie die Guillotine funktionierte.

Eine Besonderheit des englischen Rechts war das *benefit of the clergy*, das Angehörigen des Klerus das Recht einräumte, von einem kirchlichen Gerichtshof verurteilt zu werden, dessen Strafen gewöhnlich milder ausfielen. Diese aus dem Mittelalter stammende Regelung galt auch nach der Reformation weiter. Da früher nur Kleriker Latein beherrschten und lesen und schreiben konnten, genügte es, wenn ein Angeklagter das Vaterunser auf Latein hersagen oder seine Schreib- und Lesefähigkeit demonstrieren konnte, worauf er dann an ein kirchliches Gericht überstellt wurde. Dieser Regelung verdankte z. B. der Dichter Ben Jonson sein Leben, das er nach dem weltlichen Common Law verwirkt hatte, als er im Duell seinen Gegner tötete. Dank seiner klassischen Bil-

Öffentliche Hinrichtungen. Zeitgenössischer Stich

dung fiel es ihm nicht schwer, auf *benefit of the clergy* zu plädieren, worauf er freigesprochen wurde. Frauen konnten einen Aufschub der Hinrichtung erwirken, wenn sie sich für schwanger erklärten, was ihnen Zeit für ein Gnadengesuch gab.

Um Shakespeares Werke zu verstehen, muss man sich vergegenwärtigen, dass er und seine Zeitgenossen in einer Welt lebten, in der Gewalt alltäglich war. Wenn allein in London jährlich 300 Todesurteile auf grausame Weise öffentlich vollstreckt wurden, ist davon auszugehen, dass fast jeder Bürger schon einmal Zeuge dieses makabren Spektakels war, von den geringeren Grausamkeiten des Prangers und der sonstigen Körperstrafen ganz abgesehen. Aus Zeugnissen nicht nur jener Zeit, sondern bis weit ins 19. Jahrhundert hinein weiß man, dass öffentliche Hinrichtungen ein großes, sensationshungriges Publikum anlockten. Da kann es kaum verwundern, dass das Theater die so angeheizte Sensationslust mit gleichen Grausamkeiten zu befriedigen suchte. Das begann auf der untersten Ebene mit Bärenhatz und setzte sich fort bis auf die höchste Ebene von Tragödien, in denen Menschen erstochen, vergiftet, geschlachtet und zu Pasteten verarbeitet werden. Selbst Shakespeares *Hamlet*, dessen Titelfigur als intellektuellster Held des elisabethanischen Theaters gilt, endet mit vier Leichen auf der Bühne und der Nachricht, dass zwei weitere Personen exekutiert worden sind. Erst nach der Aufklärung, die auch vom Staat moralisches Handeln verlangte, bekam der blutige Tod durch Gewalt in Literatur und Oper Konkurrenz durch sentimentalere Formen des Sterbens, vor allem durch Schwindsucht oder Selbstmord à la Werther.

England wird Seemacht

Obgleich England als Insel für die Seefahrt geradezu prädestiniert schien, waren es zunächst Venezianer, Genueser, Spanier und Portugiesen, die die Weltmeere erkundeten. Erst die Bedrohung durch das katholische Spanien hatte in England den Schiffsbau angekurbelt und ließ unternehmungslustige Kapitäne wie Sir Francis Drake auf Entdeckungs- und Kaperfahrten gehen. Da die goldreichen Kolonialgebiete in Süd- und Mittelamerika im Besitz der Spanier und Portugiesen waren, blieb den Engländern nur Nordamerika, wo es wenig zu holen gab. Umso reichere Beute lagerte in spanischen Schiffen, auf die die englischen Kapitäne Jagd machten. Unter Elisabeth bildete sich eine offiziell von der Königin missbilligte, inoffiziell von ihr geduldete Form von Piraterie aus, an der sie selbst zuweilen finanziell beteiligt war. Es war üblich, dass Finanziers Anteile zusammenlegten und ein Kaperschiff ausrüsteten, dessen Beute später entsprechend den Einlagen verteilt wurde. Bei einem solchen Schiff, an dem die Königin selbst Anteile hielt, soll der Gewinn das 47fache des Einsatzes betragen haben. Allerdings barg das Geschäft ein hohes Risiko: Eine allzu offensichtliche Duldung der Piraterie durch die Königin wäre ein Kriegsgrund gewesen, was sich England anfangs nicht leisten konnte, da die spanische Flotte der englischen haushoch überlegen war. Erst die zunehmende Bedrohung durch Spanien zwang auch das vergleichsweise arme England zum Aufbau einer Kriegsflotte. Aus Kostengründen waren die englischen Schiffe erheblich kleiner, was sich aber im Seegefecht als Vorteil erweisen sollte, weil sie leichter zu manövrieren waren. Ende Juli 1588 griff die englische Flotte die vor Calais ankernde spanische Armada an. Das berühmte Armada-Porträt Königin Elisabeths zeigt im Fensterdurchblick links oben, wie englische Feuerschiffe auf die spanischen Schiffe zusteuern, von denen viele danach in Flammen aufgehen. Die Spanier verloren in weiteren Gefechten zwar ein Drittel ihrer

Titelblatt des Handbuchs *The Mariners Mirrour* (1579)

Schiffe mit bis zu 11 000 Mann, doch den Sieg verdankten die Engländer dem Wind, der die Spanier zwang, die ganze Insel zu umrunden, um den Rest der riesigen Flotte nach Hause zu bringen.

Das Armada-Porträt Königin Elisabeths. George Gower zugeschrieben (1588)

Das ganze 16. Jahrhundert hindurch waren die englischen *Merchant Venturers,* wie sich die Seehandelskaufleute nannten, der Konkurrenz der deutschen Hanse ausgesetzt, die in London mit dem Stalhof eine Dependance unterhielt. Doch nachdem Spanien als militärischer Gegner zur See ausgeschaltet war, fühlten sich die englischen Kaufleute stark genug, den Überseehandel allein zu betreiben, und so erwirkten sie 1598 von der Königin die Schließung des Stalhofs. An die Stelle der Hanse trat jedoch eine andere Konkurrenz direkt vor der englischen Haustür, die nicht nur eine militärisch starke Flotte besaß, sondern sie auch im Handel wirkungsvoll einsetzte. Es waren die Niederländer, die die Handelswege nach Ostasien kontrollierten und mit Gewürzen, Stoffen und Edelsteinen enorme Gewinne machten.

Um diesem Rivalen Paroli zu bieten, wurde in London die *East India Company* gebildet, deren Gründungsurkunde Königin Elisabeth am 31. Dezember 1600 unterzeichnete. Das war der erste Schritt der aufstrebenden Seemacht auf dem Wege zum späteren Weltreich. Nach Südosten ging der Blick in Richtung Indien, wo exotische Reichtümer lockten; nach Westen ging er nach Amerika, das sich als koloniales Siedlungsgebiet anbot. Einen königlichen Freibrief zur Gründung einer Kolonie in Nordamerika hatte Sir Walter Raleigh bereits 1583 erhalten. Doch die ersten Siedlungsversuche scheiterten, teils am rauen Klima, teils am Widerstand der indianischen Bevölkerung. Erst 1607 gelang die Gründung einer dauerhaften Kolonie, die den Namen Virginia erhielt, den die *Virginia Company* noch zu Lebzeiten der jungfräulichen Königin für sich gewählt hatte. Zwei Jahre später kam es zur Gründung von Jamestown, der Hauptstadt Virginias, diesmal benannt nach Elisabeths Nachfolger James I.

Wie sehr die Neue Welt inzwischen von der Allgemeinheit wahrgenommen wurde, zeigt sich daran, dass Shakespeare in seiner letzten Romanze, *Der Sturm*, das Thema des Kolonisierens als utopisches Gedankenspiel aufgreift und dabei die Kenntnis des Dokuments *A True Declaration of the Estate of the Colony in Virginia* (Eine wahre Erklärung zum Stand der Kolonie in Virginia) des *Council of Virginia* verrät, das 1610 gedruckt erschien. Auch zwei weitere Texte aus demselben Jahr, die von Schiffbrüchen in der Karibik handeln, haben in dem Stück ihre Spuren hinterlassen. Als Personifizierung von Englands Aufstieg zur führenden Seemacht darf Francis Drake gelten, der mit seiner Weltumseglung von 1577 bis 1580 zum Volkshelden wurde und danach wesentlichen Anteil am Sieg über die spanische Armada hatte.

Elisabeth I.

Über dem elisabethanischen Zeitalter strahlt als heller Stern die Königin, die der Epoche den Namen gab. Bereits zu ihren Lebzeiten hatte sie in den Augen ihrer Untertanen einen beinahe mythischen Status erlangt, und selbst im Ausland sprach man von der jungfräulichen Königin wie von einer Gottheit, sofern man in der Protestantin nicht den schön verkleideten Antichrist sah. Dabei war der Stern, unter dem sie selbst ins Leben trat und ihre Jugend zubrachte, alles andere als Glück verheißend gewesen. Statt des lang ersehnten männlichen Thronerben hatte Anne Boleyn, die zweite Frau Heinrichs VIII., nur eine Tochter geboren. So war es schon ihrer Vorgängerin ergangen, der spanischen Prinzessin Katharina von Aragon, von der sich der König eben deswegen hatte scheiden lassen. Dennoch wurde Elisabeth zur präsumptiven Thronerbin erklärt, ein Titel, den bis dahin ihre 17 Jahre ältere Halbschwester Maria innehatte, die nun nach der Annullierung der Ehe des Königs als illegitim galt. Doch als Elisabeths Mutter, die danach keinen männlichen Erben lieferte, drei Jahre später geköpft wurde, verlor Elisabeth ihren Titel wieder.

Unter Heinrichs Nachfolger, dem minderjährigen Eduard VI., hatten die beiden Halbschwestern ein distanziert freundschaftliches Verhältnis zueinander, wobei Mary als katholische Thronanwärterin um ihren Kopf fürchten musste, da inzwischen die radikalen Protestanten das Sagen hatten. Nach dem Tod des 15-jährigen Königs brachte das protestantische Lager für neun Tage Lady Jane Grey, eine Kusine Eduards VI., auf den Thron, die als Ururenkelin Heinrichs VII. einen legitimen Thronanspruch hatte und von Eduard selbst zu seiner Nachfolgerin bestimmt worden war. Doch das konservative Lager setzte sich durch, ließ Lady Jane köpfen und holte die nun wieder für legitim erklärte katholische Mary auf den Thron, worauf nun umgekehrt Elisabeth um ihren

Robert Devereux, Graf Essex. Porträt von Marcus Gheeraerts (1596)

Kopf fürchten musste, da sie im Falle ihrer Nachfolge die von Maria durchgesetzte Rekatholisierung des Landes wieder rückgängig machen würde. Maria hat sich zwar durch ihre gewaltsame Verfolgung der Protestanten den Beinamen ‹die Blutige› erworben, doch in die Beseitigung ihrer Halbschwester hätte sie nur im Fall von Hochverrat eingewilligt. Deshalb musste Elisabeth mit äußerster Vorsicht agieren, um nicht in den Verdacht der Beteiligung an einem protestantischen Komplott gegen die Königin zu geraten. Deren früher Tod erlöste sie von diesem Damoklesschwert.

Elisabeth war eine der intelligentesten und gebildetsten Personen, die je auf einem englischen Thron saßen. Ihre Intelligenz und Lernbegier

Elisabeth I. Porträt von Marcus Gheeraerts (1592)

zeigten sich früh. Bereits mit vierzehn Jahren publizierte sie ihr erstes Buch, schrieb danach noch weitere und lernte Fremdsprachen, von denen sie Französisch und Italienisch fast wie ihre Muttersprache beherrschte. Auch Spanisch, Niederländisch und sogar Walisisch verstand sie. Griechische Texte konnte sie lesen. Am beeindruckendsten waren ihre Lateinkenntnisse. Sie selbst hielt rhetorisch brillante Reden in dieser Sprache; und als sie einmal der lateinischen Rede eines polnischen Gesandten lauschte, aus der sie statt der erwarteten Freundlichkeiten diplomatisch verpackte Vorwürfe heraushörte, fiel sie dem Redner mit einem extemporierten lateinischen Einwurf ins Wort. Selbst als vielbeschäftigte Monarchin schrieb sie, beinahe täglich, Briefe, Anweisungen, Reden und politische Abhandlungen, nicht selten in einer Fremdsprache. Auch Gedichte von ihr sind überliefert, die den Vergleich mit den Werken bekannter Dichter aushalten. Anfangs beeindruckte die junge, rothaarige Königin auch durch ihre Schönheit, die aber in ihrem vierten Regierungsjahr durch eine beinahe tödlich verlaufene Pockenerkrankung stark beeinträchtigt wurde. Danach mussten die Narben mit aufwändigem Make-up verdeckt werden. Dennoch galt die Königin bis zu ihrem Tod als schön.

In der Zeit, in der Elisabeth unter dem Damoklesschwert lebte, muss sie einen untrüglichen Instinkt für Machtverhältnisse entwickelt haben, der sie zu einer Meisterin im Jonglieren mit politischen Gewichten machte. Wie bei kaum einem anderen Regenten der europäischen Geschichte bestanden ihre politischen Leistungen weniger in dem, was sie tat, als in dem, was sie unterließ. Drei Beispiele sind besonders charakteristisch für ihre Hinhaltepolitik. Das erste ist ihre Heiratspolitik und das damit verbundene Spiel mit den Bewerbern um ihre Hand. Anfangs schien es selbstverständlich, dass sie heiraten würde, allein schon um die Thronfolge zu sichern. Als mächtige Königin wurde sie von Prinzen aus ganz Europa umworben. Sie selbst ermutigte erst einmal jeden Bewerber, ließ ihn dann warten und signalisierte irgendwann ihr Desinteresse. Die meisten Bewerber wurden ihr von ihren Beratern aus außen- oder innenpolitischen Erwägungen nahegelegt. Sie selbst unterhielt unterdessen amouröse Flirts, bei denen unklar blieb, ob es jemals Liebesaffären wurden. Ernsthaft verliebt war sie in jungen Jahren wohl nur in Robert Dudley, den späteren Grafen Leicester, der bei ihrem Regierungsantritt noch mit Amy Robsart verheiratet war. Deren plötzlicher Tod durch einen Treppensturz ließ das Gerücht aufkommen, ihr Mann habe nachgeholfen, um frei für eine Ehe mit der Königin zu sein. Obwohl er danach lange Elisabeths bevorzugter Günstling war, konnte sie sich nicht zu einer Ehe entschließen, sei es wegen des Mordverdachts, sei es, weil sich tief in ihr etwas gegen die Bindung an einen Ehemann auflehnte. In späteren Jahren, als sich der junge Robert Devereux, den sie zum Grafen Essex machte, im Licht der mehr als doppelt so alten Königin sonnte, spielte sie geschmeichelt das Werbungsspiel mit, doch als der Graf, in völliger Verkennung der Situation, einen Putsch gegen sie anzettelte, zögerte sie nicht, sein Todesurteil zu unterschreiben.

Für ihre Abneigung gegen eine Ehe ist möglicherweise eine traumatische Erfahrung aus ihrer frühen Jugend der tiefere Grund. In ihren ersten Teenagerjahren lebte sie im Haushalt Catherine Parrs, der Witwe ihres Vaters, die mit Thomas Seymour, dem jüngeren Bruder des Lordprotektors, verheiratet war. Dieser Mann hat den Quellen zufolge das junge Mädchen, gelegentlich sogar unter Mitwirkung seiner Frau, zu einem körperlichen Herumalbern genötigt, das man heute als Missbrauch werten würde. Als Seymour bald darauf Witwer wurde, bewarb er sich ernsthaft um die Hand der noch minderjährigen Prinzessin. Dabei spann er eine politische Intrige, die ihn den Kopf kostete. Bei seinem Verhör wurden auch die körperlichen Übergriffe gegenüber der Prinzessin aktenkundig. Ob Elisabeth, die sich später als eine seelisch außerordentlich robuste Frau erwies, dadurch wirklich traumatisiert war, ist schwer zu entscheiden. Wahrscheinlicher ist, dass sie es vorzog, um ihrer persönlichen Freiheit willen zwar von einem Mann begehrt, aber nicht besessen zu werden.

Das zweite Beispiel für ihr Zaudern ist ihr Verhalten gegenüber Maria Stuart. Die schottische Königin, die als legitime Ururenkelin Heinrichs VII. in den Augen vieler einen größeren Anspruch auf die englische Krone hatte als Elisabeth, war 1568 nach einer blutigen Palastintrige nach England geflohen, wo sie seitdem gefangen gehalten wurde. Da die Anhänger des alten Glaubens in ihr die rechtmäßige Königin sahen, von der sie sich die Rückkehr zum Katholizismus erhofften, war sie für Elisabeth von Anfang an eine latente Gefahr. Doch erst 19 Jahre später konnte sich diese entschließen, Marias Todesurteil zu unterschreiben, und selbst die Exekution missbilligte sie noch als eine voreilige Ausführung ihres noch nicht definitiven Wunsches.

Das dritte Beispiel ist ihre Politik gegenüber Spanien. Nach Englands Rückkehr zum Protestantismus war klar, dass der spanische König Philipp II., der verwitwete Ehemann Marias I., alles daransetzen würde, die Insel zum katholischen Glauben zurückzuholen. Das zwang Elisabeth zu einer Schaukelpolitik zwischen Nadelstichen und Beschwichtigungsversuchen. Unter der Hand begünstigte sie die englischen Freibeuter, die Jagd auf spanische Schiffe machten, während sie andererseits wiederholt ihren Friedenswillen bekundete. Erst der Sturm, der die Armada auseinandertrieb, löste für sie dieses Problem, doch bis zu ihrem Tod befand sich England im Krieg gegen Spanien. Alles in allem war Elisabeths Politik mehr durch Vorsicht als durch Weitsicht geprägt. Sie hasste den Krieg und führte ihn dort, wo er sich nicht vermeiden ließ, nur halbherzig. Innenpolitisch war sie aber nicht zimperlich, wenn es um die Bestrafung von Unruhestiftern ging. Ein Beispiel für ihre Härte ist das Urteil gegen den angesehenen Juristen John Stubbs. Er hatte 1578, als sie über eine Heirat mit dem französischen Thronanwärter, dem Herzog von Alençon, verhandelte, ein scharfes Pamphlet veröffentlicht, in dem er die Verbindung der 45-jährigen Protestantin mit dem 24-jährigen katholischen Prinzen als eine «unmoralische Union» beschrieb, die «einen reinen Ochsen mit einem unreinen Esel unter einem Joch zusammenspannt». Eine solche Verbindung verrate nur die heimtückische Absicht der Franzosen, die englische Königin umzubringen, da sie als Spätgebärende mit hoher Wahrscheinlichkeit im Kindbett sterben würde. Elisabeth sah in dem Pamphlet eine Anstiftung zum Aufruhr und wollte den Verfasser im ersten Zorn hinrichten lassen, ließ sich dann aber gnädig stimmen und beschränkte die Strafe auf das Abhacken der rechten Hand. Stubbs soll darauf mit der linken seinen Hut geschwenkt und seine Treue zur Königin bekundet haben, bevor er in Ohnmacht fiel. Er blieb danach ein treuer Untertan und diente seiner Königin zeitweilig als Mitglied des Unterhauses. Weitere Beispiele für Elisabeths Härte sind die 123 katholischen Priester, die sie zwischen 1571 und 1603 hinrichten ließ. Nach der Aufdeckung des katholischen *Ridolfi Plots* im September 1571 wurden Katholiken, die sich der Staatskirche aktiv widersetzten, rücksichtslos verfolgt, wozu die auch später wiederholt versuchten Komplotte begründeten Anlass gaben. Den größten Blutzoll in ihrer gesamten Regierungszeit hatte bereits in den Jahren 1569 und 1570 die Niederschlagung des prokatholischen Aufstands gefordert, die mit der Exekution von 800 Rebellen endete.

Mit ihrer vorsichtigen, aber doch wehrhaften Außenpolitik gelang es Elisabeth, England aus dem europäischen Machtspiel zwischen Spanien, Frankreich und dem Deutschen Reich herauszuhalten und stattdessen englischen Kaufleuten Ruhe für den Aufbau weltweiter Handelsbeziehungen zu verschaffen. In ihren Reden beteuerte sie immer wieder mit großem Pathos, dass ihr nichts so sehr am Herzen liege wie die Wohlfahrt ihres Volkes, und sie erklärte England sogar zu ihrem angetrauten

Ehepartner, dessen Ring sie am Finger trug. Doch in ihrem persönlichen Lebensstil war von Volksnähe wenig zu merken. Allein ihre jährlichen Ausgaben für Kleidung beliefen sich auf 9000 Pfund. Für ein Paar Seidenstrümpfe, die sie zwei Wochen lang trug und dann an eine Hofdame weitergab, zahlte sie 2 Pfund, das entsprach dem Jahrespachtertrag einer kleinen Farm. Ein Inventarverzeichnis ihrer Garderobe aus den 1590er Jahren kam auf über 3000 Kleidungsstücke, von denen manche den Wert eines größeren Hauses hatten, was nicht verwundert, wenn man die mit Juwelen reich bestückten Kleider sieht, die sie auf ihren Porträts trägt.

Die Theatertruppen, darunter auch Shakespeares, profitierten von der königlichen Verschwendung nur in Maßen. Um Kontrolle über die Theateraktivitäten zu haben, übernahm Elisabeth 1583 das Patronat über die neu formierte Truppe der Queen's Men, die in königlicher Livree durch das Land tourte und sich auf Historienstücke spezialisierte, die dem jungen Nationalstolz Futter geben sollten. Doch insgesamt ließ sie dem Theater sehr viel weniger zukommen als später ihr Nachfolger. Ihm hinterließ sie eine leere Staatskasse und einen Schuldenberg von 100 000 Pfund.

Das Volk nahm seiner Königin die Verschwendung nicht übel. Im Gegenteil: damals galt der Prunk der Könige als Zeichen von Macht, und Macht war die Garantie für politische Stabilität. Ein Höchstmaß an Stabilität schien 1588 nach dem Sieg über die Armada erreicht zu sein. Doch da war die Königin bereits 55 Jahre alt und längst über das Alter hinaus, in dem sie einen Erben hätte gebären können. Deshalb begann sich der politische Himmel über England gegen Ende ihrer Regierungszeit zu verdunkeln. Zur Ungewissheit hinsichtlich der Thronfolge kamen weitere Schatten, die sich auf das Land legten. In den Jahren 1592 und 1593 wurde England, wie bereits erwähnt, von einer schlimmen Pestepidemie heimgesucht. Es folgten Jahre mit Missernten, was zu Teuerungen und Hungersnöten führte. Verschlimmert wurde die prekäre Lage durch Aufstände im katholischen Irland, zu deren Niederschlagung die englische Regierung 1599 mit hohem Kostenaufwand Soldaten auf die Nachbarinsel schicken musste, ein Unternehmen, das mit verlustreichen Fehlschlägen endete. In ihren letzten Regierungsjahren, als mit William Cecil ihr wichtigster Berater gestorben war, schien sie es leid zu sein, mit dem Parlament um Steuern zu feilschen, und so verlegte sie sich auf den Verkauf lukrativer Monopole. Das sorgte für steigende Preise bei den jeweils betroffenen Waren und für zunehmende Korruption. Am 8. Februar 1601 ließ sich Elisabeths Günstling Graf Essex, der nach seiner inkompetenten Kriegführung in Irland in Ungnade gefallen war, durch die instabile Lage zu einem Putschversuch verleiten, der aber kläglich scheiterte und mit der Exekution des Grafen endete. Im gleichen Jahr musste die Königin auch noch die Demütigung hinnehmen, durch das Parlament zum Widerruf der Monopole gezwungen zu werden. Insofern erweist sich der Glanz, den sie auf ihr vermeintlich «Goldenes Zeitalter» legte, bei näherem Hinsehen als dünne Blattgoldschicht. Gemessen an der Zahl exekutierter Katholiken hätte sie weit eher den Beinamen ‹die Blutige› verdient als ihre Halbschwester Mary. Doch die Geschichte urteilt weniger nach der Wirklichkeit als nach der Wirkung.

Jakob I.

Der Thronwechsel nach Elisabeths Tod am 24. März 1603 vollzog sich weniger problematisch, als die zeitgenössischen Auguren befürchtet hatten. Doch gänzlich reibungslos verlief er nicht. Dass Jakob VI., König von Schottland aus dem Hause Stuart, als Sohn Maria Stuarts und Nachkomme Heinrichs VII. auf den Thron der kinderlosen Königin folgen sollte, war vertraglich bereits 1586 vereinbart worden, und Robert Cecil stand zuletzt in heimlichem Briefverkehr mit Jakob, um ihm den Weg zu ebnen. Dennoch murrte das Parlament, weil der schottische König inzwischen Schriften publiziert hatte, in denen er sich offen für das absolutistische Gottesgnadentum aussprach. Auch Jakobs überhasteter Aufbruch nach England nach der Todesnachricht und seine Willkürhandlungen unterwegs – so ließ er noch auf dem Wege nach London einen vermeintlichen Dieb hängen – machten ihn von Anfang an unbeliebt.

Während die protestantische Gentry von Jakob, der in Schottland Oberhaupt der presbyterianischen Staatskirche war, die Unterstützung ihrer Sache erhoffte, empfand der Hochadel den neuen König als einen nicht standesgemäßen Eindringling. Einige Lords wurden sogar beschuldigt, eine Verschwörung geplant zu haben. Einer von ihnen war Sir Walter Raleigh, der deswegen zum Tode verurteilt und später zu Gefängnishaft begnadigt wurde. Eine Gruppe von Puritanern hatte Jakob bereits vor seiner Thronbesteigung die angeblich von tausend Pfarrern unterzeichnete *millenary petition* überreicht, worin sie um die Reinigung der Kirche von katholischen Resten baten. Diesem Begehren kam der König 1604 nur insoweit entgegen, als er eine Konferenz nach Hampton Court einberief, die alles Weitere klären sollte. Das Einzige, was die Konferenz an Reform leistete, war der Auftrag zu einer neuen Übersetzung der Bibel, die 1611 fertig wurde und als *Authorized Version*

Die Konferenz in Somerset House 1604. Unbekannter Maler

oder *King James Bible* bis weit ins 20. Jahrhundert die von der Staatskirche autorisierte Fassung blieb.

Sofortige Wirkung hatte eine andere Konferenz im gleichen Jahr, die in Somerset House in London stattfand. Dort wurde der zwanzigjährige Krieg mit Spanien mit einem Friedensabkommen beendet. Spanien gab seinen Anspruch auf den englischen Thron auf und England verpflichtete sich, die Unterstützung der Niederlande gegen Spanien einzustellen. Der feierliche Friedensschluss wurde auf einem Gruppenbild festgehalten, auf dem auf der rechten Seite Robert Cecil zu sehen ist, der die englische Delegation anführte. Der im Jahr darauf zum Grafen Salisbury geadelte Sohn William Cecils schien für Jakob anfangs das zu werden, was sein Vater für Elisabeth gewesen war, doch schon 1607 wurde er durch Robert Carr verdrängt. Carr seinerseits wurde sieben Jahre später durch den neuen Günstling George Villiers ersetzt, der in kurzen Abständen durch sämtliche Adelstitel hindurch befördert wurde und zuletzt als Herzog von Buckingham der mächtigste Mann unter dem König war.

Die Enttäuschung der Katholiken, die sich vom Sohn der katholischen Maria Stuart größere Zugeständnisse erhofft hatten, führte zu einem von Fanatikern geplanten Attentat, dem berühmten *Gunpowder Plot.* Am 5. November 1605 wollten die Verschwörer von einem Keller unter dem House of Lords aus mit 36 Fässern Pulver das Parlament während einer Sitzung in die Luft sprengen. Der Plan wurde verraten, und dem auf frischer Tat verhafteten Verschwörer Guy Fawkes wurden unter der Folter die Namen seiner Komplizen abgepresst, die festgenommen und gehängt wurden. Die Verurteilung der Verschwörer wurde auch in Deutschland zur Kenntnis genommen, wie der 1606 erschienene Stich zeigt. Das Parlament erklärte den 5. November zu einem Gedenktag, der mit Freudenfeuern und dem Verbrennen der Verschwörer in Gestalt von Strohpuppen gefeiert werden sollte. Dieser Guy Fawkes Day hat sich bis heute gehalten,

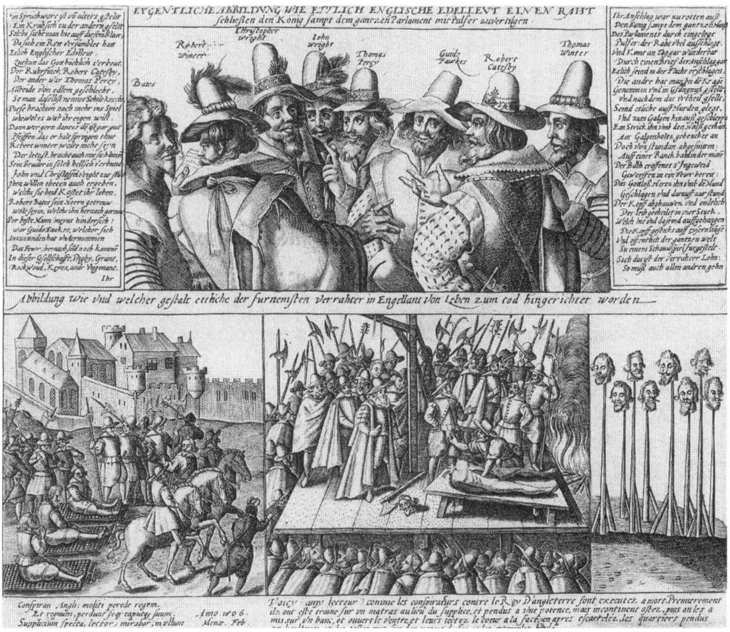

Die Pulververschwörer. Stich von Johann Theodor und Johann Israel de Bry (1606)

und jeder Engländer kennt den Spruch: *Remember, remember the fifth of November.*

Nach dem Aufdecken der Pulververschwörung erhöhte sich der öffentliche Druck auf die Katholiken, wobei Jakob selber sich wohlwollender verhielt als seine Untertanen. Er bemühte sich sogar um eine Heirat zwischen seinem Sohn Karl und der spanischen Infantin, was in England für wachsende Unruhe sorgte. Später suchte er auf Druck des Parlaments die Allianz mit dem protestantischen Lager auf dem Kontinent und gab 1613 seine Tochter Elisabeth Kurfürst Friedrich V. von der Pfalz, dem Anführer der protestantischen Union, zur Frau. Der Kurfürst wurde 1619 zum König von Böhmen gewählt, verlor aber gleich darauf zu Beginn des Dreißigjährigen Kriegs die Schlacht am Weißen Berg und floh als «Winterkönig» in die Niederlande.

Bei seiner Thronbesteigung hatte Jakob eine leere Staatskasse vorgefunden. Deshalb musste er sich erst einmal Einnahmequellen erschließen, um einen neuen, ihm ergebenen Hofstaat um sich scharen zu können. Da er für Steuererhöhungen die Zustimmung des Parlaments gebraucht hätte, verlegte er sich auf den Verkauf von Adelstiteln, eine Praxis, die er auch später beibehielt. Als die Ritterschläge nicht mehr genug einbrachten, kreierte er 1611 den neuen Titel eines Baronet als höchsten und einzigen erblichen Titel des niederen Adels. Die damit Geehrten wurden kräftig zur Kasse gebeten. Anfangs kostete der Titel 1095 Pfund, doch mit der Zeit sorgte die Titelinflation für einen Preisverfall, und nach elf Jahren gab es den Baronet schon für 220 Pfund. Ab 1615 verkaufte Jakob auch die Peerswürde an reiche Untertanen, womit er sich den Zorn des Hochadels zuzog.

Obgleich die von Elisabeth erreichte innenpolitische Stabilisierung, das *Elizabethan Settlement,* bis zum Ende von Jakobs Regierungszeit im Wesentlichen erhalten blieb, nahmen die Spannungen im politischen Kräftespiel stetig zu. Einen kritischen Punkt erreichten sie in Shakespeares Todesjahr 1616, als Jakob den obersten Richter und Sachwalter des Common Law, Edward Coke, aus dem Amt entließ, weil dieser sich weigerte, einen gewissen Peacham zu verurteilen, der das Finanzgebaren des Königs kritisiert hatte. Coke war 1592 von Elisabeths Erstem Staatssekretär Lord Burghley in ein hohes Richteramt berufen und zwei Jahre später zum Generalstaatsanwalt ernannt worden. Danach blieb er bis zu seiner

Jakob I., John de Critz zugeschrieben (1606)

Entlassung der wichtigste Jurist im Land, der auch durch seine Schriften maßgeblichen Einfluss auf die englische Rechtsprechung gewann. Während die vom König ernannten Lordkanzler, die jahrhundertelang kirchliche Würdenträger waren, in ihrem Kanzleigerichtshof eine vom Kirchenrecht geprägte Rechtsprechung praktizierten, hatte Coke als höchster Vertreter des Common Law das Unterhaus auf seiner Seite. Seine Entlassung war deshalb wie ein leises Beben, das die zunehmende Spannung zwischen Krone und Parlament anzeigt, die sich unter Jakobs Sohn, Karl I., in einem Bürgerkrieg entladen sollte.

Von seiner positiven Seite erlebten den neuen König die Theaterleute. Jakob übernahm das Patronat von Shakespeares Truppe, die bis dahin als *Chamberlain's Men* die Gunst des für die Lizensierung von Theaterstücken zuständigen Lord Chamberlain genossen hatte und jetzt als

King's Men einen privilegierten Status erhielt. Während die Truppe unter Elisabeth in den Jahren 1594 bis 1603 nur 32mal gegen das feste Honorar von 10 Pfund Stücke bei Hofe aufführte, kam sie danach bis zu Shakespeares Todesjahr 1616 177mal zu dieser Ehre und den zusätzlichen Einnahmen. Der König war gegenüber dem Theater sehr viel spendabler als seine knauserige Vorgängerin. Er liebte Pomp und Prunk, gab sich den Anschein, selbst zu den Intellektuellen zu gehören, und umgab sich deshalb gern mit Künstlern. Seine Vorliebe für jugendliche Günstlinge ließ bald Gerüchte aufkommen, dass es sich dabei um «widernatürliche» Beziehungen handle. Doch als König stand er zu sehr außerhalb der Reichweite der öffentlichen Kritik, als dass es zu einem wirklichen Skandal hätte kommen können.

Anders als Elisabeth wurde Jakob vom Volk allerdings nie geliebt. Die Engländer empfanden den Schotten als eitel, grobschlächtig, selbstgerecht, misstrauisch, unsauber, redselig und geschmacklos, kurzum, als in jeder Hinsicht unenglisch. Selbst die Tatsache, dass er nach der Vereinigung der beiden Königreiche unter einer Krone den Namen *Britain* und als Fahne den noch heute geltenden Union Jack einführte, verletzte den Nationalstolz der Engländer eher, als dass es ihm schmeichelte. An Verschwendungssucht übertraf er seine Vorgängerin bei weitem. Während sie für ihre Garderobe 9000 Pfund im Jahr ausgegeben hatte, brachte er es schon bald auf 36 000 Pfund, und die Staatsschuld von 100 000 Pfund, die er von ihr geerbt hatte, vermehrte er in den ersten fünf Regierungsjahren auf 600 000 Pfund. Dabei hatte er, anders als Elisabeth, nicht einmal Kriege zu finanzieren, weshalb er es sich leisten konnte, zwischen 1607 und 1620 nur ein einziges Mal, nämlich im Jahr 1611, ein Parlament einzuberufen. Statt sich Steuern bewilligen zu lassen, verkaufte er Peerswürden und Monopole und gab 1616 gegen Zahlung von 200 000 Pfund drei Städte an die Niederlande zurück, die England als Schutzmacht besetzt hielt. Erst als 1620 der Merchant Venturer Lionel Cranfield Schatzkanzler wurde, besserte sich Jakobs finanzielle Lage. Cranfield sorgte langfristig dafür, dass auch der König vom florierenden Überseehandel profitierte.

II

KULTUR DER SHAKESPEAREZEIT

Shakespeares Zeitgenossen. Französischer Stich von 1844

Kulturelle Aufholjagd

Als nach dem Ende der Rosenkriege das Land unter Heinrich VII. endlich zur Ruhe kam und der innere Friede gesichert schien, kam es auch hier zum Aufblühen der «neuen Gelehrsamkeit» *(New Learning)*, wie man es nannte. An der Universität von Oxford war es vor allem das Verdienst der Gelehrten Thomas Linacre (ca. 1460–1524) und William Grocyn (ca. 1446–1519), die in Florenz mit dem italienischen Humanismus bekannt geworden waren, während in Cambridge der Niederländer Desiderius Erasmus (1466–1536), besser bekannt als Erasmus von Rotterdam, in den Jahren 1511 bis 1514 wirkte. Beide Universitäten erhielten schon bald neue Colleges, teils durch großzügige Stiftungen, teils durch den Ausbau bestehender Bildungseinrichtungen. In London gründete der Humanist John Colet, der in Oxford und Florenz studiert hatte, als Dekan der St. Pauls-Kathedrale 1510 die St. Pauls-Schule, die noch heute zu den renommiertesten englischen Public Schools zählt. Weitere Schulen dieses Typs folgten in Shrewsbury (1552), Westminster (1560), Rugby (1567) und Harrow (1571). Ihre Schüler kamen in der Shakespearezeit noch aus allen Gesellschaftsschichten; zu Eliteschulen für die Oberschicht wurden sie erst im 17. Jahrhundert. John Colet war außerdem einer der ersten und wichtigsten Vermittler des in der Antike von Plotin vertretenen Neuplatonismus, der in Italien von Autoren wie Marsilio Ficino und Pico della Mirandola weiterentwickelt worden war. Da sich das neuplatonische Denken in wesentlichen Punkten mit der christlichen Theologie vereinbaren ließ, wurde es neben den reformatorischen Bestrebungen innerhalb der Kirche zum wichtigsten geistigen Fluidum der Renaissance. Sein Einfluss ist in England allenthalben zu spüren, besonders in dem religiös überhöhten Liebeskult, den die Sonettdichter im späten 16. Jahrhundert pflegten. Die neuplatonische Idee einer die Welt durchwirkenden Geistesmacht, die sich der Weise durch Bücher aneig-

Schloss Longleat. Gemälde von Jan Siberechts (1675)

nen kann, ist noch in Shakespeares Prospero in *Der Sturm* zu spüren.

Wie weit England kulturell hinter dem Mutterland der Renaissance zurücklag, zeigt sich am augenfälligsten in der bildenden Kunst. Beim Regierungsantritt Heinrichs VII. standen in Italien Künstler wie Verrocchio, Mantegna, Bellini, Botticelli und Leonardo da Vinci auf dem Gipfel ihres Schaffens. In England gab es zu der Zeit und noch bis in die Mitte des 16. Jahrhunderts keinen einzigen gleichrangigen Maler, weshalb Heinrich VIII. den Deutschen Hans Holbein 1536 an seinen Hof rief. Immerhin brachte England danach mit Nicholas Hilliard (1547–1619) einen Künstler hervor, der zusammen mit dem aus Frankreich geflüchteten Isaac Oliver die Miniaturmalerei als eine spezifisch englische Kunstform entwickelte. In der Architektur wurde für Sakralbauten weiter der für England charakteristische spätgotische Perpendikularstil gepflegt, den man bei weltlichen Bauten Tudorstil nennt – leicht zu erkennen an dem flach heruntergezogenen, aber immer noch gotischen Spitzbogen. Ein herausragendes Beispiel für elisabethanische Architektur ist Schloss Longleat, das in den Jahren 1559 bis 1580 errichtet wurde. Anschluss an den Kontinent fand die englische Architektur erst durch Inigo Jones (1573–1652), der den Stil Palladios ins Land holte.

Auch in der Musik, zu der England einst mit Dunstable (ca. 1390–1453) einen wichtigen Beitrag leistete, erreichte die von John Taverner (1490–1545) und Thomas Tallis (1505–85) eingeleitete zweite Blüte erst unter Elisabeth den Gipfelpunkt, der dann aber durch große Namen wie William Byrd (1543–1623), John Bull (1562–1628), Thomas Morley (1557–1602), John Dowland (1563–1626) und Orlando Gibbons (1583–1625) überreich repräsentiert wird. Hier besteht der spezifisch englische Beitrag vor allem in Madrigalen, Lautenliedern und Kompositionen für kleinste Besetzung, besonders für Laute und sogenannte Consorts aus Blockflöte und Streichinstrumenten. Ein anderes Instrument, das Virginal, wird in der Musikgeschichte als so typisch für England angesehen, dass die englischen Virginalisten zu einem festen Begriff geworden sind. Es handelt sich dabei um eine Art Spinett, das kleiner war als das Cembalo und sich deshalb besonders für Hausmusik eignete.

Der wichtigste Geburtshelfer der englischen Renaissance war William Caxton, der 1476 die erste Druckerpresse auf englischem Boden in Betrieb nahm und danach ein wachsendes Publikum mit Büchern bekannt machte, die vorher nur einer kleinen Kulturelite in Handschriften zugänglich waren. Er druckte fast alles an englischer Literatur, was er erreichen konnte, darunter Klassiker wie Chaucers *Canterbury Tales* und Sir Thomas Malorys Artusroman *Morte d'Arthur*. Auch französische Bücher brachte er in eigenen Übersetzungen auf den Markt. Bis zu seinem Tode 1491 kamen aus seiner Presse rund 80 Bücher, darunter 24 Übersetzungen.

Im 16. Jahrhundert begannen auch englische Humanisten Bücher zu schreiben. Der bekannteste unter ihnen ist Sir Thomas Morus, dessen 1516 auf Latein in den Niederlanden erschienenes Buch *Utopia* allerdings erst 1551 auf Englisch herauskam. Wichtiger für die damalige Zeit war seine *History of King Richard III*, die 1513 erschien und das Fundament für den Tudormythos legte. So nannte man die jetzt einsetzende Geschichtsschreibung, die, entgegen der historischen Wahrheit, Richard III. als Schurken darstellte, um so den neuen Tudorkönig als Lichtgestalt erscheinen zu lassen, denn dessen Legitimität war zweifelhaft, da er seinen Thronanspruch nur über seine Mutter, eine Ururenkelin Eduards III., geltend machen konnte. Das zweite einflussreiche Buch mit gleicher Tendenz war Edward Halles Chronik *The Union of the Two Noble and Illustrious Families of Lancaster and York* (1542; erweiterte Fassungen 1548, 1550). Aus beiden Büchern entnahm Shakespeare später den Stoff für sein Drama *Richard III.* Noch wichtiger wurde für ihn Raphael Holinsheds 1577 erschienenes Buch *Chronicles of England, Scotland and Ireland,* das ihm die Stoffe für alle seine Königsdramen lieferte. Der politischen Stabilisierung diente auch *The Boke Named the Governour (Das Buch vom Herrscher),* das Sir Thomas Elyot 1531 als englisches Gegenstück zu Castigliones *Il libro del cortegiano (Das Buch vom Höfling)* herausbrachte und das die Werte der Ordnung und der gesellschaftlichen Hierarchie propagierte. Das gleiche Ziel verfolgte eine 1549 erschienene Schrift John Chekes, deren Titel in deutscher Übersetzung *Über den Schaden, den Aufruhr dem Gemeinwesen zufügt* lautet. Nachdem sich der religiöse Eifer der Reformationszeit, der anfangs die Buchproduktion bestimmte, etwas abgekühlt hatte, richtete sich das Interesse immer stärker auf die Literatur im engeren Sinn. Jetzt kamen auch die ersten literaturkritischen und dichtungstheoretischen Schriften auf den Markt. Den Anfang machte Thomas Wilsons *Arte of Rhetorique* (1553 und 1560). 1589 erschien anonym George Puttenhams Buch *The Arte of English Poesie,* das neben Sir Philip Sidneys *Apologie for Poetrie* (1595) die gewichtigste Publikation auf diesem Felde war. Von literarhistorisch besonderem Interesse ist das Buch *Palladis Tamia, Wit's Treasury* (1598) von Francis Meres, der darin 125 englische Autoren mit antiken Vorbildern vergleicht. Hier findet sich die erste rühmende Erwähnung Shakespeares, von dem zwölf Dramen aufgeführt werden und dem ein besonderes Lob für seine «zuckrigen Sonette» ausgesprochen wird.

Die römischen Klassiker waren den Gebildeten schon früher aus dem Lateinunterricht vetraut. Doch im Zuge der Renaissance wurden sie nun auch formgerecht ins Englische übertragen. Henry Howard (1517–1547) – besser bekannt als Graf Surrey (den Titel übernahm er *by courtesy* von seinem Vater, als dieser zum Herzog von Norfolk befördert wurde) – übersetzte Teile von Vergils *Aeneis* in fünfhebigen Jamben ohne Reim, sogenannten Blankversen, und führte diese Versform in die englische Literatur ein. Von Shakespeares Lieblingsdichter Ovid, den er mit hoher

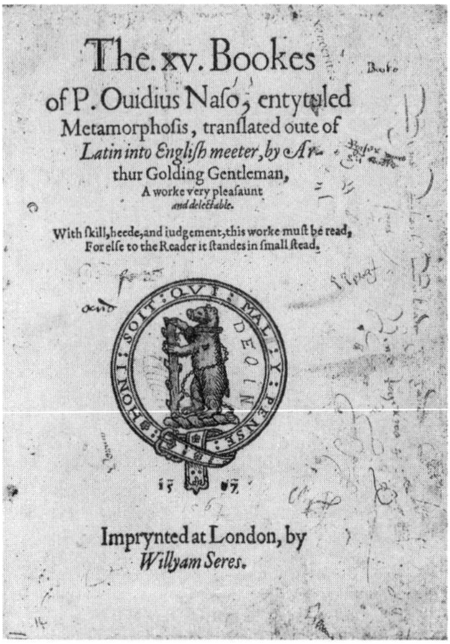
The.xv.Bookes of P. Ouidius Naso, entytuled Metamorphosis, translated oute of Latin into English meeter, by Arthur Golding Gentleman, A worke very pleasaunt and delectable.

With skill, heede, and iudgement, this worke must be read, For else to the Reader it standes in small stead.

HONI SOIT QUI MAL Y PENSE

DEO IN

15 67

Imprynted at London, by Willyam Seres.

Titelblatt der Ovid-Übersetzungen von Arthur Golding (1567)

THE LIVES OF THE NOBLE GRECIANS AND ROMANES, COMPARED together by that graue learned Philosopher and Historiographer, Plutarke of Chæronea:

Translated out of Greeke into French by IAMES AMYOT, Abbot of Bellozane, Bishop of Auxerre, one of the Kings priuy counsel, and great Amner of Fraunce, and out of French into Englishe, by Thomas North.

ANCHORA SPEI

Imprinted at London by Thomas Vautroullier and Iohn VVight.

1579.

Titelblatt von Thomas Norths Plutarch-Übersetzung *The Lives of the Noble Grecians and Romans* (1579)

Wahrscheinlichkeit schon aus der Schule im Original kannte, kam 1567 die Übersetzung der *Metamorphosen* von Arthur Golding heraus. Die griechischen Klassiker fanden erst spät das Interesse des Publikums. Die erste vollständige Übersetzung Homers schuf George Chapman, dessen *Ilias* in siebenhebigen Reimpaaren ab 1598 in Fortsetzungen erschien. Fertig wurde sie um 1611 und die *Odyssee* um 1615. Ein anderer antiker Klassiker, dem Shakespeare viel zu verdanken hat, war Plutarch, dessen Biographien der römischen Kaiser Sir Thomas North 1579 ins Englische übersetzt hatte. Aus dieser Quelle schöpfte Shakespeare die Stoffe seiner Römerdramen.

Von den zeitgenössischen Werken des Kontinents, die auf die englische Kultur einwirkten, war Castigliones *Il Cortegiano* (1528) das erste und wirkungsmächtigste. Dieses Lehrbuch aristokratischen Benehmens, das 1561 in der englischen Übersetzung von Sir Thomas Hoby herauskam, propagierte das Ideal der *sprezzatura,* das bis heute im Bild des englischen

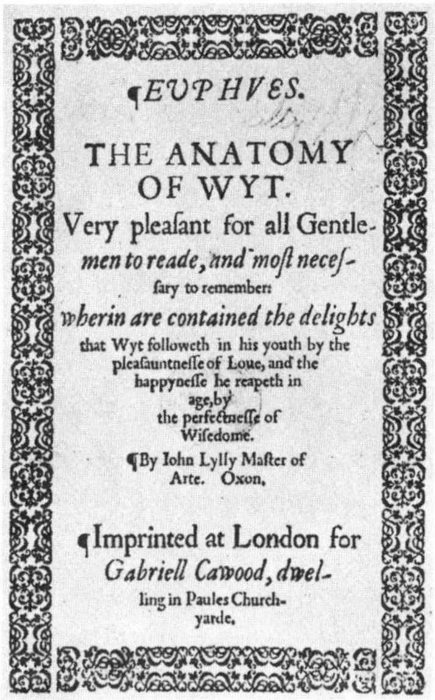
¶EVPHVES.
THE ANATOMY
OF WYT.
Very pleaſant for all Gentle-
men to reade, and moſt neceſ-
ſary to remember:
wherin are contained the delights
that Wyt followeth in his youth by the
pleaſauntneſſe of Loue, and the
happyneſſe he reapeth in
age, by
the perfectneſſe of
Wiſedome.
¶By Iohn Lylly Maſter of
Arte. Oxon.
¶Imprinted at London for
Gabriell Cawood, dwel-
ling in Paules Church-
yarde.

Titelblatt von John Lyly, *Euphues. The Anatomy of Wit.* (1579)

THE
COVNTESSE
OF PEMBROKES
ARCADIA.
WRITTEN BY SIR
Philip Sidney Knight.
NOW SINCE THE FIRST EDI-
tion augmented and ended.
LONDON.
Printed for William Ponſonbie.
Anno Domini. 1593.

Titelblatt von Sir Philip Sidney, *Arcadia*, hg. v. seiner Schwester, der Gräfin Pembroke 2. Ausg. (1593)

Gentleman nachwirkt. Man versteht darunter das Bestreben, sich Anstrengung nicht anmerken und größte Selbstzucht als mühelos und lässig erscheinen zu lassen. Von zwei Autoren des Kontinents, deren Schriften im 16. Jahrhundert noch gar nicht ins Englische übersetzt worden waren, ist ein untergründiger Einfluss dennoch deutlich zu spüren. Der eine ist Machiavelli, dessen *Il Principe* erst 1640 auf Englisch erschien, aber mit Sicherheit bereits Ende des 16. Jahrhunderts in der intellektuellen Avantgarde kursierte. Der andere, Michel de Montaigne, hat mit hoher Wahrscheinlichkeit auf Shakespeare gewirkt, noch bevor seine *Essais* in der Übersetzung von John Florio 1603 herauskamen, denn in *Hamlet* und den darauffolgenden Stücken ist eine Nähe zu Montaignes Skeptizismus zu spüren, und im *Sturm* glaubt man dessen Essay *Über Kannibalen* als eine der Quellen zu erkennen.

Mit der Stabilisierung der politischen und religiösen Lage unter Elisabeth gewann auch die Belletristik immer mehr an Boden. Das erste

Prosawerk von durchschlagender Wirkung war John Lylys Roman *Euphues, the Anatomy of Wit,* der von 1578 bis 1580 in zwei Teilen herauskam. Das in einer extrem elaborierten Sprache verfasste Buch prägte den Prosastil der Zeit so sehr, dass man dafür den Begriff Euphuismus prägte. Shakespeare parodierte diesen Stil in seiner frühen Komödie *Verlorene Liebesmüh* und setzte ihm seine eigene, nicht weniger elaborierte, aber originellere und ausdrucksstärkere Rhetorik entgegen. Ähnlich einflussreich war Sir Philip Sidneys Roman *Arcadia,* der zuerst 1578 erschien und danach in einer stark veränderten, aber unvollendeten Fassung 1590 posthum neu herauskam. Das Buch, das eine höfisch-pastorale Handlung mit zahlreichen eingelegten Gedichten erzählt, hat wegen seiner Formlosigkeit später viel Spott auf sich gezogen, war aber für den Stil der Zeit von großem Einfluss. Als dritter höfisch-pastoraler Roman muss Thomas Lodges *Rosalynde, Euphues Golden Legacy* (1590) genannt werden, der bereits im Titel seine Anlehnung an den Vorgänger zu erkennen gibt. Aus diesem Buch nahm Shakespeare den Stoff für seine Komödie *Wie es euch gefällt.* Eine noch ergiebigere Stoffquelle war für ihn William Painters Sammlung von Übersetzungen aus Schriften von Bandello, Boccaccio, Herodot und Livius, die schon 1566–67 unter dem Titel *The Palace of Pleasure* erschienen war.

Die größte, wenngleich unvollendet gebliebene erzählende Versdichtung der Zeit ist Edmund Spensers Epos *The Faerie Queene,* von dessen geplanten zwölf Büchern die ersten drei 1590 und die nächsten drei 1596 erschienen. Das Buch ist eine Apotheose der «Feenkönigin» Elisabeths I., die darin unter dem Namen Gloriana zu einer Art weiblichem König Artus stilisiert wird. Es ist der umfassendste Versuch, auf der Basis des neuplatonischen Denkens alle politischen und ethischen Werte durch allegorische Handlungen zu veranschaulichen. Spenser bedient sich dabei einer bewusst altmodisch gehaltenen Sprache, die sich durch große Anschaulichkeit ihrer Bilder auszeichnet. Sein Vorbild für das gewaltige Unternehmen war Ariosts Riesenepos *Orlando furioso* (1532), das 1591 in der Übersetzung von John Harington erschienen war. Einer Anekdote zufolge war Harington von der Königin zu dem Marathonprojekt verurteilt worden, weil er zuvor frivole Teile aus dem Werk übersetzt hatte. Auch mit seinen Sonetten und kürzeren Versdichtungen gehört Spenser zu den Großen der englischen Lyrik.

Wie stark die Nachfrage nach poetischer Literatur in jener Zeit war, lässt sich an der Zahl der Neuauflagen besonders populärer Bücher ablesen. Schon Tottels Anthologie *Songes and Sonnettes* (1557), später bekannt als *Tottel's Miscellany*, mit Gedichten der beiden ersten Sonettschreiber, Sir Thomas Wyatt und Graf Surrey, sowie Werken anderer Dichter wurde bis 1587 mindestens achtmal neu aufgelegt. Die Anthologie *The Paradise of Daintie Devises* von 1576 brachte es bis 1600 auf sechs Auflagen. Auch die Sonettzyklen von Sidney, Daniel und Drayton wurden mehrfach erweitert und nachgedruckt. Ein besonders starkes Interesse fand ein bestimmter Typ von Erzählung, den man als *de casibus*-Geschichten bezeichnet. Das Modell dazu hatte Boccaccio mit seinem Buch *De casibus virorum illustrium* (1356–60; Über den Sturz berühmter Männer) geliefert. Nach diesem Vorbild schrieb Chaucers Schüler und jüngerer Zeitgenosse John Lydgate (1373–1449) die umfangreiche, 36 365 Zeilen umfassende Dichtung *The Fall of Princes* (1431–38; Der Sturz von Prinzen), die ihrerseits das Vorbild für die von George Ferrers und William Baldwin begonnene und dann von anderen Autoren fortgeführte Sammlung *A Mirrour for Magistrates* (1559) wurde. Dieses Buch, das in Versform den tragischen Absturz berühmter Personen erzählt, erlebte in stetig erweiterten Fassungen bis 1610 sechs Auflagen, was erkennen lässt, wie begierig die Leser auf solche Geschichten waren. Was sie hier in zum Teil holprigen Versen zu lesen bekamen, boten ihnen die Tragödien im Theater in sehr viel eindringlicherer Form. Das de casibus-Schema war die Grundform des anfangs vorherrschenden Tragödientyps. Im Verlangen danach äußert sich der emanzipatorische Geist des aufsteigenden Bürgertums, der im Sturz hochgestellter Personen eine Bestätigung dafür sah, dass die soziale Hierarchie keine ewige Ordnung war. Wo Prinzen stürzen können, war es auch möglich, dass ein Mensch niederen Standes aufsteigen konnte.

Auffällig ist, dass auf der einen Seite die Versdichter überzeugt waren, unsterbliche Werke zu schaffen, während auf der anderen Seite die Dramatiker anscheinend wenig Interesse hatten, ihre Werke in gedruckter Form zu verewigen. Ein praktischer Grund dafür war, dass die Theatertruppen ihre Texte unter Verschluss halten mussten, damit die Konkurrenz sie nicht auf die Bühne bringen konnte. Auf den Buchmarkt kamen Dramen entweder als Raubdrucke nach der Vorlage von heimlichen

Mitschriften und gestohlenen Rollenbüchern oder als autorisierte Drucke, wenn das Stück endgültig aus dem Spielplan genommen war. Doch zum Renommee des Autors trugen diese Publikationen kaum bei. Das Theater war aus frühen Formen der Volksbelustigung hervorgegangen und stand in den Augen der Gebildeten im Geruch, ein bloßes Unterhaltungsmedium zu sein, so wie heutzutage das Kino. Versdichtung hingegen eiferte klassischen Vorbildern nach und hatte den Status eines elitären Kulturprodukts. Dennoch gab es eine Nachfrage nach gedruckten Theaterstücken. So sind aus dem Zeitraum von 1594 bis 1622 neben den 18 Quarto-Ausgaben von Shakespeare-Stücken weitere 166 von anderen Dramatikern überliefert. Die tatsächliche Zahl wird noch viel größer gewesen sein. Einen Eindruck vom Anstieg der Buchproduktion insgesamt geben die Zahlen, die der Historiker John Guy in seinem Buch *Tudor England* (1988) nennt. In den 21 Jahren von 1558 bis 1579 erschienen demnach in England 2760 Bücher, in den 23 Jahren danach 4370. Guy geht von einer durchschnittlichen Auflage von 1250 Exemplaren aus und kommt zu dem Schluss, dass damit bei einer Bevölkerung von 4,5 Millionen zwei Bücher auf jeden Bürger entfielen. Wenn 80 Prozent der Männer und 95 Prozent der Frauen nach Guys Schätzung Analphabeten waren, ist die historisch belegte Buchproduktion in der Tat eindrucksvoll.

Wissenschaft und Aberglaube

Wie sehr sich in der Shakespearezeit spätes Mittelalter und frühe Neuzeit überlagerten, zeigt sich vor allem im Nebeneinander von Naturwissenschaft und Aberglauben. Der zu seiner Zeit bekannteste Naturforscher, der dies in seiner Person beispielhaft verkörperte, war John Dee (1527–1608), den man den «Weisen aus Wales» nannte. Als Mathematiker und Astrologe genoss er so hohes Ansehen, dass Elisabeth sich von ihm an Hand der Sterne den günstigsten Tag für ihre Krönung errechnen ließ. Neben Mathematik, Astronomie und Astrologie widmete er sich vor allem der Alchemie. Darin hatte er viele Gleichgesinnte, die hartnäckig nach dem Stein der Weisen suchten, von dem man glaubte, dass er niederes Metall in Gold verwandeln könne. Es sollte noch lange dauern, bis die exakte Naturwissenschaft gegenüber dem Aberglauben die Oberhand gewann. Dessen schlimmste Form war der Hexenglaube, der als gesichertes Wissen galt. George Giffords *Diskurs über die subtilen Praktiken des Teufels durch Hexen und Zauberer* (1587) ist nur ein Beispiel aus einer langen Reihe von Schriften, der Jakob VI. von Schottland, der spätere König von England, 1597 sein Buch *Daemonology* hinzufügte.

Die ersten naturwissenschaftlichen Publikationen waren Handbücher, in denen das in der Renaissance neu aufgearbeitete Wissen der Antike dem Laienpublikum nahegebracht wurde. Ein solches ist William Cuninghams 1559 erschienener *Kosmographischer Spiegel, enthaltend die gefälligen Prinzipien der Kosmographie, Geographie, Hydrographie und Navigation.* Neue Entdeckungen wurden vor allem durch die Seefahrt angeregt. So konnte William Gilbert (1544–1603) in seiner 1600 erschienenen Schrift über den Erdmagnetismus den physikalischen Mechanismus des magnetischen Kompass erklären. Auch Thomas Harriot (1560–1621), der in einer posthum erschienenen Schrift zur Algebra eine noch heute übliche

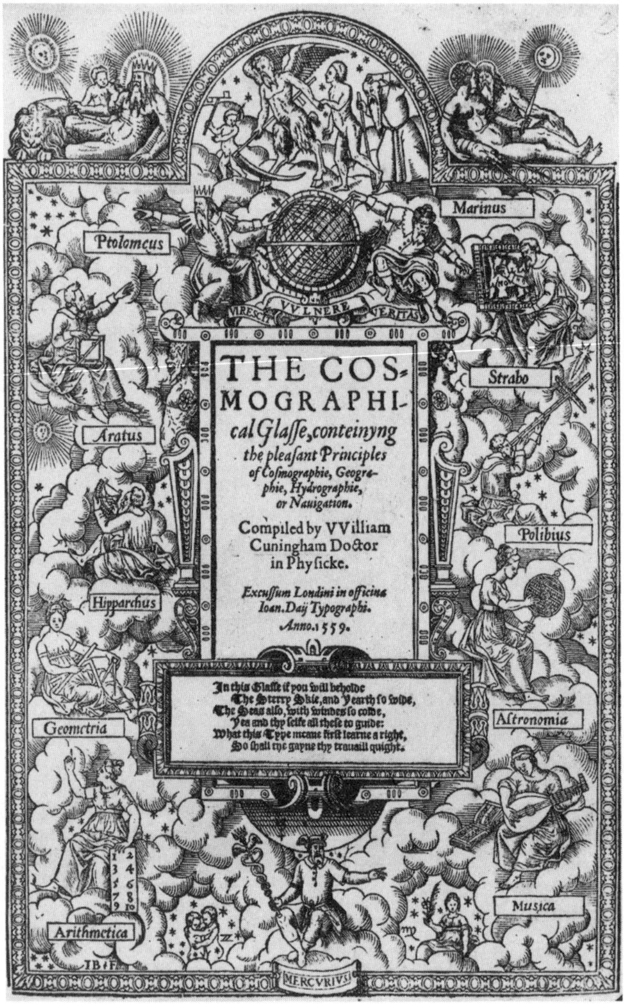

Titelblatt von William Cuningham, *The Cosmographical Glasse* (1559)

Schreibweise bei Gleichungen einführte, begann mit der Seefahrt, als Sir Walter Raleigh ihn zum wissenschaftlichen Berater für seine Entdeckungsfahrten machte. Später entwickelte er – etwa um die gleiche Zeit wie Galilei – ein Teleskop. Weitere Beiträge zur Mathematik kamen von dem Schotten John Napier (1550–1617), der den Begriff Logarithmus prägte. In enger Zusammenarbeit mit ihm brachte sein englischer Freund Henry Briggs (1561–1630) 1624 die erste Logarithmentafel heraus. Zuvor

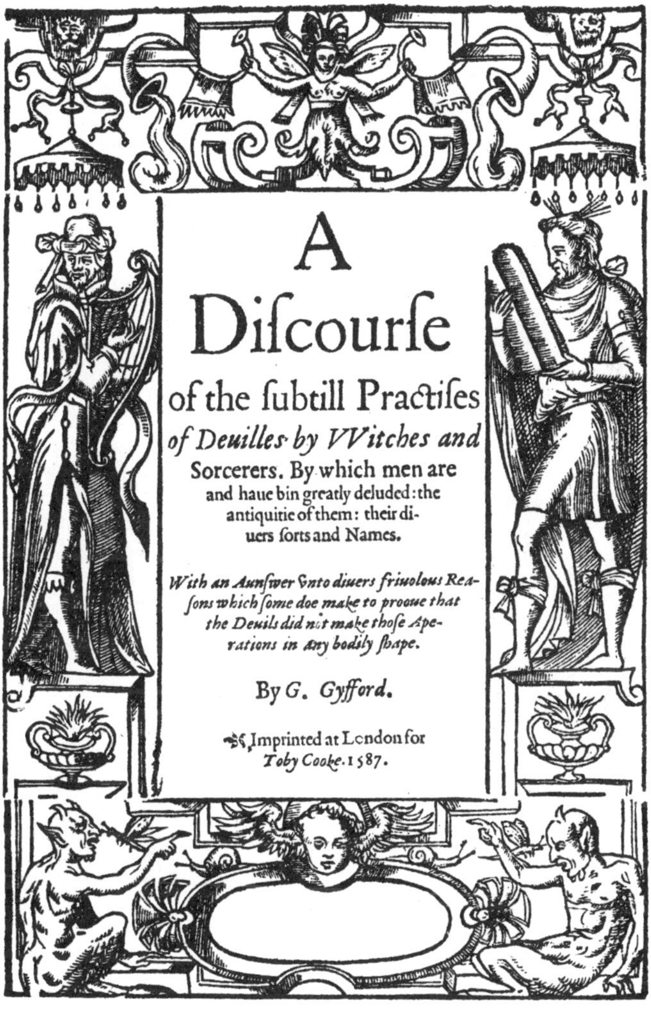

Titelblatt von George Gyfford, *A Discourse of the subtill Practices of Devilles by Witches and Sorcerers* (1587)

hatte auch Briggs sich mit Fragen der Seefahrt befasst und eine Schrift über die Nordwestpassage zur Südsee publiziert.

Die schon im Hochmittelalter zu beobachtende Tendenz der Briten zum empirisch Konkreten setzte sich im 16. Jahrhundert fort. So wurde Thomas Hill mit *The Gardeners Labyrinth* (1577) zum Herold der englischen Liebe zum Garten. Bis dahin spielte Gartenkultur auf der Insel keine Rolle; Gemüse wurde kaum gegessen. Das änderte sich gegen Ende

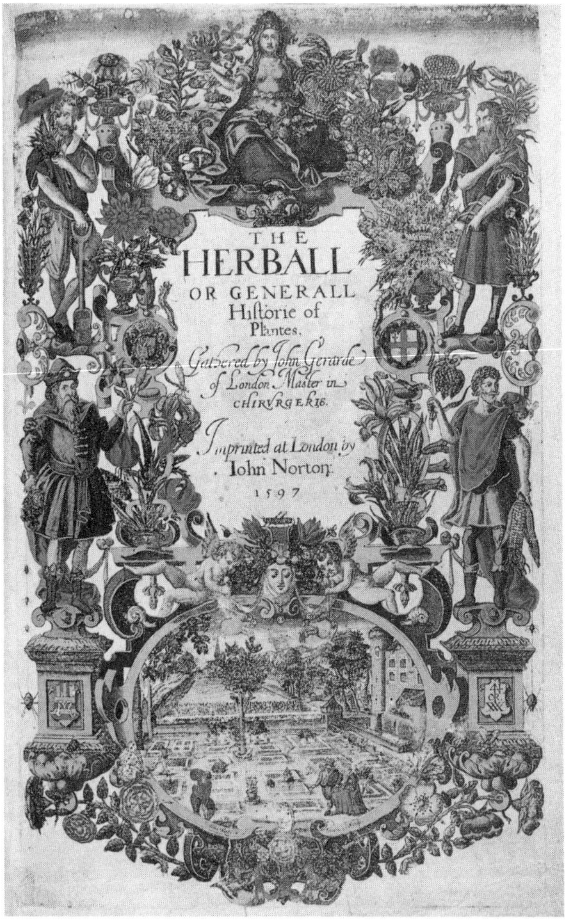

Titelblatt von John Norton, *The Herball or Generall Historie of Plantes* (1597)

des Jahrhunderts: bei Shakespeare ist von Gartenfrüchten und -blumen oft die Rede. 1597 weitete John Gerarde, wie sein Titelbild erkennen lässt, den Blick auf den Garten zu einer *Allgemeinen Geschichte der Pflanzen.* Empirisches Alltagswissen fand schon früh ein wachsendes Lesepublikum. So beschrieb William Harrison 1577 in seinem Buch *The Description of England* seinen Landsleuten das eigene Land, das sie aus Mangel an Geld und Verkehrsmitteln nur schwer selbst bereisen konnten. 1598 ließ John Stow seinen *Survey of London* folgen, der noch heute die wichtigste Informationsquelle für das London der Shakespearezeit ist. Thomas

Titelblatt von Thomas Coryate, *Coryats Crudities* (1611)

Coryate unterhielt seine Leser in seinem 1611 erschienenen Buch *Coryats Crudities* (Coryats Skizzen) mit Reiseerlebnissen auf dem europäischen Kontinent. Noch viel weiter spannte Samuel Purchas (1577–1626) den Rahmen und trug in seinem 1613 erschienenen Werk *Purchas His Pilgrimage, Or Relations of the World and the Religions Observed in all Ages* (Des Purchas Pilgerfahrt, oder: Berichte über die Welt und die Religionen aus allen Zeitaltern) Berichte aus vielen Jahrhunderten über die ganze Welt zusammen. In der letzten Fortsetzung zu diesem Buch stützte er sich auf Material eines Vorgängers, der als der bedeutendste Autor von Reisebeschreibungen in der englischen Literatur überhaupt gilt. Es ist Richard Hakluyt (1552–1616), der ab 1582 in einer Reihe von Büchern die großen Entdeckungsreisen der frühen Neuzeit beschrieb. Im frühen 17. Jahrhundert kam es mit Harveys Entdeckung des Blutkreislaufs (1628) schließlich zu Englands erstem großen Beitrag zur Medizin. Jetzt mehrten sich auch die Stimmen, die gegen den Hexenglauben Front machten, der allerdings in England nicht ganz so fanatische Auswirkungen hatte wie auf dem Kontinent, wo Johannes Kepler viel Zeit und Geisteskraft aufbieten musste, um seine Mutter vor dem Scheiterhaufen zu retten.

Der herausragende Intellektuelle jener Zeit, Francis Bacon, der neben Shakespeare zum zweiten Herold der Neuzeit wurde, trat zu Lebzeiten des drei Jahre jüngeren Dichters noch nicht prominent in Erscheinung. Als fünfter Sohn des Lordsiegelbewahrers Sir Nicholas Bacon war er zwar für eine Karriere bei Hofe prädestiniert, doch sein Aufstieg nahm einen langen Weg. Nach dem Studium in Cambridge war er von 1576 bis 1579 englischer Botschafter in Frankreich, dann aber starb unerwartet sein Vater, der nur das Erbe für die vier älteren Söhne geregelt hatte und gerade dabei war, das Gleiche für den jüngsten zu tun. Der ging nun leer aus, musste sich nach einem Broterwerb umsehen und wählte die Ausbildung zum Juristen, die er 1582 abschloss. Bereits im Jahr davor hatte er sich ins Unterhaus wählen lassen, wo er seinen Sitz bis 1618 behielt, als er, zum Baron Verulam geadelt, ins Oberhaus wechselte. Weil er sich 1593 im Parlament entschieden gegen eine Steuererhöhung aussprach, verlor er die Gunst der Königin, die das von ihm angestrebte Amt des Generalstaatsanwalts an seinen Rivalen Coke vergab. Obwohl Elisabeth ihn danach mit weiteren Aufgaben betraute, musste er bis zum Thronwechsel warten, um weiter aufzusteigen. Jakob I. schlug ihn bereits im ersten Regierungsjahr zum Ritter, machte ihn im Jahr darauf zum Kronanwalt und über die Ämter des Solicitor-General und Attorney-General schließlich im Jahr 1618 als Lord Verulam zum Lordkanzler und 1621 zum Viscount St. Albans. Kurz darauf brachten ihn die Gegner der königlichen Monopolpolitik mit einem Bestechungsvorwurf zu Fall. Da Ämter in jener Zeit mit geringen Gehältern dotiert waren, galt es als selbstverständlich, dass Beamte Zuwendungen von dritter Seite annahmen, was Bacon tat. Doch ob er dafür die erwarteten Gegenleistungen erbrachte, ist nicht erwiesen. Für die englische Kultur bedeutete sein Sturz, dass er sich nun ganz dem Schreiben seiner philosophischen Werke widmen konnte, mit denen er zum europäischen Frühaufklärer wurde und den Boden für den englischen Empirismus bereitete. Als Literat begründete er mit seinen glasklaren Essays eine Prosaform, die in England seitdem auf hohem Niveau gepflegt wird, doch von Poesie sind seine Texte weit entfernt, weshalb die Theorie, er habe Shakespeares Werke geschrieben, gänzlich abwegig ist.

Eine andere Zentralgestalt der elisabethanischen Geisteswelt ist außerhalb Englands weit weniger bekannt. Es ist der Theologe Richard Hooker (?1554–1600), der in seinem fünfbändigen Werk *Of the Laws of Ecclesiastical Politie* (1593–97; Von den Gesetzen der Kirchenregierung) eine Verteidigung der englischen Staatskirche unternahm. Darin findet sich ein emphatisches Plädoyer für hierarchische Ordnung, das Shakespeare gekannt zu haben scheint, als er in *Troilus und Cressida* ein ähnliches Plädoyer Odysseus in den Mund legte. Hooker war der wortgewaltige Sprecher eines konservativ-paternalistischen Lagers, dem auch Shakespeare zuzurechnen ist. Seine Sprache hatte ebenfalls großen Einfluss auf die englische Prosa, wobei sein Stil sich sehr von Bacons unterschied.

Copyright und Zensur

Mit dem Aufkommen des Buchdrucks stellte sich das Problem des Urheberrechtsschutzes. Da das Common Law als altes Gewohnheitsrecht dafür keine Handhabe bot, nahm die Gilde der Buchhändler, Verleger, Buchbinder und Drucker die Sache selbst in die Hand und gründete die Stationers' Company, die 1557 ein königliches Privileg erhielt. Die Gilde richtete in London ein Register ein, in das Verleger und Drucker, die von einem Verfasser ein Manuskript erworben hatten, dieses gegen Zahlung einer Gebühr von 4, später 6 Pence eintragen ließen. Damit hatten sie das ausschließliche Verwertungsrecht an dem Werk. Solche Rechte konnten weiterverkauft, verpfändet, vererbt oder geteilt werden. Geschützt waren Texte erst nach dem Eintrag ins Register. Zuvor musste aber die Erlaubnis für den Druck des Textes eingeholt werden. Dafür waren der Bischof von London und der Erzbischof von Canterbury zuständig. Der kirchliche Zensor wachte darüber, dass in Druckwerken nichts publiziert wurde, was gegen die anglikanische Lehre, gegen die Moral oder gegen die öffentliche Ordnung verstieß.

Eine andere Regelung, die die Verleger, Drucker und Buchhändler in ihrem eigenen Interesse festlegten, war die Begrenzung der Auflagenhöhe eines Buches auf maximal 1250 Exemplare. War eine Auflage in dieser Höhe verkauft, musste für jede weitere Auflage der Druckstock neu gesetzt werden. Damit wollte man erreichen, dass die Setzer und Drucker gleichmäßig ausgelastet waren und Bestseller nicht durch Niedrigpreise einen unfairen Vorteil hatten. 1611 kam es zwischen dem Stationers' Register und der von Thomas Bodley 1602 gegründeten Bodleian Library in Oxford zu der literarhistorisch wichtigen Übereinkunft, dass die Bibliothek von jedem gedruckten Buch, das im Register angemeldet wurde, ein intaktes Exemplar erhalten sollte.

Da die Copyright-Regelungen von den Verlegern und Druckern eingeführt wurden, dienten sie deren Interessen und nicht dem Schutz der eigentlichen Urheber der Werke. Der Verleger erwarb ein Manuskript gegen eine Einmalzahlung vom Autor und hatte danach das ausschließliche Verwertungsrecht für alle weiteren Auflagen. Im Zwiespalt waren die Dramatiker. Sobald ihre Stücke gedruckt waren, konnte jede Truppe sie auf die Bühne bringen. Waren sie aber noch nicht gedruckt, konnten sie gestohlen und an einen Verleger verkauft werden. Das führte im Falle Shakespeares dazu, dass es von seinen Stücken schlechte und gute Quarto-Ausgaben gibt: die schlechten sind Raubdrucke, die guten solche, für die entweder er selbst oder seine Truppe das Manuskript an einen Verleger verkaufte. Geschützt war im Übrigen nur das Copyright auf ein Werk im Ganzen, nicht auf seinen Inhalt. Die Idee des Plagiats konnte in jener Zeit gar keine Rolle spielen, da die gesamte literarische Kultur auf der begierigen Aneignung aller nur erreichbaren Werke beruhte, klassischer wie zeitgenössischer. Es wäre niemandem in den Sinn gekommen, dass ein Autor für die Übersetzung seines Werkes ein Honorar beanspruchen könnte.

Eine andere Instanz war für die Zulassung von Theateraufführungen zuständig. Hier lag die Aufsicht beim *Master of the Revels,* der sein Amt unter dem Lord Chamberlain ausübte. Der Chamberlain war für die Verwaltung der königlichen Schlösser, die Reisen des Monarchen, die Staatsempfänge und die königliche Unterhaltung zuständig. Unter seiner Verantwortung hatte der Master of the Revels jedes einzelne Theaterstück darauf zu prüfen, ob es in politischer, religiöser oder moralischer Hinsicht Anstößiges enthielt. Das Amt war mit einem sehr bescheidenen Festgehalt verbunden, brachte aber hohe Einkünfte, da die Lizenz für ein Theaterstück nur gegen eine stattliche Gebühr erteilt wurde. Während die kirchliche Zensur bei Druckwerken im Allgemeinen eher nachsichtig, oft geradezu nachlässig ausgeübt wurde, achtete der Master of the Revels streng darauf, dass auf der Bühne nichts gesagt oder gezeigt wurde, was zu Aufruhr gegen die Krone oder gegen die Kirche führen könnte. In der Regel wurde die Lizenz mit der Auflage erteilt, dass bestimmte Wörter, Flüche oder politische Anspielungen getilgt wurden. Zu Totalverboten kam es selten. Allerdings konnten erteilte Lizenzen zurückgezogen werden, wenn Vertreter der Regierung oder andere hochgestellte Persönlichkeiten an der Aufführung Anstoß nahmen. Das erlebten z. B. Thomas Nashe und Ben Jonson mit ihrem (verschollenen) Stück *The Isle of Dogs* (Die Hundeinsel), dessen Satire als so gefährlich empfunden wurde, dass vorübergehend alle Londoner Theater geschlossen werden mussten.

Nach dem Regierungsantritt Jakobs I. nahmen die Spannungen zwischen dem puritanischen Lager und der Staatskirche stetig zu. Das veranlasste die Regierung zu einer verschärften Kontrolle der Theater. Am 27. Mai 1606 wurde ein Gesetz erlassen, das jede Äußerung auf der Bühne, in der Gott, Christus, der Heilige Geist oder die Dreifaltigkeit *jestingly or profanely*, d. h. «spöttisch oder profanisierend», erwähnt werden, mit einer Strafe von 10 Pfund bedrohte. Die Strafandrohung betraf nicht nur neue Stücke, sondern auch ältere, was die Überarbeitung des gesamten Repertoires erforderlich machte. Da das Gesetz nur die Aufführung der Stücke, nicht aber ihre Druckfassungen betraf, finden sich in der späteren Folio-Ausgabe der Dramen Shakespeares sowohl gereinigte wie ungereinigte Texte. Politische Korrektheit war auch vorher schon ein Kriterium, das der Zensor an die zu genehmigenden Stücke anlegte. So fehlt beispielsweise in drei der fünf Quarto-Ausgaben von Shakespeares *Richard II.* die Szene, in der der König abgesetzt wird, was vermutlich auf einen Eingriff des Zensors zurückgeht. Alles in allem war die Zensur eine Grauzone, in der die Zulassung oder das Verbot eines Stückes von der Liberalität des jeweiligen *Master's of the Revels* abhing.

Intimisierung und Melancholie

Mit dem Aufstieg der Gentry und des städtischen Bürgertums ging eine allgemeine Intimisierung der Kultur einher, die sich in der Literatur, der Musik und der bildenden Kunst beobachten lässt und sich auch auf das kulturelle Verhalten des Hochadels erstreckte. Große Repräsentationsgemälde, wie sie die kontinentalen Monarchen in Auftrag gaben, gab es in England eher selten. Gleichzeitig kam die Miniaturmalerei auf, deren intime Porträts wie private Fotos verschenkt und aufbewahrt wurden. Noch auffälliger ist die Intimisierung in der Musik, wo Englands spezifischer Beitrag in Kompositionen für den Hausgebrauch bestand. Bei den Angehörigen des Hochadels zeigt sich die Tendenz zur Intimisierung im Rückzug auf Landsitze, bei deren Ausstattung sie zwar keine Kosten sparten, doch da sie keine Territorialfürsten waren, brauchten sie mit ihren Palästen nicht zu repräsentieren. Nur der Monarch war auf Machtdemonstration angewiesen, die übrigen Aristokraten lebten in ihren Schlössern wie reiche Bürger in privaten Villen. Ermöglicht und befördert wurde dieser Prozess, den man cum grano salis als Verbürgerlichung bezeichnen kann, zum einen durch den bereits beschriebenen Aufstieg der Gentry und zum anderen dadurch, dass der englische Hochadel, wie bereits erwähnt, weniger scharf als auf dem Kontinent vom Rest der Gesellschaft abgeschottet war.

Auf einen anderen Treibsatz für die Intimisierung, nämlich die puritanische Tendenz zur Introspektion, wurde bereits eingegangen. Die Freisetzung des Bürgers aus den Bindungen der Feudalgesellschaft, die in England früher einsetzte als auf dem Kontinent, hatte aber auch eine Schattenseite. Sie zeigt sich im Aufkommen einer Gemütsverfassung, die im Schrifttum jener Zeit vieldiskutiert und auf der Bühne in zahlreichen Figuren dargestellt wurde. Es ist die Melancholie. Aus heutiger Sicht ist im Einzelfall schwer zu entscheiden, ob es sich dabei um eine modische

Die Pose des Melancholikers. Miniatur von Isaac Oliver (ca. 1590–95)

Pose oder um ein depressives Gemütsleiden handelt. Tatsache ist, dass sich junge Männer der Oberschicht gern in der Pose des Melancholikers malen ließen und dass die Sonettdichter häufig ihren Weltschmerz in Verse gossen. Das Sonett ist an sich schon Ausdruck von Intimisierung, denn da es in der Regel an einen Adressaten gerichtet ist, stellt es eine intime Gefühlsäußerung dar. Melancholie ist auch ein beliebtes Thema in der elisabethanischen Liedkultur, wofür man bei John Dowland reichlich Beispiele findet.

Auch wenn eine kulturelle Neuerung nicht immer die Folge einer gesellschaftlichen Veränderung ist, dürfte im vorliegenden Fall klar sein, dass die Freisetzung der Bürger, die in England früher einsetzte als auf dem Kontinent, einen Verlust an sozialer Geborgenheit bedeutete, auf den Menschen mit sensibler Psyche mit depressiver Verstimmung reagierten. In England gab es dafür einen doppelten Grund: zum einen die Auflösung der festgefügten sozialen Hierarchie und zum anderen der Verlust der Geborgenheit in der Kirche. Der radikale Protestantismus calvinistischer Prägung wies jedem Menschen ein persönliches und damit isoliertes Verhältnis zu Gott zu. Das konnte der Nährboden für selbstbewussten Bürgerstolz, aber ebenso gut für depressive Melancholie sein. Shakespeare schuf für diese Gemütsverfassung mit Hamlet einen archetypischen Repräsentanten, und es kann kaum verwundern, dass diese Gestalt danach angesichts der zunehmenden Individualisierung der Gesellschaft mehr als alle anderen Helden zur Identifikation einlud, vor allem in Deutschland, wo mit der sozialen Umwälzung nach der Französischen Revolution die politische Auflösung des Deutschen Reiches einherging.

Wenn Melancholie eine Reaktion auf die Auflösung einer vertrauten Ordnung ist, wundert es nicht, dass sie in England früher als anderswo aufkam und dass sie auf dem Kontinent als ein spezifisch englisches Leiden empfunden wurde. Aus England kam auch 1621 das europäische Kultbuch über diese Gemütsverfassung: Robert Burtons *Anatomy of Melancholy*. Für die Elisabethaner hatte die Melancholie ihren Ursprung noch in der «schwarzen Galle», die auf Griechisch *melaina chole* hieß. Im 18. Jahrhundert machte man dafür dann die Milz (engl. *spleen*) verantwortlich. Dass das englische Wort Spleen in Deutschland und Frankreich als Lehnwort übernommen wurde, deutet ebenfalls daraufhin, dass der bezeichnete Sachverhalt, wenn nicht seinen Ursprung, so doch eine spezifische Ausprägung in England hatte.

Frauenverehrung und Misogynie

Auffällig ist in der Dichtung der Shakespearezeit das Nebeneinander von idealisierender Frauenverehrung und Misogynie. Da Literatur bis in die jüngste Zeit zum allergrößten Teil von Männern gemacht wurde, ist das darin sichtbar werdende Frauenbild durch den männlichen Blick geprägt. Charakteristisch dafür ist die archetypische Aufspaltung in die jungfräulich-unschuldige und die dämonisch-verführerische Frau. Schon bei Homer hat es Odysseus mit der mädchenhaften Nausikaa und der Zauberin Circe zu tun, die die Männer buchstäblich in Schweine verwandelt. Das unschuldige Mädchen, die Jungfrau und die Heilige sind positive Stereotype, Hexen und Huren deren negative Gegenbilder. Die positiven zeigen die Frau, wie der Mann sie gern hätte, die negativen, wie er sie fürchtet oder heimlich begehrt. Im Hoch- und Spätmittelalter hatte die Idealisierung der Frau im Marienkult und dessen weltlichem Pendant, dem Minnedienst, einen Höhepunkt erreicht. Der Marienkult verschwand aus dem protestantischen England, doch der Liebeskult blieb, wurde aber von seiner idealistischen Höhe mit der Zeit auf die Ebene der irdischen Liebe heruntergeholt. Das literarische Vorbild, dem fast alle Verfasser von Liebesdichtung nacheiferten, waren Petrarcas Sonette. Am weitesten in der Idealisierung der Frau ging Edmund Spenser, der in seiner *Faerie Queene* (Die Feenkönigin) die prominenteste Frau seiner Zeit ins Mythische überhöhte.

Dass eine Frau viereinhalb Jahrzehnte lang das Land regierte, verhinderte nicht, dass die lange Reihe von literarischen Idealisierungen, teils unterschwellig, teils offen, von einer ebenso langen Reihe von Verächtlichmachungen der Frau begleitet wurde. Bei Shakespeare und seinen Zeitgenossen finden sich zahlreiche Beispiele für die Polarität von Liebeskult und Misogynie, wobei das negative Bild an Boden gewann. Das könnte damit zusammenhängen, dass mit der allmählichen Horizontalisierung der gesellschaftlichen Hierarchien die Männer ihrer Herrschaft nicht mehr ganz so sicher waren wie früher.

Die Veränderungen im Status der englischen Frauen lassen sich nur als Tendenz beschreiben. Besucher vom Kontinent stellten damals mit Verwunderung fest, dass sich Engländerinnen größere Freiheiten erlauben konnten als die Frauen im übrigen Europa. So durften sie ohne männliche Begleitung ausgehen, sich im Theater neben Männer setzen und sie sogar ansprechen, ohne dass dies als unschicklich getadelt wurde. Der Holländer van Meteren, der 1575 einen Bericht über seinen Besuch in England schrieb, erwähnt darin zunächst, dass englische Ehefrauen vollständig in der Gewalt ihrer Männer seien, dass sie aber außerhalb des Hauses große Freiheiten hätten und im Haus selbst wenig tun müssten, so dass er zu dem Fazit kommt, England sei «das Paradies der Ehefrauen». Nach dem englischen Common Law wurde eine Frau mit der Eheschließung juristisch ein Teil ihres Mannes, der alle Entscheidungen für sie zu treffen hatte. Unverheiratete und verwitwete Frauen, von denen es eine große Zahl gab, hatten demgegenüber eigene Rechte. So konnten sie in einigen Wirtschaftsbereichen, die nicht durch Zunftzwang geregelt waren, eigene Geschäfte führen, ihr Vermögen selbst verwalten und es nach eigenem Gutdünken vererben. Zwar konnte von Gleichberechtigung keine Rede sein, doch im Vergleich mit den Verhältnissen auf dem Kontinent scheinen englische Frauen erheblich freier gewesen zu sein. Allerdings waren manche Freiheiten, die noch auf Grund alter Regeln nach dem Kirchen- und Feudalrecht bestanden, durch die fortschreitende Verrechtlichung nach dem Common Law bedroht. Es ist schwer zu sagen, ob der zunehmend frauenfeindliche Ton, der nach 1600 in den Theaterstücken und in der sonstigen Literatur zu vernehmen ist, einen gesellschaftlichen Wandel anzeigt oder nur der Befriedigung einer Erwartung des männlichen Publikums diente. Jedenfalls galt damals als erwiesen, dass Frauen moralisch schwach sind und mehr als Männer von ihrer Sinnlichkeit beherrscht werden, was Hamlet auf die Formel bringt: *Frailty, thy name is woman* (Schwachheit, dein Name ist ‹Frau›).

Auch wenn Frauen in der Shakespearezeit selten zu Wort kamen, blieben sie doch nicht gänzlich stumm. Dass von Frauen aus dem Bürgertum nur wenige schriftliche Zeugnisse überliefert sind, kann nicht verwundern, da sie meist keine Schulbildung erhielten und oft weder lesen noch schreiben konnten. Anders war es in der Oberschicht. Hier gab es hochgebildete Frauen, die Latein und manchmal auch Griechisch beherrschten und die Männern intellektuell auf Augenhöhe begegneten. Die prominenteste Vertreterin ihres Geschlechts gleich nach der Königin war Philip Sidneys Schwester Mary, die mit dem zweiten Grafen von Pembroke verheiratet war. Pembrokes Schloss Wilton Place in Wiltshire war neben London und den beiden Universitätsstädten ein geistiges Zentrum des Landes. Hier verkehrten viele Dichter der Zeit, vermutlich auch Shakespeare; und die Hausherrin, die sich selbst als Übersetzerin sowie als Herausgeberin der *Arcadia* ihres Bruders hervortat, wurde zur einflussreichsten Mäzenin ihrer Zeit. Sie protegierte Spenser, Daniel, Drayton, Ben Jonson, später auch John Donne und viele andere. Im Umkreis dieses geistigen Treibhauses gedieh auch die Nichte der Gräfin, Mary Wroth, die nach dem Tode ihres Mannes auf einem Schuldenberg von 23 000 Pfund saß und sich deshalb als Schriftstellerin betätigte, indem sie der *Arcadia* ihres Onkels ihren Roman *Urania* folgen ließ. Auf ihre Sonette wird noch eingegangen werden.

Shakespeare zeigt in seinen Werken eine breite Skala unterschiedlicher Frauentypen. Zwei davon waren in der Dichtung seiner Zeit weit verbreitet: die liebreizende, unschuldige Jungfrau und die unterwürfige Ehefrau, die in unerschütterlicher Treue alle Misshandlungen durch den Ehemann erduldet und damit am Ende seine Liebe zurückgewinnt. Letztere wird nach einer Figur bei Boccaccio als Griseldis-Typ bezeichnet. Die souveränen Frauen vom Typ Portia im *Kaufmann von Venedig* sind für Shakespeare charakteristischer. Doch sie finden sich nur in den frühen und mittleren Komödien, während in den Romanzen die beiden zuerst genannten Typen überwiegen und in den Tragödien auch böse Frauen wie Lady Macbeth und die Töchter König Lears auftreten. In den Sonetten an die Dark Lady wird ein und dieselbe Frau abwechselnd mit glühendem Begehren und hasserfüllter Verachtung angeredet, was gewiss nicht zeittypisch ist, aber das gespannte Geschlechterverhältnis ahnen lässt. Die Androhung des *ducking stool* für zänkische Frauen und der noch immer verbreitete Hexenglaube lassen jedenfalls ein durchgängiges Bestreben spüren, die Macht des Weibes in Schach zu halten. Selbst die Puritaner, die auf der Gleichheit aller Menschen vor Gott insistierten, fanden nichts dabei, die Frauen davon auszunehmen und ihren Wirkungskreis auf Haus, Küche und Kinder zu beschränken. Da den Frauen das Auftreten auf der Bühne verboten war, gab es auch keine Stars, die den Reiz des Weiblichen öffentlich repräsentierten.

Wie konstant und stereotyp frauenfeindliche Äußerungen die Literatur von der Antike bis in die Moderne durchziehen, hat Katherine M. Rogers in ihrem Buch *The Troublesome Helpmate. A History of Misogyny in Literature* (1966; Die lästige Gehilfin. Eine Geschichte der Frauenfeindlichkeit in der Literatur) mit reichem Material belegt. Es ist schwer, an den überlieferten Texten eine Veränderung der allgemeinen Einstellung abzulesen. Da die Typen des männlichen Frauenfeinds und der zickigen weiblichen Zielscheibe ergiebige Lachanlässe bieten, treten sie auf der Bühne natürlich besonders häufig auf, und das umso mehr, je stärker sich das Theater am Massengeschmack orientiert. Deshalb kann es nicht verwundern, dass mit der zunehmenden Kommerzialisierung des Showbusiness in der spätelisabethanischen und jakobäischen Zeit immer mehr davon zu beobachten ist. Vielleicht rührt der Eindruck einer zunehmenden Frauenfeindlichkeit aber auch nur daher, dass die petrarkistische Idealisierung der Frau stetig zurückging.

Der Sonettkult

Keine Gedichtform hat sich in Europa so epidemisch ausgebreitet wie das Sonett. In England wurden allein zwischen 1591 und 1597 weit über zweitausend publiziert. Seine Anfänge gehen auf den Hof Friedrichs II. in Sizilien um 1230 zurück; vollendeten Schliff erhielt es in Dantes Jugendwerk *Vita Nuova* (zwischen 1283 und 1295). Zum Ansteckungsherd für die spätere Sonettepidemie wurde es durch Petrarcas *Canzoniere*, eine Sammlung von 366 Gedichten, darunter 317 Sonette, von denen die meisten an Laura gerichtet waren, eine junge Frau, die der Dichter zufällig gesehen hatte und aus der Ferne verehrte. Der Zyklus entstand größtenteils in den Jahren 1336 bis 1369, entfaltete seine epidemische Wirkung aber erst ab 1470, als er sich nach Erfindung des Buchdrucks in Windeseile in Europa verbreitete. Das italienische Sonett besteht aus zwei vierzeiligen Quartetten, die zusammen als Oktave den sogenannten Aufgesang, und zwei Terzetten, die als Sextett den Abgesang bilden. Im Aufgesang wird gewöhnlich in Form eines kunstvollen Vergleichs etwas ausgesagt, was im Abgesang entweder kommentiert oder mit einer Gegenthese kontrastiert wird. Dieser Aufbau gibt dem Gedicht eine antithetische Struktur, die sich über den bloßen Gefühlsausdruck hinaus zur Darstellung abstrakter Gedanken eignet. Die insgesamt 14 Zeilen mit je elf Silben haben das Reimschema abba abba cdc dcd.

Als die englischen Dichter des 16. Jahrhunderts dem Beispiel Petrarcas folgten und Liebessonette, oft in langen Zyklen, an eine verehrte Frau richteten, gingen sie bald dazu über, das strenge Reimschema etwas zu vereinfachen. Im Englischen war es nicht so leicht wie im Italienischen, für ein Wort vier bzw. drei Reime zu finden. Deshalb wählte Graf Surrey, der als Vater des englischen Sonetts gilt, das Reimschema abab cdcd efef gg. Das veränderte nicht nur die Reimfolge, sondern die gesamte Struktur des Gedichts. Surreys Sonettform bewahrte zwar die inhaltliche Zäsur zwischem dem zweiten und dritten Quartett, doch kam jetzt mit dem abschließenden Reimpaar ein drittes Element, das Couplet, hinzu, das eine Art Fazit aus dem Vorangegangenen zieht. Diese Dreigliedrigkeit, die an den dialektischen Dreitakt von These-Antithese-Synthese erinnert, macht den besonderen Reiz des englischen Sonetts aus, wie sich später an Shakespeares Sonetten zeigen wird.

Die Sonette des Grafen Surrey und die seines Zeitgenossen Sir Thomas Wyatt erreichten zum ersten Mal ein größeres Publikum durch ihre Veröffentlichung in der bereits erwähnten, überaus populären Anthologie *Tottel's Miscellany* von 1557. In den ersten Jahrzehnten ließen die dadurch angeregten Sonettdichter ihre Werke noch überwiegend in Handschriften zirkulieren. Auch Shakespeare wurde schon in den 1590er Jahren berühmt für seine «zuckrigen Sonette», die erst 1609 in Buchform herauskamen. Ihre späte Veröffentlichung erstaunt umso mehr, als gerade das letzte Jahrzehnt des 16. Jahrhunderts von einer wahren Sonettflut überschwemmt wurde, während die Mode um 1609 bereits abgeflaut war. Um einen Eindruck von der schieren Quantität der Sonettproduktion zu geben, seien die wichtigsten Sonettzyklen der Zeit mit Kurztiteln aufgelistet, wobei den Titeln zu entnehmen ist, dass die Gedichte nahezu ausnahmslos an eine Frau gerichtet waren: Henry Constable, *Diana* (1584); Sir Philip Sidney, *Astrophel and Stella* (1591); Samuel Daniel, *Delia* (1592); Barnabe Barnes, *Parthenophil and Parthenope* (1593); Giles Fletcher d. Ä., *Licia* (1593); Thomas Lodge, *Phillis* (1593); Michael Drayton, *Ideas Mirrour* (1594); William Percy, *Coelia* (1594); anonymer Autor, *Zepheria* (1594); Richard Barnfield, *Cynthia* (1595); Edmund Spenser, *Amoretti* (1595); Bartholomew Griffin, *Fidessa* (1596); William Smith, *Chloris* (1596); Richard Linche, *Diella* (1596) und Robert Tofte, *Laura* (1597). Weitere ungedruckte Sonettzyklen sind später bei Sammlern oder in Bibliotheken als Manuskripte aufgetaucht.

Zu Beginn des 17. Jahrhunderts reihte sich mit Mary Wroth, der Nichte Philip Sidneys, auch die erste Frau in die Phalanx der männlichen Sonettschreiber ein. Sie war als junge Witwe die Geliebte des Grafen Pembroke, von dem noch im Zusammenhang mit Shakespeares Sonetten die Rede sein wird. Auf die Beziehung zu dem verheirateten Grafen, von dem sie zwei Kinder hatte, spielt der Titel ihres Sonettzyklus an: *Pamphilia* (‹die All-Liebende›) *to Amphilanthus* (‹der Mann, der beide liebt›).

Sir Philip Sidney. Unbekannter Maler (ca. 1576)

Das Hauptvorbild für alle Sonettschreiber war Petrarca, der nicht nur direkt, sondern auch über seine französischen Nachahmer auf die englischen Dichter einwirkte. So findet man beim Grafen Surrey, bei Wyatt, Constable und anderen Autoren Nachdichtungen sowohl von Petrarca wie von Ronsard. Bei Shakespeares Vorgängern ist die Verbindung von Gefühlsausdruck und Intellektualität noch nicht so stark ausgeprägt wie später bei ihm. Doch die vier bedeutendsten der oben aufgeführten Dichter stehen ihm an poetischer Qualität kaum nach und werden ihn sicher beeinflusst haben. Der älteste von ihnen war Sir Philip Sidney (1554–1586) mit seinem bereits in den 1580er Jahren geschriebenen Zyklus *Astrophel and Stella,* der erst nach seinem Tode 1591 in nicht-autorisierter Form gedruckt wurde. Die sprechenden Namen bedeuten so viel wie «der Sternsucher und der Stern». Dem Beispiel Sidneys folgte 1592 Samuel Daniel (1562–1619) mit dem aus 50 Sonetten bestehenden Zyklus Delia, den er bis 1611 siebenmal erweiterte und neu herausgab. Delia ist ein Beiname der Mondgöttin Diana; wer damit gemeint war, ist nicht gesichert. Zwei Jahre nach Daniels Zyklus erschien Michael Draytons (1563–1631) mit dem Titel *Ideas Mirrour* (Spiegel der Idee). Hier ist bekannt, das Drayton mit dem platonischen Begriff der Idee die Tochter seines Gönners Sir Henry Goodere meinte. Auch Drayton hat seinen Zyklus bis 1619 fünfmal in immer wieder veränderter Form neu herausgegeben. Der vierte große Sonettdichter, dessen Gedichte Shakespeare gekannt haben muss, war Edmund Spenser (1552–99), bei dem die Sonette allerdings im Schatten seiner großen Versdichtungen wie der *Faerie Queene* stehen.

Da die vier Genannten typische Motive, Themen und sprachliche Kunstgriffe zeigen, die Shakespeare wenig später zur Meisterschaft entwickelte, sollen sie hier mit je zwei ihrer besten Sonette vorgestellt werden. Die Motive, die darin als besonders typisch ins Auge springen, sind das Lob der Schönheit einer Frau, die Klage über die Vergänglichkeit der Schönheit, die Kritik an der spröden oder untreuen Geliebten, melancholischer Weltschmerz und der Glaube an die Unsterblichkeit der eigenen Dichtung. Die psychologische Darstellung der inneren Zerrissenheit des Liebenden verstand aber erst Shakespeare in die strenge Form des Sonetts zu gießen.

Ein Kunstgriff, den alle Sonettdichter der Zeit mit äußerster Virtuosität pflegten, war der Gebrauch des so genannten *conceit*. Man versteht darunter das Durchspielen eines Bildes durch verschiedene Bedeutungsebenen, so dass sich aus einer Anfangsanalogie neue, zum Teil widersprüchliche und paradoxe Sinnbezüge ergeben. Ein typisches Beispiel dafür ist Sidneys Sonett Nr. 39, wo der Schlaf nacheinander als sicherer Hort, als Raststatt, Schatz und Richter bezeichnet wird, bis er zuletzt als Schutzherr erscheint, dem der Dichter Tribut zahlen will, indem er ihm alles in seinem Schlafgemach anbietet. Zweck und Ziel dieses Spiels ist, der Angebeteten zu sagen, dass, wenn alles weggegeben ist, nur noch ihr Bild in seinem Herzen übrig ist. Während in den Sonetten der hier vorgestellten Dichter noch das Spielerische überwiegt, macht Shakespeare das *conceit* zu einem Ausdrucksmittel für höchst komplexe Gedanken und Empfindungen.

Sir Philip Sidney:

Astrophel and Stella 31

Wie traurig steigst Du, Mond, zum Himmel dort,
Wie still und mit welch bleichem Angesicht.
Wie? Kann es sein, dass selbst der Himmel nicht
Verschont bleibt von des flinken Schützen Sport?
Gewiss, wenn Augen, lang mit Liebestort
Vertraut, die Liebe kennen, nun, dann spricht
Für einen Fall von Liebe dein Gesicht.
Ich, der ich Gleiches leide, seh's sofort.
Drum, Mond, Schicksalsgenosse, sage mir:
Gilt treue Liebe auch bei euch als blöd?
Und eure Fraun, sind sie so stolz wie hier?
Wolln sie geliebt sein, nur um danach schnöd
    Die zu verhöhnen, die für sie entbrennen?
    Darf auch bei euch sich Undank Tugend nennen?

Astrophel and Stella 39

Komm, Schlaf, o Schlaf, des Friedens sichrer Hort,
Raststatt des Geistes, Balsam aller Leiden,
Des Armen Schatz, des Häftlings Zufluchtsort,
Ob hoch, ob tief, gerechter Richter beiden.
Sei mir ein Schild und halt' Verzweiflung fort,
Dass ihre Pfeile mir ins Fleisch nicht schneiden.
Tribut zu zahlen, geb ich dir mein Wort,
Hilfst du mir nur, den innren Krieg zu meiden.
Nimm' weiche Kissen, warmes Bett von mir,
Die Kammer, die kein Lärm noch Lichtstrahl stört,
Die Blumen und das Haupt, das müde, hier:
Wenn alles dies, das dir ja schon gehört,
    Dich nicht erweicht, dann zeigt zuletzt sich dir
    Klarer als sonstwo Stellas Bild in mir.

Samuel Daniel:

Delia 37

Wenn Winterschnee dir auf das Goldhaar fällt
Und Frost sich deine Blüte holt als Beute,
Wenn deine dunklen Tage nichts erhellt
Und alles welk ist, was dich einst erfreute,
Dann nimm dies Bild, das ich dir gebe: sieh,
Wie treu mein Stift dich malte Strich um Strich.
Es zeigt, was göttliche Natur dir lieh.
Hier, lies dich selbst und was ich litt um dich.
Dies Monument schließt dich in seine Mauern,
Damit die Nachwelt dich nie mehr vergisst.
Die Farben, die an dir verblassen, dauern
Darin selbst dann noch, wenn du nicht mehr bist.
  Und bleiben sie, so lebst auch du durch sie;
  Sie werden bleiben; darum stirbst du nie.

Delia 49

Schlaf, Sorgenlindrer, Sohn der schwarzen Nacht,
Bruder des Tods, aus Dunkelheit geboren,
Erlöse mich vom Licht, umhüll mich sacht,
dass die Erinnerung mir geh verloren,
Und lass den Tag genug sein zu bedauern
Den Schiffbruch meiner Jugend, unbedacht,
Lass meine wachen Augen ihn betrauern,
Quäl mich nicht auch noch mit dem Trug der Nacht.
Ihr Träume, Bilder von des Tags Begehren,
Täuscht mir nicht vor die Leidenschaft von morgen:
Lasst nicht das Licht, euch Lügen strafend, mehren
Bei Sonnenaufgang meine Last der Sorgen.
  So lass mich schlafen, Wolkendunst im Arm,
  Und nie erwachen zu des Tages Harm.

Edmund Spenser:

Amoretti 21

Ist es ein Kunstwerk oder schuf Natur
Dies Ebenmaß in ihrem Angesicht?
Sind doch auf ihrer Schönheit holder Flur
Demut und Stolz so ganz im Gleichgewicht.
In ihrer Anmut spürt den Stolz man nicht,
Lockt Blicke sie mit ihren Augen an;
Doch wenn aus einem Blick Unkeusches spricht,
Tut sie mit strenger Miene ihn in Bann.
So wunderbar ist, was ihr Auge kann,
Dass sie mit einem Blick mich elend macht
Und zieht mich mit dem andern wieder an:
Ihr Lächeln lockt, ihr Zürnen stößt in Nacht.
  So zieht ihr Blick, erzieht mein ganzes Wesen;
  Von solcher Kunst hab ich noch nie gelesen.

Amoretti 81

Schön ist mein Schatz, wenn sich ihr goldnes Haar
Den losen Wind zum Spielgefährten macht,
Schön, wenn sich rosig färbt ihr Wangenpaar
Und Liebe in den Augen Glut entfacht,
Schön, wenn sich wie ein Schiff, mit seltner Fracht
Beladen, ihre Brust dem Blick dargibt,
Schön, wenn sie fort die dunkle Wolke lacht,
Mit der ihr Stolz mich allzu oft betrübt,
Am schönsten aber, wenn das Tor aufgeht,
Mit Perlen und Rubinen reich geschmückt,
Durch das der Hauch von ihrer Sprache weht,
In der sich sanft ihr edler Geist ausdrückt.
  Den Rest gab die Natur nach ihren Launen,
  Doch das Genannte lässt mein Herz erstaunen.

Michael Drayton:

Idea 6

Wie viele dumme, rausgeputzte Leute,
die auf der Straße jetzt aus Kutschen winken,
sind bald vergessen, wenn kein Dichter heute
ihr Loblied singt, bevor ins Grab sie sinken.
Wenn ich dich für die Ewigkeit besinge,
da sonst nichts bleibt von diesen unsern Tagen,
gäb manche Königin dir ihre Ringe
für das, was meine Verse von dir sagen.
Jungfraun und Witwen, die die Zeilen lesen,
freun sich und hätten gerne dich gekannt,
und sehn in dir der Frauen edles Wesen
zum Ruhm ihres Geschlechts in Vers gebannt.
  So wirst du aus der Menge aufwärts schweben
  dank meinem Lied und in ihm weiterleben.

Idea 61

Da nichts mehr hilft, küss mich und lass uns scheiden –
Nein, es ist aus; mehr kriegst du nicht von mir.
Ich bin von Herzen froh, nach all dem Leiden,
Dass ich so klar mich lösen kann von dir.
Gib mir die Hand. Gelöst sind alle Schwüre,
Und wenn wir irgendwann uns wiedersehn,
Dann soll uns nichts erinnern an das Früh're,
Kein Zeichen soll auf unsern Brauen stehn.
Nun, da der Liebe letzter Hauch entflieht,
sprachlos die Leidenschaft, ihr Puls fast still,
an ihrem Totenbett die Treue kniet
Und Unschuld ihr die Augen schließen will,
  Holst du sie doch, von allen aufgegeben,
  Wenn du nur willst, vom Tod zurück ins Leben.

Shakespeares London

London, schon im 7. Jahrhundert die größte Stadt Englands, war spätestens seit der normannischen Eroberung Kopf und Herz des Landes. Dabei war die Stadt nicht einmal Regierungssitz, denn Elisabeth residierte, wie alle ihre Vorgänger seit Eduard dem Bekenner, in der unmittelbar angrenzenden Nachbarstadt Westminster, die aus einer kirchlichen Gründung hervorgegangen war und der Krone unterstand. Hier hatte Heinrich VIII. nach dem Sturz des Kanzlers Wolsey dessen Schloss Whitehall übernommen und weiter ausbauen lassen. Der später abgerissene Palast soll 2000 Zimmer gehabt haben und damit das größte Königsschloss in Europa gewesen sein. Auch zwei weitere königliche Paläste, der von Heinrich VIII. als Jagdschloss errichtete St. James's-Palast und Somerset House, das nach der Hinrichtung des Grafen Somerset an die Krone fiel, lagen in Westminster. Von der früheren Residenz der englischen Könige, dem Westminster Palace, war nach einem Brand von 1529 nur noch der älteste Teil, die 1097 errichtete Westminster Hall, übrig. Hier tagte früher das gesamte Parlament, später nur noch das Oberhaus, während das Unterhaus nach der Auflösung der Klöster die St. Stephen-Kapelle erhielt. Damit residierten die drei Säulen des englischen Staatswesens – Krone, Oberhaus und Unterhaus – in Westminster, während London nur die alte normannische Königsburg, den Tower, hatte, der nicht mehr als Residenz, sondern nur noch als Aufbewahrungsort für Waffen und staatliche Reliquien sowie als Gefängnis für prominente Häftlinge genutzt wurde. Äußerlich waren London und Westminster auch damals schon so sehr zusammengewachsen, dass sie auf Besucher wie eine einzige Stadt wirkten. Doch rechtlich und im Selbstbild der Bürger bestand London nur aus der Quadratmeile, die im Osten, Norden und Westen durch die alte Stadtmauer und im Süden durch die Themse begrenzt wurde. Kleinere Territorien vor der

Mauer waren mit der Zeit hinzugekommen, doch unterstanden sie nur bedingt der Jurisdiktion der Stadtverwaltung. 1550 hatte London der Krone die Stadt Southwark am Südufer der Themse abgekauft; die Rechtshoheit blieb aber beim früheren Grundherrn, in diesem Fall bei der Kirche.

Um sich eine Vorstellung vom Stadtgebiet machen zu können, muss man wissen, dass die Themse damals mit ca. 600 Metern etwa doppelt so breit war wie heute und dass die Gebiete nördlich und südlich des Flusses nur durch die alte London Bridge verbunden waren. Diese Brücke war auf ganzer Länge beidseitig mit Häusern bebaut. Darunter befanden sich Wassermühlen, die von der wechselnden Gezeitenströmung angetrieben wurden. Über die Einwohnerzahl gibt es mangels gesicherter Statistiken nur Schätzungen. Allgemein wird angenommen, dass sich die Bevölkerung der Stadt und ihrer Vororte in den Jahren 1550 bis 1600 von ca. 75 000 auf 200 000 mehr als verdoppelte, was ausschließlich auf die starke Zuwanderung zurückging, denn in der Stadt selbst gab es wegen der schlechten hygienischen Verhältnisse mehr Todesfälle als Geburten. So wurden allein im Pestjahr 1563 wahrscheinlich 20 000 Menschen von der Seuche hinweggerafft, was einem Viertel der damaligen Bevölkerung entsprach.

Während die übrigen Städte des Landes einen hohen Anteil von Ackerbürgern hatten und sich damit teilweise selbst versorgten, war London eine reine Bürgerstadt, die ihren täglichen Bedarf aus dem Umland bezog. Das bedeutete, dass an Wochentagen unablässig Fuhrwerke mit Nahrungsmitteln zu den Märkten strömten und Vieh in die Stadt getrieben wurde, um dort geschlachtet zu werden. Da London damals ein schlechteres Kanalisationssystem hatte als zu Zeiten der Römer, war schon die Abfallbeseitigung ein enormes Problem. Auch wenn nicht alle geschätzten 200 000 Londoner innerhalb der Stadtmauern gelebt haben, muss der Lärm in den Straßen, das Gedränge der Fußgänger, Lasttiere und Fuhrwerke und der dadurch verursachte Schmutz und Gestank ein schwer erträgliches Maß erreicht haben. Und doch wird diese quirlige, vor Vitalität aus den Nähten platzende Metropole, die nach Paris die zweitgrößte Europas war, von ausländischen Reisenden wie ein staunenswertes Weltwunder beschrieben.

London hatte der Krone schon im Mittelalter ein hohes Maß an

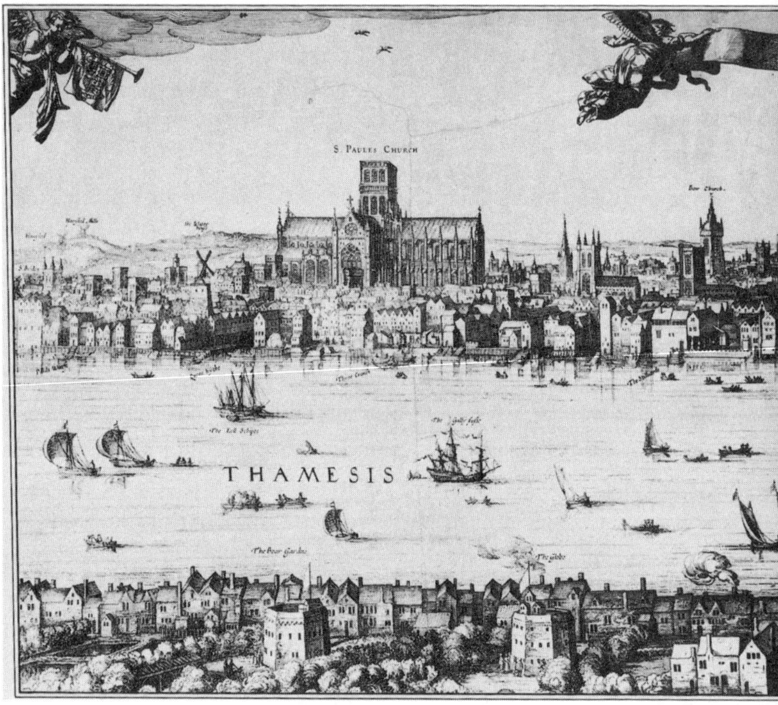

Selbstverwaltungsrechten abgetrotzt. Regiert wurde die Stadt vom Lord Mayor, den die Stadtältesten *(aldermen)* aus ihren Reihen für ein Jahr wählten. Die Stadtältesten wiederum wurden von den zwölf großen Zünften, den *livery companies,* gewählt und fungierten ihrerseits als Verwaltungschefs der 26 Bezirke *(wards)*, für die sie dann weitere Amtsträger wie Ordnungshüter, Nachtwächter und Müllsammler ernannten. Neben und unterhalb der Verwaltung der *wards* gab es eine weitere Ebene, die der Kirchspiele *(parishes)*. London hatte 110 davon. Bei deren Verwaltung ging es nicht nur um Gottesdienst und Seelsorge, sondern auch um das Führen der Tauf-, Heirats- und Sterberegister. Nachdem durch die Auflösung der Klöster der frühere Hauptträger der Armenfürsorge ausgeschieden war, lag die Verantwortung dafür nun bei den Kirchengemeinden. Damit hatte das Pfarramt einer Gemeinde neben den kirchlichen Belangen und der Verwaltung des Kirchenzehnten auch die Versorgung der Armen zu organisieren.

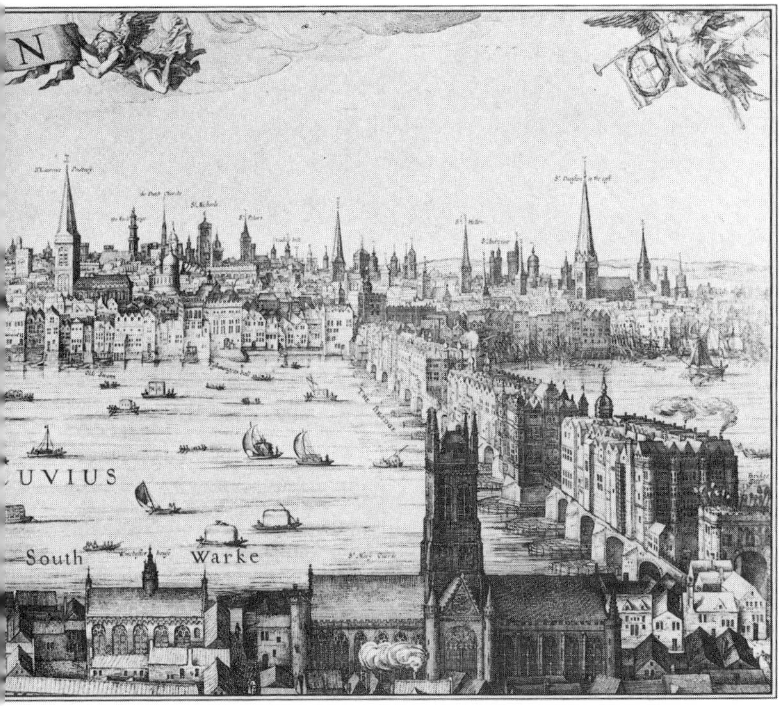

Panorama von London. Kupferstich von Claes van Visscher, 1616

Das damalige London war bereits eine durch und durch bürgerliche Stadt, in der weder der Adel noch die königliche Exekutive viel zu sagen hatte. Die Stadtväter wachten argwöhnisch darüber, dass sich niemand in ihre Zuständigkeiten einmischte. Da die Macht nicht von der gesamten Bevölkerung, sondern von den zwölf Zünften ausging, war klar, dass deren ökonomische Interessen eine wesentliche Rolle spielten. Andererseits sorgte aber die kurze Amtszeit des Lord Mayor dafür, dass keine Gefahr einer autoritären Regierung bestand. Im Gegenteil, die Ausübung dieses Amtes war mit hohen eigenen Kosten verbunden, weshalb mancher Inhaber des Amtes froh gewesen sein wird, es nach einem Jahr an einen Nachfolger übergeben zu können. Es liegt auf der Hand, dass ein solches System von halbdemokratischer Selbstverwaltung die Menschen empfänglich für die egalitären Tendenzen des Puritanismus machte. Während in den ländlichen Regionen viele Menschen weiter dem alten Glauben anhingen, konzentrierte sich in London die Speerspitze der radikalen Puritaner.

Die Aufsässigkeit der Londoner Bevölkerung war seit dem Hochmittelalter ein innenpolitischer Faktor, mit dem jeder Regent zu rechnen hatte. Immer wieder kam (und kommt) es in der Stadt zu Protesten und gewaltsamen Aufständen. Wenn Shakespeare in *Julius Caesar* und *Coriolanus* das römische Volk als eine wankelmütige Masse zeigt, die sich leicht zur einen oder anderen Seite hin aufwiegeln lässt, dann hatte er dabei sicher seine Londoner Mitbürger vor Augen, um deren Beifall zu buhlen selbst Königin Elisabeth sich nicht zu schade war. Zu ihren Krönungsfeierlichkeiten gehörte selbstverständlich auch der prunkvolle Einzug in die City of London mit der förmlichen Inbesitznahme des königlichen Towers. Ihrem Nachfolger bereitete die Stadt auf eigene Kosten einen aufwändigen Empfang, für den sie ebenfalls sieben temporäre Triumphbögen errichten ließ. Allerdings fand Jakobs I. triumphaler Krönungseinzug wegen eines Pestausbruchs mit einjähriger Verspätung statt.

So wichtig die Zustimmung der Londoner Bürgerschaft für politische Maßnahmen war, so gefürchtet war der Londoner Mob, auf dessen Unterstützung z. B. Graf Essex bei seinem (gescheiterten) Putschversuch von 1601 spekulierte. Ein latenter Unruheherd in der Bevölkerung war die stetig wachsende Zahl von Ausländern, die in London wirtschaftlichen Freiraum oder Zuflucht vor religiöser Repression suchten. Als in Frankreich die Hugenottenverfolgung einsetzte, die in der Bartholomäusnacht von 1572 begann und zu einem Blutbad mit bis zu 20 000 Todesopfern führte, kam es zu einer massiven Einwanderungswelle französischer Protestanten. Eine ähnliche Welle hatte schon vorher die blutige Unterdrückung der niederländischen Protestanten durch Herzog Alba ausgelöst. Die einheimischen Londoner nahmen gegenüber den Zuwanderern eine zwiespältige Haltung ein. Einerseits lehnten sie die Fremden innerlich ab und fürchteten ihre Konkurrenz, andererseits erwiesen sich die fachlich Hochqualifizierten unter ihnen als nützlich und in vielen Bereichen als unentbehrlich. Als die besorgten Stadtväter 1593, wie schon einige Male zuvor, eine Zählung der Ausländer veranlassten, fanden sie allein im Textilgewerbe 500 Spezialisten fremder Herkunft, daneben Diamantschleifer, Goldschmiede, Knöpfemacher, Ärzte, Musiker und Vertreter vieler anderer Gewerbe, die zum Teil schon seit

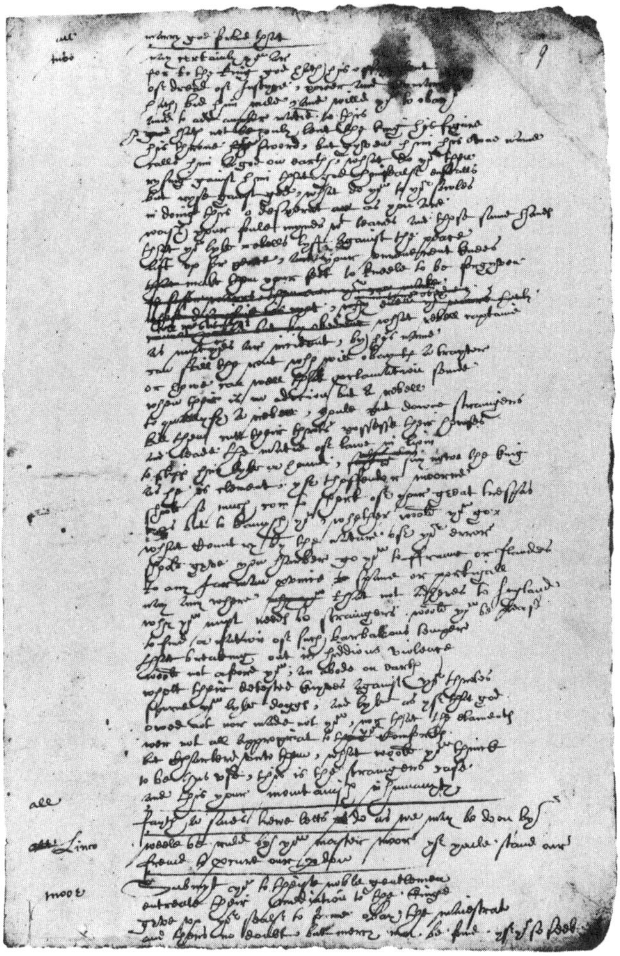

Die Rede des Thomas Morus (angeblich von Shakespeare eigenhändig geschrieben) aus dem handschriftlich überlieferten Stück *Thomas More*

Jahrzehnten in London ansässig waren. Insgesamt wurden bei der Zählung 7013 Fremde ermittelt, von denen 2443 bereits in England geboren waren.

Obwohl angesichts solcher Zahlen von einer drohenden Überfremdung keine Rede sein konnte, ging doch von der latenten Fremdenfeindlichkeit eine stete Gefahr aus, denn pogromartige Verfolgungen von Einwanderern hatte es bereits im Spätmittelalter gegeben. Die Stadtväter waren sich der ökonomischen Bedeutung der Immigranten sehr wohl bewusst und deshalb bestrebt, aufkeimenden Fremdenhass im Keim zu ersticken. Ein rhetorisch eindringliches Plädoyer für Toleranz gegenüber Fremden findet sich in dem nur handschriftlich überlieferten Stück *Sir Thomas More,* an dem mehrere nicht eindeutig identifizierbare Autoren beteiligt waren und in dem Shakespeare nach Ansicht von Fachleuten mit eigener Hand einige Passagen geschrieben haben soll, darunter die längere Rede, in der Thomas Morus den Aufrührern ins Gewissen redet und ihnen klarmacht, dass sie mit ihrem Fremdenhass gegen die göttliche Ordnung rebellieren. Darin heißt es am Schluss:

> Ihr wollt die Fremden niedermachen,
> sie töten, ihnen ihre Häuser nehmen
> und das Gesetz an eine Leine legen,
> damit ihr ihm, wie einem Hund, entkommt!
> Weh euch! Weh euch! Stellt euch doch einmal vor,
> der König ließe Milde walten und
> verbannte euch: wo suchtet ihr dann Zuflucht?
> Bei welchem Volk, das sich verhält wie ihr,
> bekämt ihr Schutz? Geht hin nach Frankreich, Flandern,
> in deutsche Lande, Spanien, Portugal,
> ja, irgendwohin, wo nicht England ist –
> ihr wäret Fremde. Wie gefiel's euch dann,
> ein Volk zu finden, das, wie ihr Barbaren,
> in furchtbare Gewalt ausbricht und euch
> den Aufenthalt verwehrt, ja, euch stattdessen
> das Messer wütend an die Kehle setzt
> und euch wie Hunde fortjagt, so als ob
> ihr nicht von Gott gemacht wärt und als fehlte
> bei euch was, das nur sie alleine haben?
> Was hieltet ihr von solcher Art Behandlung?
> So ist das Los der Fremden hier bei uns,
> und so ist euer Berg von Inhumanität!

Falls diese Verse wirklich von Shakespeare stammen, hätten sie für heutige Leser mehr Aktualität als Hamlets Monolog und alle anderen Zitate, die wir von ihm kennen. Eine Gruppe von Fremden fand jedoch weder bei ihm noch bei seinen Zeitgenossen Fürsprache: die Juden. Sie waren 1290 von Eduard I. aus England vertrieben worden, und erst Oliver Cromwell erlaubte 1655 ihre Rückkehr.

Das Theater

Wer sich das elisabethanische London vorstellt, wird als erstes ans Theater denken, denn nie zuvor und nie danach gab es auf so engem Raum so viele Theater und so viele hochbegabte Dramatiker. Obgleich dies wie eine Explosion von Kreativität anmutet, gab es einen langen Vorlauf. Nach frühen Formen der Volksbelustigung in theatralischer Form, wie sie vermutlich bei allen Völkern und zu allen Zeiten existierten, hatte sich in England bereits im Hochmittelalter der Brauch ausgebildet, an besonderen kirchlichen Feiertagen Stücke mit biblischem Inhalt aufzuführen. Einen mächtigen Schub erhielt diese Entwicklung, als Papst Urban IV. 1264 das Fronleichnamsfest zu einem Feiertag erklärte, der mit einer Prozession begangen wurde. Im Rahmen der Umzüge wurden in größeren Städten Englands von den Handwerksgilden ganze Zyklen von religiösen Stücken aufgeführt. Der Oberbegriff dafür war *mystery*, ‹Mysterienspiel›, da man die Evangelien als Mysterien bezeichnete. Mit der Zeit kamen zu den biblischen Stoffen die Wunder *(miracles)* der Heiligenlegenden und zuletzt auch noch allgemein moralisierende Handlungen hinzu, für die das *Jedermann*-Stück das bekannteste Beispiel ist. Zur Unterscheidung der drei Typen sprechen englische Literaturgeschichten von *mystery, miracle* und *morality plays.* Da die Aufführungen an den betreffenden Feiertagen so abliefen, dass sich die Bürger auf Plätzen versammelten und auf die Wagen warteten, auf denen jeweils ein Stück des Zyklus dargestellt wurde, entstanden Pausen, die mit komischen Zwischenspielen gefüllt wurden. Auch diese *interludes* wuchsen sich mit der Zeit zu ganzen Theaterstücken aus, die man als frühe Komödien bezeichnen kann.

Während die klassische Form des Mysterienspiels im 16. Jahrhundert weitgehend verschwunden war, lebten die Interludes als Volksbelustigung fort. Aber auch die Erinnerung an die biblischen Stücke war zur

Zeit Shakespeares noch lebendig. Wenn Hamlet den Schauspielern rät, nicht durch übertriebene Gesten «den Herodes zu überherodisieren», bezieht er sich auf die Figur des Herodes, der in der Darstellung der Weihnachtsgeschichte als Wüterich auftrat.

Neben der heimischen Tradition gab es im Zuge der nachgeholten Renaissance eine immer breiter werdende Vertrautheit mit den lateinischen Tragödien Senecas und den Komödien von Plautus und Terenz. Diese Stücke wurden an den Universitäten und Lateinschulen von Studenten und Schülern im Rahmen des Lateinunterrichts aufgeführt. Aus solchem Bildungsgut allein hätte sich aber kaum die Blüte des elisabethanischen Dramas entfaltet, wenn die klassischen Vorbilder nicht mit dem heimischen Volkstheater verschmolzen und dem Volk als kommerzielle Unterhaltung angeboten worden wären.

Theatertruppen In lokalen Dokumenten des 16. Jahrhunderts werden über zwanzig Theatertruppen erwähnt, die unter den Namen adliger Sponsoren Tourneen durch das Land unternahmen. Den Sponsor brauchten sie vor allem deswegen, weil sie nur in der Livree eines Aristokraten herumreisen konnten, ohne wegen verbotener Landstreicherei verhaftet zu werden. In den Schlössern der Aristokraten sorgten sie für Unterhaltung, während sie ihr Grundeinkommen mit Gastspielen in der Provinz verdienten. Auch die Königin hatte eine Truppe; es waren die von ihrem Vater geerbten *Interlude Players*, um die sie sich anfangs wenig kümmerte. Doch als sich die Bedrohung durch Spanien zuspitzte, ließ sie sich davon überzeugen, dass das Theater geeignet sei, durch entsprechende Stücke im Publikum den Patriotismus zu befördern. Deshalb ordnete sie 1583 die Bildung einer neuen Truppe an, in die zwölf ausgewählte Schauspieler anderer Truppen abkommandiert wurden und die den Namen *Queen Elizabeth's Men* erhielt. Diese Truppe war bis 1590 die wichtigste in London. Danach wurde sie von den *Admiral's Men* und den *Lord Chamberlain's Men* überflügelt und wich auf Tourneen in der Provinz aus, auf denen sie vorwiegend historische Dramen gespielt zu haben scheint.

Anfangs spielten die Truppen noch auf Marktplätzen und in den Innenhöfen von Gasthäusern. Doch bereits 1576 muss die Nachfrage nach solcher Unterhaltung so groß geworden sein, dass der Theaterunternehmer James Burbage es als lohnend ansah, seine Ersparnisse in den Bau eines festen Theaters zu investieren. Da schon damals die Puritaner das sündhafte Gauklertum der Schauspieler aus dem Stadtgebiet verbannt hatten, errichtete Burbage sein Theater nördlich von London in Shoreditch, das nahe der Stadt, aber außerhalb der städtischen Jurisdiktion lag. Da es das erste feste Theater war, hieß es schlicht The Theatre. Doch schon ein Jahr später kam ganz in der Nähe ein weiteres Theater dazu, das den Namen *The Curtain* erhielt, doch nicht wegen eines ‹Vorhangs› *(curtain)*, den es damals im Theater gar nicht gab, sondern weil das Grundstück, auf dem es stand, so hieß. Zehn Jahre später ließ der rührige und äußerst geschäftstüchtige Theaterunternehmer Philip Henslowe am Südufer der Themse in Southwark, ebenfalls außerhalb der Jurisdiktion der Londoner Stadtverwaltung, das Theater *The Rose* errichten, in dem die von ihm gemanagte Truppe der *Admiral's Men* spielte, die mit ihrem wichtigsten Autor Christopher Marlowe die schärfste Konkurrenz für Burbage war. Dessen Truppe, in der sein Sohn Richard der führende Schauspieler wurde, stand unter dem wechselnden Patronat von Aristokraten, die

Lageplan der Londoner Theater.

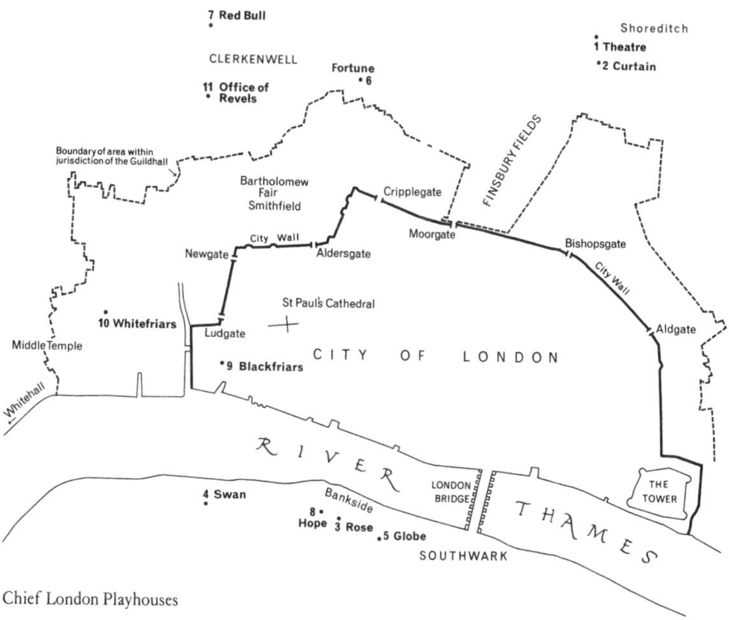

Chief London Playhouses

nacheinander das Amt des Lord Chamberlain innehatten, weshalb sie *Lord Chamberlain's Men* hieß. Der Lord Chamberlain war Inhaber eines traditionellen Hofamtes, das sich zu einer Art Kultusministerium im Auftrag der Krone entwickelt hatte und über das ihm unterstehende Amt des *Master of the Revels* für die Lizensierung der Stücke zuständig war. Shakespeare war seit seinem ersten aktenkundigen Erscheinen in London Mitglied dieser Truppe und bald schon ihr wichtigster Stückeschreiber. Wäre Marlowe nicht schon 1593 bei einem Wirtshausstreit zu Tode gekommen, hätte sich zwischen den *Chamberlain's Men* im Norden der Stadt und den *Admiral's Men* im Süden eine ähnliche Rivalität entwickelt wie heutzutage zwischen zwei gleichrangigen Fußballvereinen in einer Stadt.

Die Truppen waren so organisiert, dass etwa 10–12 Stammschauspieler Anteile am Unternehmen und am Theatergebäude hielten. Entsprechend der Höhe der Anteile wurden die Tageseinnahmen verteilt. Bei Bedarf wurden weitere Schauspieler als *hirelings* (Angeheuerte) engagiert. Für eine Aufführung am Hof erhielt die Truppe 10 Pfund. Die beiden großen Truppen, die eigene Häuser besaßen, hatten zudem Einnahmen aus der Vermietung ihrer Theater. Man schätzt, dass Philip Henslowe, der Eigentümer des *Rose*-Theaters, Jahreseinkünfte von 360 Pfund hatte, was etwa das Fünfzehnfache eines Handwerkereinkommens war. Nicht minder geschäftstüchtig waren Cuthbert und Richard Burbage, die 1597 nach dem Tod ihres Vaters die Leitung der *Chamberlain's Men* übernommen hatten. Als 1598 der Pachtvertrag für das Grundstück, auf dem das *Theatre* stand, auslief und Burbage sich mit dem Grundeigentümer nicht auf eine Verlängerung einigen konnte, ließ er im Jahr darauf das Gebäude kurzerhand abreißen und am Südufer der Themse ganz in der Nähe des *Rose* wieder aufbauen, unter Verwendung des alten Baumaterials. Das neue Haus erhielt den Namen *The Globe*, der durch Shakespeares Ruhm zum Inbegriff des elisabethanischen Theaters wurde.

Spielstätten In der Nähe des *Rose* gab es seit 1595 bereits ein weiteres Theater, *The Swan*, während im Norden ein Jahr nach dem Abriss des *Theatre* das *Fortune* gebaut wurde, zu dem 1605 weiter nordwestlich noch das *Red Bull* hinzukam. Die acht genannten Häuser waren *public theatres*: Freilichttheater, bei denen die Bühne und der größere

De Witts Skizze des *Swan*-Theaters in der Kopie von Arendt van Buchell

Teil des Innenraums nicht überdacht waren. Daneben gab es noch eine Reihe von überdachten *private theatres,* von denen vier als Spielstätten für Theatertruppen eine Rolle spielten: das *St. Paul's Boys' Playhouse* (ab 1575), das erste *Blackfriars* (1576–1584), das zweite *Blackfriars* (ab 1596) und das *Whitefriars* (ab 1606?). Diese Theater lagen zwar innerhalb der Stadtgrenzen, doch ebenfalls außerhalb der Jurisdiktion der Stadtväter, denn sie wurden, wie die Namen bereits erkennen lassen, auf ehemals kirchlichem Grund und Boden errichtet, für den weiterhin die Kirche die Rechtshoheit hatte.

Wie die Freilichttheater im Innern aussahen, wissen wir durch eine Skizze, die der niederländische Humanist Johannes de Witt 1596 anlässlich des Besuchs einer Aufführung im *Swan*-Theater anfertigte und die in der Kopie seines Freundes Aernout van Buchel überliefert ist. Auf der Skizze sieht man einen runden Innenraum, in den eine rechteckige Rampenbühne hineinragt, die ihrerseits von einem Balkon überragt wird. Unter dem Balkon befinden sich zwei Eingänge zum *tiring house,* wo sich die Schauspieler an- und umkleideten (*to attire* = sich anziehen). Aus anderen Zeugnissen weiß man, dass von der Bühne eine Falltür unter die Rampe führte, so dass von dort Geister wie z. B. der von Hamlets Vater aufsteigen konnten. Auch die Totengräberszene in *Hamlet* brauchte für das Grabschaufeln eine solche Versenkung. Der Balkon kam in *Romeo und Julia* in der berühmten Szene zum Einsatz. Unmittelbar vor und seitlich der Rampe standen im *pit* (Parkett) die *groundlings* (Gründlinge), die sich nur die billigen Stehplätze leisten konnten. Die teureren Sitzplätze befanden sich auf den drei überdachten Rängen, die den offenen Innenraum – Shakespeare nennt ihn in seinem Stück *Heinrich V.* ein ‹hölzernes O› – rund oder oval umschlossen. Obwohl ein solcher Bau in heutiger Zeit bequem in das Bühnenhaus eines größeren Stadttheaters passen würde, fasste das größte der Theater, *The Swan*, nach Auskunft von de Witt 3000 Zuschauer; und *The Globe* wird nicht viel kleiner gewesen sein. Möglich wurde das enorme Fassungsvermögen dadurch, dass es auf den Rängen weder Arm- noch Rückenlehnen gab, so dass die Zuschauer eng zusammenrücken konnten (und mussten). Auf dem Höhepunkt der elisabethanischen Theaterkultur boten sieben Theater über 12 000 Plätze an. Allerdings wurden einige von ihnen wie das *Hope* und *Red Bull* nur für Trivialunterhaltung genutzt, wobei man Hunde auf Bären hetzte oder auf Bullen, was bei diesen der Fleischverbesserung vor der Schlachtung dienen sollte.

Theaterbetrieb Im *Globe* reichten die Eintrittspreise von einem Penny für einen Stehplatz über zwei Pence für einen einfachen Sitzplatz auf der Galerie bis zu drei Pence für einen gepolsterten Sitz im Rang. Ein voll besetztes Haus konnte mit einer einzigen Vorstellung über 20 Pfund einnehmen. Die Kaufkraft eines Pfundes (= 20 Shilling zu je 12 Pence) lässt sich nur in konkreten Beispielen angeben. Ein Penny reichte in der Regel für einen Laib Brot, ein Shilling für ein Paar einfache Schuhe; 6 Pfund war der Jahreslohn eines Hufschmieds oder Schlachters. Für 20 Pfund konnte man bereits ein kleines Haus kaufen, ebenso viel gab ein Lord aber auch für einen Mantel aus. In den Theatern wurde an ca. 230 Tagen im Jahr gespielt. Für Sonn- und kirchliche Feiertage galt ein allgemeines Spielverbot. Schlechtes Wetter und vor allem die häufig angeordnete Schließung der Theater wegen der Pest ließen die

Richard Burbage (vermutlich ein Selbstporträt)

tatsächliche Spielzeit oft schrumpfen. Man muss sich die elisabethanischen Theater als kommerzielle Unterhaltungsbetriebe vorstellen, vergleichbar dem heutigen Kino. Philip Henslowe, der neben- bzw. nacheinander das *Rose*, das *Fortune* und das *Hope* betrieb, machte damit ein so großes Vermögen, dass sein Schwiegersohn und Erbe Edward Alleyn, der zugleich sein Starschauspieler war, am Ende seines Lebens 10 000 Pfund für die Gründung des noch heute existierenden Dulwich College im Süden Londons stiften konnte, das auch Alleyns und Henslowes nachgelassene Papiere bekam, darunter Henslowes Tagebuch, das wichtigste Zeugnis für den elisabethanischen Theaterbetrieb.

Auch wenn der Zulauf zu Zirkusakrobatik, Bärenhatz und anderen trivialen Angeboten sicher größer war, kann ein zehnmal vor ausverkauftem Haus gespieltes Stück im *Globe* bis zu 30 000 Zuschauer erreicht haben, was bei einer Einwohnerzahl von 200 000 beträchtlich ist. Man schätzt, dass 1595, als nur die *Admiral's Men* und die *Lord Chamberlain's Men* Sprechtheater anboten, pro Woche etwa 15 000 Menschen ins *Globe* und ins *Rose* strömten. Ein Vierteljahrhundert später, als sich die Zahl der Theater auf

Kemps nine daies vvonder.
Performed in a daunce from
London to Norwich.
Containing the pleaſure, paines and kinde entertainment
of William Kemp betweene *London* and that Citty
in his late Morrice.
Wherein is ſomewhat ſet downe worth note; to reprooue
the ſlaunders ſpred of him: many things merry,
nothing hurtfull.
Written by himſelfe to ſatisfie his friends.

LONDON
Printed by *E. A.* for *Nicholas Ling*, and are to be
ſolde at his ſhop at the weſt doore of Saint
Paules Church. 1600.

Kemps Neun-Tage-Wunder. Stich von 1600

sechs erhöht hatte, dürfte die wöchentliche Besucherzahl bei über 25 000 gelegen haben. Das Besondere an der Londoner Theaterszene war die soziale Durchmischung des Publikums. Shakespeares Stücke lockten Angehörige aller sozialen Schichten ins Theater. Selbst Lehrlinge der Handwerksbetriebe gaben manchen Penny dafür aus. Für die Dramatiker bedeutete das, dass sie allen Schichten etwas bieten mussten: der Unterschicht sensationelle Handlung, der Oberschicht poetische Rhetorik und der bürgerlichen Mittelschicht den Sieg des Guten über das Böse.

Schauspieler In Shakespeares Truppe war der herausragende Darsteller der tragischen Helden Richard Burbage, der Sohn des Gründers und Managers der Truppe, während William Kempe für die komischen Rollen zuständig war. Der überaus populäre Kempe, der die Improvisationskunst seines berühmten Vorgängers Richard Tarlton fortsetzte, pflegte am Ende einer Vorstellung von Liedern begleitete Gigues zu tanzen. Im Februar 1600 ging er die Wette ein, dass er die Strecke von London bis Norwich – immerhin eine Entfernung von fast 200 km – tanzend zurücklegen könne. Er gewann sie mit einem neuntägigen *morris dance* (das Wort geht auf das italienische *morisco*, maurisch, zurück und bezeichnet eine groteske Tanzform in bunter Narrenkleidung, die im 15. Jahrhundert aufkam). Kempes Nachfolger war der ebenso populäre Robert Armin. Bei den *Admiral's Men* war Edward Alleyn der Starschauspieler, der als Titelheld in Marlowes Tragödien brillierte, wobei ihm seine außergewöhnliche Körpergröße half, den Größenwahn eines Tamburlaine wirkungsvoll darzustellen.

Es fällt nicht schwer, sich gute Schauspieler wie Burbage und Alleyn in großen Rollen vorzustellen. Doch wie wirkte es, wenn Knaben als Cleopatra, Desdemona oder Lady Macbeth auftraten? Da nur wenige Berichte über Aufführungen überliefert sind und keiner davon einer heutigen Theaterkritik entspricht, weiß man nur wenig über den Kern des Theaters, die Schauspielkunst. Aus Hamlets Anweisungen an die Schauspieler lässt sich immerhin schließen, dass Shakespeare wildes Gestikulieren und übertriebenes Deklamieren ablehnte. Andererseits sollten die Schauspieler auch nicht «zu zahm» sein. Vielmehr sollten sie sich darum bemühen, dass die Darstellung dem Dargestellten angemessen sei. Aufgabe des Theaters sei es, «der Natur den Spiegel vorzuhalten, der Tugend die eigenen Züge zu zeigen, dem Verachtenswerten das eigene Bild und jedem Alter, jeder Gestalt der Zeit ihre Form und Prägung» (*Hamlet*, III, 2; 21–23). Dieser hohe Anspruch dürfte wohl ein Wunschbild gewesen sein. Bedenkt man, mit welch kurzen Probezeiten Stücke einstudiert wurden und dass in den Nebenrollen die Schauspieler immer mehrere Parts spielen mussten, so werden nur wenige Inszenierungen Hamlets und damit Shakespeares Forderung erfüllt haben. Die größere Kunst lag zweifellos in seinen Stücken und ihrer sprachlichen Intensität.

Dramaturgie Das elisabethanische Theater folgte dem auf Identifikation des Zuschauers mit den Helden abzielenden aristotelischen Prinzip, das bis zum Aufkommen moderner Verfremdungstechniken wie dem epischen Theater Brechts oder dem absurden Theater die Standardform des neuzeitlichen Dramas blieb. Doch auf der elisabethanischen Bühne nahm diese Dramaturgie eine andere Gestalt an als in den Jahrhunderten danach. Stücke, die auf einer von drei Seiten einsehbaren Rampe gespielt werden, erfordern eine andere Dramaturgie, als sie die heutige Guckkastenbühne bietet, bei der der Zuschauer durch die geöffnete «vierte Wand» in einen vom Publikum abgetrennten Innenraum schaut und dabei die Illusion hat, Menschen zu beobachten, die von der Anwesenheit des Publikums nichts zu wissen scheinen. Außerdem erlaubt der Guckkasten die Verstärkung der Illusion durch Requisiten und Kulissen, wobei die Schauspieler hier sogar schweigend agieren können. Auf der elisabethanischen Rampenbühne gab es keine Kulissen, und die Requisiten beschränkten sich auf symbolisch bedeutsame Elemente wie einen Thron für den König oder auf Funktionselemente wie einen Pfosten als Baumstamm, an den der verliebte Orlando in Shakespeares *Wie es euch gefällt* seine Verse heftete. Um die Illusion einer fremden, oft sogar fantastischen Welt heraufzubeschwören, war diese Dramaturgie allein auf die Sprache angewiesen. Peter Hall, einer der großen Shakespeare-Regisseure des 20. Jahrhunderts, bezeichnete Shakespeares Drama deshalb in einem Vortrag als *fully verbalised*, als vollständig verbalisiert. Alles, was der Zuschauer sehen und sich in der Fantasie vorstellen sollte, musste durch Sprache heraufbeschworen werden. Sieht man einmal von der Gestik der Schauspieler ab, bestand die einzige visuelle Unterstützung der sprachlichen Wirkung in den Kostümen. Sie dienten vor allem dazu, Rangunterschiede sichtbar zu machen. Shakespeare und seine Zeitgenossen konnten zwar den Abstand zwischen hochgestellten Helden und dem gemeinen Volk dadurch hörbar machen, dass sie die hohen Herren in Versen und das Volk in Prosa sprechen ließen, doch für feinere Rangunterschiede brauchte man das, was auch im wirklichen Leben für das Erkennen von Ranghöhe entscheidend ist: die standesgemäße Kleidung. Deren Bedeutung ist daran abzulesen, dass ein Kostüm oft erheblich mehr kostete, als der Autor für sein Stück bekam. So zahlte Shakespeares Truppe 1613 für die Ausstattung eines Kardinals 38 Pfund!

Das Fehlen der Guckkasten-Illusion machte es den elisabethanischen Dramatikern leicht, den Wechsel von Handlungsschauplätzen und -zeiten durch Worte zu vermitteln. Anders als im griechischen Theater der Antike mussten die Schauspieler nicht über eine große Entfernung zum Publikum sprechen, sie waren den Zuschauern so nahe, dass sie deren Reaktionen aufnehmen konnten, während sich im dicht gedrängten Publikum selbst die emotionalen Reaktionen dank der Tuchfühlung schnell ausbreiteten und verstärkten. Das macht verständlich, weshalb ein Publikum, das zu einem erheblichen Teil aus Analphabeten bestand, dem

Geschehen auch dann folgen konnte, wenn es die virtuose und hochkomplexe Rhetorik nicht verstand. Allerdings dürfte es für die Rhetorik besser vorbereitet gewesen sein als heutige Theaterbesucher, und zwar durch den allsonntäglichen Gottesdienst, zu dessen Besuch sie per Gesetz verpflichtet waren. Durch die Reformation war die Predigt ins Zentrum gerückt, bei der vor allem die Londoner Pfarrer, die zur Elite unter den Absolventen der Universitäten von Oxford und Cambridge zählten, alles aufbieten konnten, was der manieristische Euphuismus als Stilideal entwickelt hatte.

Private theatres In den überdachten Theatern entwickelte sich eine etwas andere Theaterkultur. Da diese Häuser nur etwa ein Viertel des Publikums der Freilichttheater fassten und außerdem beleuchtet werden mussten, nahmen sie sechsmal höhere Eintrittspreise. Damit waren sie nur für Bürger von der Mittelschicht aufwärts erschwinglich. Sie wurden hauptsächlich von Knabentruppen bespielt, wobei die hohen Knabenstimmen dafür sorgten, dass in den aufgeführten Stücken die Musik einen immer größeren Raum einnahm. Ein Kuriosum der Jahre 1599 bis 1602 war der so genannte «Krieg der Theater», damals auch Poetomachia genannt. Er wurde augelöst durch ein Stück mit dem Titel *Histriomastix*, in dem John Marston den Konkurrenten Ben Jonson satirisch aufs Korn nahm. Dieser antwortete mit einer Satire, in der er nebenbei auch noch Thomas Dekker angriff. Als der kontern wollte, kam ihm Ben Jonson mit dem Stück *The Poetaster* zuvor. Ein Echo dieses Theaterkriegs ist in *Hamlet* zu hören, wo sich der Titelheld ironisch über die Knabenschauspieler äußert, die er als *little eyases*, kleine Nestbrut, bezeichnet. Es ist verständlich, dass Shakespeare und seine Leute in den Knabentruppen eine Konkurrenz sahen, die ihnen Publikum abzog. Als unter Jakob I. bei Hofe eine Vorliebe für barocke Maskenspiele aufkam, gewannen die *private theatres* weiter an Boden, da sich die aufwändigen Stücke nur in geschlossenen Räumen mit entsprechenden Beleuchtungseffekten wirkungsvoll aufführen ließen.

Dramentypen So wie sich beim Film typische Formen wie Krimi, Western, Sitcom usw. ausbildeten, kam es auch im elisabethanischen Drama zu typischen Ausprägungen. Im tragischen Genre waren es zunächst Rachetragödien und die *de casibus*-Stücke, die den Absturz von Herrscherfiguren darstellten; später überwogen sensationelle Trauerspiele, die oft als *sex-and-crime*-Stücke bezeichnet werden. Im komischen Genre gab es die höfisch-romantische Komödie, wie sie Shakespeare schrieb, und die realistisch-satirische, auf die Ben Jonson spezialisiert war. Shakespeare, der in seinen Stücken Komik und Tragik, Realismus und Fantastik wirkungsvoll verband, machte sich in *Hamlet* über die Spezialisierungen lustig, indem er die Schauspieler durch den Mund des pedantischen Polonius so ankündigen lässt:

> Die besten Schauspieler der Welt, ob für Tragödie, Komödie, Historie, Pastorale, Pastoral-Komödie, Historien-Pastorale, Tragico-Historie, tragisch-komisch-historische Pastorale, klassische Form oder freie Dichtung. Seneca ist ihnen nicht zu schwer, Plautus nicht zu leicht.
>
> (II,2; 392–97.)

Dramatiker Schon vor Shakespeare hatte es in England Dramatiker von achtbarer Qualität gegeben. Den Reigen der Tragödienschreiber eröffneten zwei Juristen, Thomas Sackville und Thomas Norton, die 1565 in der Rechtsschule des Inner Temple das Stück *The Tragedie of Gorboduc* aufführten, dessen autorisierte Druckfassung 1570 unter dem Titel *The Tragedie of Ferrex and Porrex* herauskam. Nach einer Reihe weiterer, unbedeutender Tragödien ging Ende der 1580er Jahre der Stern Christopher Marlowes auf. Wäre Shakespeare wie dieser gleichaltrige Rivale bereits 1593 gestorben, würde Marlowe heute als der Größte unter den elisabethanischen Dramatikern gelten. Thomas Kyd (1558–1594), der zweite Rivale, dessen um 1589 entstandene *Spanish Tragedy* auf der Londoner Bühne Furore machte, starb 1594, so dass Shakespeare auf diesem Felde anfangs konkurrenzlos war.

Die ersten Komödien liegen noch weiter zurück. Hier eröffnete Nicholas Udall um 1552 mit *Ralph Roister Doister* den Reigen. Unmittelbare Konkurrenten für den frühen Shakespeare waren die Dramatiker John Lyly (ca. 1554–1606), George Peele (1556–1596) und Robert Greene (1558–1592), die den Typus der höfisch-romantischen Komödie populär machten, dem auch Shakespeares Komödien zuzurechnen sind. Während Tragödien und Komödien an antike Vorbilder anknüpfen konnten, entstand das Historiendrama, das Shakespeare weiter entwickelte, auf heimischem Boden. Auch hier gab es mit John Bales *King John* (ca. 1540) einen frühen Vorläufer. In unmittelbarer Nähe zu Shakespeare entstand George Peeles Stück *Edward I* (1593). Danach folgte mit Thomas Dekker (1570–1932), Ben Jonson, John Marston (1576–1634), Cyril Tourneur (ca. 1575–1626), Thomas Heywood (?1575–1641), John Webster (?1578–1625), John Fletcher (1579–1625), Thomas Middleton (1580–1627), Philip Massinger (1583–1640) und Francis Beaumont (1584–1616) ein dicht gedrängtes Feld von Dramatikern, die im komischen wie im tragischen Genre Beachtliches hervorbrachten, wobei Beaumont und Fletcher in Zusammenarbeit das neue Genre der Tragikomödie kreierten. Auch der etwas ältere Dichterkollege George Chapman (ca. 1559–1634) brachte ab 1598 eine Reihe erfolgreicher Tragödien und Komödien auf die Bühne. Für Shakespeare waren die Genannten teils Konkurrenten, teils Mitarbeiter an Gemeinschaftsproduktionen. Solche Gemeinschaftsarbeiten machen fast die Hälfte aller überlieferten Theaterstücke jener Zeit aus. Der Literarhistoriker G. K. Hunter ermittelte für den Zeitraum 1558 bis 1642 eine Anzahl von ca. 3000 Theaterstücken, von denen rund 650 überliefert sind.

Während in elisabethanischer Zeit höfisch-pastorale Komödien, Historien und heroische Tragödien vorherrschten, waren es unter Jakob I. realistisch-satirische Komödien sowie Schauerdramen, die kaum noch als Tragödien im engeren Sinn zu bezeichnen sind. Außerdem kamen jetzt zu dem frühen anonymen Stück *Arden of Feversham* (1592) weitere anonyme bürgerliche Trauerspiele hinzu, von denen einige lange Zeit Shakespeare zugeschrieben wurden. Nach seinem Tod zeigt das englische Drama deutliche Auflösungserscheinungen. Es ist schwer zu sagen, ob dies daher rührt, dass die Großen das Feld abgeerntet hatten oder ob der wachsende Einfluss der Puritaner das Publikum dem Theater entfremdete. Als die Puritaner 1642 die Schließung der Theater verfügten, lebte und wirkte nur noch ein einziger bedeutender Dramatiker, James Shirley (1596–1666), den der Essayist Charles Lamb als den «letzten eines großen Geschlechts» bezeichnete. Mit Shirley ging eine Epoche zu Ende, in der dem neuzeitlichen Menschen, so wie es Hamlet von den Schauspielern forderte, auf der Bühne ein Spiegel vorgehalten wurde, in dem sich auch noch der moderne Mensch wiedererkennt.

Die Lust am Tragischen

Warum liebten die Elisabethaner Tragödien? Dass der Tod stärkere Emotionen auslöst als komische Liebesverwicklungen, ist eine Erfahrungstatsache. Aus diesem Grunde lockt ein Film, der den Untergang der *Titanic* zeigt, mehr Publikum ins Kino als selbst die beste Komödie. Doch längst nicht alles, was tödlich ausgeht, ist tragisch. Die zur Strecke gebrachten Verbrecher und Unholde heutiger Thriller sind ebenso untragisch wie Melodramen à la *Titanic*, in denen der Tod unschuldiger Menschen Tränen des Mitleids hervorruft. Das Spezifische an der Tragödie ist, dass nicht Bösewichter, sondern anfangs positive Helden zugrunde gehen und dass diese Helden ihren Untergang selbst verschulden. Filme, deren Handlungen dieses Merkmal aufweisen, würden heutzutage das Publikum wohl eher frustrieren als befriedigen. Das gilt für große Zeiträume der zurückliegenden Kulturgeschichte. Starkes Interesse an Tragödien gab es nur in ganz kurzen, weit auseinanderliegenden Epochen, nämlich im antiken Athen in der Zeit von Aischylos, Sophokles und Euripides, in England in der ebenso kurzen Epoche unter Elisabeth I. und Jakob I. und für einen etwas längeren Zeitraum in Deutschland, wo Dramatiker von Lessing bis Gerhart Hauptmann Tragödien schrieben. In weit längeren Zeiträumen gab es Dichtungen, in denen die Helden als bewunderte Heroen starben und nicht als Menschen, die nur am Anfang bewundernswert sind, dann aber durch eigenes Verschulden ihren Sturz herbeiführen. Was also macht das Wesen des Tragischen aus, und wie muss das Bewusstsein von Menschen beschaffen sein, damit sie an tragischen Untergängen Gefallen finden?

Die älteste und immer noch schlüssigste Definition der Tragödie gibt Aristoteles in seiner *Poetik*. Er beschreibt dort den Kern dieser Dramenform als «eine Handlung, die durch Erregung von Erschrecken *(phobos)* und Jammer *(eleos)* eine Reinigung *(katharsis)* dieser Affekte bewirkt».

Lange Zeit war umstritten, ob er damit eine Reinigung der Affekte, d. h. deren Veredelung, oder eine Reinigung von den Affekten meinte. Heute glaubt man zu wissen, dass er darunter eine physiologische Abreaktion eines Affektstaus verstand. Die Stoßrichtung seiner Argumentation ging gegen Plato, der die Dichter und vor allem die Musiker aus seiner Republik verbannen wollte, weil sie Emotionen weckten, die für das soziale Gefüge gefährlich sein konnten. Aristoteles hielt dem entgegen, dass die Künstler, in erster Linie die Tragödienschreiber, das genaue Gegenteil bewirken, nämlich eine ungefährliche, weil in einer «mimetisch» evozierten Scheinwelt stattfindende Affektentladung, nach der das Publikum psychisch entlastet das Theater verlässt. Zu den drei oben genannten Kernbegriffen seiner Definition fügte er noch einen vierten hinzu, *hamartia*. Damit bezeichnete er die tragische Schuld, die zum Auslöser für den Untergang der Helden wird. Als letzte Bedingung für eine Tragödie nennt er noch die moralische Mittelposition des Helden: Er darf weder ein Verbrecher noch ein Heiliger sein. Wäre er das Erste, würden die Zuschauer angesichts seines drohenden Untergangs Freude und keinen Phobos empfinden, im zweiten Fall wäre dagegen ihr Phobos so stark, dass sie ihn nicht durch Eleos kathartisch abbauen könnten: Sie würden entsetzt das Theater verlassen. Damit ist klar, dass Aristoteles unter Katharsis keine moralische Reinigung, sondern einen lustvollen Affektabbau verstand. Der Beweis für die Richtigkeit seiner Annahme ist die Nachfrage nach Tragödien, denn würden diese keine Lust bereiten, blieben die Theater leer. Für ein moralisches Erbauungserlebnis geht man lieber in die Kirche.

Damit stellt sich die Frage: Weshalb verlangten Menschen nicht zu allen Zeiten nach dieser Quelle theatralisch erzeugter Lust? Die Antwort ergibt sich, wenn man sich klarmacht, welche Disposition in den Köpfen der Zuschauer vorhanden sein muss, damit sie für einen Helden zuerst so viel Bewunderung empfinden, dass sein drohender Untergang ihnen Phobos bereitet, und sie danach überwechseln in die Bereitschaft, seinen Sturz mit einem Gefühl kathartischer Lust zu erleben. In einer streng hierarchischen Gesellschaft, in der sich die Mitglieder an ihrem Leitwolf orientieren, von dessen Stärke ihr Wohl und Wehe abhängt, würden sie angesichts seines drohenden Untergangs einen so starken Phobos entwickeln, dass sie danach Tage und Wochen bräuchten, um die Trauer über seinen Tod abzuarbeiten. Deshalb gab es in aristokratischen Gesellschaften die ritualisierte, sich lang hinziehende Totenklage, griech. *threnos*, die nichts von tragischer Katharsis hat. Auf der anderen Seite würde in einer streng egalitären Gesellschaft der herausragende Held, der allein schon deswegen mit Misstrauen betrachtet wird, bei seinem Fehltritt eher die positive Erwartung seines Untergangs als negativen Phobos wecken, so dass sein Sturz ein Gefühl hervorruft, das mehr der Schadenfreude in einer Komödie als der kathartischen Entlastung von tragischem Entsetzen gleichkommt. Das erklärt das Verschwinden der Tragödie aus der Kultur moderner demokratischer Gesellschaften. Die egalitärste unter ihnen, nämlich die der USA, wurde sogar in einem oft zitierten Aufsatz aus der Zeitschrift *Life* des Jahres 1946 auf die Formel *Untragic America* gebracht.

Wer dieser Argumentation zustimmt, wird die Bedingungen für das Aufkommen tragischer Dichtung leicht deduzieren können. Um den Sturz eines Helden tragisch erleben zu können, muss man bereit sein, mit der einen Hälfte seines Herzens für ihn Sympathie und Bewunderung und mit der anderen bei seinem Sturz kathartische Befriedigung zu empfinden. Eine so gespaltene Disposition ist in einer Gesellschaft nur dann zu erwarten, wenn in ihr die verinnerlichte aristokratisch-vertikale Ordnung *noch* und die Sympathie für eine egalitäre *schon* besteht. Diese Überlagerung zweier gegensätzlicher Dispositionen gab es im Athen des Perikles, wo die gerade erst zu Ende gegangene Herrschaft des Adels *noch* und die junge Demokratie *schon* in den Köpfen der Bürger war. Die gleiche Überlagerung gab es im elisabethanischen England, wo die Lords im Oberhaus *noch* den höchsten Status genossen, die Vertreter des niederen Adels und des Bürgertums im Unterhaus aber *schon* das Sagen hatten, jedenfalls dort, wo es ums Geld ging, was für den Bürger das Entscheidende war. Massiv verstärkt wurde dieser Horizontalisierungsprozess durch den Puritanismus, wie schon ausgeführt wurde. In Deutschland – um auch diesen Faden zu Ende zu spinnen – zog sich die Überlagerung über zwei Jahrhunderte hin, weil hier der egalitäre Impuls aus der Aufklärung des 18. Jahrhunderts erst nach dem Ersten Weltkrieg politische Realität wurde.

Das Aufkommen und Verschwinden der Tragödie in der Shakespearezeit entspricht so exakt der hier vorgetragenen Erklärung, dass man darin geradezu einen Beweis für ihre Richtigkeit sehen kann. Die erste Tragödie, *Gorboduc,* kam 1561 auf die Bühne, zwei Jahre nachdem Elisabeth mit der Suprematsakte von der gewaltsamen Rekatholisierung des Landes durch Maria zum Protestantismus zurückgekehrt war. Die letzten Tragödien mitsamt den übrigen Dramen verschwanden 1642 mit der Schließung der Theater durch die Puritaner, die danach die Republik und ein zumindest im Ansatz egalitäres Gesellschaftssystem einführten. Als nach der Rückkehr zur Monarchie 1660 die Theater wieder eröffneten, gab es eine Zeitlang Stücke, die sich Tragödien nannten. Doch es waren in Wirklichkeit nur heroische Dramen. Bezeichnend ist, dass man *König Lear* jetzt mit einem Happy End aufführte. Auch das bürgerliche Trauerspiel, das im 18. Jahrhundert aufkam, hat nichts Tragisches, weil darin die Guten nur Opfer sind und die Bösen bestraft werden. Nach der Restauration war man entweder nostalgischer Anhänger der alten Ordnung oder ein Bürger mit egalitärem Selbstbewusstsein, doch die charakteristische Überlagerung von vertikaler und horizontaler Weltsicht, aus der die Empfänglichkeit für Tragödien hervorging, war verschwunden und ist in England nie mehr zurückgekehrt.

Niemand hat den hier beschriebenen Zwiespalt im Bewusstsein der elisabethanischen Zeit so tiefgründig erfasst und so differenziert dargestellt wie Shakespeare. Die Betrachtung seiner Sonette und Dramen wird zeigen, wie in ihm das alte, aus dem Mittelalter fortwirkende Ordnungsdenken und der emanzipatorische Individualismus des aufstrebenden Bürgertums miteinander im Streit liegen. In den Sonetten zeigt er sich sogar selbst als ein in sich Zerrissener. Selbst seine Komödien handeln von den gleichen Problemen wie seine Tragödien, nur mit dem Unterschied, dass darin der tragische Bruch vermieden und die Spannung durch Biegen gelöst wird, oft herbeigeführt von Frauenhand. Wie sehr dieser Dichter als Seismograph seiner Zeit anzusehen ist, wird schon das nächste Kapitel zeigen, in dem es um das elisabethanische Weltbild geht, dessen Erschütterung er so eindringlich wie kein anderer zum Ausdruck gebracht hat. Auch wenn das heutige Publikum diese Erschütterung nicht mehr kennt, ist es selbstverständlich in der Lage, sie in der fiktionalen Welt des Theaters nachzuerleben; nur geht davon kein Impuls für Dramatiker aus, heute noch Tragödien zu schreiben.

Das elisabethanische Weltbild

Englands sozialgeschichtlicher Vorsprung auf dem Weg zu einer Bürgerkultur steht in auffälligem Gegensatz zu seinem langen Festhalten am mittelalterlichen Weltbild. Der revolutionäre Denker Giordano Bruno hatte die Jahre 1583 bis 1585 auf der Insel verbracht, ohne dort erkennbare Spuren zu hinterlassen. In Oxford stritt er sich mit den Professoren, und nur fortschrittliche Geister wie Sir Philip Sidney interessierten sich für ihn. Kaum mehr Interesse fand die Umwälzung des kosmologischen Weltbildes durch Kopernikus. Der erste, der die revolutionäre Erkenntnis in gedruckter Form publizierte, war Thomas Digges, der Sohn des angesehenen Mathematikers Leonard Digges, dessen 1553 erschienenes Buch mit dem Titel *A General Prognostication* (Eine allgemeine Vorhersage) er neu herausgab. In der Erstfassung war das Buch ein Bestseller, da es auf der Basis des geozentrischen Weltbildes von Ptolemäus einen immerwährenden Kalender bot. Als der Sohn das Buch 1576 neu herausbrachte, ließ er den Text der dritten Auflage von 1556 unverändert, fügte aber einen Anhang an, in dem er das kopernikanische Weltbild vorstellte. Furore scheint er damit nicht gemacht zu haben. Den Gebildeten war die Entdeckung des Kopernikus bekannt, doch in den Köpfen der Masse und auch in denen der Dichter blieb noch lange das Bild der Erde als Mittelpunkt des Universums. Dass England auch die von Papst Gregor XIII. durchgeführte Kalenderreform vom 24. Februar 1582 nicht mitmachte, versteht sich schon wegen der antikatholischen Einstellung der Briten. So hinkte der englische Kalender in der Shakespearezeit dem kontinentaleuropäischen um zehn Tage hinterher. Zu einer Reform kam es erst 1752, als sich die Differenz bereits auf elf Tage vergrößert hatte.

Es ist leicht zu verstehen, dass Engländer, die zwischen 1534 und 1559 dreimal die Religion wechseln mussten und sich an die brennenden Scheiterhaufen der Märtyrer unter Maria der Blutigen erinnerten, nichts

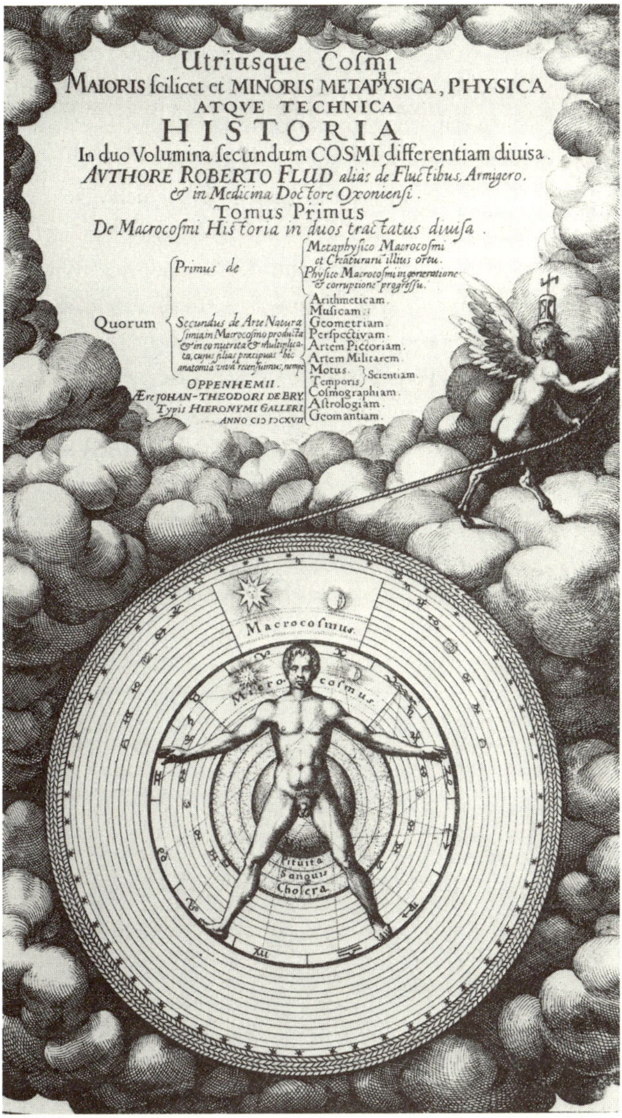

Titelblatt von Robert Fludd, *Utriusque Cosmi Historia* (1617)

sehnlicher wünschten als Stabilität. Die bot ihnen die mittelalterliche Weltvorstellung weit eher als das Bild einer kleinen, um die Sonne kreisenden Erde. Nicht nur das Weltbild als solches, sondern auch das darin zum Ausdruck kommende Denken wirkte in der Shakespearezeit nach.

Heute sind wir gewohnt, uns die physikalische Welt als ein System von Ursache und Wirkung vorzustellen. Doch wenn man glaubt, dass Gott die Welt in sechs Tagen aus dem Nichts geschaffen und ihr eine vollkommene Form gegeben hat, die vom Menschen nicht verbessert, sondern nur gestört werden kann, dann fragt man nicht, wie sie entstanden ist, sondern worin ihre Vollkommenheit besteht. Als solche empfand man alles, was auf Ordnung schließen ließ. Insofern betrachtete man den Kosmos wie ein Kunstwerk. Kunst beruht auf dem Prinzip von Wiederholung und Variation, denn nur, wo sich etwas wiederholt, wird Ordnung erkennbar, und nur wenn es in variierter Form wiederkehrt, wird es als schön und nicht als langweilig empfunden. Deshalb beruht das Erkennen von Ordnung wesentlich auf dem Analogieprinzip. Das Denken in Analogien und strukturellen Korrespondenzen ist für das Mittelalter so charakteristisch wie für die heutige Zeit das Kausalprinzip von Ursache und Wirkung.

Das Stufenmodell. Aus C. Bovillus, *Liber de Sapiente* (1509)

Die Grundform des mittelalterlichen Weltbilds ist die Stufenleiter, die man sich entweder als Pyramide oder als Zwiebelschalen-

Das Zwiebelschalenmodell. Aus Robert Fludd, *Utriusque Cosmi Historia* (1617)

modell vorstellte. Es liegt auf der Hand, dass es sich hier um das verinnerlichte Prinzip der Feudalpyramide handelt. So wie die weltliche Gesellschaft hierarchisch vom König abwärts über den Hochadel, den niederen Adel, die Freibauern und die Leibeigenen organisiert war, so die geistliche vom Papst abwärts über die Erzbischöfe, die Bischöfe und Äbte bis hinunter zum einfachen Priester und Mönch. Genauso gestuft, doch in Kugelform, stellte man sich den physikalischen Kosmos und die belebte Natur vor. Der physikalische reichte von der äußersten Schale des Universums, an der die Fixsterne strahlten oder, nach anderer Meinung, durch deren Löcher das himmlische Feuer, das *empyreum*, leuchtete, über die Planeten und den Mond hinab zur sublunaren Welt der Erde. Die entsprechende Hierarchie in der belebten Natur reichte von Gott

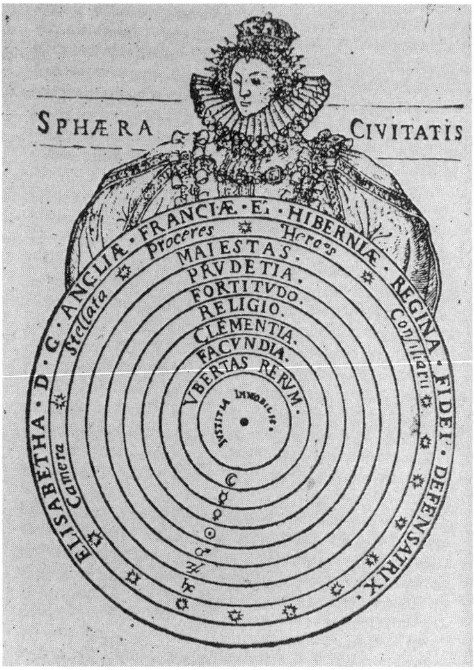

Sphaera Civitatis. Titelblatt des Buchs von John Case (1588)

über die Erzengel, Engel, Menschen, Tiere und Pflanzen bis hinab ins Mineralreich. Jede einzelne Stufe stellte man sich ihrerseits in sich gestuft vor. So sah man im Reich der Tiere die Unterreiche der Land-, Luft- und Wassertiere, an deren Spitze jeweils eine Art König stand: der Löwe, der Adler und der Delphin. Ähnliche Rangordnungen sah man bei den Pflanzen und den Mineralien, wobei die Rangzuweisungen variierten. Manche sahen die Rose, andere die Lilie, manche den Kristall, andere das Gold an der Spitze. Im Kosmos galt die Sonne als Königin der Planeten, die man nicht über ihnen, sondern genau in ihrer Mitte sah. Während die theologisch-kosmologische Hierarchie nur die Welt erklärte, hatte die politisch-soziale als *body politic,* als «politischer Körper», reale Bedeutung, denn mangels einer geschriebenen Verfassung hing die Stabilität des Gemeinwesens wesentlich davon ab, dass die Bürger sich als Teil einer von Gott bestimmten Rangordnung empfanden.

Niemand hat in jener Zeit wortgewaltiger für das Einhalten der Ordnung plädiert als Shakespeare, der sich dabei als ein paternalistischer Konservativer erweist. In seinem Stück *Troilus und Cressida* legt er dem Odysseus eine Rede in den Mund, in der *degree*, Rang, das Schlüsselwort ist. Odysseus richtet sie an seine Griechen, um ihre Kampfmoral wiederzuerwecken, die erschlafft war, weil sich in ihrer Armee während der langen Belagerungszeit vor den Mauern Trojas die Rangordnung aufzulösen begann:

Das Troja dort, noch steht es, wär gefallen
und Hektors Schwert, es hätte keinen Herrn,
gäb es nicht diesen Grund:
Das Wesen jeder Herrschaft ward vergessen:
Seht doch, wie leer so viele Zelte stehn,
So hohl und leer wie der Parteien Hader.
Wenn die Soldaten nicht dem General
wie Bienen ihrer Königin gehorchen,
Was ist dann wohl an Honig zu erwarten?
Ist Rang maskiert, wird jeder würdig scheinen.
Der Himmel, die Planeten und dies Zentrum,
sie reihen sich nach Abstand, Rang und Status,
Nach Umlauf, Jahreszeit, Verhältnis, Form,
nach Amt und Brauch in angestammter Ordnung.
Drum ward als edelster Planet die Sonne
den andren vorgesetzt auf hohem Thron.
Ihr Auge heilt und wendet hin zum Rechten
den Einfluss unheilvoller Wandelsterne
und spricht mit königlicher Allmacht Recht
nach Gut und Böse. Doch – wenn die Planeten
in schlimmer Wirrnis aus der Ordnung wandern,
welch Schrecken, Pest und Meuterei bricht los;
Welch Stürme auf dem Meer! Wie bebt die Erde!
Wie rast der Wind! Aufruhr und Gräueltaten
Zerreißen, sprengen, stürzen und entwurzeln
die Eintracht und den Ehebund der Staaten
bis auf den Grund! Ist erst der Rang erschüttert,
die Leiter hin zu allen großen Taten,
ist jedes Unternehmen krank. Wie können
Gemeinden, Schulen, Gilden, Bruderschaften,
friedlicher Handel zwischen fernen Küsten,
das Recht des Erstgeborenen und Erben,

Vorrang des Alters, Kronen, Zepter, Orden,
wenn nicht durch Rang, authentisch fortbestehn?
Nehmt nur den Rang hinweg, verstimmt die Saite,
und horcht, welch Missklang folgt! Ein jedes Ding
trifft nur auf Widerstreit. Gedämmte Fluten
Erheben sich hoch über alles Land
und machen zum Morast die feste Erde.
Kraft würde Herrscher über alles Schwache,
der rohe Sohn erschlüge seinen Vater,
Macht würde Recht – nein, Recht und Unrecht, deren
Endlosen Streit Gerechtigkeit vermittelt,
Verlören, wie Gerechtigkeit, den Namen.
Dann unterwirft sich alles der Gewalt,
Gewalt der Willkür, Willkür der Begier,
Und die Begier, ein allgemeiner Wolf,
Zwiefach gestärkt durch Willkür und Gewalt,
Macht sich die ganze Welt zur Beute und
Verschlingt zuletzt sich selbst. Oh Agamemnon,
Dies Chaos, wenn der Rang erdrosselt ist,
Folgt dem Ersticken.
Und dies Missachten allen Ranges ist's,
Was jeden Schritt, der aufwärts steigen will,
Nach unten lenkt. Der General, verachtet
vom Untergebnen, der von seinem und
So fort – das wächst sich aus mit jedem Schritt,
Dem Beispiel des vorangegangnen folgend,
zur Krankheit eines neidgebornen Fiebers
von blutlos-blasser Eifersüchtelei.
Dies Fieber ist's, was Troja hält: es steht
– Das ist der langen Rede Sinn gerafft –
aus unsrer Schwäche, nicht aus eigner Kraft.
(1. Akt, Szene 3; 74–137)

Dies ist nicht Shakespeares einziges Plädoyer für soziale Rangordnung. In *Coriolan* lässt er Menenius den römischen Staat mit einem Körper vergleichen, dessen Magen der Adel ist. Nur wenn der gut genährt ist, geht es dem ganzen Körper gut. Das mag in modernen Ohren wie Ironie klingen, ist aber ernst gemeint. In einem anderen Stück, *Heinrich V.*, vergleicht der Erzbischof von Canterbury in einer längeren Rede mit gleichem Tenor den Staat mit einem Bienenvolk, wie das auch Odysseus tut. Was in diesen Dramen mit rhetorischem Pathos ausgedrückt wird, findet man in trockner Prosa, doch oft in ähnlichen Formulierungen, allenthalben im Schrifttum des 16. Jahrhunderts, z. B. bei Sir Thomas Elyot in seinem Buch *The Governour,* bei Richard Hooker, dem bedeutendsten Theologen der englischen Reformation, bei dem Juristen John Fortescue und in den historischen Quellen, aus denen Shakespeare die Stoffe für seine Königsdramen nahm.

Die oben genannten Hierarchien gehören dem Makrokosmos an. Daneben gab es aber noch den Mikrokosmos im Innern des Menschen, den man sich ähnlich gestuft vorstellte. Hier sah man die Vernunft an der Spitze, darunter das Herz als den Sitz der edlen Leidenschaften und ganz unten die Leber als das Organ, das aus den vier Körpersäften – dem Blut *(sanguis)*, dem Schleim *(phlegma)*, der gelben Galle *(chole)* und der schwarzen Galle *(melaina chole)* – die niederen Leidenschaften mischte, die sich in typischer Ausprägung in den vier Temperamenten – dem Sanguinischen, Phlegmatischen, Cholerischen und Melancholischen – darstellen. Diese auf den Körpersäften basierende so genannte Humoraltypologie gehörte bis weit ins 17. Jahrhundert hinein zum Standardwissen der Gebildeten und wird auch bei Shakespeare als selbstverständlich vorausgesetzt. Von den vier Temperamenten waren die ersten drei unproblematisch. Allenfalls die Choleriker konnten durch Jähzorn gefährlich werden. Anders verhielt es sich mit den Melancholikern, deren psychische Disposition man heute als depressiv bezeichnen würde. Auf die Bedeutung dieses Gemütsleidens bei den Elisabethanern wurde bereits eingegangen.

Die hier beschriebene Weltsicht mit ihrem Festhalten am mittelalterlichen *ordo*-Denken und ihrer latenten Angst vor einer Auflösung der Hierarchie bestimmte zu Shakespeares Zeiten noch immer das Grundgefühl der Gesellschaft, und er selbst teilte die darin zum Ausdruck kommenden Wertvorstellungen, was ihn als einen Vertreter des konservativ-paternalistischen Lagers ausweist. Zugleich aber zeigt er in seinen Stücken, wie gefährdet die Ordnung ist, denn mitten durch die kosmische Wertpyramide geht eine potentielle Bruchlinie, an der nicht nur der Mensch, sondern die göttliche Ordnung auseinanderzubrechen droht. Da der Mensch mit seiner Vernunft dem Reich der Engel und mit seinen

Ein junger Mann, in dem Christopher Marlowe vermutet wird. Unbekannter Maler.

Leidenschaften dem der Tiere angehört, ist die Weltordnung in Gefahr, wenn die Leidenschaften über die Vernunft triumphieren.

Neben dem überkommenen Ordnungsdenken gab es aber auch eine Gegenbewegung, die sich zunehmend bemerkbar machte und die die Auflösung der festgefügten Ordnung nicht als Bedrohung, sondern als Chance begriff. Für das aufstrebende Bürgertum, allen voran die Puritaner, bedeutete die Abflachung der gesellschaftlichen Hierarchie eine Erhöhung des eigenen Status. Diese egalitäre Tendenz blieb zunächst auf das nichtbelletristische Schrifttum beschränkt und kam erst in der Mitte des 17. Jahrhunderts im Bürgerkrieg lautstark zu Wort. Eine ganz andere Form von emanzipatorischem Individualismus findet sich bei jenen Dichtern und Intellektuellen, die vom Geist der italienischen Renaissance beflügelt waren und das für sich in Anspruch nahmen, was dort mit dem Begriff *virtù* bezeichnet wurde. Der herausragende Vertreter dieser, vor allem von Machiavelli beeinflussten, modernen Weltsicht war

Christopher Marlowe, der in seinen Stücken Menschen zeigt, die nach dem Höchsten streben und dabei keine Skrupel kennen. Bereits der Held seines ersten Stückes, der historische Mongolenkaiser Tamerlan (besser bekannt als Timur der Lahme), bringt diese Haltung so beispielhaft zum Ausdruck, dass man sie gar nicht besser als mit den Worten dieses Usurpators wiedergeben kann.

> Der Durst nach Macht, die Süße einer Krone,
> das, was den ersten Sohn des hohen Ops
> antrieb, den Vater von dem Thron zu stoßen,
> um selbst zum Himmelskaiser sich zu krönen,
> das trieb mich, Krieg dem Staate zu erklären.
> Welch bessres Vorbild gibts als Zeus dort oben?
> Natur schuf uns aus Elementen vier,
> die in uns ständig um die Herrschaft ringen;
> sie lehrt uns, nach dem Höchsten stets zu streben:
> der Geist in uns, der fähig ist zu fassen
> das wunderbare Bauwerk dieser Welt,
> der der Planeten Bahn berechnen kann
> und weiter strebt nach grenzenlosem Wissen
> und ruhelos durch alle Sphären schweift,
> er will, dass wir uns mühen unermüdlich,
> bis wir die reifste Frucht von allen pflücken,
> vollkommnes Glück und einz'ge Seligkeit,
> die höchste Süße: eine ird'sche Krone.
> (*Tamburlaine the Great,* Teil 1, Akt II, Szene VII)

Marlowe, der danach das erste Faust-Drama schrieb, präsentiert bereits hier einen «faustischen» Menschen. So radikal wie er hat kein anderer Dichter der Zeit die Umwertung der mittelalterlichen Wertordnung zum Ausdruck gebracht; doch dass die alte Ordnung sich in einem Prozess der Auflösung befand, spürt man auch bei vielen anderen. Selbst Shakespeare war die Haltung Marlowes nicht fremd, sonst hätte er seine eigenen Usurpatoren Richard III. und Macbeth nicht so eindringlich aus ihrem Inneren heraus darstellen können. Er hätte auch nicht die Verkörperung des Anarchischen schlechthin, wie sie in Falstaff erscheint, so sympathisch erscheinen lassen. Dass er kein reaktionärer Konservativer war, zeigt sich in seinen Stücken allenthalben, z. B. daran, dass er in einigen Komödien die Wiederherstellung der gestörten Ordnung in die Hand einer Frau legt und dass er in seinen Tragödien nach dem Sturz des Helden die Macht in die Hand eines Pragmatikers übergehen lässt, dem jedes tragische Charisma fehlt. Doch dass es eine Rangordnung geben muss, daran lässt er keinen Zweifel.

III

DER MANN AUS STRATFORD

Vermutete Shakespeare-Portraits (in der Mitte oben das Chandos-Portrait). Französischer Stich von 1844

Kindheit und Jugend in Stratford

Unter dem Datum 26. April 1564 findet sich im Taufregister der kleinen Stadt Stratford am Avon in der Grafschaft Warwickshire der folgende Eintrag: *Gulielmus filius Johannes Shakspere.*

Da Kinder üblicherweise drei Tage nach der Geburt getauft wurden, gilt der 23. April als der Geburtstag des Täuflings Gulielmus, der auf Englisch William hieß. Im gleichen Taufregister waren bereits seine Schwestern Joan am 15. September 1558 und Margaret am 2. Dezember 1562 verzeichnet, die beide als Kleinkinder starben. Nach ihm folgten noch die Geschwister Gilbert (13. Oktober 1566), Joan (15. April 1569), Anne (28. September 1571), Richard (11. März 1574) und Edmund (3. Mai 1580). Die Geburtsdaten des Vaters John und seiner Frau Mary, geb. Arden, sind nicht bekannt. Als Geburtshaus gilt das Anwesen in der Henley Street, das heute als Shakespeares *birthplace* eine Wallfahrtsstätte seiner Verehrer ist. Der Stich aus dem Jahre 1769 dürfte dem damaligen Zustand am nächsten kommen. Das abgebildete Gebäude besteht aus zwei aneinandergebauten Häusern, die der Vater im Abstand von mehreren Jahren nacheinander erwarb, so dass nicht sicher ist, ob sein Sohn hier überhaupt – und wenn ja, in welcher Hälfte – geboren wurde. Der Name Shakespeare ist in erhaltenen Urkunden in über 80 unterschiedlichen Schreibweisen zu finden.

John Shakespeare wurde vermutlich 1530 in dem Dorf Snitterfield nördlich von Stratford geboren, wo sein Vater Richard ein Haus besaß und Ackerland bebaute, das Robert Arden gehörte, seinem späteren Schwiegervater. John erlernte das Handwerk eines Weißgerbers und Handschuhmachers, das er in Stratford ausübte, wo er spätestens 1552 ansässig war, denn am 29. April dieses Jahres wurde er zur Zahlung eines Bußgeldes verurteilt, weil er vor seinem Haus in der Henley Street einen Misthaufen angelegt hatte. Als am 14. November 1556 Robert Arden

Shakespeares Geburtshaus in Stratford. Stich von 1769 nach einem Aquarell von Richard Greene (ca. 1762)

starb, erbte Mary, die jüngste seiner acht Töchter, ein Stück Land in Wilmcote, nordwestlich von Stratford. Vermutlich schon im Jahr darauf heiratete sie John Shakespeare und zog zu ihm nach Stratford. John hatte nacheinander eine Reihe von lokalen Ehrenämtern inne. So war er 1558 und 1559 einer von vier Konstablern, die für Ruhe und Ordnung in der Stadt zu sorgen hatten; 1559 wurde er für zwei Jahre zum *affeeror* ernannt, der die Höhe von Geldstrafen festsetzen musste; und von 1561 bis 1563 war er einer von zwei Stadtkämmerern, die die Finanzen der Kommune verwalteten. 1565 wurde er schließlich in den vierzehnköpfigen Stadtrat gewählt und stieg 1568 zum *bailiff* auf, was der Funktion eines Bürgermeisters entsprach. Danach wurde er 1571 Erster Ratsherr, Friedensrichter und Stellvertreter des neuen Bürgermeisters. Seine gesellschaftliche Karriere wurde auch nicht dadurch beeinträchtigt, dass er sich wegen Zinswuchers und illegalen Wollhandels verantworten musste. Als Nichtmitglied der Wollhändlerzunft war er dazu nicht berechtigt. Die Strafzahlungen, zu denen er verurteilt wurde, taten seinem Ansehen in der Stadt keinen Abbruch. Auch finanziell war er in dieser Zeit sehr erfolgreich. Nachdem er bereits

1556 eines der beiden Häuser in der Henley Street gekauft hatte, vermehrte er 1575 seinen Grundbesitz durch den Ankauf von zwei weiteren Häusern für 40 Pfund.

Danach scheint es mit ihm eine Zeitlang bergab gegangen zu sein. Er erschien nur noch unregelmäßig zu den Ratsversammlungen, musste sich Geld leihen und 1579 einen Teil des Grundbesitzes seiner Frau verkaufen. 1586 verlor er sein Amt als Stadtrat an einen anderen, nachdem er zuvor wegen unregelmäßiger Anwesenheit mehrfach gerügt worden war. 1582 fühlte er sich von vier Mitbürgern so bedroht, dass er um Schutz vor ihnen ersuchte. In den 1590er Jahren scheinen sich seine finanziellen Verhältnisse wieder gebessert zu haben, so dass er 1596, nach einem vergeblichen Versuch 20 Jahre zuvor, einen neuen, diesmal erfolgreichen Anlauf unternehmen konnte, vom zuständigen Hofamt ein Familienwappen bewilligt zu bekommen, was ihn zu einem Mitglied der Gentry und damit offiziell zum *gentleman* machte. Als Nachweis seiner Würdigkeit nannte er seine Tätigkeit als Friedensrichter, einen Grundbesitz im Wert von 500 Pfund und seine Ehe mit einer Frau, die die Tochter eines *gentleman* war. Das Wappen mit der Inschrift *Non sans droit* (nicht ohne Recht) zeigt einen Falken, der sein Gefieder schüttelt, sowie einen Speer, womit auf die Bedeutung des Wortes *shake-spear* (‹Schüttel-Speer›) angespielt wird. All dies geschah, nachdem William Shakespeare das elterliche Haus längst verlassen hatte; und möglicherweise haben dessen Kontakte bei der Bewilligung des Gesuchs nachgeholfen. In John Shakespeares Leben, das dank seiner lokalen Ämter mit mehr Daten belegt ist als das seines Sohnes, gibt es zwei unklare Punkte, über die in der Forschung gestritten wird. Da von ihm nur Dokumente überliefert sind, die er mit Kreuzen signiert hat, wird vermutet, dass er Analphabet war, was allerdings für einen Ratsherrn sehr ungewöhnlich gewesen wäre. Lesefähig war er mit Sicherheit. Doch da Papier teuer und der Aktionsradius eines Durchschnittsbürgers gering war, gab es nur wenig Gelegenheit, die Hand im Schreiben von Briefen und anderen Schriftstücken zu üben. So wird sich John Shakespeare als Ratsherr, den jeder kannte, die Mühe gespart und mit Kreuzen unterzeichnet haben.

Der zweite Punkt betrifft seine Religion. Obwohl er sich offiziell zur anglikanischen Kirche bekannte und seine Kinder nach ihrem Ritus taufen ließ, gibt es Indizien, die die Vermutung rechtfertigen, dass er am römisch-katholischen Glauben festhielt oder zu ihm zurückgekehrt war. Das meistdiskutierte Indiz ist ein Testament, das 1757 von dem Maurermeister Joseph Moseley unter den Dachziegeln von Shakespeares Geburtshaus gefunden wurde. Es handelt sich dabei um ein sogenanntes borromäisches Testament, das der katholische Kardinal Carlo Borromeo mit einem formelhaften Bekenntnis zur katholischen Kirche aufsetzte und das als Blankoformular von Jesuiten in Umlauf gesetzt wurde, so dass der Erblasser nur seinen Namen, besondere Einzelverfügungen und seine Unterschrift einzufügen brauchte. Das Original des Fundstücks ging verloren, doch es existiert eine Transkription von John Jordan aus dem Jahr 1784, der sie an den Shakespeareforscher Edmund Malone weitergab. Dieser publizierte sie in seiner Shakespeare-Ausgabe. Wenn es sich wirklich um ein echtes Testament John Shakespeares handelt, gibt es zwei Möglichkeiten. Entweder war John überzeugter Katholik, dann wird auch sein Sohn William in diesem Glauben aufgewachsen sein. Oder er hat sich nur vorübergehend zum alten Glauben bekannt, hat das Testament versteckt, um der zeitweiligen Verfolgung als Katholik zu entgehen, und hat es anschließend vergessen, weil er zur anglikanischen Kirche zurückgekehrt war. Dass er zumindest zeitweilig Probleme mit dem anglikanischen Bekenntnis hatte, scheint erwiesen zu sein, da er mehrfach wegen unterlassenen Kirchgangs am Sonntag mit Geldstrafen belegt worden war. Als weiteres Indiz für seinen Katholizismus wird von manchen Biographen ein Fall in der vornehmen katholischen Familie der Ardens von Park Hall aus der Gegend um Birmingham angesehen. Edward Arden von Park Hall beschäftigte einen katholischen Priester als Gärtner bei sich. Als sein Schwiegersohn, der fanatische Katholik John Somerville, beschuldigt wurde, die Ermordung der Königin geplant zu haben, wurde auch er verhaftet und zusammen mit Somerville schließlich gehängt. Es ist aber sehr zweifelhaft, ob Shakespeares Mutter überhaupt mit den Ardens von Park Hall verwandt war.

Solche Vorfälle im Familienumfeld bieten natürlich Stoff für Vermutungen bis hin zu der, dass Shakespeare später selbst an einer katholischen Verschwörung beteiligt gewesen sei, worauf noch näher eingegangen wird. Dass er in einem Milieu aufwuchs, in dem Katholisches allgegenwärtig war, versteht sich von selbst, denn das Ende der Rekatholisierung unter Maria I. lag bei seiner Geburt erst sechs Jahre zurück. Da von ihm aber bis zu seiner Eheschließung kein einziges Dokument überliefert ist, bleibt die Annahme einer katholischen Prägung reine Spekulation. Eine unbewiesene Annahme ist auch, dass Shakespeare die Lateinschule in Stratford besucht hat, doch hier ist die Wahrscheinlichkeit erheblich höher. Es kann als sicher gelten, dass ein angesehener Ratsherr wie John Shakespeare es seinem Status schuldig war, seinen Sohn auf die beste Schule der Stadt zu schicken, zumal deren Besuch kostenlos war. Dank der Nähe zur Universitätsstadt Oxford hatte die King's New School von Stratford gut ausgebildete Lehrer und galt als eine der besten des Landes. Hier wird William ab seinem siebenten Lebensjahr eine solide klassische Bildung erhalten haben, auch wenn ihm sein jüngerer Dichterkollege Ben Jonson später in einem ansonsten rühmenden Nachruf *little Latin and less Greek* (wenig Latein und noch weniger Griechisch) attestierte. Es ist irritierend, dass man zwar die Namen der Lehrer, ihre Bezahlung und bei einigen sogar die religiöse Neigung kennt, aber nicht weiß, ob Shakespeare die Schule überhaupt besucht hat – allerdings zweifelt kaum jemand daran.

Lateinschulen – also das, was man heute ein Gymnasium nennen würde – waren damals Paukschulen, in denen im Ganztagsbetrieb auf der Basis der klassischen Überlieferung vor allem Rhetorik geübt wurde. Für einen Dichter war das kein schlechtes Fundament. Doch für Kreativität boten solche Schulen wenig Raum. Die Jugendlichen verließen das Gymnasium üblicherweise im Alter von 15 Jahren, um danach auf die Universität zu gehen. Shakespeares Schulabschluss fiel in die Zeit, in der es seinem Vater geschäftlich schlecht ging, so dass dieser die Studiengebühren offenbar nicht aufbringen konnte oder wollte. Über die weitere Ausbildung seines Sohnes gibt es nur Vermutungen, unter anderen die, dass er eine Zeitlang als Hilfslehrer arbeitete. Dafür existiert ein schwaches Indiz. In einem Testament von 1581, das der wohlhabende katholische Landbesitzer Alexander Houghton von Lea Hall in Lancashire aufsetzte, wird einer der Begünstigten, Sir Thomas Hesketh, gebeten, «freundlich zu Foke Gyllom und William Shakeshafte zu sein, die jetzt bei mir wohnen, und sie entweder in seinen Dienst zu nehmen oder ihnen zu einem guten Herrn zu verhelfen». Da Shakespeare seinen Namen selbst in wechselnder Orthographie schrieb, ist nicht auszuschließen, dass daraus auch einmal Shakeshafte wurde. Falls er tatsächlich bei dem katholischen Grundbesitzer als Tutor arbeitete, könnte er die Namensänderung sogar zum Zwecke der Spurenverwischung bewusst vorgenommen haben. Allerdings war der Name Shakeshafte in Lancashire recht häufig, so dass es sich wohl eher um eine andere Person handelt. Eine dritte Vermutung geht davon aus, dass Shakespeare bereits in Stratford durch Gastspiele durchreisender Theatertruppen mit dem Schauspielermilieu bekannt wurde und sich einer dieser Truppen für längere Zeit anschloss. Aber auch dafür gibt es keinen Beweis.

Aktenkundig wird Shakespeare nach seiner Taufe erst wieder durch seine Heirat. Am 27. November 1582 erteilte der Bischof von Worcester eine Heiratslizenz für *Willelmum Shaxpere et Annam Whateley de Temple Grafton.* Hier hat der Schreiber offensichtlich den Namen der Braut mit dem eines am selben Tag verhandelten Klägers verwechselt, denn Shakespeares Angetraute war die acht Jahre ältere Anne Hathaway. Die Eheschließung erfolgte unter großem Zeitdruck. Anne war im dritten Monat schwanger; und da in der bevorstehenden Fastenzeit keine Trauungen erlaubt waren, musste alles noch vor Weihnachten zum Abschluss gebracht werden. Eine zusätzliche Komplikation ergab sich daraus, dass Shakespeare zu dem Zeitpunkt erst 18 Jahre alt, also noch nicht volljährig war, so dass er die Einwilligung des Vaters brauchte. Außerdem musste er wegen des verkürzten Aufgebots Leumundszeugen für sich und seine Braut beibringen. In deren schriftlich festgehaltenen Zeugnissen ist Annes Nachname mit Hathaway richtig vermerkt. Sechs Monate nach der Eheschließung wurde dem jungen Paar das erste Kind, eine Tochter, geboren, die am 26. Mai 1583 auf den Namen Susanna getauft wurde. Zwei Jahre später folgten die Zwillinge Hamnet und Judith, deren Taufe am 2. Februar 1585 im Kirchenbuch registriert wurde. Danach folgte das, was in Shakespeare-Biographien als die sieben «verlorenen Jahre» bezeichnet wird, denn erst 1592 taucht sein Name wieder in einer überlieferten Quelle auf.

Für das, was Shakespeare in diesen sieben Jahren tat, haben Biographen und Kritiker die unterschiedlichsten Vermutungen geäußert. Zu den ältesten gehört die Annahme, Shakespeare habe eine Metzgerlehre durchlaufen, wofür es keinerlei Anhaltspunkte gibt. Andere vermuteten, er habe für einen Rechtsanwalt gearbeitet. Das klingt schon wahrscheinlicher, denn in der Rechtsterminologie kannte er sich gut aus und bediente sich ihrer mit auffälliger Vorliebe, wenn es galt, menschliche

Beziehungen durch Gleichnisse auszudrücken. Andererseits dürfte er bereits in seinem Elternhaus durch seinen Vater, den Ratsherrn, genug über lokale Rechtsgeschäfte mitbekommen haben, um mit den wesentlichen Begriffen und Rechtskonstruktionen vertraut gewesen zu sein. Duff Cooper, der selbst eine Militärkarriere durchlief, meinte, Shakespeare sei eine Zeitlang Soldat gewesen. Auch das lässt sich nicht ausschließen. Auf diese Weise hätte er z. B. in die Niederlande kommen können, wohin Elisabeth ihren Günstling Graf Leicester zur Unterstützung der dortigen Protestanten schickte. Manche Biographen vermuten, er sei auch in Italien gewesen, da so viele seiner Stücke dort spielen. Welche Fremdsprachen er kannte und in welchem Umfang er sie beherrschte, ist ebenfalls ungewiss. Immerhin konnte er genügend Französisch, um z. B. in *Heinrich V.* Passagen in dieser Sprache einzuflechten. Italienische Texte konnte er vermutlich lesen. Doch wo und wie er sich diese Kenntnisse erworben hat, ist unbekannt. Die kühnste Annahme ist wohl die von William Bliss, der glaubte, Shakespeare habe an Drakes Weltumseglung teilgenommen. Da es für keine solcher Behauptungen konkrete Anhaltspunkte gibt, ist das Tor für wildes Spekulieren weit geöffnet. Am wahrscheinlichsten ist die Annahme, dass Shakespeare bereits Jahre vor seiner ersten Erwähnung als Dramatiker Erfahrungen als Schauspieler gesammelt hat, möglicherweise bei einer Wandertruppe in der Provinz. Manche Forscher nehmen an, dass Shakespeare sich schon 1587 den *Queen's Men* angeschlossen hat, die in diesem Jahr in Stratford gastierten und deren Schauspieler William Knell gestorben war, so dass sich Shakespeare die Gelegenheit bot, die Lücke zu füllen. Im selben Jahr taucht sein Name noch einmal in einem Rechtsdokument seines Vaters auf, was aber nicht bedeutet, dass er zu der Zeit in Stratford gewesen sein muss.

Wie über seine berufliche Tätigkeit, weiß man für diesen Zeitraum auch nichts über seine Ehe. Dass er Anne nur heiratete, weil sie von ihm schwanger war, ist die nächstliegende Vermutung, und da er ihr am Ende seines Lebens nur sein «zweitbestes Bett» testamentarisch vermachte, spricht die Lebenserfahrung dafür, dass er eine lieblose Muss-Ehe geführt hat. Doch auch das ist Spekulation. Von seiner Frau sind immerhin die Familienverhältnisse bekannt. Einen Taufeintrag für sie gibt es zwar nicht, doch da auf ihrer Grabinschrift aus dem Jahre 1623 ihr Alter mit 67 Jahren angegeben wird, muss sie entweder 1555 oder 1556 geboren sein. Außer dem Wenigen, was sich indirekt über sie aus anderen Zeugnissen erschließen lässt, gibt es an direkten Aussagen zu ihrer Person nur den vermutlich von ihrem Schwiegersohn John Hall in überschwänglichem Latein verfassten Grabspruch, der sie als Milch und Leben spendende Mutter rühmt und ihr die baldige Auferstehung wünscht. Zu ihren Lebzeiten taucht ihr Name nur einmal in einem Dokument auf, und zwar in einem Testament aus dem Jahr 1601, aus dem hervorgeht, dass Thomas Whittington, der Schäfer ihres Vaters, sie zur Treuhänderin seines kleinen Vermögens von 40 Shilling machte, das er den Armen der Stadt Stratford vermachen wollte. Das spricht dafür, dass Anne als vertrauenswürdig und hilfsbereit galt. Darüber hinaus gibt es noch unklare Zeugnisse, die vermuten lassen, dass Mitglieder ihrer Familie Kontakte zu Katholiken hatten. Doch Schwierigkeiten mit der Kirche hatte sie offenbar nur einmal wegen einer versäumten Osterkommunion, was aber für sie folgenlos blieb.

Karriere in London

Das erste schriftliche Dokument nach dem Taufeintrag der Zwillinge, das Shakespeares Namen erwähnt, ist ironischerweise eine hämische Tirade gegen ihn, die der Dramatiker Robert Greene auf dem Sterbebett verfasste und die von Henry Chettle niedergeschrieben und von dem Drucker John Danter unter dem Titel *Greene's Groatsworth of Wit bought with a Million of Repentance* (Für einen Groschen Geist, erkauft mit einer Million an Reue) 1592 publiziert wurde. Greene wettert darin gegen Schauspieler, die Dramen schreiben, und ermahnt seine akademisch gebildeten Kollegen, die sogenannten *university wits,* ihnen nicht zu trauen:

> … denn da gibt es eine emporgekommene Krähe,
> geschmückt mit unsern Federn, die, «mit einem
> Tigerherzen gehüllt in eine Schauspielerhaut»,
> sich einbildet, sie könne einen genauso guten
> Blankvers herausposaunen wie die besten von euch:
> und dieser ausgemachte Johannes Faktotum hält
> sich für den einzigen Szene-Erschütterer *(Shake-scene)*
> im ganzen Land.

Die Anspielung auf Shakespeares Namen und das Zitat aus seinem Stück *Heinrich VI.* (Teil 3, I,4, 137), wo es heißt: *a tiger's heart wrapped in a woman's hide* (ein Tigerherz gehüllt in eine Frauenhaut) lassen keinen Zweifel daran, wer gemeint ist. Bis zum Jahr 1592 musste Shakespeare demnach bereits so viel Furore gemacht haben, dass etablierte Dramatiker wie Greene ihm seinen Erfolg missgönnten. Schon kurz nach Erscheinen von Greenes Pamphlet entschuldigte sich Chettle für seine Mitwirkung daran und beteuerte, dass er Shakespeare als Dichter sehr schätze, was bedeutet, dass dieser sich bereits eine Reputation erworben hatte, die man nicht ohne Risiko für das eigene Ansehen herabsetzen durfte.

Spätestens ab 1591 war Shakespeare im Londoner Theaterleben fest etabliert. Außer dem dreiteiligen Historienstück *Heinrich VI.* hatte er bis dahin mit hoher Wahrscheinlichkeit auch bereits die beiden Komödien *Zwei Herren aus Verona* und *Der Widerspenstigen Zähmung* geschrieben. Ferner ist für den 11. April 1592 eine Aufführung seiner ersten Tragödie *Titus Andronicus* durch die *Lord Strange's Men* bezeugt. Kurz darauf zwangen ihn äußere Umstände, sich auch als Versdichter und Buchautor zu versuchen, denn wegen eines Pestausbruchs wurden ab Juli 1592 die Theater geschlossen, so dass er ohne Einkommen war. Gedruckte Dichtung wurde in gebildeten Kreisen zwar höher geschätzt als populäre Dramen, doch wegen der geringen Käuferzahl brachte sie wenig ein, es sei denn, dem Verfasser gelang es, einen Gönner zu finden, der für eine Widmung des Buches mehr zu zahlen bereit war, als der Verkauf einbrachte. Shakespeare fand ihn in dem jungen Grafen Southampton, und so erschien im Jahr 1593 seine Versdichtung *Venus and Adonis* mit einer Widmung an «Henry Wriothesley, Graf Southampton und Baron Titchfield», dem der Dichter mit der in solchen Fällen üblichen Demutsgeste «den ersten Erben meiner Erfindungsgabe», *the first heir of my invention*, überreicht und sich dafür entschuldigt, «für eine so schwache Last eine so starke Stütze zu bemühen». Der Graf war zu der Zeit erst zwanzig Jahre alt, so dass auch er bei der Suche nach literarischen Protegés Interesse an einem noch nicht arrivierten, aber vielversprechenden jungen Dichter haben musste, denn Mäzenatentum gehörte zum Status eines Hochadligen.

Den Stoff zu der aus 199 sechszeiligen Strophen bestehenden Dichtung entnahm Shakespeare den *Metamorphosen* des Ovid. Es geht darin um Venus, die sich in den jungen Adonis verliebt und vergeblich versucht, ihn zur Liebe zu überreden. Doch er zieht die Jagd vor. Venus warnt ihn vor einem Eber und rät ihm, lieber Hasen, Füchse und Rehe zu jagen. Als sie Jagdhörner hört und einen Eber mit blutigem Maul sieht, fürchtet sie um ihn, schöpft aber Hoffnung, als die Hörner erneut erklingen, doch dann findet sie den Geliebten in seinem Blut. Sie wirft sich auf ihn, redet sich ein, der Eber habe ihn nur wie sie selbst küssen wollen und prophezeit zuletzt, dass die Liebe in Zukunft immer mit Trauer verbunden sein werde. Zum Schluss schmilzt der Leichnam dahin und verwandelt sich in das purpurne Adonisröschen, das Venus immer am Herzen zu tragen verspricht. Danach kehrt sie auf einem von Tauben gezogenen Himmelswagen nach Zypern, ihrem Geburtsort, zurück, um dort den Geliebten zu betrauern.

In diesem Gedicht entfaltet Shakespeare bereits die ganze Originalität seiner bilderreichen Sprache. Im Vergleich dazu wirken die Dichtungen seiner Zeitgenossen mit ihrem manierierten Formenspiel eher wie Kunstgewerbe, während seine Verse von sinnlicher Konkretheit strotzen. Dabei ist der tragisch ausgehende Mythos bei ihm mit einem Schuss Erotik und Ironie so gewürzt, dass das Gedicht eine geradezu klassische Heiterkeit ausstrahlt. Kein Wunder also, dass es sich großer Beliebtheit erfreute und schon in den ersten zehn Jahren neun Nachdrucke erlebte, was Shakespeare allerdings nichts einbrachte, da das Copyright nach Zahlung eines einmaligen Honorars an den Verleger überging. Der Verleger war in diesem Fall der aus Stratford stammende Drucker Richard Field, mit dessen Vater, einem Gerber, Shakespeares Vater Geschäftsbeziehungen unterhielt. Shakespeare kannte den Sohn vermutlich schon aus Stratford und scheint danach in London freundschaftlich mit ihm verkehrt zu haben. Fields brachte das Gedicht und auch das nächste in einer hervorragenden Druckfassung heraus. Für die Beliebtheit des Werks zeugt der Umstand, dass von der Erstauflage nur ein einziges Exemplar erhalten ist. Alle anderen wurden offenbar von ihren Besitzern zerlesen.

Da die Theater auch 1593 geschlossen blieben, ließ Shakespeare seinem erfolgreichen Erstling eine zweite Verserzählung folgen, deren Grundton sehr viel düsterer ist. Auch dieses Werk, das den Titel *The Rape of Lucrece (Die Schändung der Lukrezia)* trägt, widmete er dem Grafen Southampton. Doch jetzt ist die Widmung nicht mehr respektvoll devot und umständlich gewunden, sondern kürzer, direkter und im Ton einer offenen Liebesbekundung. Offensichtlich hatte sich schon nach dem ersten Gedicht zwischen dem Dichter und dem jungen Aristokraten eine innige persönliche Beziehung entwickelt. Über die Höhe des Honorars, das Shakespeare für die Widmung erhielt, gibt es keine gesicherten Daten. Wenn in späteren Berichten von 1000 Pfund die Rede ist, dürfte das weit übertrieben sein, doch nach aller Wahrscheinlichkeit war der Betrag erheblich höher als die 10 Pfund, die üblicherweise gezahlt wurden.

Den Stoff nahm Shakespeare wieder von seinem Lieblingsklassiker

Ovid, doch diesmal nicht aus den *Metamorphosen*, sondern aus den *Fasti*. Der Erzählung ist ein langes Argument vorangestellt, das die Vorgeschichte und den historischen Kontext erläutert. Die Geschichte spielt in der Frühzeit Roms unter dem letzten König Tarquinius Superbus, der seinen Vorgänger ermorden ließ und die Macht an sich riss. Die Handlung beginnt damit, dass eine Gruppe römischer Adliger, die gerade die Stadt Ardea belagern, über die Treue ihrer Frauen diskutieren und daraufhin beschließen, zurück nach Rom zu reiten, um zu sehen, was die Frauen dort treiben. Alle finden ihre Gattinnen bei irgendeiner Vergnügung, nur Collatinus trifft seine Lukrezia mit ihren Mägden am Spinnrad an. Das weckt die Begierde des Königssohns Sextus Tarquinius, der Lukrezia heimlich in ihrem Wohnort Collatia (den Shakespeare irrtümlich für einen Vorort Roms hält) aufsucht und vergewaltigt. Am Morgen ruft Lukrezia ihren Mann und ihren Vater herbei, erzählt ihnen, was vorgefallen ist und lässt sie Rache schwören. Danach ersticht sie sich. Den Rächern gelingt es, das römische Volk gegen die Königsfamilie aufzustacheln, worauf die Tarquinier verbannt werden und Rom wieder Republik wird. Auch diese Dichtung zeigt, wie ihre Vorgängerin, Shakespeares große Sprachkunst. Doch jetzt geht es ihm nicht mehr um das Beschwören intensiver Bilder, sondern um das innere Drama zwischen Opfer und Täter. Dabei zeigt sich das, was im Drama zu seiner besonderen Stärke wurde, nämlich dass er sich in Täter und Opfer gleichermaßen einfühlen und die Empfindungen beider glaubwürdig zum Ausdruck bringen konnte. Das Gedicht war ein genauso großer Erfolg wie das erste und erschien zu seinen Lebzeiten in sechs weiteren Auflagen.

Nachdem gegen Ende des Jahres 1593 die Theater wieder öffnen durften, publizierte Shakespeare 15 Jahre lang nur noch Dramen. Die Sonette, die er in dieser Zeit schrieb, erschienen erst 1609. Das Stückeschreiben brachte ihm zwar erheblich mehr Geld ein als gedruckte Verse, doch mit dem Ruhm war es umgekehrt. Auf das Theater reagierten die Zuschauer wie heutzutage das Kinopublikum auf Filme. So wie die meisten Kinobesucher sich nicht für die Namen der Drehbuchschreiber interessieren, achteten auch die elisabethanischen Theaterbesucher weniger auf die Autoren als auf Titel, Handlung und Schauspieler der angebotenen Stücke. Das erste Stück von ihm, das nach Wiederbeginn des Spielbetriebs herauskam, scheint *Richard III.* gewesen zu sein. Jedenfalls lässt ein Eintrag

Zeichnung zu einer Aufführung von *Titus Andronicus* in Schloss Longleat (das sog. Longleat-Manuskript von Henry Peacham, 1594)

im Tagebuch des Theaterunternehmers Henslowe vermuten, dass mit dem am 30. Dezember 1593 aufgeführten Stück *Buckingham* Shakespeares Königsdrama gemeint war, denn so heißt eine Hauptfigur des Stücks. Allerdings bezeichnet Henslowe es nicht als neu, so dass es auch schon früher entstanden sein kann.

Nach der Wiedereröffnung der Theater formierten sich 1594 unter dem Patronat von Henry Carey, dem Lord Chamberlain, und Charles Howard, dem Lord Admiral, die zwei schon erwähnten Truppen, denen die Exklusivlizenz zum Betreiben der beiden bestehenden Theater erteilt wurde. Das *Theatre*, das Richard Burbage gehörte, wurde schon vorher von seiner Truppe bespielt, die jetzt den Namen *Chamberlain's Men* erhielt, während im *Rose*, das dem rührigen Henslowe gehörte, dessen Truppe fortan unter dem Namen *Admiral's Men* auftrat. Shakespeare scheint von Anfang an ein Mitglied der *Chamberlain's Men* gewesen zu sein, doch wann er der Truppe beitrat, ist nicht bekannt. Für sie schrieb er von nun an alle seine Stücke. Für seine tragischen Helden wurde Richard Burbage, der Sohn des Theatermanagers, die ideale Besetzung, während William Kempe der Star für die komischen Rollen war. Bereits Ende 1594 hatte Kempe Gelegenheit, sein komisches Talent in einer Komödie Shakespeares zu beweisen, denn die Truppe führte im Rahmen von Weihnachtsfeierlichkeiten an der Rechtsschule Gray's Inn am 28. Dezember die *Komödie der Irrungen* auf. In den beiden Tagen davor hatte sie bereits

Komödien bei Hofe gezeigt, doch welche es waren, ist nicht bekannt. Aus den Abrechnungen geht nur hervor, dass Shakespeare zusammen mit William Kempe und Richard Burbage als Schauspieler ein Honorar erhielt. Spätestens damit ist klar, dass er ein festes Mitglied der *Chamberlain's Men* war. So fruchtbar seine Dramenproduktion auch sein mochte, sein Brotberuf war in dieser Zeit noch der des Schauspielers.

Aus dem Jahr 1594 oder 1595, die Datierung ist umstritten, stammt ein vieldiskutiertes Dokument. Es ist eine dem Privatlehrer Henry Peacham (ca. 1576 – ca. 1643) zugeschriebene Zeichnung mit Figuren aus Shakespeares *Titus Andronicus* und einem anschließenden Text aus dem Stück. Am Rande des Schriftstücks ist auf eine altertümliche Weise eine Jahreszahl vermerkt, bei der eine von vier Ziffern strittig ist. Die Zeichnung stellt, sofern sie echt ist, die erste und einzige zeitgenössische Illustration zu einem Shakespeare-Stück dar. Allerdings scheint sie nicht genau zu dem Text darunter zu passen, so dass manche vermuten, der Text sei später hinzugefügt worden. Das im Schloss Longleat aufbewahrte und 1925 erstmals bekannt gewordene Dokument gibt unabhängig von seinem Bezug zu Shakespeare auch Aufschluss über die Kostümierung der Schauspieler. Das Stück selbst war bereits 1594 in einer Quarto-Ausgabe erschienen, muss also davor entstanden sein.

1595 war das vielleicht produktivste Jahr in Shakespeares Schaffen, denn in den Zeitraum zwischen 1594 und 1596 fällt die Entstehung der Stücke *Verlorene Liebesmüh, Romeo und Julia, Richard II.* und *Ein Sommernachtstraum.* Auf diesem frühen Gipfel seiner Karriere trifft ihn ein Schicksalsschlag, als sein 11-jähriger Sohn Hamnet stirbt, den er am 11. August 1596 begraben muss. Da wird ihm auch der Eintritt in die Schicht der Gentry durch die bereits früher erwähnte Bewilligung eines Familienwappens etwa um diese Zeit keinen großen Trost gespendet haben. Die Ehre, sich nun Gentleman nennen zu dürfen, blieb für Shakespeare sowieso nicht ungetrübt. William Dethick, der für die Titelvergabe verantwortlich war, hatte sich Kritik eingehandelt, weil er dabei allzu großzügig verfuhr, was nicht verwunderlich ist, da die Empfänger dafür üblicherweise 10 bis 20 Pfund an den Garter-king-of-arms zahlen mussten. In einem Beschwerdeschreiben von 1602 taucht auch Shakespeares Name auf, was darauf schließen lässt, dass die etablierte Gentry nicht gern Aufsteiger wie diesen Schauspieler in ihren Reihen sah. Der für die Region York

Shakespeares Familienwappen mit dem Zusatz *the Player* aus dem Beschwerdebrief von Ralph Brooke (1602)

zuständige Amtsträger Ralph Brooke führt in der genannten Beschwerde 23 Fälle einer fragwürdigen Titelverleihung auf, darunter auch die an Shakespeare. In seinem Schreiben skizziert Brooke Shakespeares Wappen und fügt dem Namen süffisant die Bezeichnung the Player, der Schauspieler, hinzu. Auch aus seinen eigenen Reihen musste sich Shakespeare Sticheleien gefallen lassen. So gibt es in einem Stück Ben Jonsons eine Anspielung, die offensichtlich auf ihn gemünzt ist.

Am 4. Mai 1597 erwarb Shakespeare das stattliche Haus New Place in Stratford. Der im Kaufvertrag genannte Preis von 60 Pfund für das zweitgrößte Haus der Stadt ist so niedrig, dass man annimmt, es handelte sich dabei um die fiktive Bemessungsgrundlage für eine alte Feudalabgabe, während der gezahlte Preis eher bei 120 Pfund gelegen haben dürfte. Nicht nur finanziell war Shakespeare bis dahin sehr erfolgreich, auch sein Ansehen als Dichter war stetig gewachsen. 1598 brachte Francis Meres die Schrift *Palladis Tamia* heraus, in der er Shakespeare «melodiös und honigzüngig» *(mellifluous & honeytongued)* nennt und seine «zuckrigen Sonette» *(sugred Sonnets)* rühmt. Von seinen Werken nennt er *Venus and Adonis, Lucrece, Gentlemen of Verona, Errors, Love's labour's lost, Love's labour's wonne, Midsummer night's dream, Merchant of Venice, Richard the 2., Richard the 3., Henry the 4., King John, Titus Andronicus* und *Romeo and Juliet*. Meres' Liste der bis dahin erschienenen Stücke ist nicht vollständig, denn es fehlt *Der Widerspenstigen Zähmung* und der Dreiteiler *Heinrich VI.* Dafür aber nennt er ein Stück, das unter dem Titel *Love labors wonne* in Shakespeares Gesamtwerk nicht existiert. Entweder ist es verloren gegangen oder es verbirgt sich ein anderes Stück darunter, vielleicht sogar *Der Widerspenstigen Zähmung.*

Im April 1597 lief der Pachtvertrag für das

New Place in Stratford. Zeichnung von George Vertue (1737)

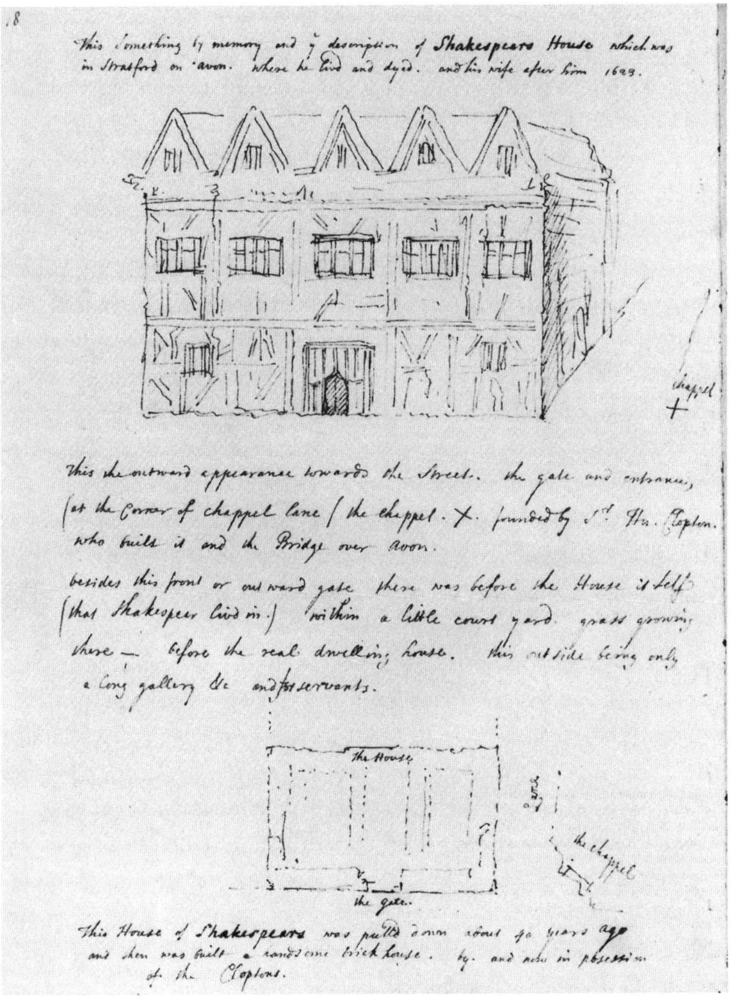

Grundstück aus, auf dem das *Theatre* stand. Schon seit dem Vorjahr hatte Burbage sen. mit dem Eigentümer über eine Verlängerung gestritten und sich mit ihm nicht einigen können. Er selbst starb im Februar 1597, hatte aber den Pachtvertrag schon 1589 auf seinen ältesten Sohn Cuthbert übertragen. Da auch der keine Verlängerung erreichen konnte, entschloss Cuthbert sich kurzerhand, das Theater abreißen und unter Verwertung des alten Materials am Südufer der Themse in der Nähe des dort seit 1588 befindlichen *Rose*-Theaters neu aufbauen zu lassen. Die Aktion begann am 28. Dezember 1598 und endete im Sommer 1599 mit der Eröffnung des neuen Theaters, das den stolzen Namen *Globe* trug und heute mit Shakespeares Namen untrennbar verbunden ist. Das Grundstück, auf dem es stand, wurde ab Dezember 1598 für 31 Jahre in zwei Hälften gepachtet, wobei eine Hälfte auf die Brüder Richard und Cuthbert Burbage und die andere auf die fünf Schauspieler Shakespeare, Heminges, Phillips, Pope und Kempe eingetragen wurde. Damit gehörte Shakespeare zu den *housekeepers*, die als Miteigentümer des Theaters von dessen Erträgen einen Anteil entsprechend ihrem Grundstücksanteil bekamen. Ein weiterer Anteil am gemeinsamen Gewinn stand ihm als Aktionär der Truppe zu. In welchem Umfang er sich an den Kosten des Baus beteiligte und wie dies verrechnet wurde, ist nicht bekannt. Jedenfalls war er von diesem Zeitpunkt an nicht nur Schauspieler und Stückeschreiber, sondern auch Theaterunternehmer, der am Gesamtgewinn ein starkes Interesse hatte.

Über Shakespeares Einkommens- und Vermögensverhältnisse gibt es nur Schätzungen. Sidney Lee (1859–1926), einer der Großen der Shakespeareforschung, schätzte das Einkommen für das Jahr 1599 auf 130 Pfund, was etwa das Vierfache des Einkommens eines gelernten Handwerkers gewesen wäre. Allerdings ist zu berücksichtigen, dass immer auch Verdienstausfälle durch die Schließung der Theater bei Pestausbrüchen drohten. Dass Shakespeare auch vorher schon ein gutes Einkommen hatte, geht daraus hervor, dass ihm im Oktober 1596 die Steuereintreiber auf die Spur gekommen waren. Damals wohnte er in der Londoner Gemeinde St. Helen, von deren Einwohnern nur 73 steuerpflichtig waren, darunter auch er. Da ein Jahr später die Steuereintreiber am 15. November 1597 meldeten, dass besagter Shakespeare «entweder tot, abgereist oder in einen anderen Bezirk umgezogen» sei, kann man vermuten, dass sich der Gesuchte der Besteuerung entzogen hatte. Doch am 1. Oktober

1598 tauchte sein Name erneut in den Steuerakten von Steuerpflichtigen für die Gemeinde St. Helen auf.

1597 wurde Shakespeare in einen mysteriösen Rechtsstreit hineingezogen. Der korrupte Richter William Gardiner, der für Southwark zuständig war, hatte anscheinend den Inhaber des Swan-Theaters Francis Langley physisch bedroht, weshalb dieser Klage gegen ihn erhob. Daraufhin ließ Gardiner durch seinen Stiefsohn William Wayte den Spieß umdrehen und den gleichen Vorwurf gegen Langley und William Shakespeare erheben. Dass der Dichter den Theaterunternehmer kannte, ist klar, doch wie er in dessen Rechtsstreit hineingezogen wurde, ist nicht geklärt.

Am 23. August 1600 erschien Shakespeares Name zum erstenmal im Stationers' Register, wo seine Komödie *Viel Lärm um nichts* zum Druck angemeldet wurde. Zuvor war von seinen Stücken nur *Verlorene Liebesmüh* 1598 unter seinem Namen als Quarto-Ausgabe herausgekommen, die aber nicht im Stationers' Register angemeldet wurde. Seit der 1598 von Meres publizierten Bilanz seines Schaffens kamen bis Ende 1600 die Stücke *Heinrich V.*, *Die lustigen Weiber von Windsor*, *Julius Caesar*, *Wie es euch gefällt* und vielleicht auch schon *Hamlet* hinzu.

1599 begann in London der schon erwähnte «Krieg der Theater», der als *poetomachia* in die Literaturgeschichte einging. Während sich Shakespeares Dichterkollegen heftige Scharmützel lieferten, blieb er selbst, wie in seinem ganzen literarischen und privaten Leben, nahezu unsichtbar. Nur selten taucht sein Name auf. So wurden beispielsweise in Cambridge drei handschriftlich überlieferte anonyme Stücke aufgefunden, die dort von Studenten in den Jahren 1598, 1599 und 1601 aufgeführt wurden. Es sind Literatursatiren, die unter den Titeln *Pilgrimage to Parnassus* bzw. *The Return from Parnassus* (Pilgerfahrt zum/vom Parnass, Teil I u. II) kritisch auf die Londoner Theaterszene anspielen. Im dritten dieser Stücke heißt es, dass Shakespeare seine gelehrten Konkurrenten, die allzu sehr ihre klassische Bildung demonstrierten, in den Schatten stelle. Vor allem Ben Jonson, der auf seine hart erworbene Bildung besonders stolz war, wird als *pestilent fellow* (ekelhafter Kerl) bezeichnet, dem es *our fellow Shakespeare* gezeigt habe. Interessant ist daran, dass der angeblich weniger gebildete Shakespeare von den Studenten in Cambridge höher geschätzt wurde.

Das Jahr 1601 brachte mit dem gescheiterten Staatsstreich des Grafen Essex eine Krise, in die auch Shakespeares Truppe hineingezogen wurde.

Der Graf war nach seinem inkompetent geführten Feldzug in Irland in Ungnade gefallen und glaubte, in gänzlicher Fehleinschätzung der Machtverhältnisse, einen Aufstand gegen die Königin anzetteln zu können. Um seine Mitverschwörer in die nötige Putschstimmung zu bringen, ließ er für den Vorabend der Aktion, den 7. Februar, bei den *Chamberlain's Men* eine Aufführung des Stücks *Richard II.* bestellen, das von der Absetzung eines schwachen Königs handelt. Als der Aufstand kläglich scheiterte, geriet auch die Schauspieltruppe ins Visier des Geheimdienstes, doch der Verdacht einer Beteiligung wurde schließlich entkräftet und das Ereignis blieb für Shakespeare und seine Leute folgenlos. Der Vorfall könnte, neben dem Tod des Vaters am 8. September, dazu beigetragen haben, dass sich Shakespeares Weltsicht nun spürbar verdüsterte. Die folgenden Stücke *Troilus und Cressida, Maß für Maß* und *Ende gut, alles gut,* die bis 1603, dem Todesjahr Elisabeths, entstanden, schwanken zwischen Komik und Tragik und werden deshalb als Shakespeares ‹Problemstücke› bezeichnet. In den gleichen Zeitraum fällt wohl auch die erste der großen Tragödien, *Othello.*

Mit Shakespeares Finanzen ging es jedoch weiterhin aufwärts. Am 1. Mai 1602 kaufte er in Stratford für 320 Pfund 52 Hektar Land von William und John Combe und am 28. September des gleichen Jahres erwarb er in Erbpacht ein Cottage gegenüber von New Place. Jetzt gehörte er zu den wohlhabendsten Grundbesitzern seiner Heimatstadt. Das nächste Jahr brachte nicht nur für ihn, sondern für das ganze Land einen tiefen Einschnitt. Am 24. März 1603 starb Königin Elisabeth I., und ihr Nachfolger, Jakob VI. aus Schottland, machte sich auf den Weg, um als Jakob I. den englischen Thron zu besteigen. Für das Theater erwies sich der mit Befürchtungen erwartete Thronwechsel als Glücksfall, denn der neue König war daran noch viel mehr interessiert als seine Vorgängerin und zeigte sich von Anfang an spendabler. Bereits am 19. Mai übernahm er das Patronat über die *Chamberlain's Men,* die nun unter dem Namen *King's Men* eine privilegierte Stellung hatten. Im selben Jahr wird Shakespeare zum letzten Mal in einer Quelle als Schauspieler erwähnt, doch nicht in einem eigenen Stück, sondern in dem seines Konkurrenten Ben Jonson. In der Folio-Ausgabe von dessen Tragödie *Sejanus* heißt es in einer Anmerkung am Schluss, dass das Stück 1603 von den *King's Men* aufgeführt wurde, wobei unter den führenden Schauspielern auch Shakespeare genannt wird.

Eine zweite Erwähnung als Schauspieler soll in einem verloren gegangenen Brief enthalten gewesen sein, von dem Lady Herbert 1865 dem in ihrem Hause tätigen Griechischlehrer William Cory erzählte. Nach Wilton House, dem Stammsitz der Familie Herbert, war Jakob I. im Spätherbst 1603 eingeladen worden, weil zu der Zeit die Pest in London wütete. In einem Brief an ihren Sohn soll die damalige Lady Pembroke geschrieben haben: «Wir haben den Shakespeare bei uns», wobei die King's Men im Schloss *Wie es euch gefällt* aufgeführt hätten. Danach scheint sich Shakespeare als Schauspieler von der Bühne verabschiedet zu haben.

1604 hat Shakespeare anscheinend in der Nähe der Stadttore Aldersgate und Cripplegate im Haus des Hugenotten Christopher Mountjoy zur Untermiete gewohnt, was aus einem Dokument von 1612 ersichtlich ist. Darin geht es um einen Prozess, den Stephen Bellott gegen seinen einstigen Dienstherrn und späteren Schwiegervater anstrengte. Stephen hatte bei Mountjoy, der kunstvollen Kopfschmuck herstellte, als Lehrling angefangen. Als er 1604 die Tochter seines Dienstherrn heiratete, wurden eine Mitgift von 60 Pfund und ein späteres Vermächtnis von 200 Pfund vereinbart. Da Mountjoy sein Versprechen bis 1612 nicht eingelöst hatte, verklagte ihn sein Schwiegersohn und nannte dabei Shakespeare als Zeugen und Vermittler der Ehe. Shakespeare war zu der Zeit bereits dauerhaft in Stratford ansässig und machte von dort seine Aussage. Der Vorfall sagt über ihn nichts weiter aus, nur dass er zeitweilig, vermutlich von 1602 bis 1606, in Mountjoys Haus wohnte. Am 4. Mai 1605 wurde dem inzwischen bereits sehr wohlhabenden Dichter durch das Testament seines verstorbenen Schauspielerkollegen Augustine Phillips ein 30-Shilling-Stück in Gold vermacht. Da Shakespeare als erster noch vor den anderen Schauspielern der Truppe genannt wird, ist anzunehmen, dass Phillips ihn als engen Freund betrachtete. Kurz darauf, am 24. Juli, tätigte Shakespeare seine größte Investition, als er die Hälfte der Anrechte auf den Zehnten, die im Zuge der Reformation von der Kirche auf die Stadt Stratford übergegangen waren, im Wert von 440 Pfund kaufte. Inhaber dieser Rechte war vorher Ralph Huband. Für Shakespeare bedeutete die Investition eine dauerhafte Rente.

Sein wachsender Wohlstand steht in merkwürdigem Widerspruch zum Pessimismus seiner düstersten Tragödie, *König Lear*, die er vermutlich 1605 geschrieben hat. Eine Aufführung ist für den 26.12.1606 bezeugt. Auch

Macbeth könnte 1605 entstanden sein. 1607 heiratete seine 24-jährige Tochter Susanna am 5. Juni den acht Jahre älteren angesehenen Arzt John Hall, der sich nach einem Studium in Cambridge und Frankreich um 1600 in Stratford niedergelassen hatte. Shakespeare wird in dieser Ehe einen weiteren Schritt seiner Familie in Richtung Gentry gesehen haben. An der Düsternis seiner Tragödien änderte das erfreuliche Ereignis nichts. Das Stück *Timon von Athen*, das in dieser Zeit entstanden sein dürfte, geht an Menschenhass noch über *König Lear* hinaus. In den letzten beiden Tragödien, den Römerdramen *Antonius und Cleopatra* und *Coriolan*, fokussiert sich das Interesse auf das politische Geschehen, was vermuten lässt, dass Shakespeare mit Sorge die wachsende Unruhe im eigenen Land wahrnahm, die durch die Pulververschwörung, erneute Pestausbrüche und Missernten hervorgerufen wurde. Ein privater Lichtblick für ihn folgte im Jahr 1608 mit der Geburt seiner Enkeltochter Elizabeth, die am 21. Februar getauft wurde. Sie war das einzige Enkelkind, das er erleben durfte.

Auch wenn er jetzt nur noch als Autor und Teilhaber des *Globe* im Theatergeschäft war, baute er seine finanzielle Beteiligung aus und wurde am 9. August 1608 mit einem Siebtel Anteil *housekeeper*, d. h. Miteigentümer, des von seiner Truppe erworbenen *Blackfriars*-Theaters. Es war eines der *private theatres*, die in einem geschlossenen Raum bespielt wurden und damit andere Bühneneffekte ermöglichten als die Freilichttheater. Shakespeare schrieb seine nun folgenden vier Romanzen sicherlich mit Blick auf die neuen, effektvolleren Aufführungsmöglichkeiten. Beim letzten der drei Stücke, *Der Sturm*, dürfte klar sein, dass der Schiffbruch an der sturmumtobten Küste, mit dem das Stück beginnt, im *Blackfriars* erheblich wirkungsvoller gewesen sein muss als unter freiem Himmel im *Globe*. Am 17. August 1608 wird Shakespeare in Stratford aktenkundig, als er einen gewissen John Addenbrooke auf Rückzahlung einer Schuld von 6 Pfund verklagt. Der Prozess zog sich bis zum 7. Juni 1609 hin und führte zeitweilig zur Inhaftierung des Beklagten, bis dieser gegen die Bürgschaft des Hufschmieds Thomas Horneby freigelassen wurde. Am Ende sprach die Jury Shakespeare das Recht auf den Schuldtitel und 24 Shilling Kosten zu. Doch da Addenbrooke inzwischen verschwunden war, konnte Shakespeare nur versuchen, seinen Anspruch bei Horneby einzutreiben – mit welchem Erfolg, ist unbekannt. Der Vorfall zeigt an, dass sich Shakespeare jetzt für längere Zeit in Stratford aufhielt.

Lebensabend in Stratford

Am 9. September 1608 wurde Shakespeares Mutter beerdigt. Allem Anschein nach verbrachte er jetzt immer mehr Zeit in Stratford, wohin er sich spätestens 1610 endgültig zurückzog. Als 1609 seine Sonette als Buch herauskamen, erschienen sie zwar unter seinem Namen, doch es ist ungewiss, ob er selbst den Druck veranlasst hat. Vielleicht hat er die Publikation auch bewusst solange zurückgehalten, bis er sich in Stratford auf dem Altenteil befand und nichts von dem Klatsch mitbekam, den die leidenschaftlichen Gedichte ausgelöst haben werden, denn natürlich wollte jeder wissen, wer der junge Mann war, den der Dichter so sehr liebte, und erst recht, wer sich hinter der *dark lady* verbarg, an die Gedichte voll von glühendem Begehren und hassgetränkter Verachtung gerichtet waren. Nach 1610 gibt es über ihn nur noch wenige Dokumente, die sich zudem überwiegend auf lokale Ereignisse beziehen. Es geht darin um Klärung der Rechtsverhältnisse bezüglich des Zehnten und Ähnliches. 1612 wurde er in den schon erwähnten Rechtsstreit in der Sache Bellott und Mountjoy hineingezogen, zu dem er eine Aussage machte, die die erste seiner sechs überlieferten Unterschriften enthält. Die zweite steht unter dem Kaufvertrag, mit dem er am 10. März 1613 das Blackfriars Gatehouse für 140 Pfund erwarb; und die dritte folgte am Tag darauf, als er mit Henry Walker, dem Verkäufer des Hauses, eine Hypothek von 60 Pfund vereinbarte, die bis zum folgenden Michaelistag, dem 29. September 1613, abgetragen werden sollte.

1612, vielleicht auch schon früher, hatte Shakespeare noch einmal zur Feder gegriffen und zusammen mit John Fletcher das Stück *Cardenio* geschrieben, das heute als verschollen gilt. Für die Aufführung von *Cardenno (sic!)* bei Hofe wurde der Schauspieler Heminges am 20. Mai 1613 honoriert, und eine Aufführung von *Cardenna (sic!)* durch die *King's Men* in Greenwich ist für den 8. Juni desselben Jahres bezeugt. Dass es sich um ein Stück von Shakespeare gehandelt haben muss, legt ein Eintrag ins Stationers' Register von 1653 durch den Verleger Humphrey Moseley nahe, der den Titel als *The History of Cardenio* und als Verfasser John Fletcher und Shakespeare angibt. Der Stoff stammte offensichtlich aus Cervantes' *Don Quichotte.* Im 18. Jahrhundert scheint das Stück noch bekannt gewesen zu sein, da 1728 ein Drama von Lewis Theobald erschien, das dieser als Bearbeitung eines Shakespeare-Stücks bezeichnete. Vom Original ist nichts überliefert.

Am 29. Juni 1613 brannte das *Globe*-Theater ab, und zwar bei der Aufführung des Stücks *Heinrich VIII.*, das Shakespeare zusammen mit John Fletcher geschrieben hatte. Im *Globe*, dem Inbegriff des elisabethanischen Theaters, wurden insgesamt 29 Stücke, davon 15 von Shakespeare, uraufgeführt. Bereits 1614 wurde es wieder aufgebaut und bis zur Schließung aller Theater durch die Puritaner 1642 regelmäßig von den *King's Men* bespielt. Shakespeare selbst beteiligte sich an den weiteren Produktionen nur noch einmal, als er, vermutlich zwischen 1613 und 1614 und wieder in Zusammenarbeit mit John Fletcher, das Stück *Die beiden edlen Vettern* schrieb.

Shakespeares Todesjahr, 1616, begann mit der Eheschließung seiner zweiten Tochter Judith am 10. Februar. Da sie bereits 31 Jahre alt war, scheint sie in Torschlusspanik den Ersten genommen zu haben, der um sie anhielt, auch wenn es keine gute Wahl war. Thomas Quiney, ihr vier Jahre jüngerer Bräutigam, hatte ab 1608 seiner verwitweten Mutter in ihrem Geschäft als Gastwirtin und Weinhändlerin geholfen. Ab 1611 betrieb er eine eigene Kneipe. Schon kurz nach der Eheschließung verursachte er den ersten Skandal, als er am 26. März angeklagt wurde, eine Margaret Wheeler geschwängert zu haben, die im Kindbett gestorben und am 15. März zusammen mit dem Baby begraben worden war. Das war für Shakespeare ein Anlass, noch kurz vor seinem Tode sein Testament zu ändern. Er starb am 23. April 1616, seinem 52. Geburtstag. Über die Todesursache ist nichts bekannt. In späteren Anekdoten heißt es, er habe zusammen mit Ben Jonson übermäßig gezecht und sich danach eine schwere Erkältung geholt. Andere vermuten, dass er an der Syphilis gestorben sei. Das würde erklären, weshalb er in seinen späten Werken Keuschheit so sehr betont. Denkbar ist auch, dass er am Fleckfieber gestorben ist, das zu der Zeit in der Gegend grassierte. Stichhaltiges gibt es für keine dieser Annahmen.

Die Beerdigung fand am 25. April in der Holy Trinity Church, der Gemeindekirche von Stratford, statt. Die Grabplatte, unter der sich seine Überreste befinden sollen, ist nach Auskunft des frühen Shakespeareforschers James Orchard Halliwell-Phillipps (1820–1889) kurz vor oder nach 1800 ersetzt worden, und da die Inschrift Shakespeares Namen nicht nennt, ist nicht einmal sicher, ob es überhaupt sein Grab ist. Doch weil auf beiden Seiten der Platte die Mitglieder seiner Familie ruhen, wird daran nicht gezweifelt. Die Inschrift auf dem Stein dürfte allerdings kaum von ihm selbst stammen. Sie lautet auf Deutsch:

> Um Jesu willen, guter Freund, lass ab
> und rühr den Staub nicht an in meinem Grab.
> Gesegnet seist du, schonst du diesen Stein,
> und sei verflucht, bewegst du mein Gebein.

Das einzige längere Schriftstück, das Shakespeare nicht als Dichter, sondern als Privatmann und Bürger hinterlassen hat, ist sein Testament. Er hat es zwar nicht eigenhändig geschrieben, doch aus der Niederschrift seines Anwalts und den eingefügten Korrekturen lässt sich der Verlauf der Abfassung in groben Zügen rekonstruieren. Auf den ersten Blick würde man das Dokument mit seinen Ausstreichungen und Einfügungen zwischen den Zeilen für einen Entwurf und nicht für den endgültigen letzten Willen halten. Doch wie andere Testamente der Zeit zeigen, hat man sich nicht immer die Mühe einer Reinschrift gemacht, solange die juristische Form eindeutig und rechtsgültig war. Abgeschlossen und von Shakespeare unterzeichnet wurde das Testament am 26. März 1616, vier Wochen vor seinem Tod. Die Handschrift entspricht der des Rechtsanwalts Francis Collins, der auch schon ein früheres Rechtsgeschäft für ihn erledigt hatte. Die Erstfassung und die eingefügten Änderungen legen die Vermutung nahe, dass Shakespeare aus Anlass der bevorstehenden Hochzeit seiner Tochter Judith dem Anwalt im Januar eine erste Fassung diktierte und diese dann im März noch einmal änderte, als der Skandal um den Schwiegersohn bekannt wurde.

Das Testament beginnt mit der üblichen Anrufung Gottes, der darauf folgenden Erklärung, dass der Unterzeichnete im Vollbesitz seiner körperlichen und geistigen Kräfte ist, und der abschließenden Empfehlung

Letzte Seite von Shakespeares Testament

seiner Seele in die Hände Gottes und des Erlösers Jesu Christi. Die dann folgenden letztwilligen Verfügungen lassen in jedem Detail die Absicht erkennen, den zu vererbenden Besitz so fest wie irgend möglich zusammenzuhalten. Als Haupterbin für alle Häuser und Ländereien wird die ältere Tochter Susanna eingesetzt, mit der Bedingung, dass der Besitz danach an ihren ältesten, im Erbfall noch lebenden Sohn übergehen soll. Falls kein Sohn geboren wird oder überlebt, solle der Besitz an Shakespeares Enkelin Elizabeth Hall und deren männlichen Erben fallen. Nur wenn es auch hier keinen solchen gebe, solle der Besitz an einen noch ungeborenen männliche Erben der Tochter Judith gehen. Bis dahin solle Judith 150 Pfund erhalten, wovon sie über einen Betrag von 100 Pfund als Hochzeitsgabe verfügen dürfe, während sie die restlichen 50 Pfund nur erhalten werde, wenn sie auf ihren Anteil am Cottage in der Chapel Lane verzichte. Weitere 150 Pfund solle sie erhalten, wenn sie oder ein Nachkomme von ihr nach drei Jahren noch lebe. In diesem Fall stünde ihr oder dem Erben aber nur der jährliche Zinsertrag dieses Legats zur Verfügung.

Danach werden kleinere Legate an Verwandte, Nachbarn und Freunde aufgeführt, darunter die Schauspieler John Heminges und Henry Condell, die später die Folio-Ausgabe seiner Werke betreuten, und Richard Burbage. Es ist anzunehmen, dass er mit den drei Schauspielerkollegen bereits die Ausgabe seiner Werke besprochen hatte und ihnen dafür materielle Anerkennung zukommen ließ. Burbage starb bereits drei Jahre später, so dass Heminges und Condell die zeitaufwändige Arbeit zu zweit zu Ende führen mussten. Die übrigen namentlich genannten Empfänger von Legaten waren Freunde aus Stratford. Thomas Combe, der zuerst genannte, erhielt Shakespeares Schwert, was sicher eine große Ehre war. Combe war der jüngere Sohn von Thomas Combe sen., der wie Shakespeare anteilige Rechte am Zehnten in Stratford besaß und 1609 gestorben war. Thomas hatte sich in einem Rechtsstreit gegen die Stadt für die Einhegungen des Gemeindelands eingesetzt, wobei nicht genau zu ermitteln ist, welches Interesse Shakespeare daran hatte. Weitere Empfänger von Legaten waren sein Anwalt Francis Collins und Thomas Russell, der einer seiner engsten Freunde in Stratford gewesen zu sein scheint, sowie der Stratforder Bäcker Hamnet Sadler und William Reynolds, einer der größten Landbesitzer der Stadt. Außerdem bedachte Shakespeare seinen zu der Zeit achtjährigen Patensohn William Walker mit 20 Schilling in Gold. Andere Empfänger ähnlicher Legate waren die Brüder Anthony und John Nash, die ebenfalls am Recht auf den Zehnten beteiligt waren und mit Shakespeares Familie freundschaftlich verkehrten. Anthonys Sohn heiratete später Shakespeares Enkelin Elizabeth Hall. Die Namen dieser unbedeutenden Empfänger von Shakespeares Legaten werden hier nur aufgeführt, um die Abwesenheit bekannter Namen besonders hervorzuheben. Shakespeare muss während seiner aktiven Zeit in London auch mit Geistesgrößen bekannt geworden sein, die heute noch Rang und Namen haben, doch in seinem Testament werden nur die drei genannten Schauspieler bedacht.

Es fällt auf, dass Shakespeare weder der Kirche seiner Heimatstadt noch einer wohltätigen Organisation etwas hinterließ. Noch auffälliger ist «das zweitbeste Bett», das er als einzigen Besitz seiner Frau Anne vermachte. Daraus hat man, was nahelag, auf ein tiefes Zerwürfnis zwischen den Eheleuten geschlossen. Dem wurde entgegengehalten, dass Anne als Witwe ohnehin einen Rechtsanspruch auf den Nießbrauch eines Drittels des gesamten Besitzes gehabt habe. Es ist aber strittig, ob dieses regionale Gewohnheitsrecht auch in Stratford galt. Da Anne bereits 60 Jahre alt war, keine Mitgift für eine eventuelle Wiederverheiratung mehr brauchte und außerdem im Haushalt ihrer älteren Tochter gut versorgt war, drohte ihr keine Verarmung. Hätte Shakespeare ihr irgendetwas von Wert vermacht, hätte sie selbst darüber testamentarisch verfügen müssen, ein Rechtsgeschäft, bei dem es dann möglicherweise unter den Töchtern Streit gegeben hätte. Vielleicht wollte Shakespeare ihr das ersparen.

Noch etwas anderes ruft bei der Lektüre des Testaments Verwunderung hervor. Es ist der Umstand, dass der größte Dichter seiner Zeit, der in seinen Werken die Kenntnis zahlreicher Bücher von Zeitgenossen bewies, unter seinen Besitztümern kein einziges Buch erwähnt. Manche Biographen vermuten, dass seine Bücher in ein separates, aber nicht erhaltenes Inventarverzeichnis aufgenommen wurden. Doch im Wortlaut des Testaments wird kein solches Verzeichnis erwähnt. Der Einzige in seiner Familie, der Umgang mit Gedrucktem hatte, war sein Schwiegersohn John Hall, der zu der Zeit bereits ein angesehener Arzt war und später eigene Manuskripte mit medizinischen Fallstudien für den Druck vorbereitete. Doch Hall stand dem Puritanismus nahe und ließ wenig Neigung für schöngeistige Literatur erkennen. Er ging so sehr in seinem Beruf als Arzt auf, dass er nur auf massiven Druck hin ein Amt in der Stadtverwaltung übernahm und dieses wegen seiner ärztlichen Verpflichtungen so vernachlässigte, dass er mehrfach dafür gerügt wurde. Als ihm später unter Karl I. der Ritterschlag angeboten wurde, lehnte er ab und zahlte dafür lieber die Strafe von 10 Pfund. Entweder wollte er den ehrenamtlichen Verpflichtungen dieser Würde ausweichen oder er sah es nicht als Ehre an, den Ritterschlag von einem dezidiert anti-puritanischen König zu empfangen. An belletristischen Büchern dürfte er jedenfalls nicht interessiert gewesen sein. Falls Shakespeare eigene Bücher hatte, scheint er sie vorher verschenkt zu haben, vielleicht an befreundete Schauspieler.

Dass er womöglich gar keine eigenen Bücher besessen hat, ist nicht ausgeschlossen. Als Schauspieler gehörte er einem Unternehmen an, das neben sorgsam gehüteten Spieltexten sicher auch Quellenmaterial für neue Stücke besaß. Bücher waren relativ teuer, und für einen Schauspieler, der in historiographischen Werken und Romanen in erster Linie nach Stoff für ein erfolgversprechendes Stück suchte, wäre es nicht sehr ökonomisch gewesen, eine eigene Bibliothek aufzubauen. Für den schöngeistigen Genuss der Werke seiner dichtenden Zeitgenossen fehlte ihm ohnehin die Zeit und damit die Muße. Anders als Ben Jonson, der stolz auf seine Bildung war und bei seinem Tod mehr als zweihundert Bücher hinterließ, scheint Shakespeare fremde Werke nur als Quellen für die eigenen genutzt zu haben. Später sind allerdings über hundert Bücher aufgetaucht, die angeblich von ihm signiert und zum Teil mit handschriftlichen Anmerkungen versehen wurden, doch in den meisten Fällen konnte nachgewiesen werden, dass es Fälschungen waren. Das Testament enthält am Schluss jeder der drei Seiten je eine der insgesamt sechs eigenhändigen Signaturen, die überliefert sind. Keine davon entspricht der heutigen Schreibung seines Namens. Er schrieb sich nacheinander so:

11. Mai 1612		Willm Shaksp
10. März 1613	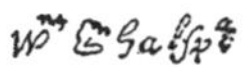	William Shakspê
11. März 1613	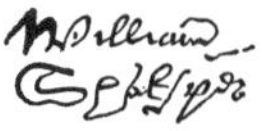	Wm Shakspe
25. März 1616	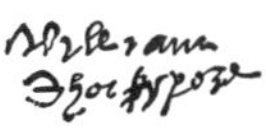	William Skakspere
	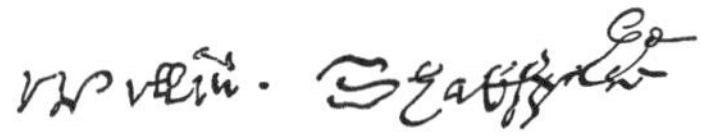	Willm Shakspere
		William Shakspeare

Eine weitere Variante des Namens verwendet Shakespeares Rechtsanwalt, der im ersten Satz des Testaments den Testator William Shackspeare nennt. Die Drucker der Werke versuchten korrekt zu sein und schrieben seinen Namen in der heute üblichen Form, wobei einige die Schreibweise ‹Shake-speare› wählten. Noch korrekter wollten die Herausgeber der dritten Folio-Ausgabe sein und schrieben den Namen im zweiten Nachdruck der Ausgabe so, wie es dem englischen Wort *spear* für ‹Speer› entspricht. Im 19. Jahrhundert war die Verehrung für den Dichter so groß, dass einige Kritiker und Herausgeber seiner Werke seine zweimal verwendete eigene Schreibweise ‹Shakspere› übernahmen. Die heute übliche Schreibung setzte sich erst in der zweiten Hälfte des 20. Jahrhunderts als Standard durch.

Auch wenn es so scheint, als sei Shakepeare von seiner Mitwelt kaum beachtet worden, gibt es doch Indizien, die dagegen sprechen. Dazu zählt eine Anekdote, die John Manningham, ein Student an der Rechtsschule des Inner Temple in London, 1602 in seinem Tagebuch notierte. Manningham hatte im Februar des Jahres eine Aufführung von *Was ihr wollt* in der großen Halle der Rechtsschule gesehen und daraufhin am 13. März eine Anekdote niedergeschrieben, derzufolge Shakespeares Freund Richard Burbage, der berühmt für seine Darstellung Richards III. war, eine Verabredung mit einer Dame hatte, in die auch Shakespeare verliebt war. Doch der kam dem Freund zuvor und war bereits *at his game* (beim Liebesspiel), wie es in dem Tagebuch heißt, als Burbage auftauchte, worauf Shakespeare diesem die Nachricht übermitteln ließ: «Wilhelm der Eroberer kam vor Richard III.». Anekdoten, wie die am Anfang dieses Buches erwähnte über den Grafen Oxford, haben meist wenig Wahrheitsgehalt, doch sie bezeugen zumindest die Berühmtheit der Person, der sie zugeschrieben werden. Da Shakespeare zu diesem Zeitpunkt noch nicht einmal seine gewichtigsten Tragödien geschrieben hatte, spricht alles dafür, dass er nicht so unbeachtet in seiner Zeit existierte, wie das oft angenommen wird.

Porträts

Zu den ungelösten Rätseln um Shakespeare gehört sein Aussehen. Nur von zwei Porträts weiß man mit Sicherheit, dass sie ihn darstellen sollen: der von Martin Droeshout angefertigte Kupferstich in der Folio-Ausgabe der Dramen von 1623 und die von Gheerart Janssen stammende Büste in der Holy Trinity Church, die ebenfalls vor 1623 entstanden sein muss, da die Herausgeber der Folio-Ausgabe auf sie Bezug nehmen. Janssen, dessen Atelier sich in Southwark in der Nähe des Globe-Theaters befand, könnte Shakespeare dort kennengelernt haben. Deshalb ist bei ihm nicht ganz ausgeschlossen, dass er von Shakespeare eine Skizze oder ein Tonmodell angefertigt haben könnte. Bei Martin Droeshout (1601 – ca. 1650) wird man dies ausschließen können, da er in Shakespeares Todesjahr erst 15 Jahre alt war. Er orientierte sich entweder an Janssens Büste oder einem Porträt, das beiden als Vorlage diente.

Im Laufe der Jahrhunderte sind eine Reihe von Porträts aufgetaucht, die angeblich zu Shakespeares Lebzeiten gemalt wurden. Von den neun Bildnissen auf dem Stich von 1844 (S. 133) ist aber nur das in der Mitte oben, das sogenannte Chandos-Porträt, ein ernstzunehmender Kandidat. Bevor es 1847 von Lord Ellesmere gekauft und der National Portrait Gallery in London als deren erstes Bild geschenkt wurde, gehörte es dem Herzog von Buckingham und Chandos. Das Bild galt schon lange vorher als ein Porträt des Dichters, das von dessen Freund und Schauspielerkollegen Richard Burbage gemalt worden sei. Der Antiquar George Vertue (1684–1756), der die Zuschreibung in einer Notiz von 1719 erwähnte, korrigierte sich allerdings später und nannte als Maler den Schauspieler John Taylor und als ersten Besitzer Sir William Davenant (1606–1668). Von Davenant, der sich selbst als Shakespeares Patenkind bezeichnete, ging das Gerücht, dass er der außereheliche Sohn des Dichters sei. Da das Bild, wie die Analysen des Materials und der Malweise ergaben, mit hoher Wahrscheinlichkeit zu Shakespeares Lebzeiten gemalt wurde, könnte es in der Tat sein Porträt sein.

Von den übrigen angeblichen Porträts galt lange Zeit das Flowers-Porträt als gesichert, da es dem Droeshout-Stich sehr ähnlich ist und deshalb für dessen Vorlage gehalten wurde. Es tauchte im 19. Jahrhundert auf, trägt die Datierung 1609 und die Inschrift «W. Shakespeare». Der Kunsthändler H. C. Clement, der es 1840 erwarb, behauptete, es sei um 1770 in London ausgestellt und von Tausenden besichtigt worden, wofür es aber keinen Beleg gibt. 1895 kam es in den Besitz von Mrs. Charles Flowers, die es dem Shakespeare-Museum in Stratford schenkte. Eine wissenschaftliche Untersuchung von 2005 konnte aber nachweisen, dass es eine Fälschung ist, da der Maler ein Chromgelb verwendete, das zum ersten Mal 1809 beschrieben wurde. Übrigens hätte man schon auf den ersten Blick erkennen können, dass es nicht die Vorlage für Droeshout gewesen sein konnte, sondern umgekehrt nach dessen Vorlage gemalt wurde, denn hätte der Stecher es auf die Kupferplatte kopiert, hätte es im Druck spiegelverkehrt erscheinen müssen. Das Flowers-Porträt wurde noch aus einem anderen Grund als Shakespeare-Dokument diskutiert. Röntgenaufnahmen hatten gezeigt, dass sich unter dem Porträt ein altes, stark beschädigtes Bild einer Madonna mit Kind befindet. Das gab Anlass zu der Vermutung, dass Shakespeare als heimlicher Katholik aus Angst vor Schwierigkeiten das verdächtige Marienbild mit seinem Porträt übermalen ließ. Sehr viel plausibler ist die Erklärung, dass ein Maler des 19. Jahrhunderts die alte Leinwand des stark beschädigten und damit wertlos gewordenen Bildes für eine besser verkäufliche Fälschung nutzte.

Im 19. Jahrhundert tauchte in Deutschland ein weiteres Bildnis auf: die heute in Darmstadt befindliche Totenmaske, die der Mainzer Domherr und Reichsgraf Franz von Kesselstatt 1775 in England erworben haben soll. Aus dessen Nachlass landete sie bei einem Trödler, von dem sie der Maler und Sammler Ludwig Becker 1849 erwarb. Da die Maske das Datum 1616 trägt, wurde sie als die von Shakespeare angesehen. Bis heute ist ungeklärt, ob es sich um eine Fälschung, um die Maske eines anderen oder tatsächlich um die des Dichters handelt. So bleibt am Ende nur die Annahme, dass ein – vermutlich aristokratischer – Freund des Dichters in dessen jüngeren Jahren das Chandos-Porträt von ihm malen ließ und

Shakespeares Büste in der Holy Trinity Church in Stratford. Von Gheerart Janssen (zwischen 1616 u. 1620)

dass ein weiteres Bild des gealterten Dichters existiert haben muss, nach dem Janssen seine Büste und Droeshout den Stich anfertigten.

Weder die Büste noch der Stich vermitteln das Bild, das man sich von einem Dichter dieses Formats machen würde. Vor allem die Büste lässt ihn eher wie einen nüchternen Buchhalter erscheinen, der mit seiner Feder nicht Verse niederschreibt, sondern seine Investitionen addiert. Dabei gibt es selbst an der Echtheit der Feder Zweifel. Sir William Dugdale (1605–1686), auf dessen Zeugnis die Zuschreibung zu Gheerart Janssen zurückgeht (er nennt ihn Johnson), fertigte 1636 eine Skizze des Grabmals an, auf der die Feder fehlt. Da aber auch andere Skizzen von ihm in seinen 1656 erschienenen *Antiquities of Warwickshire* ungenau sind, muss dies nichts bedeuten. Bezeugt ist hingegen, dass das von Verfall bedrohte Monument 1749 generalüberholt wurde, wobei abgefallene Teile ergänzt wurden. Der lateinische Text unter der Büste lautet:

IVDICIO PYLIVM, GENIO SOCRATEM,
ARTE MARONEM
TERRA TEGIT, POPVLVS MAERET,
OLYMPVS HABET.

(An Urteilskraft ein Nestor, an Geist ein Sokrates / an Kunst ein Vergil / die Erde bedeckt ihn, das Volk betrauert ihn, der Olymp hat ihn.)

Von wem diese Inschrift stammt, ist nicht bekannt. Als wahrscheinlichster Verfasser kommt Shakespeares Schwiegersohn, der Arzt John Hall, in Frage. Der englische Text darunter sagt:

Warum gehst du so schnell vorbei? Halt ein!
Lies, wenn du kannst, was hier der Tod in Stein
verschlossen hat: der Name Shakespeare ziert
so kostbar wie nichts andres dies Geviert.
Sein Körper starb, doch alles, was er schrieb,
ist Geist, der heut'ger Kunst als Vorbild blieb.

Ein Dichter, der ein so aufwändiges Grabmal mit einer so rühmenden Inschrift schon wenige Jahre nach seinem Tod erhielt, muss auch zu Lebzeiten bereits hohes Ansehen genossen haben.

Ein Schlüssel zu Shakespeares Herz

Über Shakespeares privates Denken und Fühlen ist noch weniger bekannt als über seine physische und soziale Existenz, die immerhin durch mehr Dokumente belegt ist als die der meisten seiner Zeitgenossen. Doch was für Zeugnisse seines Innenlebens hätte es außer seinen Werken geben können? Für einen Briefwechsel mit Freunden bestand kaum Anlass, da anscheinend alle, mit denen er freundschaftlich verkehrte, auf engem Raum in London versammelt waren, so dass er sich mit ihnen mündlich austauschen konnte. Viele seiner Dichterkollegen wird er persönlich gekannt haben, auch wenn es darüber keine Zeugnisse gibt. Das Tagebuchschreiben kam erst im 17. Jahrhundert unter puritanischem Einfluss in Mode, und einen Begleiter wie Eckermann, der Goethes mündliche Äußerungen aufschrieb, hatte er auch nicht. Würde man sich ein Bild von ihm nur aufgrund der erhaltenen Dokumente machen, würde man sich wohl einen nüchternen Geschäftsmann vorstellen, der mehr am Erwerb und der Sicherung seines Besitzes interessiert war als an der Liebe und Wertschätzung von Freunden. Tatsächlich sprechen aber die wenigen indirekten Zeugnisse von Zeitgenossen dafür, dass er von seinen Schauspielerkollegen durchaus geschätzt wurde. Mit Richard Burbage scheint ihn eine persönliche Freundschaft verbunden zu haben, sicher auch mit John Heminges und Henry Condell; sonst hätten die beiden nach seinem Tod nicht die Mühe auf sich genommen, eine Gesamtausgabe seiner Dramen herauszugeben. Auch mit John Fletcher, mit dem er bei zweien seiner späten Stücke zusammenarbeitete, scheint er persönlich befreundet gewesen zu sein. Selbst wenn manche seiner Konkurrenten die Ressentiments von Robert Greene geteilt haben mögen, ist der Tenor der erhaltenen Zeugnisse positiv. Repräsentativ dafür ist Ben Jonson, der ein wohl ehrlich gemeintes Lobgedicht zur Folio-Ausgabe der Werke seines Kollegen beisteuerte, auch wenn er es sich dabei nicht verkneifen konnte, auf Shakespeares geringe Latein- und Griechischkenntnisse hinzuweisen. Nur leicht eingeschränktes Lob spendet er ihm auch in einer späteren Äußerung.

Da Shakespeare durch Aufführungen bei Hofe und in Schlössern des Hochadels auch mit der Oberschicht in Kontakt kam, kann es dort ebenfalls zu Freundschaften gekommen sein. Während professionelle Kontakte in der spärlichen Überlieferung immerhin noch erschließbar sind, ist seine intensivste Freundschaftsbeziehung nur durch seine Sonette dokumentiert, vorausgesetzt, dass sie überhaupt auf einer realen Beziehung beruhen. Sie erschienen im Jahr 1609 unter dem Titel *Shakespeare's Sonnets. Never before imprinted* und zählen seitdem zu den großen Rätselbüchern der Weltliteratur. Ein Rätsel gibt bereits die Widmung auf. Sie lautet

TO.THE.ONLY.BEGETTER.OF
THESE.ENSUING.SONNETS.
MR. W. H. ALL.HAPPINESS.
AND.THAT. ETERNITIE.
PROMISED.
BY.
OUR.EVER-LIVING.POET.
WISHETH.
THE.WELL-WISHING.
ADVENTURER.IN.
SETTING.
FORTH. T. T.

(«Dem einzigen Erzeuger der folgenden Sonette, Mr. W. H., wünscht alles Glück und die Ewigkeit, die der unsterbliche Dichter ihm verheißt, der wohlwollende, dies Unternehmen wagende T. T.»)

Hinter den Initialen T. T. verbirgt sich der Verleger Thomas Thorpe, in dessen Auftrag der Drucker George Eld das Buch herstellte. Wer dagegen Mr. W. H. war, konnte bis heute nicht aufgeklärt werden. Unklar ist auch, was mit *the only begetter* gemeint ist. ‹Erzeuger› im Sinne von Autor kann es nicht sein, denn der Titel sagt eindeutig, dass es sich um die

Henry Wriothesley, Graf Southampton. Miniatur-Porträt von Nicholas Hilliard (1594)

Sonette Shakespeares handelt, und der ist mit *our ever-living poet* gemeint, der in den Gedichten immer wieder dem Adressaten «ewigen» Nachruhm verspricht. Wenn *begetter* nicht ‹Erzeuger› bedeutet, könnte der Adressat gemeint sein, der die Sonette ins Leben gerufen hat. Dann aber wäre *only* irreführend, denn die ersten 126 der insgesamt 154 Sonette, die an einen Mann gerichtet sind, haben einen anderen *begetter* als die 25 der restlichen 28 Sonette, die an eine dunkelhaarige Frau, die berühmt-berüchtigte *dark lady*, adressiert sind. Wenn *only* im Sinne von ‹alleinig› gemeint ist, kommt nur eine dritte Bedeutung von *begetter* in Frage, nämlich ‹Beschaffer›. Für alle drei Bedeutungen finden sich in der Forschungsliteratur Fürsprecher, wobei die große Mehrheit in Mr. W. H. den Adressaten und damit den ‹Anreger› der Sonette sieht.

Da die ersten 126 Sonette an einen schönen jungen Mann von hohem sozialem Rang gerichtet sind, lag es nahe, in Shakespeares prominenterem Umfeld nach möglichen Kandidaten zu suchen. Hier bot sich als erster der junge Graf Southampton (1573–1624) an, dem der Dichter seine beiden Versepen gewidmet hatte. Wie bereits erwähnt, war bei *Venus und Adonis* von 1593 die Widmung noch eine devot gedrechselte Bitte

William Herbert, Graf Pembroke.
Miniatur-Porträt von Isaac Oliver
(1611)

um wohlwollende Entgegennahme, während die Widmung der *Schändung der Lukrezia* 1594 in einem persönlichen, leidenschaftlich-emphatischen Ton gehalten ist, der eine Freundschaft zwischen den beiden vermuten lässt. Da der bürgerliche Name des Grafen Henry Wriothesley ist, müsste man in den Initialen W. H. eine absichtsvolle Umstellung annehmen, die den Adressaten nur für Eingeweihte erkennbar macht. Doch wenn es einen Grund gab, seine Identität zu verschleiern, weshalb wurden die Initialen dann überhaupt angegeben? Sollte nur der Graf die Widmung verstehen, hätte es der Initialen nicht bedurft. Eine weitere Schwierigkeit ist die Anrede eines Adligen mit Mr. Ein persönlicher Freund hätte sich solch eine Vertraulichkeit leisten können, doch kein Verleger wie Thorpe.

Ein anderer Kandidat, für den die Initialen ohne Umstellung zutreffen, ist Graf Pembroke, geboren als William Herbert (1580–1630). Ihm und seinem Bruder Philip wurde im Jahr 1623 die *First Folio Edition* der Dramen des Dichters gewidmet, was vermuten lässt, dass der als Mäzen bekannte Aristokrat schon früher mit Shakespeare bekannt gewesen war. Aber auch bei ihm besteht das Problem der bürgerlichen Anrede mit

«Mr.» Immerhin könnten in seinem Fall die Sonette, die mit dem Vornamen Will spielen, dann einen doppelten Bezug auf William, den Dichter, und William, den Freund, haben.

Für keinen der beiden Kandidaten sprechen zwingende Gründe, es gibt aber auch nichts, was den einen oder anderen ausschließt. Auf beide lassen sich die ersten 17 Sonette beziehen, die als *procreation sonnets* bezeichnet werden, da in ihnen der schöne Jüngling aufgefordert wird zu heiraten, um ebenso schöne Nachkommen zu zeugen. Als Southampton 17 Jahre alt war und unter der Vormundschaft des mächtigsten Politikers der Zeit, des Grafen Burghley, stand, wollte dieser ihn mit einer seiner Enkelinnen verheiraten. Der junge Graf weigerte sich und fing stattdessen eine Affäre mit Elizabeth Vernon, einer Hofdame der Königin, an, die er schwängerte und danach heimlich heiratete, worauf er zeitweilig bei Hofe in Ungnade fiel. Auch Graf Pembroke widersetzte sich jahrelang den Heiratsplänen seiner Familie und hatte eine Affäre mit Mary Fitton, einer *Maid of Honour* der Königin, was ihm eine kurze Gefängnisstrafe einbrachte.

Im 18. Jahrhundert vermutete Thomas Tyrwhitt in W. H. einen historisch nirgends belegten William Hughes, auf den Shakespeare in Sonett Nr. 20 mit folgender Zeile angespielt haben soll: «*A man in hue, all hues in his controlling.*» Auf andere Kandidaten braucht hier nicht näher eingegangen zu werden, da für sie noch weniger Gründe sprechen als für die beiden Grafen. Aber auch bei denen gibt es starke Zweifel. Abgesehen davon, dass sie beide im Jahr 1609 am Hofe Jakobs I. eine so prominente Stellung innehatten, dass kein Verleger es gewagt hätte, sie mit «Mr.» anzureden, war zumindest Southampton politisch und militärisch so exponiert, dass es für ein mehrere Jahre andauerndes homoerotisches Freundschaftsverhältnis zwischen ihm und Shakespeare eigentlich Zeugnisse geben müsste. Bei dem sieben Jahre jüngeren Pembroke, der beim Erscheinen der Sonette erst 29 Jahre alt war, hätte eine solche Beziehung vielleicht unbemerkt bleiben können, doch wenn seine Affäre mit Mary Fitton und das halbe Dutzend vergeblicher Versuche, ihn zur Heirat zu bewegen, bezeugt sind, dann wäre in den Dokumenten auch der Name Shakespeares oder zumindest ein Hinweis auf einen Schauspieler und Stückeschreiber zu erwarten.

Angesichts dieser Schwierigkeiten ist es nicht ganz abwegig, auf die von der Forschung weitgehend verworfene Bedeutung ‹Beschaffer› für *begetter* zurückzukommen. Ein möglicher Kandidat dafür wäre William Harvey, ein Höfling, der 1598 die verwitwete Mutter des Grafen Southampton heiratete. Falls die Witwe bei Shakespeare die sogenannten *procreation sonnets* in Auftrag gab, um damit ihren Sohn zur Ehe zu ermuntern, könnten sich die Sonette zusammen mit den späteren in ihrem Besitz befunden haben. Bei einer solchen Beziehung zu Shakespeare kann Hervey von ihm auch Abschriften der Sonette an die Dark Lady erhalten haben. Aber auch dafür gibt es kein Indiz.

So ungewiss wie die Identität des Adressaten ist auch die Datierung der Gedichte. Dass von Shakespeare schon in den 1590er Jahren Sonette zirkulierten, geht aus dem 1598 erschienenen Buch *Palladis Tamia* von Francis Meres hervor, der die «zuckrigen Sonette» des Dichters rühmt. Im Jahr darauf erschien unter dem Titel *The Passionate Pilgrim* eine von William Jaggard herausgegebene Sammlung von 20 kurzen Gedichten, die dort Shakespeare zugeschrieben wurden, möglicherweise, um den von Meres geweckten Appetit auf «zuckrige Sonette» auszunutzen. Aber nur die ersten beiden Texte finden sich später unter den Nummern 138 und 144 in den Sonetten, drei weitere stammen aus Shakespeares Komödie *Verlorene Liebesmüh*, die übrigen sind nicht von ihm. In den Sonetten selbst findet sich nur ein einziger, nicht sehr ergiebiger Anhaltspunkt für eine Datierung, nämlich in Nr. 107, wo es heißt:

> The mortal moon hath her eclipse endured
> And the sad augurs mock their own presage,
> Incertainties now crown themselves assured,
> And peace proclaims olives of endless age.
>
> Des Mondes sterblich Bild hat überlebt,
> Und die Propheten haben sich blamiert.
> Gewissheit herrscht, statt dass die Welt erbebt,
> Endloser Friede, den der Ölzweig ziert.

Für das, was mit *mortal moon* gemeint ist, gibt es fünf Deutungsvorschläge. Erstens könnte es die Spanische Armada sein, die 1588 in Halbmondformation angriff und besiegt wurde. In diesem Fall wäre *endured* als ‹erlitt› zu verstehen. Es kann sich aber auch um eine Mondfinsternis handeln, wie sie 1595 stattfand. Hier müsste die Übersetzung ‹überstand› lauten. Drei weitere Deutungen beziehen sich auf Königin Elisabeth, die oft mit der jungfräulichen Mondgöttin Cynthia verglichen wurde. Sie hatte von 1595 auf 1596 ihr sogenanntes *grand climacteric*. So nannte man das 63. Lebensjahr, dem als Produkt aus den magischen Zahlen 7 und 9 besondere Bedeutung beigemessen wurde, weshalb man damals dem kritischen Jahr der Königin mit Besorgnis entgegensah. Falls dies gemeint war, wäre *endured* mit ‹überstand› zu übersetzen. Vielleicht bezieht sich das Gedicht aber auch auf eine schwere Krankheit, die Elisabeth 1599–1600 überlebte. Als fünfte und letzte Möglichkeit wäre an den Tod der Königin zu denken, dem man angstvoll entgegensah und dem dann 1603 der reibungslose Übergang zur Regierung Jakobs I. folgte. Hier wäre *endured* wieder mit ‹erlitt› zu übersetzen.

Die Spanne für das Entstehungsdatum zumindest dieses Sonetts reicht demnach von 1588 bis 1603, wobei stilistische Gründe für eine Zeit um die Jahrhundertwende sprechen. Obwohl der gesamte Zyklus kein einziges Sonett enthält, das man als schwach bezeichnen könnte, stehen doch einige dem Stil der frühen, noch unreifen Dramen nahe, während andere – und das sind die bekanntesten – eine sprachliche Meisterschaft zeigen, die eine spätere Entstehung vermuten lassen. Da aus Sonett Nr. 104 hervorgeht, dass die Freundschaft des Dichters zum Adressaten schon drei Jahre dauerte, muss sich das Schreiben des Zyklus mindestens über diesen Zeitraum erstreckt haben. Manche Kritiker nehmen aber einen Zeitraum von bis zu zwei Jahrzehnten an. Am 3. Januar 1600 wurde beim Stationers' Register «ein Buch genannt *Amours* von J. D. mit gewissen anderen Sonetten von W. S.» angemeldet, das aber nie erschien. Falls mit W. S. Shakespeare gemeint war, könnte ein Verleger sich durch die Anmeldung vorsorglich das Copyright gesichert haben. Zu diesem Zeitpunkt müssten also weitere bis dahin noch nicht erschienene Sonette fertig gewesen sein. Bei einer Datierung aller 126 an den jungen Mann gerichteten Sonette auf die Zeit vor 1598 würde der 1580 geborene Graf Pembroke ausscheiden, weil er dann als Adressat zu jung gewesen wäre; bei einer Datierung nach 1603 dürfte der 1573 geborene Graf Southampton wohl zu alt gewesen sein, als dass ihn Shakespeare in seinem Abschiedsgedicht Nr. 126 mit *my lovely boy*, ‹mein liebreizender Junge›, angeredet hätte.

Ungewiss ist auch die Reihenfolge der Sonette. Dass sie nicht willkürlich zusammengewürfelt sind, ist offensichtlich. Ebenso klar scheint aber zu sein, dass sie keine durchgängige Geschichte erzählen. Die Nummern 1 bis 17 bilden einen Block, der durch das bereits erwähnte Thema zusammengehalten wird. Alle 17 Sonette dieser Gruppe sind sprachlich kunstfertig, aber unpersönlich im Ton. Als typisch kann das hier wiedergegebene Sonett Nr. 2 gelten. Ganz anders Nr. 18, bei dem der Leser gleich das Gefühl bekommt, dass der Dichter selbst an der Schönheit des jungen Mannes Feuer gefangen hat. Ging es in den *procreation sonnets* darum, die Schönheit an ein Kind weiterzugeben, so bietet sich jetzt der Dichter an, sie in seinen Gedichten zu verewigen und so dem Rachen der «gefräßigen Zeit» (*devouring time*) zu entreißen, wie es in Nr. 19 heißt.

Wenn ein Mann in leidenschaftlichem Ton die Schönheit eines anderen Mannes rühmt und um seine Liebe wirbt, spricht alles für ein homosexuelles Begehren. Diesem Verdacht tritt der Dichter in Sonett Nr. 20 entgegen, wo er unverblümt ausspricht, dass er an dem *prick* (Penis), mit dem die Natur den Geliebten ausgestattet hat, nicht interessiert ist. Wie wörtlich man dies nehmen darf, ist schwer zu klären. Auf Geschlechtsverkehr zwischen Männern stand damals die Todesstrafe, so dass allein schon deshalb die Verschleierung eines solchen Verlangens geboten war. Liest man die leidenschaftlichen Sonette an die Dark Lady, in denen das heterosexuelle Begehren offen zum Ausdruck kommt, scheint es durchaus glaubhaft, dass es sich bei der Liebe des Dichters zu dem jungen Mann um eine zwar homoerotische, aber doch platonische Liebe handelte. Das entspräche dem neuplatonischen Liebes- und Freundschaftskult, der bei allen Sonettschreibern der elisabethanischen Zeit zum Ausdruck kommt.

In den 106 Sonetten, die auf Nr. 20 folgen, durchläuft der Dichter Höhen und Tiefen einer leidenschaftlichen Beziehung. Auf glühende Liebesbekenntnisse folgen schon bald Klagen über eine Trübung des Verhältnisses (Nr. 33). Immer wieder beruft er sich stolz auf seine Fähigkeit, der Schönheit des Geliebten ein ewiges Monument zu errichten (Nr. 55, 60 und 65). Doch in Nr. 66 folgt ein jäher Absturz in Lebensüberdruss und Weltverachtung. Den Sonetten 78 bis 80 und 82 bis 86 ist zu entnehmen, dass der Dichter zeitweilig von einem Rivalen in der Gunst des Freundes ausgestochen wurde. Als möglicher *rival poet* kommt George Chapman in Frage, der 1598 mit seiner Übersetzung von Homers *Ilias* Furore gemacht und sich mit seinem ersten Gedichtband *The Shadow of Night* (1594) den Ruf eines dunklen, elitären Dichters erworben hatte. Er wird von manchen Forschern einem Kreis von Dichtern zugerechnet, der als *school of night* bezeichnet wird. Die Bezeichnung stammt aus Shakespeares Komödie *Verlorene Liebesmüh* (ca. 1594), wo auf diese Dichter ironisch angespielt wird. In Sonett 86 könnte sich *great verse* auf die Homer-Übersetzung und *compeers of night* auf besagte *school of night* beziehen, was dann für Chapman spräche.

Auch eine heterosexuelle Affäre wird angedeutet, bei der der Freund den Dichter mit dessen Geliebter betrügt (Nr. 42). In den Sonetten 71, 73 und 87 kommt tiefe Trauer über den Verlust des Freundes zum Ausdruck. Danach deutet sich eine Wiederannäherung an, so dass der Dichter es wagen kann, ihm in Nr. 95 moralische Vorhaltungen zu machen. Eines der rätselhaftesten Sonette ist Nr. 94. Hier scheint der Dichter, der zuvor selbst durch das Wechselbad heftiger Leidenschaften gegangen ist, für eine Haltung von stoischer Kälte zu plädieren. Die Schlusszeile *Lilies that fester smell far worse than weeds* (Lilien, die verrotten, riechen übler als ein Unkraut) taucht wortgleich in einer längeren Rede in dem anonymen, 1596 publizierten Stück *Edward III.* auf, das von manchen Kritikern Shakespeare zugeschrieben wird. Allerdings muss die Übereinstimmung nichts bedeuten, da es sich um ein Sprichwort handelt. Ein besonders schones, von Wehmut und Sehnsucht erfülltes Sonett ist Nr. 97. In Nr. 106 tritt das Schönheitsmotiv wieder in den Vordergrund, wobei der Dichter aber jetzt auf den früher geäußerten Stolz auf die Verewigungskraft seiner Dichtung verzichtet und zum Schluss bekennt, dass angesichts der Schönheit seines Freundes «der Mund versagt». Zu den bekanntesten Sonetten zählt Nr. 116. Es rühmt die unwandelbare eheliche Treue, womit hier jede tiefe Liebesbindung gemeint ist. Wenig später folgt mit Nr. 121 wieder eine höchst irritierende Aussage. Dort erklärt der Dichter es für besser, tatsächlich *vile* (gemein, schlecht, lasterhaft) zu sein, als bloß so zu scheinen, denn wenn man *vile* sei, habe man wenigstens den Genuss gehabt, während man sonst nur die soziale Verachtung bekomme. Dieser Zynismus passt schlecht zu dem vorausgegangenen

Lob der Treue. Rätselhaft ist auch das Schlusscouplet des Sonetts Nr. 124, worin der Dichter die Unerschütterlichkeit seiner Liebe beteuert, die nicht aus Liebedienerei ihr Fähnchen nach dem Wind hängt, wie es die «Narren der Zeit» tun.

Die zentralen Themen der 126 an den jungen Mann gerichteten Sonette sind das Lob der Schönheit, die Klage über die zerstörerische Kraft der Zeit, die Fähigkeit des Dichters, dem unaufhaltsamen Verfall die ewige Dauer seiner Verse entgegenzustellen, und das Lob treuer Liebe. Über keins dieser Themen wird etwas gesagt, was nicht andere schon früher gesagt haben. Aus Nr. 55 und 60 ist sogar ein Echo von Ovids *Metamorphosen* herauszuhören. Insofern handelt es sich bei allen fünf Themen um tausendfach behandeltes Material, aus dem Shakespeare dank seiner Sprachkunst Sonette schuf, die an gedanklicher Dichte, Intensität des Gefühls und sprachmusikalischer Schönheit nie übertroffen wurden.

Das gilt auch für die letzten 28 Sonette, von denen 25 an eine Frau gerichtet sind, die schon im ersten Sonett durch die Farbe schwarz charakterisiert wird. Das widersprach dem damals herrschenden Schönheitsideal der blonden, hellhäutigen und blauäugigen Frau. Es wird nicht ganz klar, wie dunkel man sich ihren Teint vorstellen muss, ihr Haar ist jedenfalls schwarz. Darin könnte sich allerdings auch ein Geschmackswandel zeigen, der sich um die Jahrhundertwende beobachten lässt. So hatte beispielsweise Shakespeares Zeitgenosse Daniel in einem Sonett an Delia 1591 noch deren goldenes Haar gerühmt, das er in der Neuausgabe 1601 ‹zobelfarben› *(sable)* nennt. Während in den vorangegangenen Sonetten die Gefühle des Dichters zwischen anbetender Liebe zum Freund und der melancholischen Einsicht, dass er seiner nicht wert sei, hin und her wechseln, schwingt seine Leidenschaft jetzt noch weiter aus. Abwechselnd hingerissen von der Attraktivität der Frau und dann wieder abgestoßen von ihrer skrupellosen Sexualität, gerät er in einen Zustand von Raserei, den er wie eine Fieberkrankeit beschreibt. In den Sonetten 134 und 135, in denen er mit seinem eigenen Namen spielt, geht er besonders weit. Hier gebraucht er das Wort *will* in dreifacher Bedeutung: erstens als seinen Vornamen, zweitens mit der Bedeutung ‹sexuelles Verlangen› und drittens als Wort für das männliche und weibliche Geschlechtsorgan. In Sonett 135 schleudert er seiner Partnerin das Wort so entgegen, dass sie am Ende wie eine personifizierte männerverschlingende Vagina erscheint. Doch acht Sonette später spielt er erneut mit seinem Namen, wobei er diesmal um die Zuwendung der Frau bettelt und sich mit einem Kind vergleicht, das greinend hinter seiner Mutter herläuft, die ihrerseits versucht, Hühner einzufangen. Im vorletzten Sonett an die Lady, Nr. 151, bekennt er sich dann wieder zu einer «gewissenlosen» Hingabe an die sexuelle Lust, wobei er so deutlich wird, dass Karl Lachmann das anstößige Gedicht in der ersten deutschen Gesamtausgabe der Sonette von 1820 wegließ.

Die Frage nach der Identität der Dark Lady hat seit der literarischen Neuentdeckung der Sonette gegen Ende des 18. Jahrhunderts unzählige Literaturkritiker und literarische Privatdetektive auf den Plan gerufen. Wer entweder den Grafen Southampton oder den Grafen Pembroke hinter Mr. W. H. vermutete, suchte die mysteriöse Dame im Umfeld eines der beiden Aristokraten. Beim Letztgenannten glaubte man fündig geworden zu sein, als man auf die bereits erwähnte Mary Fitton stieß. Doch dann fanden sich Dokumente, die diese Dame als blond auswiesen. Wo immer in zeitgenössischen Zeugnissen eine dunkelhaarige Frau auftauchte, glaubte man die Dark Lady gefunden zu haben. Es wurde sogar eine schwarze Prostituierte in Betracht gezogen, eine Lucy Negro, die als «Äbtissin von Clerkenwell» ein Bordell betrieb. Eine vieldiskutierte Kandidatin brachte der Shakespeare-Forscher A. L. Rowse ins Gespräch, der in den nachgelassenen Papieren des Arztes Simon Forman (1552–1611) auf Aemilia Lanyer stieß. Forman, von dessen Aufzeichnungen sich 64 Bände in der Bodleian Library in Oxford befinden, war ein Arzt und Astrologe von zweifelhafter Reputation, der wegen falscher Behandlung mit Todesfolge mehrmals ins Gefängnis kam. In seinen Aufzeichnungen geht es um seine zahlreichen Liebesaffären, aber auch um Theaterbesuche und sonstige Kommentare zur zeitgenössischen Kultur. Unter anderem stammen von ihm die einzigen Berichte über Aufführungen von Shakespeares Stücken *Macbeth, Cymbeline* und *Ein Wintermärchen.* Zu den Klienten, die bei ihm astrologischen Rat suchten, gehörte auch Aemilia Lanyer, geb. Bassano, an der Forman starkes sexuelles Interesse hatte. Sie war die Tochter eines italienischen Musikers und für kurze Zeit die Geliebte des Lord Chamberlain, von dem sie ein Kind hatte. Danach heiratete sie den Musiker Lanyer. Die italienische Abkunft ließ bei ihr dunkles Haar und mediterranen Teint vermuten, so dass Rowse sie als Dark Lady identifizierte. Zu den Beweisen, die er und seine Anhänger anführen, zählt unter anderem, dass Shakespeare in zwei seiner in Italien spielenden Stücke Figuren mit den Namen Emilia und Bassanio auftreten lässt und in *Titus Andronicus* zwei Römer Aemilius und Bassanius nennt. Die gesamte Beweiskette enthält kein einziges stichhaltiges Indiz, das auf eine Beziehung Shakespeares zu der Frau hinweist. Rowses größtes Verdienst in dieser Sache ist, dass er den Blick auf eine interessante Persönlichkeit lenkte, denn Aemilia Lanyer (1569–1645) war eine emanzipierte Frau, die 1611 einen Gedichtband herausbrachte und damit die erste Versdichterin war, die sich auf dem Buchmarkt der bis dahin ausschließlich männlichen Konkurrenz stellte.

Ein vieldiskutiertes Sonett ist Nr. 145. Schon dadurch, dass es aus vierhebigen Zeilen besteht, die das Gedicht wie einen Liedtext klingen lassen, weicht es von den übrigen Sonetten ab. Auch inhaltlich ist es ein so leichtgewichtiges Liebesgedicht, dass manche Kritiker Shakespeares Autorschaft bezweifeln. Andere sehen darin das früheste Sonett des gesamten Zyklus und nehmen an, dass er es an seine Frau Anne Hathaway adressiert habe. Dafür spricht das Wortspiel, das sich durch das ganze Gedicht zieht. Der Dichter beginnt mit dem Erschrecken darüber, dass die schönen Lippen der Angebeteten ihm ein *I hate* («ich hasse») entgegenschleudern, was im Schlusscouplet positiv aufgelöst wird:

‹I hate› from ‹hate› away she threw,
And saved my life, saying ‹not you›.

Der Hass von dem ‹ich hasse› wich,
als sie hinzufügte: ‹nicht dich›.

Nach der damaligen Aussprache des Englischen ist nicht ausgeschlossen, dass Shakespeare mit *‹hate› away* auf Hathaway, den Mädchennamen seiner Frau, anspielt. Aber auch das ist nicht zwingend, denn bereits in Sonett 142 hatte der Dichter der angeredeten Frau das Wort *hate* in den Mund gelegt. Ein Fremdkörper unter den Sonetten an die Dark Lady ist Nr. 146. Es ist das einzige durchgängig religiöse Sonett, das von Shakespeare erhalten ist. Inhaltlich würde man es eher bei den späteren *metaphysical poets* vermuten. Auch die letzten beiden sind nicht an die Dame gerichtet. In ihnen hat Shakespeare ein mythologisches Motiv verarbeitet, das bereits tausend Jahre vor ihm der byzantinische Dichter Marianus Scholasticus in ein sechszeiliges Epigramm fasste. Shakespeares Vorlage war vermutlich nicht dieses Original, sondern eine der zeitgenössischen Bearbeitungen, von denen es etliche gab. Wie bereits bei Betrachtung des Sonettkults ausgeführt wurde, wirkte bei allen englischen Dichtern das Vorbild Petrarcas nach, auf den der Kult einer durch und durch vergeistigten Liebe zurückgeht. Allerdings löst sich die neuplatonische Vorstellung, die in der irdischen Schönheit eines Menschen ein Abbild des Göttlichen sah, bei Shakespeare ganz in der sinnlichen Erfahrung der Liebe auf; und an die Stelle der Offenbarung des Göttlichen in der Realität tritt die Verewigung der irdischen Schönheit in der Kunst.

Auf die 154 Sonette folgt in dem Buch die aus 47 Strophen bestehende Versdichtung *A Lover's Complaint* (Klage eines Liebenden), deren geringe poetische Komplexität sich so sehr von den Sonetten abhebt, dass man Shakespeares Autorschaft schon früh bezweifelte und manche Forscher dies noch heute tun. Es ist die Klage einer verführten und verlassenen Frau, wie sie schon Thomas Lodge und Samuel Daniel ihren jeweiligen Sonettzyklen folgen ließen. Läse man das Gedicht ohne Kenntnis der Sonette nur in der Nachbarschaft von Shakespeares frühen Versepen, würde man an seiner Autorschaft wohl kaum zweifeln. Das Gedicht hat die als *rhyme-royal* bezeichnete Strophenform, die Shakespeare bereits in der *Schändung der Lukrezia* verwendete. Sprachlich und stilistisch erinnert es eher an Stücke wie *Ende gut, alles gut* und *Hamlet*. Ob Shakespeare es nach dem Vorbild von Lodge und Daniel speziell als Coda für die Publikation der Sonette schrieb, lässt sich nicht beweisen. Alles in allem wirkt es wie ein schnell hingeworfenes Werk aus der Hand eines Meisters der poetischen Sprache. In unmittelbarer Nachbarschaft der Sonette wird es aber von deren Ausdruckskraft so überstrahlt, dass selbst die durchaus überzeugende Darstellung der Gefühle der verlassenen Frau heutige Leser kalt lässt.

Was Shakespeares Sonette über die seiner Zeitgenossen hinaushebt, ist außer ihrer emotionalen Intensität die Originalität und Vielfalt der *conceits*. Ein besonders typisches Beispiel dafür ist das oben erwähnte Sonett

Nr. 146. Darin wird die Seele ermahnt, sich nicht an Äußerliches zu verschwenden. Nacheinander vergleicht der Dichter sie mit einer von Rebellen bedrängten Macht, danach mit dem Bewohner eines Hauses, der zu viel auf die Fassade verschwendet, dann mit einem Pächter, der in ein für kurze Zeit gepachtetes Gut zu viel investiert, und schließlich mit einem Herrn, der seinem Diener dient – dies alles mit dem Ziel zu zeigen, wie durch die Umkehrung des Verhältnisses der Tod besiegt werden kann, denn am Ende wird der Seele geraten, sich von dem zu nähren, was des Todes ist, und damit den Tod aufzuzehren, so dass kein Tod mehr ist. Das Thema des Ausgangsvergleichs wird in einer Reihe von Variationen so durchgespielt, dass auf jeder weiteren Vergleichsebene ein neuer Aspekt sichtbar wird, bis zuletzt ein scheinlogisches Fazit herauskommt.

Diese für den Zeitstil des 16. und frühen 17. Jahrhunderts charakteristische Ausdrucksform war der Hauptgrund dafür, dass Shakespeares Sonette im 18. Jahrhundert gering geschätzt und von manchen Kritikern gar als eine Geschmacksverirrung des Dichters angesehen wurden. Gegen Ende des 17. Jahrhunderts, als sich das klassizistische Geschmacksideal ausbildete, das Klarheit des Gedankens und elegante Einfachheit der Form verlangte, empfand man sie als ebenso manieriert wie die Gedichte John Donnes und die der sogenannten *metaphysical poets*, die auf ihre Wiederentdeckung bis zum frühen 20. Jahrhundert warten mussten. Während man Shakespeares Dramen als Inbegriff naturwüchsiger Dichtung erlebte, empfand man das, was in ihnen originell und kraftvoll wirkte, in den Sonetten als unlyrisch. Zudem war es die Zeit der Empfindsamkeit und der bürgerlichen Moral, in der die leidenschaftliche Homoerotik Anstoß erregte. So kam es, dass sich erst die Romantiker für die Sonette erwärmten; und auch für sie war es nicht einfach, sich mit den *conceits* anzufreunden. Ihr Ideal war der lyrische Naturton. William Wordsworth, die Zentralfigur der romantischen Bewegung in England, lehnte Shakespeares Sonette anfangs ab und konnte sich erst spät zu ihrer Wertschätzung durchringen. Immerhin schrieb er 1827 in einem eigenen Sonett:

> Verachtet nicht das Sonett. Mit diesem Schlüssel
> schloss Shakespeare sein Herz auf.

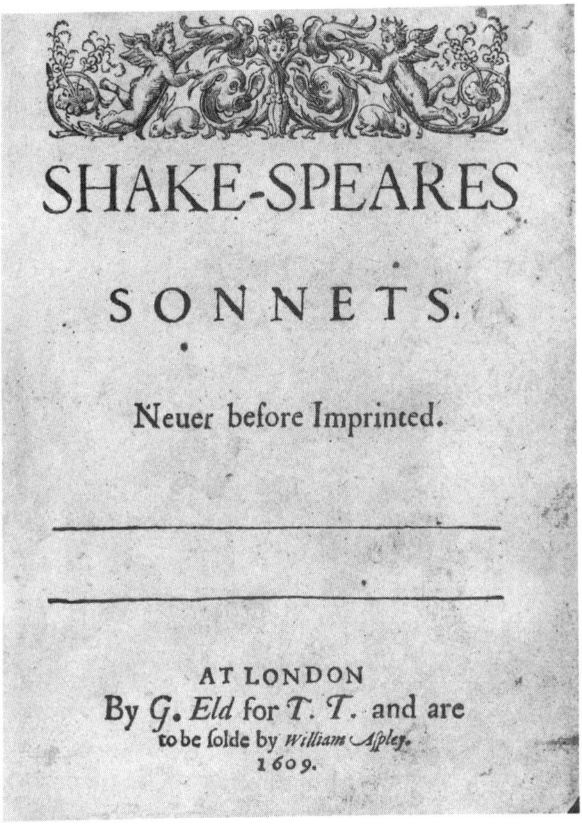

Titelblatt der Erstausgabe der Sonette

Auch wenn Shakespeares Sonette spröder klingen als die Gedichte der Romantiker, zeichnen sie sich dank ihrer kunstvollen Alliterationsmuster und dank der Zäsuren, die den Versfluss immer wieder aufstauen und dadurch vor Monotonie und langweiligem Leiern bewahren, durch große Musikalität aus. Musikalisch könnte man auch das Spiel mit den Vergleichen nennen, denn es bewirkt eine Art von semantischer Polyphonie, die einen hohen intellektuellen Reiz hat. Allerdings muss man, um diesen Reiz zu genießen, sich von der durch die Romantik geprägten Erwartung freimachen, dass Lyrik primär das Gefühl ansprechen sollte. Shakespeares Sonette gleichen dem Zwiebelschalenmodell des elisabethanischen Weltbildes. Sie spielen mit Analogien, die Schicht um Schicht vom Leser nachvollzogen werden müssen.

2 When forty winters shall besiege thy brow.
And dig deep trenches in thy beauty's field,
Thy youth's proud livery so gazed on now
Will be a tattered weed of small worth held:
Then, being asked where all thy beauty lies,
Where all the treasure of thy lusty days,
To say within thine own deep-sunken eyes
Were an all-eating shame, and thriftless praise.
How much more praise deserved thy beauty's use
If thou couldst answer ‹This fair child of mine
Shall sum my count, and make my old excuse›,
Proving his beauty by succession thine.
This were to be new made when thou art old,
And see thy blood warm when thou feel'st it cold.

18 Shall I compare thee to a summer's day?
Thou art more lovely and more temperate:
Rough winds do shake the darling buds of May,
and summer's lease hath all too short a date;
Sometime too hot the eye of heaven shines,
And often is his gold complexion dimmed,
And every fair from fair sometime declines,
By chance or nature's changing course untrimmed:
But thy eternal summer shall not fade,
Nor lose possession of that fair thou ow'st;
Nor shall Death brag thou wand'rest in his shade,
When in eternal lines to time thou grow'st.
So long as men can breathe or eyes can see,
So long lives this, and this gives life to thee.

20 A woman's face with nature's own hand painted,
Hast thou, the master mistress of my passion;
A woman's gentle heart, but not acquainted
With shifting change as is false women's fashion:
An eye more bright than theirs, less false in rolling,
Gilding the object whereupon it gazeth;
A man in hue, all hues in his controlling,
Which steals men's eyes and women's souls amazeth.
And for a woman wert thou first created,
Till Nature as she wrought thee fell a-doting,
And by addition me of thee defeated,
By adding one thing to my purpose nothing.
But since she pricked thee out for women's pleasure,
Mine be thy love, and thy love's use their treasue.

2

Belagern vierzig Winter deine Braue
Und graben sich in deiner Schönheit Feld,
Wird deiner Jugend Kleid, das ich jetzt schaue,
Ein Lumpen sein, den man für wertlos hält.
Fragt jemand dann, wo deine Schönheit blieb,
Der Schatz, den dir die pralle Jugend gab,
Wär's doch beschämend für dich, wenn man schrieb:
Sein eingesunknes Antlitz ist ihr Grab.
Um wie viel größer wär dein Ruhm, wenn dann
Du sagen könntest: «Dies mein schönes Kind
Bezeugt die Reize, die ich alter Mann
Einstmals besaß und die nun in ihm sind.»
So wirst du neu erstehn, obwohl du alt bist,
Siehst warm dein Blut, auch wenn's in dir schon kalt ist.

18

Soll ich dich einem Sommertag vergleichen?
Du bist viel lieblicher; denn noch im Mai
Lässt rauer Wind die Knospen oft erbleichen,
Und allzu rasch ist Sommers Zeit vorbei.
Zuweilen scheint des Himmels Aug' zu heiß,
Und öfter ist's von Wolkendunst verhangen;
Und alles Schöne gibt sein Schönes preis,
Wie's Zufall oder die Natur verlangen.
Dein Sommer aber wird niemals vergehn,
Noch geht dir deine Schönheit je verloren,
Dich wird des Todes Schatten nicht umwehn,
Durch diese Zeilen wirst du neu geboren.
Solange Menschen atmen, Augen sehn,
Solang lebt dies: drin wirst du fortbestehn.

20

Ein Frau'ngesicht, gemalt von der Natur,
Hast du, Herr/Herrin meiner Leidenschaft,
Ein sanftes Frauenherz, doch ohne Spur
Von Weiberlist, du bist nicht launenhaft.
Dein Auge strahlt, weil es nicht täuschen kann,
Vergoldet das Geschaute, macht es heller.
Als Mann ziehst männlich du die Blicke an
Von Männern, Frauenherzen schlagen schneller.
Zur Frau warst du zuerst bestimmt. Doch ward
Natur, dich schaffend, durch ihr Werk verleitet
Zu weitrer Zutat; so bin ich genarrt
Durch jenes Ding, das für mich nichts bedeutet.
Da sie's dir gab, den Fraun zur Lust zu dienen,
Gib deine Liebe mir, das Ding lass ihnen.

30

When to the sessions of sweet silent thought
I summon up remembrance of things past,
I sigh the lack of many a thing I sought,
And with old woes new wail my dear time's waste;
Then can I drown an eye (unused to flow)
For precious friends hid in death's dateless night,
And weep afresh love's long-since-cancelled woe,
And moan th'expense of many a vanished sight;
Then can I grieve at grievances fore-gone,
And heavily from woe to woe tell o'er
The sad account of fore-bemoanèd moan,
Which I new pay as if not paid before.
    But if the while I think on thee (dear friend)
    All losses are restored, and sorrows end.

33

Full many a glorious morning have I seen
Flatter the mountain tops with sovereign eye,
Kissing with golden face the meadows green,
Gilding pale streams with heavenly alchemy,
Anon permit the basest clouds to ride
With ugly rack on his celestial face,
And from the forlorn world his visage hide,
Stealing unseen to west with this disgrace:
Even so my sun one early morn did shine
With all triumphant splendour on my brow;
But out alack, he was but one hour mine,
The region cloud hath masked him from me now.
    Yet him for this my love no whit disdaineth:
    Suns of the world may stain, when heaven's sun staineth.

42

That thou hast her it is not all my grief,
And yet it may be said I loved her dearly;
That she has thee is of my wailing chief,
A loss in love that touches me more nearly.
Loving offenders, thus I will excuse ye:
Thou dost love her, because thou know'st I love her,
And for my sake even so doth she abuse me,
Suff'ring my friend for my sake to approve her.
If I lose thee, my loss is my love's gain;
And, losing her, my friend hath found that loss:
Both find each other, and I lose both twain,
And both for my sake lay on me this cross.
    But here's the joy: my friend and I are one.
    Sweet flatt'ry! Then she loves but me alone.

30 Wenn vors Gericht des stillen Denkens ich
Erinnrung rufe an Vergangenheit,
Dann klag um manches ich, das von mir wich,
Fühl neu den alten Schmerz vertaner Zeit.
Dann schmilzt das Auge mir, das sonst nie quoll,
Für Freunde, die von Todesnacht umfangen,
Ich zahl für längst verjährte Liebe Zoll,
klag um Verschwendung dessen, was vergangen.
Dann leide ich erneut das alte Leid
Und gehe Weh um Weh durch alle Posten
Des Schuldbuchs, und mit neuer Traurigkeit
Zahl ich für alte, längst bezahlte Kosten.
Doch denk ich dann an dich, mein Freund, so wendet
Sich Soll in Haben und mein Kummer endet.

33 Gar manchen Morgen sah ich glorreich strahlen,
Der königlich den Bergen Glanz verlieh,
Die Wiesen küssend und den Fluss, den fahlen,
Vergoldend ganz mit Himmelsalchemie.
Dann ließ er zu, dass Wolkendunst verdeckte
Sein himmlisches Gesicht, worauf er sich
Vor der verlornen Welt voll Scham versteckte
Und ungesehn in Schande westwärts schlich.
So fiel auch meiner Sonne Glorienschein
Mir auf die Stirn an einem frühen Morgen.
Doch, ach, nur eine Stunde war er mein,
Dann hielt der Wolken Maske ihn verborgen.
Doch mindert's meine Liebe für ihn nicht;
Was Himmels Sonne darf, darf auch mein Licht.

42 Dass du sie hast, ist nicht mein ganzer Schmerz,
Hab ich sie gleich, wie du wohl weißt, geliebt.
Dass sie dich hat, trifft mich weit mehr ins Herz:
Dich zu verlieren ist, was mich betrübt.
Geliebte Sünder, so will ich's verzeihn:
Du liebst die, die ich liebe, mir zum Besten;
Und so tut sie's, denn ist's auch böser Schein,
Lässt sie sich doch nur mir zuliebe testen.
Verlier ich dich, kriegt's die, um die ich leide,
Verlier ich sie, wächst das, was du schon hast.
Doch finden beide sich, verlier ich beide,
Und beide legen auf mich diese Last.
Hier ist die Lösung: eins sind er und ich.
O süßer Trug, dann liebt sie ja nur mich.

55 Not marble, nor the gilded monuments
Of princes, shall outlive this pow'rful rhyme,
But you shall shine more bright in these contents
Than unswept stone besmeared with sluttish time.
When wasteful war shall statues overturn
And broils root out the work of masonry,
Nor Mars his sword, nor war's quick fire shall burn
The living record of your memory.
'Gainst death, and all oblivious enmity
Shall you pace forth, your praise shall still find room,
Even in the eyes of all posterity
That wear this world out to the ending doom.
So, till the judgement that yourself arise,
You live in this, and dwell in lovers' eyes.

60 Like as the waves make towards the pebbled shore,
So do our minutes hasten to their end,
Each changing place with that which goes before,
In sequent toil all forward do contend.
Nativity, once in the main of light,
Crawls to maturity, wherewith being crowned
Crookèd eclipses 'gainst his glory fight,
And Time that gave, doth now his gift confound.
Time doth transfix the flourish set on youth,
And delves the parallels in beauty's brow,
Feeds on the rarities of nature's truth,
And nothing stands but for his scythe to mow.
And yet to times in hope my verse shall stand,
Praising thy worth, despite his cruel hand.

65 Since brass, nor stone, nor earth, nor boundless sea,
But sad mortality o'ersways their power,
How with this rage shall beauty hold a plea,
Whose action is no stronger than a flower?
O how shall summer's honey breath hold out
Against the wrackful siege of batt'ring days,
When rocks impregnable are not so stout,
Nor gates of steel so strong, but time decays?
O fearful meditation; where, alack,
Shall Time's best jewel from Time's chest lie hid?
Or what strong hand can hold his swift foot back,
Or who his spoil of beauty can forbid?
O none, unless this miracle have might,
That in black ink my love may still shine bright.

55 Nicht Marmor noch vergoldete Skulpturen
Von Prinzen überleben mein Gedicht.
Du leuchtest heller drin, denn deren Spuren
Im Stein beschmiert die Zeit mit staubger Schicht.
Krieg stürzt die Monumente in den Sand,
Aufruhr droht Steinmetzwerken mit Vernichtung,
Doch löscht kein Schwert des Mars, kein Feuerbrand
Das Zeugnis deines Seins aus meiner Dichtung.
Dem Tod zum Trotz, dem feindlichen Vergessen,
Lebt fort dein Ruhm, vergehen wird er nicht.
So kann die Nachwelt deinen Wert ermessen,
Den du behältst bis hin zum Weltgericht.
  Bis dass am Jüngsten Tag du auferstehst,
  Bleibt dies dein Haus, in dem du nicht vergehst.

60 So wie die Wellen hin zum Kieselstrand,
So hasten die Minuten unsres Lebens
Ans Ziel, und jede tauscht mit der, die schwand,
Und ist ein Teil des gleichen Vorwärtsstrebens.
Geburt, kaum in des Lebens hellem Glanz,
Kriecht hoch zur Reife, steht gekrönt im Lichte,
Schon droht Verfinstrung ihrem Strahlenkranze,
Und Zeit, die gab, macht ihr Geschenk zunichte.
Die Zeit durchbohrt der Jugend blüh'nde Flur
Und gräbt die Furchen in der Schönheit Braue,
Sie frisst die Kostbarkeiten der Natur,
Und alles steht nur, dass sie's niederhaue.
  Und dennoch, hoff' ich, hat mein Vers Bestand
  Zu deinem Lob, trotz ihrer harten Hand.

65 Nicht Erz noch Stein noch Erde noch das Meer,
Nichts, das nicht sterblich ist, dem Tod zum Ruhme.
Woher nähm Schönheit dann die Kraft zur Wehr,
Ist sie doch stärker nicht als eine Blume?
Wie hält des Sommers Honigatem stand
Dem Ansturm der zerstörerischen Tage,
Wenn weder Eisentor auf festem Land
Noch Fels im Wasser widersteht dem Schlage?
O welch Gedanke voller Schrecklichkeit,
Dass keine Hand eingreift in solchen Lauf.
Wo soll sich Schönheit, Kronjuwel der Zeit,
Verstecken? Wer hält die Vernichtung auf?
  Nein, niemand, wenn dies Wunder nicht geschieht,
  Dass hell aus Tintenschwarz mein Liebster glüht.

66

Tired with all these, for restful death I cry:
As to behold desert a beggar born,
And needy nothing trimmed in jollity,
And purest faith unhappily forsworn,
And gilded honour shamefully misplaced,
And maiden virtue rudely strumpeted,
And right perfection wrongfully disgraced,
And strength by limping sway disablèd,
And art made tongue-tied by authority,
And folly (doctor-like) controlling skill,
And simple truth miscalled simplicity,
And captive good attending captain ill.
Tired with all these, from these would I be gone,
Save that to die I leave my love alone.

71

No longer mourn for me when I am dead
Than you shall hear the surly sullen bell
Give warning to the world that I am fled
From this vile world with vilest worms to dwell:
Nay, if you read this line, remember not
The hand that writ it, for I love you so
That I in your sweet thoughts would be forgot,
If thinking on me then should make you woe.
O, if (I say) you look upon this verse
When I (perhaps) compounded am with clay,
Do not so much as my poor name rehearse;
But let your love even with my life decay,
Lest the wise world should look into your moan
And mock you with me after I am gone.

73

That time of year thou mayst in me behold
When yellow leaves, or none, or few, do hang
Upon those boughs which shake against the cold,
Bare ruined choirs, where late the sweet birds sang.
In me thou seest the twilight of such day
As after sunset fadeth in the west,
Which by and by black night doth take away,
Death's second self that seals up all in rest.
In me thou seest the glowing of such fire
That on the ashes of his youth doth lie,
As the death-bed whereon it must expire,
Consumed with that which it was nourished by.
This thou perceiv'st, which makes thy love more strong,
To love that well, which thou must leave ere long.

66
Müd von all dem schrei ich nach Ruh im Tode,
Seh ich Verdienst zum Bettelstab geboren
Und dürftges Nichts geputzt nach neuster Mode
Und reinsten Glauben unglücklich verschworen
Und goldne Ehrung, die den Falschen ziert,
Und Jungfernschaft durch Hurerei geschändet
Und Perfektion durch Missbrauch pervertiert
Und Kraft, die sich im Hinkegang verschwendet,
Und Kunst, die auf Befehl von oben schweigt,
Und Dummheit, die als Arzt zur Klugheit geht,
Und Ehrlichkeit, auf die der Spötter zeigt,
Und Gutes, das im Dienst des Schlechten steht.
   Müd von all dem würd ich mich gern befrein,
   Ließ sterbend ich den Liebsten nicht allein.

71
Nicht länger trauere um meinen Tod
Als bis zum letzten dumpfen Glockentone,
Der kundtut, dass aus dieser Welt voll Not
Ich floh und fortan bei den Würmern wohne.
Nein, liest du dies, lass kein Erinnern ein
An den, der's schrieb. Zu stark ist meine Liebe.
Viel lieber will ich ganz vergessen sein,
Als dass dein Denken an mich dich betrübe.
O, falls du, sag ich, dies Gedicht erblickst,
Wenn ich mich längst in Lehm verwandelt hab,
Bitt ich, dass du den Namen unterdrückst.
Wirf deine Liebe zu mir in mein Grab,
   Damit die Welt nicht, hörte sie dein Stöhnen,
   Grund hat, dich meinetwegen zu verhöhnen.

73
Die Zeit des Jahres magst du in mir sehn,
Da gelbe Blätter, oder keine, hangen
An dürren Zweigen, die im Frostwind wehn:
Verfallne Chöre, wo einst Vögel sangen.
In mir siehst du das Zwielicht solcher Tage,
Die, wenn nach Westen sank das Abendrot,
Die Nacht fortträgt mit schwerem Flügelschlage,
In Ruh versiegelnd alles wie der Tod.
In mir siehst du, wie Feuersglut noch zischt,
Die auf der Asche ihrer Jugend liegt
Wie auf dem Totenbett, eh sie verlischt,
Verzehrt von Nahrung, die ihr jetzt versiegt.
   Dies sehend liebst du mit noch stärkrer Lust
   Das, was du allzu bald verlassen musst.

83 I never saw that you did painting need,
And therefore to your fair no painting set.
I found (or thought I found) you did exceed
The barren tender of a poet's debt;
And therfore have I slept in your report,
That you yourself being extant well might show
How far a modern quill doth come too short,
Speaking of worth, what worth in you doth grow.
This silence for my sin you did impute,
Which shall be most my glory, being dumb:
For I impair not beauty, being mute,
When others would give life, and bring a tomb.
There lives more life in one of your fair eyes
Than both your poets can in praise devise.

86 Was it the proud full sail of his great verse,
Bound for the prize of all-too-precious you,
That did my ripe thoughts in my brain inhearse,
Making their tomb the womb wherein they grew?
Was it his spirit, by spirits taught to write
Above a mortal pitch, that struck me dead?
No, neither he, nor his compeers by night
Giving him aid, my verse astonishèd.
He, nor that affable familiar ghost
Which nightly gulls him with intelligence,
As victors of my silence cannot boast:
I was not sick of any fear from thence.
But, when your countenance filled up his line,
Then lacked I matter, that enfeebled mine.

87 Farewell, thou art too dear for my possessing,
And like enough though know'st thy estimate.
The charter of thy worth gives thee releasing:
My bonds in thee are all determinate.
For how do I hold thee but by thy granting,
And for that riches where is my deserving?
The cause of this fair gift in me is wanting,
And so my patent back again is swerving.
Thyself thou gav'st, thy own worth then not knowing,
Or me, to whom thou gav'st it, else mistaking;
So thy great gift, upon misprision growing,
Comes home again, on better judgement making.
Thus have I had thee as a dream doth flatter:
In sleep a king, but waking no such matter.

83 Ich sah noch nie, dass dir's an Reizen fehlt.
Drum hab ich nie versucht, dich schönzumalen.
Ich fand (und glaubte fest) dein Äußres zählt
Mehr als die Münze, mit der Dichter zahlen.
So hab ich denn das Lob auf dich verschlafen
Und ließ dein schönes Sein sich selber rühmen.
Du wirst den Modedichter Lügen strafen,
Der Verse schreibt, die sich für dich nicht ziemen.
In meinem Schweigen, das du tadelst, sieh
Das wahre Lob für deiner Schönheit Gut.
Ihr schadet Stummheit nicht wie Poesie,
In der das Leben wie im Grabe ruht.
  In jedem deiner Augen lebt mehr Leben,
  Als beider Dichter Preislied je kann geben.

86 War es das Segel seiner Verse, stolzgeschwellt,
Auf Kaperfahrt zu dir, dem allzu Teuern,
Was all mein Denken jetzt verschlossen hält,
Den Schoß zum Grab macht, statt sich zu erneuern.
War es sein Geist, den andre Geister lehrten,
In hohem Ton zu schreiben, was mich schlug?
Nein, weder er noch seine Nachtgefährten,
Ihm helfend, trafen meiner Verse Bug.
Nicht er noch jener Geist, der ihn bei Nacht
Mit eingeflüsterten Ideen narrt,
Ist das, was mich besiegt und sprachlos macht.
Ich hatte keine Furcht von solcher Art.
  Doch wenn dein Antlitz seine Zeilen füllt,
  Fehlt meinen das, was ihren Hunger stillt.

87 Leb wohl, zu Teurer, um dich zu besitzen,
Und sicher schätzt du selber dich so ein.
Der Leihvertrag kann mir nicht länger nützen:
Du kündigst ihn und lässt mich jetzt allein.
Was warst du anders für mich als ein Lehen,
Und wie verdiente ich solch reiche Gabe?
Das Recht darauf kann ich in mir nicht sehen.
Ich weiß, dass ich nun nichts mehr von dir habe.
Du gabst dich mir, nicht kennend deinen Wert
Noch den, dem du dich liehst, mehr aus Versehen.
Die Gabe kehrt, durch Zuwachs reich vermehrt,
Zurück nun, so willst du's, so soll's geschehen.
  Nur einen Traum lang war ich unter Reichen:
  Im Schlaf ein König, wachend nichts dergleichen.

90

Then hate me when thou wilt, if ever, now,
Now while the world is bent my deeds to cross,
Join with the spite of Fortune, make me bow,
And do not drop in for an after-loss.
Ah do not, when my heart hath 'scaped this sorrow,
Come in the rearward of a conquered woe;
Give not a windy night a rainy morrow
To linger out a purposed overthrow.
If thou wilt leave me, do not leave me last,
When other petty griefs have done their spite,
But in the onset come, so shall I taste
At first the very worst of Fortune's might,
  And other strains of woe, which now seem woe,
  Compared with loss of thee, will not seem so.

94

They that have power to hurt and will do none,
That do not do the thing they most do show,
Who, moving others, are themselves as stone,
Unmovèd, cold, and to temptation slow:
They rightly do inherit heaven's graces,
And husband nature's riches from expense.
They are the lords and owners of their faces,
Others but stewards of their excellence.
The summer's flower is to the summer sweet,
Though to itself it only live and die,
But if that flower with base infection meet,
The basest weed outbraves his dignity:
  For sweetest things turn sourest by their deeds;
  Lilies that fester smell far worse than weeds.

95

How sweet and lovely dost thou make the shame,
Which, like a canker in the fragrant rose,
Doth spot the beauty of thy budding name?
O, in what sweets dost thou thy sins enclose!
That tongue that tells the story of thy days
(Making lascivious comments on thy sport)
Cannot dispraise, but in a kind of praise,
Naming thy name blesses an ill report.
O, what a mansion have those vices got,
Which for their habitation chose out thee,
Where beauty's veil doth cover every blot,
And all things turns to fair that eyes can see!
  Take heed (dear heart) of this large privilege.
  The hardest knife ill used doth lose his edge.

90

So hass mich denn: wenn du's so willst, tu's jetzt,
Jetzt, da sich alles gegen mich verschworen.
Tu, was mein Schicksal tut, das mich verletzt,
Schlag mich nicht erst, bin ich bereits verloren.
Komm nicht, nachdem das Weh schon fast verwunden,
Als Nachhut über den geschlagnen Krieger,
Der Sturmnacht lass nicht in den Morgenstunden
Den Regen folgen: du bist mein Besieger.
Verlässt du mich, dann tu es nicht am Schluss,
Wenn kleinren Kummer ich durchlitten habe,
Tu's gleich, damit des Schicksals erster Schuss
Durch dich mich trifft als deine letzte Gabe.
Ein Weh danach, und schreckt es noch so sehr,
Hab ich dich erst verloren, ist keins mehr.

94

Wer Macht zu schaden hat und es nicht tut,
Wer das nicht tut, was er am meisten scheint,
Wer, andere bewegend, selber ruht,
Kalt, in Versuchung langsam, wie versteint,
Er ist zurecht des Himmels Erbe, nichts
Verschwendet er vom Reichtum der Natur.
Er ist der wahre Herr seines Gesichts,
Die andern sind die eignen Diener nur.
Des Sommers Blume ist dem Sommer süß,
Auch wenn sie für sich selbst nur lebt und stirbt,
Doch wird sie krank, dann steht durch dies
Sie jedem Unkraut nach, das nicht verdirbt.
Süßes wird sauer, wenn sein Tun ihm spottet.
Kein Kraut stinkt wie die Lilie, die verrottet.

95

Wie liebenswert verdeckst du deine Schmach,
Sie ist dem Wurm in duftger Rose gleich
Und stellt der Knospe deines Namens nach.
In Süße packst du deine Sünden weich.
Die Zunge, die von deinem Treiben spricht
Und es lasziv mit Kommentaren schmückt,
Gibt selbst dem Tadel noch des Lobs Gesicht.
Dein Name reicht, schon ist Kritik erstickt.
In welch ein Schloss zog die Verderbtheit ein,
Die dich zu ihrem Wohnsitz auserkor.
Jedweden Makel deckt dein schöner Schein
Und stellt ihn fremden Augen lieblich vor.
Gib acht, mein Herz, auf deinen höchsten Trumpf:
Das schärfste Messer wird durch Missbrauch stumpf.

97

How like a winter hath my absence been
From thee, the pleasure of the fleeting year?
What freezings have I felt, what dark days seen?
What old December's bareness everywhere?
And yet this time removed was summer's time,
The teeming autumn big with rich increase,
Bearing the wanton burden of the prime,
Like widowed wombs after their lords' decease:
Yet this abundant issue seemed to me
But hope of orphans, and unfathered fruit,
For summer and his pleasures wait on thee,
And thou away, the very birds are mute.
  Or if they sing, 'tis with so dull a cheer
  That leaves look pale, dreading the winter's near.

106

When in the chronicle of wasted time
I see descriptions of the fairest wights,
And beauty making beautiful old rhyme
In praise of ladies dead, and lovely knights;
Then in the blazon of sweet beauty's best,
Of hand, of foot, of lip, of eye, of brow,
I see their antique pen would have expressed
Even such a beauty as you master now.
So all their praises are but prophecies
Of this our time, all you prefiguring,
And, for they looked but with divining eyes,
They had not skill enough your worth to sing:
  For we, which now behold these present days,
  Have eyes to wonder, but lack tongues to praise.

116

Let me not to the marriage of true minds
Admit impediments. Love is not love
Which alters when it alteration finds,
Or bends with the remover to remove.
O no, it is an ever-fixèd mark,
That looks on tempests and is never shaken;
It is the star to every wandering barque,
Whose worth's unknown, although his height be taken.
Love's not Time's fool, though rosy lips and cheeks
Whithin his bending sickle's compass come.
Love alters not with his brief hours and weeks,
But bears it out even to the edge of doom.
  If this be error and upon me proved,
  I never writ, nor no man ever loved.

97

Wie glich dem Winter dieses lange Warten
Auf dich, du Lichtstrahl in des Jahres Flucht,
Wie fror ich in der dunklen Zeit, der harten,
Die mit Dezembergrau mich heimgesucht.
Und doch war's damals reife Sommerzeit,
Üppiger Herbst, von Wachstum überquellend,
Schwer von der Jugend wilder Fruchtbarkeit
Wie Witwenschoß, vom toten Gatten schwellend.
Und doch erschien so reicher Segen mir
Wie Waisen, deren Vater früh verschied;
Denn Sommers heitre Freuden folgen dir,
Und bist du fort, schweigt selbst der Vögel Lied.
Und singen sie, ist es so traurig mahnend,
Dass rings das Laub erblasst, den Winter ahnend.

106

Wenn in der Chronik der vertanen Zeit
Ich les' von Menschen, die als schön beschrieben,
Und seh', wie ihre Schönheit Schönheit leiht
Den Versen, die von diesen Toten blieben,
Dann seh' ich in der Schönheit Wappenschild,
Seh' Hand und Fuß und Lippe, Auge, Braue
Und weiß, die Alten hätten so das Bild
Gemalt der Schönheit, die in dir ich schaue.
So ist ihr Rühmen nichts als Prophetie,
Die dich für unsre Zeit präfigurierte;
Doch, ahnten sie dich gleich, entbehrten sie
Der Sangeskunst, die deinem Wert gebührte.
Auch wir, vor deren Augen es jetzt tagt,
Sehn nur und staunen, doch der Mund versagt.

116

Lass mich, wo Ehstand treue Seelen bindet,
Hindrung nicht dulden. Liebe ist nicht Liebe,
Wenn sie sich wandelt, wo sie Wandlung findet,
Noch wenn sie dem Entfernten ferne bliebe.
O nein, sie steht als ewig feste Marke
Hoch über Stürmen, selber unversehrt.
Sie ist der Stern für die verirrte Barke,
Die seine Höhe misst, doch nicht den Wert.
Sie ist kein Narr der Zeit. Zwar geht zugrunde
Der Reiz der Jugend durch der Sichel Schlag,
Doch Liebe wechselt nicht mit Tag und Stunde,
Sie dauert fort bis an den Jüngsten Tag.
Falls dies nicht wahr ist, hab ich nie geschrieben,
Und nie gehört, dass sich zwei Menschen lieben.

121

'Tis better to be vile than vile esteemèd,
When not to be receives reproach of being,
And the just pleasure lost which is so deemèd
Not by our feeling, but by others' seeing.
For why should others' false adulterate eyes
Give salutation to my sportive blood?
Or on my frailties why are frailer spies,
Which in their wills count bad what I think good?
No, I am that I am, and they that level
At may abuses reckon up their own;
I may be straight though they themselves be bevel.
By their rank thoughts my deeds must not be shown,
  Unless this general evil they maintain:
  All men are bad and in their badness reign.

124

If my dear love were but a child of state
It might for Fortune's bastard be unfathered,
As subject to time's love, or to time's hate,
Weeds among weeds, or flowers with flowers gathered.
No, it was builded far from accident,
It suffers not in smiling pomp, nor falls
Under the blow of thrallèd discontent,
Whereto th'inviting time our fashion calls.
It fears not policy, that heretic,
Which works on leases of short-numb'red hours,
But all alone stands hugely politic,
That it nor grows with heat, nor drowns with show'rs.
  To this I witness call the fools of Time,
  Which die for goodness, who have lived for crime.

127

In the old age black was not counted fair,
Or if it were, it bore not beauty's name;
But now is black beauty's successive heir,
And beauty slandered with a bastard shame:
For since each hand hath put on Nature's power,
Fairing the foul with Art's false borrowed face,
Sweet beauty hath no name, no holy bower,
But is profaned, if not lives in disgrace.
Therefore my mistress' eyes are raven black,
Her brows so suited, and they mourners seem
At such who, not born fair, no beauty lack,
Sland'ring creation with a false esteem.
  Yet so they mourn, becoming of their woe,
  That every tongue says beauty should look so.

121 Gemein zu sein ist besser als so scheinen,
Wenn nicht zu sein getadelt wird fürs Sein,
So dass ihm das Vergnügen am Gemeinen
Entging und er, nur spürt den Widerschein.
Wie sollten auch verleumdrisch-falsche Augen
Das ungestüme Blut in mir begrüßen,
Wenn sie, die nur zum Spionieren taugen,
Auf das, was gut in mir ist, Häme gießen?
Nein, ich bin was ich bin. Sie würden stumm,
Sähn sie die eignen Sünden wie die meinen.
Vielleicht bin ich der Gerade und sie krumm.
Ihr geiles Denken erst lässt schlecht mich scheinen.
Wenn man, was sie tun, generalisiert,
Sind alle schlecht und Schlechtigkeit regiert.

124 Wär meine Liebe nur des Zufalls Kind,
Fortunas Bastard wär sie, vaterlos,
Dem Spiel der Zeit verfallen wie dem Wind,
Gepflückt als Blume oder Unkraut bloß.
Nein, fern vom Zufall steht sie, regt sich nicht,
Wenn Pomp ihr trügrisch lächelt, und sie rührt
Sich nicht, wenn Neid und Missgunst das verspricht,
Womit die Zeit zur Mode uns verführt.
Sie fürchtet nicht politisches Taktieren,
Das mit gezählten Stunden spekuliert;
Denn ihre Politik ist ein Regieren,
Das nicht mit Sonn' und Regen variiert.
Dies sollen jene Narrn der Zeit bezeugen,
Die erst im Sterben sich zum Guten neigen.

127 Schwarz war einst das, was nicht gefallen kann;
Und wenns gefiel, hielt man es nicht für schön.
Doch jetzt tritt es der Schönheit Erbe an
Und diese wird als Bastard angesehn.
Von Händen, die die Macht dazu bekamen,
Wird Hässlichkeit durch Täuschungskunst verschönt.
Seitdem hat Schönheit weder Platz noch Namen.
Profan geworden ist sie und verhöhnt.
Drum hat mein Liebchen rabenschwarze Augen.
Die Brauen, dazu passend, tragen Trauer
Für die, die erblich nicht zur Schönheit taugen:
Sie spotten der Natur und machen's schlauer.
Doch solche Art von Trauer ist so fein,
Dass alle sagen, so soll Schönheit sein.

129

Th'expense of spirit in a waste of shame
Is lust in action, and till action, lust
Is perjured, murd'rous, bloody, full of blame,
Savage, extreme, rude, cruel, not to trust;
Enjoyed no sooner but despisèd straight,
Past reason hunted, and no sooner had,
Past reason hated as a swallowed bait
On purpose laid to make the taker mad,
Mad in pursuit, and in possession so,
Had, having, and in quest to have, extreme,
A bliss in proof and proved a very woe,
Before, a joy proposed; behind, a dream.
All this the world well knows, yet none knows well
To shun the heaven that leads men to this hell.

130

My mistress' eyes are nothing like the sun,
Coral is far more red than her lips' red;
If snow be white, why then her breasts are dun;
If hairs be wires, black wires grow on her head.
I have seen roses damasked, red and white,
But no such roses see I in her cheeks.
And in some perfumes is there more delight
Than in the breath that from my mistress reeks.
I love to hear her speak, yet well I know
That music hath a far more pleasing sound.
I grant I never saw a goddess go:
My mistress when she walks treads on the ground.
And yet, by heaven, I think my love as rare
As any she belied with false compare.

144

Two loves I have, of comfort and despair,
Which like two spirits do suggest me still.
The better angel is a man right fair;
The worser spirit a woman coloured ill.
To win me soon to hell my female evil
Tempteth my better angel from my side,
And would corrupt my saint to be a devil,
Wooing his purity with her foul pride.
And whether that my angel be turned fiend
Suspect I may, yet not directly tell,
But being both from me, both to each friend,
I guess one angel in another's hell.
Yet this shall I ne'er know, but live in doubt,
Till my bad angel fire my good one out.

129 Erguss von Geist in Wüstenei der Schmach
Ist im Vollzug die Wollust; doch davor
Ist sie schon wild, von Blutgier wach,
Roh, mördrisch, meineidig, wenn je sie schwor.
Kaum erst genossen, wird sie schon verachtet;
Sinnlos erjagt und, kaum erlangt, wie Dreck
Gehasst: ein Köder, der den Geist umnachtet
Und ausgelegt ward nur zu diesem Zweck.
Toll in der Jagd nach ihr, toll im Genuss;
Vor, während und danach extrem und wild;
In der Erfüllung Rausch; erfüllt – Verdruss;
Verheißnes Glück, danach ein Schattenbild.
Dies weiß die Welt, doch keiner weiß, wie man
Den Himmel flieht, der Hölle werden kann.

130 Aus ihren Augen blitzt kein Sonnenstrahl,
Nichts von Koralle hat ihr Lippenpaar.
Wenn weiß der Schnee ist, ist ihr Busen fahl.
Statt filigran ist schwarzer Draht ihr Haar.
Ich sah schon Damaskrosen, rot und weiß –
Auf ihren Wangen stell ich keine fest,
Und manch Parfüm verdient weit eher Preis
Als das, was mich ihr Atem riechen lässt.
Ich hör sie gern, doch ihrer Stimme Klang
Reicht an Musik nicht ran; auch weiß ich nicht,
Wie eine Göttin schreitet, doch der Gang
Von meiner Allerliebsten hat Gewicht.
Und doch ist schöner sie in meinen Augen
Als die Vergleiche, die für sie nicht taugen.

144 Zwei Lieben hab ich, sie sind ein Gespann
Von Trost und Qual für mich und meinen Leib.
Der bessre Engel ist ein blonder Mann,
Der schlechtre Geist ein dunkelhaarig Weib.
Die Hölle will das Weib in mir entfachen
Und mir den Guten von der Seite reißen,
Sie will den Heil'gen selbst zum Teufel machen,
lässt, ihn umwerbend, ihre Reize gleißen.
Ob's ihr gelingt, den Freund zum Feind zu wandeln –
Vermuten kann ich's. Oder trügt der Schein?
Wenn beide sich wie Freunde jetzt behandeln,
Muss einer in des andern Hölle sein.
Ich werd's erst wissen, wenn mein böser Geist
Den ausgebrannten Guten von sich weist.

146 Poor soul, the centre of my sinful earth,
Feeding these rebel powers that thee array,
Why dost thou pine within and suffer dearth,
Painting thy outward walls so costly gay?
Why so large cost, having so short a lease,
Dost thou upon thy fading mansion spend?
Shall worms, inheritors of this excess,
Eat up thy charge? Is this thy body's end?
Then, soul, live thou upon thy servant's loss,
And let that pine to aggravate thy store;
Buy terms divine in selling hours of dross;
Within be fed, without be rich no more.
So shalt thou feed on Death, that feeds on men,
And Death once dead, there's no more dying then.

147 My love is as a fever, longing still
For that which longer nurseth the disease,
Feeding on that which doth preserve the ill,
Th'uncertain sickly appetite to please.
My reason, the physician to my love,
Angry that his prescriptions are not kept,
Hath left me, and I desperate now approve
Desire is death, which physic did except.
Past cure I am, now reason is past care,
And, frantic-mad with ever more unrest,
My thoughts and my discourse as madmen's are,
At random from the truth vainly expressed.
For I have sworn thee fair, and thought thee bright,
Who art as black as hell, as dark as night.

151 Love is too young to know what conscience is,
Yet who knows not conscience is born of love?
Then, gentle cheater, urge not my amiss,
Lest guilty of my faults thy sweet self prove.
For, thou betraying me, I do betray
My nobler part to my gross body's treason.
My soul doth tell my body that he may
Triumph in love; flesh stays no further reason,
But, rising at thy name, doth point out thee
As his triumphant prize. Proud of this pride,
He is contented thy poor drudge to be,
To stand in thy affairs, fall by thy side.
No want of conscience hold it that I call
Her ‹love›, for whose dear love I rise and fall.

146 O Seele, Zentrum meiner sünd'gen Hülle,
In die du dich so stolz und eitel kleidest,
Verschleudre nicht aufs Äußre solche Fülle,
Derweilen du im Innern Mangel leidest.
Weshalb verschwendest du so hohe Kosten
Auf etwas, das dir nur so kurz gehört?
Willst du den Würmern diesen schönen Posten
Der Erbschaft lassen, von dir selbst vermehrt?
Lass doch den Körper, deinen Diener, schmachten
Und leb von ihm, statt ihm ein Knecht zu sein.
Kauf ewigen Besitz, statt nur zu pachten,
Dein Innres nähre, nicht den äußren Schein.
  Nähr dich vom Tod, wie er den Menschen frisst,
  Dann stirbt das Sterben, bis kein Tod mehr ist.

147 Mein Lieben ist ein Fieber; es begehrt
Nach dem nur, was es in die Länge zieht,
Nimmt Nahrung zu sich, die das Siechtum mehrt,
Befriedigend den kranken Appetit.
Vernunft in mir, die Ärztin meiner Liebe,
Erzürnt, dass ihre Vorschrift ich missachte,
Hat mich verlassen. Tödlich sind die Triebe
Für den, der ihre Medizin verlachte.
Unheilbar bin ich jetzt, wo die Vernunft
Abtrat und ihren Platz dem Wahnsinn räumte.
Ich denk und rede wie in wilder Brunft,
Für Wahrheit blind, als ob ich nur noch träumte.
  Ich pries dich schön, hab gut von Dir gedacht,
  Doch du bist höllenschwarz wie finstre Nacht.

151 Zu jung ist Liebe, weiß nichts von Gewissen,
Das, wie man weiß, ein Kind der Liebe ist.
Drum, edle Schwindlerin, nenn's nicht gerissen,
Wenn ich erklär, dass du selbst schuldig bist,
Denn du verführst mich, und auch ich verführe
Mein bessres Selbst und geb mich hin der Brunft:
Die Seele sagt zum Körper: triumphiere
In Liebe; Fleisch gehorcht nicht der Vernunft.
Es steht in deinem Namen auf für dich
Und nimmt dich im Triumph als stolze Beute.
Zufrieden fühlt der arme Lustknecht sich:
Er steht für dich, und fällt an deiner Seite.
  Nenn's nicht gewissenlos, wenn dieser Held
  Dich Liebe nennt, für die er steht und fällt.

Shakespeares Weltsicht

Da von Shakespeare keine direkten Zeugnisse seiner Weltsicht überliefert sind, kann man sie nur aus seinen Werken erschließen. Bei den Sonetten hat man als Leser noch am ehesten das Gefühl, dem Dichter ins Herz zu schauen. Fraglich ist dagegen, inwieweit Aussagen von Dramenfiguren auf Überzeugungen des Autors schließen lassen. In vielen Fällen ist klar, dass es sich um Rollensprache handelt, die einzig dazu dient, die Motivation der Charaktere für den Zuschauer verständlich zu machen. Doch bei Ansichten, die mit auffälliger Häufigkeit wiederkehren, darf man annehmen, dass der Dichter selbst spricht. Wenn im Folgenden Themen herausgestellt werden, die in Shakespeares Dramen mit unüberhörbarem Nachdruck problematisiert werden, ist das eigentlich eine Vorwegnahme dessen, was zusammenfassend erst nach der Betrachtung der Stücke im Einzelnen gesagt werden sollte. Doch diese Vorwegnahme hilft, die späteren Aussagen über die Stücke besser zu verstehen, und entlastet zudem die weitere Darstellung von Wiederholungen. Ob es sich bei diesen *hot spots* der Werke um Ansichten handelt, die den Dichter persönlich umtrieben, wird aber immer ungeklärt bleiben.

Ordnung und Autorität

Alle Stücke Shakespeares beginnen damit, dass durch die Helden oder ihre Widersacher im Gefüge der Welt eine Störung hervorgerufen wird, die sich zur Krise zuspitzt und zuletzt dadurch aufgelöst wird, dass die Störer entweder tragisch vernichtet oder auf komische Weise zur Vernunft gebracht werden, worauf die Ordnung wiederhergestellt ist. Das klingt wie eine Platitüde, denn wie anders lässt sich dramatische Spannung erzeugen? Doch Ordnung hat nicht immer den gleichen Wert. So ist bei Ibsen die bestehende Ordnung keineswegs das Positive, sondern etwas, das durch Aufklärung verändert werden soll. Auch Shakespeares Zeitgenosse Marlowe stand nicht auf der Seite der Ordnung, sondern auf der seiner anmaßenden und geradezu größenwahnsinnigen Helden, die die Weltordnung herausfordern. Für Shakespeare aber war Ordnung ein zentraler Wert, wenn auch nicht um jeden Preis, denn sie hängt von Menschen ab, die für sie verantwortlich sind. Dass Ordnung, legitimierte Autorität, persönliches Charisma und politische Fähigkeit selten zusammengehen, hat er in seinen Stücken immer wieder gezeigt, vor allem in den Historien, aber auch in den übrigen Stücken. Am komplexesten zeigt er es in *König Lear*: Dort geht die Störung gleich in der ersten Szene vom König selbst aus, der das Amt, das ihm die göttliche Ordnung zugewiesen hat, freiwillig aufgibt und damit das Unheil auslöst. Dennoch behält er etwas, was sein treuester Gefolgsmann, der cholerische Kent, wie folgt ausdrückt, als er ihm in Verkleidung seine Dienste anbietet: «Du hast etwas in deinem Antlitz, das ich gern Herr nennen würde.» – «Was ist es?» – «Autorität.» In allen seinen Stücken lässt Shakespeare den Zuschauer spüren, dass Inhaber von Macht für die Erhaltung der Ordnung verantwortlich sind und dass ihr Fehlverhalten verhängnisvolle Folgen hat. Sein einziger tragischer Held, der die Störung der Ordnung nicht selbst verschuldet, ist Hamlet. Er will im Gegenteil die Ordnung wiederherstellen und spricht es selbst aus:

> Die Zeit ist aus den Fugen – schlimm zu denken,
> dass ich geboren ward, sie einzurichten.

Vernunft und Leidenschaft

Anders als in der antiken Tragödie, wo der Heros von den Göttern oder dem Schicksal an seiner Schwachstelle gepackt und ins Verderben gestürzt wird, ist bei Shakespeare diese zentrale Problematik ganz in die Psyche der Helden verlagert, wo sie als Widerstreit von Vernunft und Leidenschaft thematisiert wird. Alle seine tragischen Helden werden Opfer einer Leidenschaft, die über ihre Vernunft triumphiert. Bei Macbeth ist es Ehrgeiz, bei Othello die Eifersucht, bei Antonius verblendete Liebe, bei Coriolan der Stolz, bei Lear der Jähzorn aus verletzter Eitelkeit und bei Timon die Rachsucht eines gekränkten Mannes, dessen unvernünftige Freigiebigkeit ausgenutzt wurde. Eine Sonderstellung nimmt nur Hamlet ein, bei dem gerade das Fehlen der Leidenschaft zum Problem wird. Um die gleichen Leidenschaften geht es auch in den Komödien, nur dass hier die Vernunft triumphiert. Um Eifersucht geht es in *Viel Lärm um Nichts* und in *Ein Wintermärchen*, um verblendete Liebe im *Sommernachtstraum*, um Ehrgeiz und Machtgier in *Wie es euch gefällt* und im *Sturm*, um Rachsucht im *Kaufmann von Venedig* und um sexuelles Begehren in *Maß für Maß*.

Wie zentral der Antagonismus von Vernunft und Leidenschaft in den Stücken ist, lässt sich daran ablesen, dass er nicht nur psychologisch in den Charakteren aufbricht, sondern oft als Gegensatz zweier moralischer Sphären dargestellt wird. Schon in *Titus Andronicus* wird die rationale Welt Roms mit der leidenschaftlichen Wildheit der Goten konfrontiert. In *Antonius und Cleopatra* steht Rom ebenfalls für Vernunft und das afrikanische Ägypten für leidenschaftliche Sinnlichkeit. Der gleiche Gegensatz wird in *Othello* durch die staatliche Ordnung Venedigs und die afrikanische Herkunft des Helden verkörpert. In *Macbeth* steht England für Ordnung und Schottland für archaische Leidenschaft. König Lear, der das Opfer seiner bösen Töchter Goneril und Regan wird, steht als selbstentmachteter Repräsentant staatlicher Ordnung im Gegensatz zu einer irrationalen Machtgier, deren Ursprung er im weiblichen Unterleib sieht; und in *Coriolan* repräsentiert das wankelmütige Volk die Sphäre des Irrationalen, während der Patrizier Menenius die Seite der Vernunft vertritt. Der Gegensatz von Vernunft und Leidenschaft ist in den Stücken nicht nur Antrieb der Handlung, sondern wird auch immer wieder explizit als Problem diskutiert. Am deutlichsten geschieht dies in *Troilus und Cressida*, wo Hektor als Anwalt der Vernunft auftritt, während Troilus ihm das folgende Plädoyer für die Leidenschaft entgegenhält:

> Du polsterst deinen Handschuh mit Vernunft.
> Hier ist, was du vernünftig findest:
> du weißt, der Gegner trachtet dir zu schaden,

und die Vernunft flieht jegliche Gefahr.
Wen wundert's da, dass Helenus, wenn er
'nen Griechen und sein Schwert erblickt, schnurstracks
auf Flügeln der Vernunft sich aus dem Staub macht
wie der Merkur, wenn Jupiter ihn schilt,
und dann zum Stern wird, der die Bahn verlässt.
Vernünftge Gründe? Männlichkeit und Ehre,
wenn sie von Gründen sich ernährten, hätten
Nur Hasenherzen; was die Vernunft euch sagt,
Macht bleich die Leber und den Mut verzagt.
(II, 2; 38–50)

Interessant ist, dass Troilus das Bild des aus seiner Bahn ausbrechenden Sterns *(a star disorbed)* ironisch umkehrt, denn in der langen Rede, in der zuvor Odysseus den Wert der Ordnung beschwor, hatte er gerade mit diesem Bild beschrieben, was passiert, wenn sich die Leidenschaft gegen die vernünftige Ordnung durchsetzt. Die Leber, deren «Blässe» Troilus als etwas Negatives ansieht, war aus elisabethanischer Sicht der Sitz der niederen Triebe, die erst durch das Herz geadelt werden müssen, damit daraus eine ehrenvolle Leidenschaft wird. Dass Vernunft feige mache, spricht auch Hamlet aus, wenn er sagt: «So macht Gewissen *(conscience)* Feige aus uns allen.» *Conscience* hat hier die Nebenbedeutung von *consciousness* (Bewusstsein). Mehr zur Seite von ‹Gewissen› tendiert das, was Richard III. kurz vor seinem Ende sagt:

Gewissen ist ein Wort, gebraucht von Feigen,
erfunden nur, die Starken einzuschüchtern.
(V, 3; 309–10)

Nicht nur bei Shakespeare, sondern im elisabethanischen Drama allgemein steht das Problem von Vernunft und Leidenschaft im Zentrum. In einem Stück des Zeitgenossen Fulke Greville, dem Lesedrama *Mustapha* (1609), bringt es der Chor der Priester auf eine prägnante Formel:

O wearisome condition of humanity!
Born under one law, to another bound:
Vainly begot, and yet forbidden vanity,

created sick, commanded to be sound:
What meaneth nature by these divers laws?
Passion and reason, self-divisions cause.
(5. Akt: Chorus Sacerdotum, 1–6)

(O trauriges Geschick des Menschen! / Geboren unter dem einen Gesetz, zu einem anderen verpflichtet, / eitel gezeugt, und doch mit dem Verbot der Eitelkeit / krank geschaffen, mit dem Befehl, gesund zu sein: / Was meint Natur mit solchen unvereinbaren Gesetzen? / Vernunft und Leidenschaft, der Ursprung innerer Spaltung.)

Das Hin-und-Her-Gerissensein zwischen Vernunft und Leidenschaft war auch dem Menschen des Mittelalters vertraut, doch für ihn war es nur ein moralisches Problem und kein Wertkonflikt, denn dass die Vernunft über der Leidenschaft stand und sie beherrschen musste, galt noch als selbstverständlich. Für den Renaissancemenschen hatte sich dies vertikale Verhältnis bereits weitgehend horizontalisiert. Für Marlowe hatte die Leidenschaft sogar höheren Wert als die Vernunft. Nicht so bei Shakespeare: Zwar spürt man auch bei ihm, dass er seine tragischen Helden um ihrer Leidenschaft willen bewundert, doch er lässt keinen Zweifel daran, dass sie schuldig werden, wenn sie sich von ihr zu vernunftwidrigem Handeln hinreißen lassen.

Ehre

Was für die Vernunft Recht und Wahrheit bedeuten, ist für die Leidenschaft die Ehre. «Männlichkeit und Ehre» hält Troilus in dem oben zitierten Text der mäßigenden Stimme der Vernunft entgegen. Um Bewahrung und Verlust der Ehre geht es in Shakespeares Stücken immer wieder. Für Macbeth ist sie das Ziel seines Ehrgeizes, während von Antonius bereits in den ersten Versen des Stückes gesagt wird, dass er im Begriff ist, durch seine Liebestollheit seine Ehre zu verlieren. Othello bezeichnet sich, nachdem er seine Frau aus Eifersucht getötet hat, als einen «ehrenhaften Mörder», da er «nicht aus Hass (hate), sondern um der

Ehre willen» getötet habe. Hamlet räsoniert über die Ehre, als er über den tatendurstigen Fortinbras spricht, der um der Ehre willen das eigene Leben und das seiner Soldaten für die Eroberung eines wertlosen Landstrichs riskiert. Aus Hamlets Äußerungen klingt skeptischer Zweifel am Wert einer solchen Ehre; dennoch überwiegt darin positive Wertschätzung, die Shakespeare zu teilen scheint. Das hindert ihn aber nicht, Falstaff die folgenden Worte in den Mund zu legen:

> Die Ehre spornt mich an. Gut, aber was, wenn sie den Sporn zu tief setzt: Kann sie ein Bein flicken? Nein. Oder einen Arm? Nein. Kann sie den Schmerz einer Wunde wegnehmen? Nein. Versteht sich die Ehre auf die Heilkunst? Nein. Was ist Ehre? Ein Wort. Was steckt in diesem Wort ‹Ehre›? Eine schöne Endsumme. Wer hat sie? Der, der am Mittwoch starb. Fühlt er sie? Nein. Hört er sie? Nein. Ist sie also nicht zu spüren? Doch, für die Toten. Wird sie also nicht mit den Lebenden leben? Nein. Warum? Die Verleumdung wird es nicht zulassen. Darum will ich nichts von ihr. Die Ehre ist bloß ein Ehrenschild. Und damit endet meine Schilderung.
>
> (*Heinrich IV.*, Teil 1, V., 1, 127–143)

Ein anderer, der nichts von Ehre hält, ist Jago in *Othello*. Nachdem er seinen Rivalen Cassio zu einer ehrlosen Handlung unter Alkoholeinfluss verführt hat und dieser den Verlust seiner Reputation beklagt, antwortet Jago zynisch:

> Reputation ist eine hohle Erfindung, oft erworben ohne Verdienst und verloren ohne Schuld. Du hast deine Reputation nicht verloren, solange du dich nicht selbst als Verlierer ansiehst.

Trotz solcher Ironisierung des Ehrbegriffs lässt Shakespeare in seinen Stücken keinen Zweifel daran, dass seine Sympathie denen gilt, die um der Ehre willen ein Wagnis eingehen. Doch das Wagnis muss einem hohen Ziel gelten. Im Zusammenhang mit dieser Problematik spielen in seinem Werk drei Wortfelder eine Rolle, die um die Begriffe *wisdom, honour* und *passion* kreisen. Die ihnen zugeordneten Adjektive sind *wise* und *right, noble* und *great, vile* und *base*. Das entspricht der Wertordnung des Mikrokosmos. Die Ziele der Vernunft sind ‹weise› und ‹gerecht›, die des Herzens ‹edel› und ‹groß›, die der Leber ‹gemein› und ‹niederträchtig›.

Natur

In den zitierten Versen Fulke Grevilles wurde die Natur als Ursprung des Widerstreits von Vernunft und Leidenschaft bezeichnet. Auch Shakespeare sieht in ihr eine ambivalente Sphäre, in der in kosmischen Dimensionen das geschieht, was psychologisch im Menschen abläuft. In den Komödien *Wie es euch gefällt* und *Ein Wintermärchen* zeigt er Natur als pastoralen Raum, in dem die moralische Zerrissenheit der Menschenwelt geheilt wird, während in *König Lear* der Sturm auf der Heide eben diese Zerrissenheit widerspiegelt. Im *Sommernachtstraum* fällt beides zusammen: Hier ist die Natur eine magische Sphäre, die die moralische Verwirrung der Menschen zuerst herbeiführt und danach auflöst und heilt. Widersprüchlich ist auch die Rolle der «natürlichen» Kinder in den Dramen. In *König Lear* beruft sich Edmund, der skrupellose natürliche Sohn Gloucesters, darauf, dass ihm die Natur das gleiche Recht gegeben habe wie seinem ehelich geborenen Halbbruder Edgar, während in *König Johann* der Bastard Faulconbridge als moralischer Held auftritt. Auch sonst sind die Bezugnahmen auf Natur ambivalent. Manchmal wird sie als weise Göttin und gerechte Mutter, dann wieder als eine der Fortuna verwandte willkürliche Macht gezeigt. Im *Sturm* erscheint sie als eine in sich gespaltene Sphäre, deren gute Hälfte durch Ariel, die schlechte durch Caliban repräsentiert wird. Hier stellt Shakespeare der mit *nature* bezeichneten Sphäre etwas gegenüber, was er *nurture* nennt, d. h. ‹Erziehung› und damit vernunftgeleitete Kultur. Das macht die Opposition *nature – nurture* zum objektiven Äquivalent des subjektiven Gegensatzes von Leidenschaft und Vernunft, dem im Mikrokosmos der von Leber und Hirn entspricht. Vermittelt wird dieser Gegensatz durch das Herz, das bei Shakespeare die Metapher für alles Edle ist und gewissermaßen die Ariel-Hälfte der Natur darstellt.

Fortuna

Noch wechselhafter als die Natur, deren Schwankungen sich im Rahmen der kosmischen Ordnung bewegen, ist Fortuna, die schlechthin unberechenbare Schicksalsmacht. Sie ist unter Namen wie *fortune, fate, divinity, chance, destiny, doom, providence, lot* und *luck* in Shakespeares Stücken allgegenwärtig. In *Romeo und Julia* erfährt der Zuschauer bereits im Prolog, dass es um «Liebende unter einem bösen Stern» *(star-crossed lovers)* geht. In *Hamlet* spricht der Held selbst die Schicksalhaftigkeit des Geschehens aus, wenn er sagt, «... dass eine Gottheit unsre Ziele formt,/ wie immer wir sie grob zurechthaun mögen.» (V, 2; 10/11) Wenig später drückt er es so aus: «Es liegt eine besondere Vorsehung im Fall eines Sperlings. Geschieht es jetzt, wird's nicht mehr kommen; soll's nicht kommen, geschieht es jetzt; geschieht's nicht jetzt, wird es doch kommen. Bereit zu sein ist alles.» (V,2; 232–238) Eine ähnliche Haltung spricht aus den Worten Edgars in *König Lear*: «Dulden muss der Mensch sein Scheiden wie sein Kommen, / Reif sein ist alles.» (V,2; 9–11)

Obwohl sich noch viele Zitate anführen ließen, in denen ein ähnlicher Fatalismus anklingt, lässt doch nichts auf eine durchgängig deterministische Weltsicht schließen. Ein objektives Schicksal im Sinne der antiken Moira tritt bei Shakespeare nirgends in Aktion. In der das Tragische streifenden Komödie *Ende gut, alles gut* spricht die Heldin Helena dies deutlich aus:

> Das Heilende, das wir für himmlisch halten,
> Liegt in uns selber oft. Des Himmels Walten
> Lässt freien Raum uns, hemmt nur dann das Tun,
> Wenn unsre Kräfte stumpf und träge ruhn.
> (I, 1; 235–238)

Als Ursache dafür, dass der Mensch unter die Fremdbestimmung des Schicksals gerät, wird hier der Verzicht auf autonomes Handeln genannt. Somit hätte Hamlet durch sein Zaudern sein eigenes Schicksal erst heraufbeschworen. Umgekehrt fällt Macbeth seinem Schicksal dadurch zum Opfer, dass er die Prophezeiung der Hexen selbst erfüllt.

Schein und Sein

Dass die Welt nicht so ist, wie sie scheint, wird in Shakespeares Stücken immer wieder thematisiert. In den Komödien könnte man noch vermuten, dass die Verwechslung von Schein und Sein nur als Quelle von Komik eingesetzt wird. Nicht ohne Grund gehört das Verwechseln von eineiigen Zwillingen zu den ältesten und beliebtesten Motiven. Plautus übernahm es aus einem verlorenen Stück des Poseidippos für seine Komödie *Menaechmi*, die ihrerseits die Vorlage für Shakespeares *Komödie der Irrungen* wurde, in der dem Zwillingsheldenpaar noch Zwillingsdiener beigegeben werden. Shakespeare begnügt sich dabei nicht mit bloßer Komik. Bei ihm wird die Inkongruenz von Schein und Sein in vielen Fällen zu einem Problem. In *Othello* wird die tragische Handlung durch ein Taschentuch ausgelöst, das den Anschein eines ehebrecherischen Verhältnisses zwischen Desdemona und Cassio weckt. Während Othello diesem Schein zum Opfer fällt, wählt sein Gegner Jago ganz bewusst die Verstellung und spricht dies sogar offen aus, wenn er bereits in der ersten Szene des Stücks von sich sagt: «Ich bin nicht, der ich bin» (I,1, 65). Aus diesem Satz muss das bibelkundige Publikum das ICH BIN, DER ICH BIN herausgehört haben, das Gott in Exodus 2,14 von sich sagt und das im Englischen meist mit Großbuchstaben zitiert wird. Damit stellt sich Jago, der das Täuschen als sein Prinzip zugibt, von Anfang an als satanischer Widersacher der göttlichen Ordnung dar. Zu einer tragischen Missdeutung des Scheins kommt es in *Romeo und Julia*, als der zurückkehrende Romeo seine von einer Droge nur betäubte Braut im Grabgewölbe für tot hält und sich umbringt. Komisch und tiefsinnig zugleich ist das Verwirrspiel von Schein und Sein im *Sommernachtstraum*. Hier lacht man als Zuschauer darüber, dass sich Titania unter dem Einfluss einer Liebesdroge in einen Mann mit Eselskopf verliebt, und man weiß doch zugleich, dass Liebe auch ohne Droge blind macht.

Mann und Frau

Das Verhältnis von Mann und Frau gehört zu den zentralen Themen in Shakespeares Werken. In den beiden Liebestragödien *Romeo und Julia* und *Antonius und Cleopatra* steht es im Mittelpunkt der Handlung, ebenso in dem Eifersuchtsdrama *Othello*. Unerlässlich ist es für die Handlung der Komödien, da diese die Überwindung der Widerstände zwischen Liebenden und zuletzt deren Vereinigung zum Ziel haben. Im Zusammenhang mit dem elisabethanischen Frauenbild wurde bereits gesagt, dass Shakespeare in diesem Punkt ein Kind seiner Zeit war und Ansichten teilte, die man heute als diskriminierende Vorurteile empfindet. Für ihn wie für alle Elisabethaner war klar, dass Frauen nicht nur körperlich, sondern auch moralisch schwächer seien als Männer. Sie galten als Menschen von schwachem Verstand und starker Sinnlichkeit, weshalb sie der Zähmung durch den Mann bedurften. In *Der Widerspenstigen Zähmung* wird dies in komischer Form vorgeführt. Doch am Ende ist hier schwer zu sagen, ob die widerspenstige Katharina wirklich gezähmt ist oder ob sie nicht eher mit weiblicher List die Unterworfene nur spielt. Jedenfalls wirkt sie in ihrem abschließenden Bekenntnis zum Gehorsam gegenüber dem Ehemann wie die schlaue Portia im *Kaufmann von Venedig*, die sich einerseits bei der Kästchenwahl der Bedingung ihres Vaters widerspruchslos unterwirft und die doch andererseits mit souveräner Überlegenheit die Fäden des ganzen Stücks in der Hand hält. Zu den Überlegenen gehört auch Rosalinde in *Wie es euch gefällt*. Die Skala unterschiedlicher Frauentypen ist bei Shakespeare sehr weit, wobei auffällt, wie oft starke Frauen bei ihm das Vorurteil widerlegen, das er ansonsten zu teilen scheint.

Gerechtigkeit und Gnade

Zu den bekanntesten und poetisch einprägsamsten Reden aus Shakespeares Stücken zählt Portias Plädoyer für die Gnade im *Kaufmann von Venedig*:

Dem Wesen nach ist Gnade frei von Zwang.
Sie tropft vom Himmel wie der sanfte Regen
auf das darunter und bringt zwiefach Segen:
sie segnet den, der gibt, und den, der nimmt,
und ist am mächtigsten im Mächtigsten.
Dem Fürsten steht sie besser als die Krone.
Sein Szepter ist nur Attribut von Macht
und Würde seiner zeitlichen Gewalt,
es steht für Angst und Furcht vor Königen.
Doch Gnade übersteigt des Szepters Bann,
denn sie thront in den Herzen der Monarchen.
Sie ist ein Attribut von Gott höchstselbst.
Am göttlichsten zeigt Erdenmacht sich dort,
wo sie das Recht mit Gnade würzt.

(IV, 1; 182–195)

Mit dieser Rede appelliert Portia an Shylock, um ihn dazu zu bewegen, seine Forderung nach einem Pfund Fleisch aus Antonios Körper aufzugeben und stattdessen Geld anzunehmen. Da Shylock aber darauf aus ist, sich für die lebenslangen Demütigungen, die er als Jude hinnehmen musste, an dem reichen Kaufmann zu rächen, wird ihm schließlich selbst keine Gnade zuteil. Dank dem Advokatentrick, den Portia als verkleideter Rechtsgelehrter gegen ihn ins Spiel bringt, verliert er am Ende fast seinen ganzen Besitz und wird dazu verurteilt, zum Christentum zu konvertieren. Wenn man vorher gehört oder gelesen hat, wie eindringlich Shylock sein Leiden an der Diskriminierung als Jude schilderte, würde man ihm ein wenig von der Gnade wünschen, für die Portia plädierte, und es drängt sich das Gefühl auf, dass Shakespeare hier selbst gnadenlos war. Allerdings hatte sich Shylock dies durch die eigene Gnadenlosigkeit zugezogen. Im Fall von Angelo in *Maß für Maß* ist Shakespeare gnädiger. Diesem Puritaner, der fremde Verstöße gegen die Sexualmoral gnadenlos ahnden wollte, aber die eigene Lüsternheit mit erpresserischen Mitteln zu befriedigen suchte, wird vergeben, während ein anderer lockerer Vogel, der einer Hure ein Kind gemacht hat, unter Androhung des Todes dazu verurteilt wird, sie zu heiraten. Dieses Ende hat manchen an der Gerechtigkeit des Dichters zweifeln lassen

Musik

Die Musik spielte im elisabethanischen Theater nicht nur bei der Aufführung der Stücke eine wichtige Rolle. Von Shakespeare wird sie außerdem immer wieder als Gleichnis für eine moralisch-kosmische Sphäre zitiert. Zu den sprachlich schönsten Stellen, in denen er auf Musik Bezug nimmt, gehört die folgende in *Der Kaufmann von Venedig*, die wegen ihres sprachlichen Wohllauts und der ausdrucksvollen Bildersprache zuvor im Original wiedergegeben werden soll. Der Venezianer Lorenzo belehrt darin seine Braut Jessica, die Tochter des für Musik unempfänglichen Juden Shylock, über die musikalische Ordnung des Kosmos:

How sweet the moonlight sleeps upon this bank!
Here will we sit, and let the sounds of music
Creep in our ears; soft stillness and the night
Become the touches of sweet harmony.
Sit, Jessica: look how the floor of heaven
Is thick inlaid with patines of bright gold:
There's not the smallest orb which thou behold'st
But in his motion like an angel sings,
Still choiring to the young-eyed cherubims.
Such harmony is in immortal souls,
But whilst this muddy vesture of decay
Doth grossly close it in, we cannot hear it.
(V, 1; 53–65)

...
The man that hath no music in himself
Nor is not moved with concord of sweet sounds,
Is fit for treasons, strategems, and spoils,
The motions of his spirit are dull as night
And his affections dark as Erebus.
Let no such man be trusted: – mark the music.
(V, 1, 83–88)

Wie süß das Mondlicht auf dem Hügel schläft!
Hier lass uns sitzen, lasst Musik ins Ohr
uns schleichen – sanfte Stille und die Nacht,
sie passen gut zu süßer Harmonie.

Sitz nieder, – schau, wie dort des Himmels Boden
mit Schalen eingelegten Goldes glänzt:
Und keine ist darunter, deren Bahn
nicht wie mit einer Engelsstimme singt,
im Chor mit kinderäug'gen Cherubimen.
Solch Harmonie ist auch in unseren Seelen;
nur weil das schmutz'ge Kleid der Sterblichkeit
sie vor uns grob verhüllt, hörn wir sie nicht.
...
Der Mensch, der nicht Musik in sich verspürt,
den nicht der Töne Einklang innerlich bewegt,
taugt zu Verrat, zu Hinterlist und Raub.
Dumpf wie die Nacht ist seiner Seele Regung
und sein Gefühl ist dunkel wie der Hades:
Trau keinem solchen – hör auf die Musik.

Dass der ganze Kosmos, die Bahnen der Gestirne und die Kugelschalen, auf denen sich, wie man glaubte, die Planeten bewegten, in musikalischen Proportionen zueinander standen und eine unhörbare Sphärenmusik erzeugten, war damals noch immer die herrschende Vorstellung. Wenn Caesar von Cassius sagt: «Er hört keine Musik», dann entspricht das den übrigen Defiziten, die er an ihm feststellt: er liest nicht, spielt nicht, lacht nicht und ist obendrein zu mager. Auch Shylock hat keinen Sinn für Musik, im Gegensatz zu seiner Tochter Jessica, die ihn später verlässt. Die Musik ist bei Shakespeare Inbegriff einer zwanglosen Ordnung und daher etwas, das zusammen mit den ehrenvollen Leidenschaften seinen Sitz im Herzen hat und zwischen Kopf und Leber vermittelt.

Patriotismus

Shakespeare lebte vier Jahrzehnte lang unter einer Königin, die vom Volk verehrt und von Dichtern – teils aus Überzeugung, teils um der Protektion willen – in Versen gefeiert und vergöttert wurde. Edmund Spenser machte sie als Gloriana zur mythischen Feenkönigin, Dramatiker wie Peele und Ben Jonson fügten in Stücke, die bei Hofe aufgeführt werden sollten, eine Rolle für die Königin ein, und andere Versdichter sparten nicht mit poetischen Komplimenten jedweder Art. In diesem Chor des Beifalls fehlt Shakespeares Stimme. Es kamen zwar später Legenden auf wie die, dass er auf persönlichen Wunsch der Königin, die gerne einen verliebten Falstaff sehen wollte, die *Lustigen Weiber von Windsor* geschrieben habe, doch ist dies durch keine Quelle belegt. In seinen Werken hat Shakespeare Elisabeth nur ein einziges Mal erwähnt, und auch das erst neun Jahre nach ihrem Tod, als er zusammen mit Fletcher das Stück *All Is True* (Alles ist wahr), besser bekannt als *Heinrich VIII.*, schrieb, in dem die Geburt der späteren Königin erwähnt wird. Das Stück endet mit einer Prophezeiung des Bischofs Cranmer, wonach das eben geborene Mädchen eine Zeit des Friedens, des Wohlstands und der Ehre für England herbeiführen werde. Das klingt eher nach Panegyrik an die Adresse Jakobs I. als nach Verehrung der Königin. In seinen übrigen Werken gibt es zwei Stellen und ein ganzes Stück, wo er sich als englischer Patriot äußert. Das Stück ist *Heinrich V.*, dessen Held als Shakespeares *model king* bezeichnet wird, und die beiden patriotischen Texte stammen bezeichnenderweise aus Stücken, die von schwachen Königen handeln. In *König Johann*, dessen Titelheld als Johann Ohneland in die Geschichte einging und dem die Barone die Magna Charta abtrotzten, ist der eigentliche Held der illegitime Sohn von Richard Löwenherz, der das Zeug zu einem großen König gehabt hätte, aber als Bastard von der Thronfolge ausgeschlossen war. Als zuletzt die Krone von dem sterbenden Johann auf seinen Sohn Heinrich III. übergeht und die Barone sich auf ihre nationale Loyalität besinnen, spricht der Bastard die patriotischen Worte:

> Dies England lag niemals und legt sich nie
> Zu Füßen eines stolzen Eindringlings,
> Es sei denn, dass es selbst sich niederschlägt.
> Da seine Prinzen nun zurückgekehrt,
> Mag gegen uns der Rest der Welt antreten:
> Wir fegen furchtlos sie hinweg wie Spreu,
> Bleibt England nur sich selber treu.
>
> (V, 7; 112–118)

Das zweite, noch viel bekanntere Zitat stammt aus *Richard II.* und wird später bei der Betrachtung dieses Stücks in voller Länge zitiert.

Religion

Die Vermutung, dass Shakespeare Katholik gewesen sei, wurde bereits im biographischen Teil diskutiert. In seinen Werken gibt es dafür kaum Anhaltspunkte. Da in seiner Jugend fast alle Gleichaltrigen in Familien aufwuchsen, die noch römisch-katholisch geprägt waren, hätte er schon puritanische Eltern haben müssen, um nichts von dieser Prägung mitzubekommen. Die anglikanische Staatskirche unterschied sich von der katholischen Lehre nur in wenigen Punkten: sie lehnte den Autoritätsanspruch des Papstes, die Reliquienverehrung, den Glauben an das Fegefeuer und die Transsubstantiationslehre beim Abendmahl ab. Im Übrigen aber lebte die alte christliche Tradition fort. In Shakespeares Stücken ist sie allgegenwärtig. Es gibt darin Bischöfe, Priester und Mönche, es wird gebetet, mit Gottes Strafe gedroht und vor der Hölle gewarnt. Dennoch fallen wesentliche Kernelemente der christlichen Glaubenslehre gerade durch ihre Abwesenheit auf. So gibt es kaum einen Ausdruck von Erlösungsgewissheit. Wenn Shakespeares Prospero im *Sturm* sagt: «Wir sind aus Stoff / Wie dem der Träume: unser kleines Leben / Umgibt ein Schlaf.» (IV,1; 156–158), dann klingt das so agnostisch wie Hamlets berühmter Monolog, in dem er das Zurückscheuen vor dem Selbstmord einzig der Ungewissheit darüber zuschreibt, was nach dem Tode kommen mag. Noch skeptischer, geradezu atheistisch muten die Worte Macbeths an, der das Leben als «ein Märchen / erzählt von einem Irren, voller Lärm / und Wut, doch ohne Sinn» beschreibt. Wohlgemerkt, dies alles ist Rollensprache, und im Fall von Macbeth die eines blutbesudelten Usurpators. Doch wenn solchen Äußerungen nichts entgegensteht, worin sich christliche Erlösungsgewissheit ausdrückt, wird man bei Shakespeare ein hohes Maß an Skepsis, womöglich auch an Pessimismus vermuten.

Christlicher Glaube im engeren Sinn spricht nur aus dem Sonett Nr. 146, das aber nichts spezifisch Katholisches enthält. Es gibt allerdings Gründe, die das Fehlen religiöser Äußerungen erklären könnten. Ein Gesetz von 1605 bedrohte jeden, der auf der Bühne den Namen Gottes, Jesu oder des Heiligen Geistes «zum Spaß oder profan» (*jestingly or profanely*) gebraucht, mit einer Strafe von 10 Pfund. Respektvoller Gebrauch der Namen wäre zwar erlaubt gewesen, doch scheint Shakespeare das Risiko bewusst gemieden zu haben. Während in den früheren Stücken der Name Gottes oft fällt – in *Richard III.* allein 103 Mal –, schwindet er aus den späteren Stücken nahezu ganz oder wird, wie in *König Lear,* durch den heidnischen Plural *gods* ersetzt. In diesem Stück sagt Gloucester: «Was Fliegen sind / Für wilde Knaben, das sind wir den Göttern: / Sie töten uns zum Spaß.» (IV,1; 36 ff.)

Zwingende Argumente, die Shakespeare als überzeugten Katholiken ausweisen – womöglich gar mit religiösen Umsturzplänen –, gibt es weder in den Quellen noch in den Werken. In Letzteren erweist er sich eher als ein zwischen Glaube und Skepsis schwankender Mensch, der auf der Schwelle der Neuzeit die alte Glaubensgewissheit verloren und eine neue vernunftbegründete Gottesvorstellung noch nicht gefunden hat. Es gibt nur ein einziges Gedicht von ihm, das etwas tiefer in seine religiösen Gefühle blicken ließe, wenn man die darin verschlüsselten Allegorien enträtseln könnte – vorausgesetzt, dass es überhaupt von ihm stammt. 1601 druckte Richard Field für den Verleger Edward Blount das von Robert Chester verfasste Gedicht *Loves Martyr: Or, Rosalind's Complaint. Allegorically showing the truth of Love, in the constant Fate of the Phoenix and the Turtle* (Der Märtyrer der Liebe: oder Rosalindes Klage. Eine allegorische Darstellung der wahren Liebe am immerwährenden Schicksal des Phoenix und der Turteltaube). In dem Gedicht rühmt Chester die unverbrüchliche Liebe seines Gönners Sir John Salisbury zu seiner Frau Ursula. Dem Gedicht sind vierzehn *poeticall essaies* von anderen Dichtern über das gleiche Thema beigegeben, von denen zwei Ben Jonson und je eins Marston, Chapman und Shakespeare zugeschrieben sind. Für die andern wird kein Autor genannt. Shakespeares Beitrag, der dort keinen Titel trägt, ist als *The Phoenix and the Turtle* (Der Phoenix und die Turteltaube) in seine Werke eingegangen, wo es trotz seiner sprachlichen Schönheit wie ein Fremdkörper wirkt. Viel eher würde man es eine Generation später bei den *metaphysical poets* vermuten. Eine schlüssige Interpretation des Gedichts scheint es bisher nicht zu geben. Ein anderes Gedicht mit religiösem Unterton, das 1612 unter dem Titel *A Funeral Elegy in memory of the late virtuous Master William Peter Whipton near Exeter* (Eine Trauerelegie im Andenken an den verstorbenen tugendhaften Meister W. P. W. bei Exeter) mit den Autorinitialen W. S. erschien, wird erst seit seiner Wiederentdeckung 1989 von einigen Kritikern Shakespeare zugeschrieben. An poetischer Qualität reicht es nicht an das zuvor Genannte heran.

Narren der Zeit

Kein anderes Motiv kehrt in Shakespeares Werken so obsessiv wieder wie der Gedanke an die Verfallenheit des Menschen an die Zeit. In den Sonetten grundiert es den gesamten Zyklus, und auch in den Dramen klingt es immer wieder an. Besonders auffällig ist die Formulierung *fool of time*, «Narr der Zeit», die nicht erst in den Sonetten 116 und 124 bedeutungsschwer auftaucht, sondern bereits am Schluss des ersten Teils von *Heinrich IV.* dem sterbenden Percy Hotspur in den Mund gelegt ist. Hotspur ist ein Draufgänger wie Fortinbras; und so wie dieser mit dem zaudernden Hamlet kontrastiert wird, steht Percy als Tatmensch dem Prinzen Harry gegenüber, der vor seiner Thronbesteigung ein Lotterleben in Gesellschaft Falstaffs führt und sich vor dem Königsamt zu fürchten scheint. Doch dieser Tunichtgut besiegt den Heißsporn, der mit den Worten stirbt:

> O, Harry, meine Jugend nahmst du mir.
> Das Leben zu verlieren schmerzt mich nicht
> so sehr wie der Verlust des stolzen Ruhms.
> Die Wunde traf mich härter als dein Schwert.
> Doch Denken ist des Lebens Sklave nur
> und Leben: Narr der Zeit; und Zeit, die doch
> die ganze Welt mit Herrschaftsblick erfasst,
> kommt jetzt zum Halt.
> (*Heinrich IV.*, Teil 1; V, 4; 77–83)

Erinnert man sich daran, wie Shakespeare in Sonett 121 von seinen wilden Jahre spricht und wie er zugleich immer wieder für Stetigkeit in der Liebe plädiert, dann gewinnt man den Eindruck, dass er seine eigene Persönlichkeit hier in Hotspur und Prinz Harry aufgespalten hat, so wie er es später gleich dreifach mit Hamlet, Horatio und Fortinbras tut. Wenn sich überhaupt eine allgemeine Lebensmaxime aus seinen

Sonetten und dem Gesamtwerk herauslesen lässt, dann wohl diese: Dem Fluss der Zeit und der allgemeinen Vergänglichkeit kann der Mensch nur dadurch widerstehen, dass er sich selbst und seiner Liebe treu bleibt und jede Liebedienerei verweigert. Das Problem dabei ist nur, dass alles Handeln Leidenschaft erfordert und damit einen Eintritt in den Fluss der Zeit bedeutet, so dass nur ein Nichthandelnder wie Hamlets Freund Horatio innerlich frei bleibt und nicht zum Narren der Zeit wird.

Eines der schwierigsten, zugleich aber aufschlussreichsten Sonette ist Nr. 124. Darin stellt er die unerschütterliche Stetigkeit der Liebe als zentralen Wert dem wetterwendischen Taktieren entgegen und ruft dafür die «Narren der Zeit» als Zeugen auf, «die für das Gute sterben und in Sünde lebten» *(which die for goodness, who have lived for crime)*. Manche Kommentatoren meinen, Shakespeare spiele hier auf Menschen an, die sich nach einem sündigen Leben in den Schoß der Kirche flüchten. Es wird sogar eine direkte Anspielung auf die verurteilten Katholiken nach der Pulververschwörung von 1605 vermutet. *To die for goodness* kann aber auch bedeuten, «sehr stark nach dem Guten verlangen». Dann hätte das Couplet die allgemeine Bedeutung, dass Menschen trotz ihres Verlangens nach dem Guten in Sünde leben, weil ihnen die innere Beständigkeit fehlt, die Shakespeare in seinen Sonetten als höchste Tugend preist.

Mit dieser rigorosen Forderung nach moralischer Innenleitung ist Shakespeare trotz seines Festhaltens an den tradierten *ordo*-Vorstellungen des Mittelalters ein Herold des neuzeitlichen Menschen und steht damit der protestantischen Haltung näher als der katholischen. Was ihn aber vom puritanischen Protestantismus abgestoßen haben muss, ist dessen moralische Selbstgewissheit. Seine Stücke zeichnen sich vor denen fast aller anderen Dramatiker gerade dadurch aus, dass es darin selten nur eine moralische Position gibt. So stellen z. B. Hamlet, Fortinbras und Horatio zusammen einen in sich widersprüchlichen positiven Wertkomplex dar; und das geflügelte Wort *to thine own self be true* (dem eignen Selbst sei treu) legt er ausgerechnet dem Polonius in den Mund, den er als einen etwas lächerlichen Pedanten zeigt. «Sich selbst treu sein» ist nach allem, was Shakespeare in seinen Werken aussagt, der Kern seines Credos. Doch an welchem Wert sich das Selbst orientieren soll, ist bei ihm nicht so eindeutig. Ebendas ist die innere Bruchstelle, die ihm den

Blick für das Tragische öffnet. Die Ambivalenz seiner Wertvorstellungen erlaubte ihm, selbst einem Verbrecher wie Macbeth Gerechtigkeit widerfahren zu lassen; und sie befähigte ihn, dem Juden Shylock im *Kaufmann von Venedig* Sätze in den Mund zu legen, die genauso berechtigt zu sein scheinen wie Portias Plädoyer für die Gnade.

Die Klage über das unaufhaltsame Verrinnen der Zeit, die in den Sonetten obsessiv wiederkehrt und die auch in den Dramen immer wieder anklingt, lässt Shakespeares Werk näher am europäischen Barock als an der Renaissance erscheinen, denn das Hin-und-Her-Gerissensein zwischen dem Prinzip des *Carpe diem,* «Genieße den Tag», und dem des *Sic transit gloria mundi,* «So vergeht der Ruhm der Welt», gilt allgemein als ein Grundzug des Barock. Zwar sind beide Motive auch in der Dichtung der Renaissance regelmäßig anzutreffen, doch sie werden dort noch vom Ethos der *virtù* überdeckt, während im Barock die beiden Grundmotive unter dem für die Epoche noch charakteristischeren Leitspruch des *Memento mori,* «Gedenke, dass du sterben musst», stehen. Von diesem barocken Ethos ist bei Shakespeare wenig zu spüren. Für ihn zählen noch die Werte der Mannesehre und des Schaffens unvergänglicher Kunst, die den Geist der Renaissance beherrschten.

Genie und Bürger

Über die Werke eines Künstlers lässt sich in der Regel unparteiisch diskutieren, zumal wenn sie weit genug zurückliegen. Doch bei der Beurteilung seiner Person fällt das schwerer. Dass Genies selten vorbildliche Menschen waren, ist durch die Kulturgeschichte hinreichend belegt. Ebenso bekannt ist, dass die persönliche Moral eines Autors nicht notwendig zum Wert seiner Werke beiträgt. Heutzutage scheiden sich die Geister oft schon nach dem Geschlecht. Nur wenige männliche Genies waren gute Ehemänner und Väter, was die Sympathie für sie bei Frauen dämpft. Da Shakespeare spätestens ab 1589 zwei Jahrzehnte fern von seiner Familie verbrachte und nur selten und meist aus geschäftlichem Anlass in Stratford auftauchte, wird man sich ihn kaum als treuen Ehemann vorstellen können. Ein treusorgender Vater war er allerdings, denn seine steigenden Einkünfte verbrauchte er nicht für persönlichen Luxus und anscheinend auch nicht für die Finanzierung von Maitressen, sondern investierte sie zum Nutzen der Familie in seiner Heimatstadt.

Dass er die Ehe mit Anne Hathaway wohl nur unter dem Druck der begonnenen Schwangerschaft einging, wurde bereits erwähnt. Es wird immer unklar bleiben, ob sich die acht Jahre ältere Anne den 18-jährigen Sohn eines angesehenen Bürgers als Ehemann einfing oder ob William um sie warb. In beiden Fällen gibt es daran nichts zu bemäkeln. Sexuelle Partnerwahl ist ein Wettbewerb, auf dem die Evolution der menschlichen Spezies beruht. Es liegt in der Natur der Sache, dass dabei zwei Menschen ihren Vorteil suchen. Die Wahrscheinlichkeit spricht dafür, dass auch in diesem Fall die Wahl erst einmal beide Partner zufriedenstellte. Dann aber hatte Anne das Pech, dass ihr Ehemann zum Dichter wurde. War sie verpflichtet, sich ganz in den Dienst seines Genies zu stellen? Hatte er das Recht, seine Frau zugunsten seiner Kunst zu vernachlässigen? Es ist das Dilemma, das man von vielen, wenn nicht den meisten Genies kennt und das sich nicht auflösen lässt. Doch anders als so viele – etwa Dickens – hat Shakespeare seine Frau nicht verlassen und gegen eine attraktivere, ihm ebenbürtige Geliebte eingetauscht. Schon das spricht für eine moralische Entscheidung, die sich an dem Wert der von ihm so hochgeschätzten Stetigkeit in Freundschaft und Liebe orientiert.

Etwas anderes unterscheidet ihn noch auffälliger von den Genies, die man aus den verschiedenen Künsten kennt, nämlich das Fehlen von Ruhmsucht und Eitelkeit. Während sein Konkurrent Ben Jonson unablässig die Werbetrommel in eigener Sache rührte, ist von Shakespeare nichts dergleichen bekannt. Angesichts der Theaterfreundlichkeit Jakobs I. hätte es auch für ihn nahegelegen, wie viele seiner Berufskollegen die Gunst des Königs zu suchen und sich bei Hofe mit Maskenspielen beliebt zu machen. Mangelndes Selbstbewusstsein kann nicht der Grund für seine Zurückhaltung gewesen sein, denn in den Sonetten betonte er immer wieder den Ewigkeitswert seiner Dichtung. Anscheinend widerstrebte es ihm, um die Gunst hochgestellter Persönlichkeiten zu buhlen. Selbst dem Publikum im Theater redete er nicht nach dem Munde, er sprang auch nicht auf den Zug der neuesten Mode. Seine hierarchische Weltsicht kam dem aufstrebenden Bürgertum nicht entgegen; und sein Beharren auf poetischer Qualität hielt ihn davon ab, sensationelle *sex and crime*-Stücke zu schreiben, die in den letzten Jahren seines Schaffens die Bühne eroberten.

War es künstlerisches Ethos oder gab es biographische Erfahrungen, die ihn publikumsscheu machten? Da er anfangs vitale Figuren wie den amoralischen Falstaff auf die Bühne brachte und später mit Hamlet, Lear, Timon und Prospero ausgeprägte Moralisten folgen ließ, wird von manchen Biographen vermutet, dass eine Geschlechtskrankheit diesen Wandel bei ihm ausgelöst haben könnte. Doch Beweise dafür gibt es nicht, auch wenn der Mediziner John J. Ross in seinem Buch *Shakespeare's Tremor and Orwell's Cough* (2012; Shakespeares Tremor und Orwells Husten) plausible Gründe dafür aufzeigt. Das zunehmende Gewicht, das Shakespeare in seinen späten Werken der Jungfräulichkeit beimisst, und die sich häufenden Anspielungen auf Geschlechtskrankheiten könnten durchaus eine biographische Wurzel haben. Doch aus der Art, wie er dieses Thema darstellt, lässt sich keine eindeutige Haltung herauslesen.

Was allgemein über Shakespeares Weltsicht gesagt wurde, trifft auch hier zu, nämlich dass seine Haltung ambivalent ist. Am deutlichsten zeigt sich das in den Sonetten an die Dark Lady, wo er die eigene Fleischheit als einen Fieberwahn erlebt und sich im nächsten Augenblick wieder ganz zu ihr bekennt. Vielleicht ist gerade das, was die psychologische Tiefe seiner Werke ausmacht – nämlich die Fähigkeit, gleichzeitig die Seite der Vernunft und die der Leidenschaft zu vertreten –, der Grund dafür, dass seiner Person jegliche Prominenz abgeht, denn hätte er sich öffentlich profiliert, hätte er wohl Position beziehen und eine gesellschaftliche Rolle spielen müssen. Diejenigen Kritiker, die Shakespeare für einen Katholiken halten, könnten auch das als Grund für sein gesellschaftliches Schattendasein ansehen. Wäre er tatsächlich ein praktizierender Anhänger des alten Glaubens gewesen, hätte er natürlich jede Art von öffentlicher Prominenz vermeiden müssen. Aber auch hier gilt das, was eben gesagt und im Zusammenhang mit seiner Weltsicht ausgeführt wurde, nämlich dass aus seinen Werken kein festes Gottvertrauen, wohl aber sehr viel Agnostizismus spricht. So scheint denn die Ambivalenz seines Werkes, die dessen Tiefe und Reichtum ausmacht, zugleich die plausibelste Erklärung dafür zu sein, dass er als Mensch und Bürger so wenig prominent hervortrat.

Erst in jüngster Zeit haben Biographen den Mut gefasst, Shakespeare vom Sockel herunterzuholen und ihn ohne anbetende Attitüde als einen realen Menschen zu beschreiben. Zu den ersten gehört bezeichnenderweise eine Frau. Katherine Duncan-Jones, die 2001 das Buch *Ungentle Shakespeare* (Unvornehmer Shakespeare) herausbrachte, das 2010 unter dem Titel *Shakespeare: An Ungentle Life* als Paperback neu aufgelegt wurde, unternimmt darin keine Demontage des traditionellen Shakespeare-Bildes, sondern gibt nur dem Menschlich-Allzumenschlichen mehr Raum. Neben den schon früher diskutierten Aspekten von Shakespeares Ehe und seiner Geschäftstüchtigkeit rückt sie noch einen dritten in helleres Licht, nämlich den Zug von sozialer Kälte, der unter anderem daraus spricht, dass er als einer der wohlhabendsten Bürger seiner Stadt kein Geld für wohltätige Zwecke stiftete. Mit dem Kauf von New Place erwarb er 1597 das zweitgrößte Haus seiner Heimatstadt, das von einem ihrer großen Wohltäter erbaut worden war: von Sir Hugh Clopton, der es bis zum Lord Mayor von London gebracht hatte. Doch für Shakespeare war der Vorbesitzer offensichtlich kein Ansporn, sich auf ähnliche Weise in die Erinnerung seiner Stadt einzuschreiben. Während der Schauspieler Edward Alleyn sein beträchtliches Vermögen in eine Stiftung einbrachte, rang Shakespeare sich in seinem Testament nur ein mageres Legat von 10 Pfund für die Armen der Stadt ab. Mit dieser Zugeknöpftheit in Gelddingen gleicht er dem zweiten Superstar der englischen Literatur, Charles Dickens, der zwar enorm viel Zeit und Arbeitskraft in philanthropische Unternehmungen investierte, aber kein eigenes Geld. Beide waren soziale Aufsteiger, die stolz auf ihre ökonomischen Erfolge waren, ohne dabei Parvenüs zu werden. Während aber der Viktorianer egalitär fühlte und dachte, scheint der Elisabethaner ein elitäres Bewusstsein von Ranghöhe entwickelt zu haben. Versucht man, sich in einen Aufsteiger einzufühlen, der einerseits den Wert der eigenen Kunst kennt und sich andererseits seiner sozialen Herkunft und der Grenzen seiner klassischen Bildung bewusst ist, wird man vielleicht zu dem Schluss kommen, dass Shakespeare sich aus einer Mischung von Stolz und Trotz hinter seinem Werk verborgen hielt. Das würde auch erklären, weshalb Stolz und Trotz in seinen Dramen eine so große Rolle spielen, man denke an Charaktere wie Shylock, Hamlet, Timon und Coriolan, um nur einige zu nennen. Shakespeares Freunde, die 1623 die Herausgabe seiner gesammelten Dramen besorgten und dem Buch rühmende Äußerungen über ihn beigaben, hatten jedenfalls die Ranghöhe ihres Kollegen erkannt. Selbst Ben Jonson, der einen Anflug von Neid nicht ganz unterdrücken konnte, kommentierte das nicht besonders eindrucksvolle Porträt des Dichters auf dem Titelblatt des Buches so:

An den Leser

Dies Bild, das hier zu sehen ist –
Vom edlen Shakespeare stach es der Kopist,
Wobei er Mühe hatte, der Natur
Zu folgen mit der Nadel Spur.
O, hätt er ebenso präzis
Den Geist gezeichnet, wäre dies
Ein Bild, das alles übertrifft,
Was je gedruckt ward ohne Schrift.
Da er's nicht konnte, Leser, such
Im Bild nicht nach ihm, lies das Buch.

IV

DIE DRAMEN

MR. WILLIAM
SHAKESPEARES
COMEDIES,
HISTORIES, &
TRAGEDIES.

Publiſhed according to the True Originall Copies.

LONDON
Printed by Iſaac Iaggard, and Ed. Blount. 1623.

Titelblatt
der Ersten
Folio-Ausgabe

Die Erste Folio-Ausgabe

Ende 1623 erschien in London ein Buch, das nach Inhalt und Sammlerwert heute zu den kostbarsten der Weltliteratur zählt. Es trug den Titel *Mr. William Shakespeares Comedies, Histories & Tragedies. Published according to the True Originall Copies* und war die erste sorgfältig edierte Gesamtausgabe der Werke eines Dramatikers überhaupt. Der 907 Seiten starke Folioband, der von den Druckern Isaac Jaggard und Edward Blount verlegt, von Shakespeares Schauspielerkollegen John Heminges und Henry Condell herausgegeben und mit rühmenden Gedichten von prominenten Zeitgenossen wie Ben Jonson eingeleitet wurde, fand trotz des hohen Preises von einem Pfund so viele Käufer, dass neun Jahre später eine zweite, korrigierte Auflage folgen konnte, bei deren Erscheinen sich der Puritaner William Prynne darüber erregte, dass sie auf edlerem Papier gedruckt sei als die Bibel. Die erste Auflage war im Katalog der Frankfurter Buchmesse bereits für das Jahr 1622 angekündigt worden. Doch das Unternehmen, das mit viel Arbeit und hohem Kostenaufwand verbunden war, zog sich länger hin als geplant.

Unter den 36 Stücken des Bandes befinden sich 18, die darin zum ersten Mal gedruckt wurden. Für diese sicherte sich Jaggard kurz vor dem Erscheinen des Buchs am 8. November das Copyright durch Eintrag in das Stationers' Register. Für die übrigen Stücke musste er vorher die Rechte von den Verlegern früherer Quarto-Ausgaben erwerben. Bei *Troilus und Cressida* scheint es Probleme gegeben zu haben, denn das Stück ist erst in letzter Minute in den Band eingefügt worden, als das Inhaltsverzeichnis bereits gedruckt war, so dass es dort nicht aufgeführt ist. Das abgebildete Verzeichnis stammt aus dem Exemplar des Shakespeareforschers Edmond Malone aus dem 18. Jahrhundert, der den Titel des Stücks bei den Tragödien handschriftlich einfügte. Vielleicht waren die ersten Herausgeber aber auch unschlüssig, ob sie das Stück den Komö-

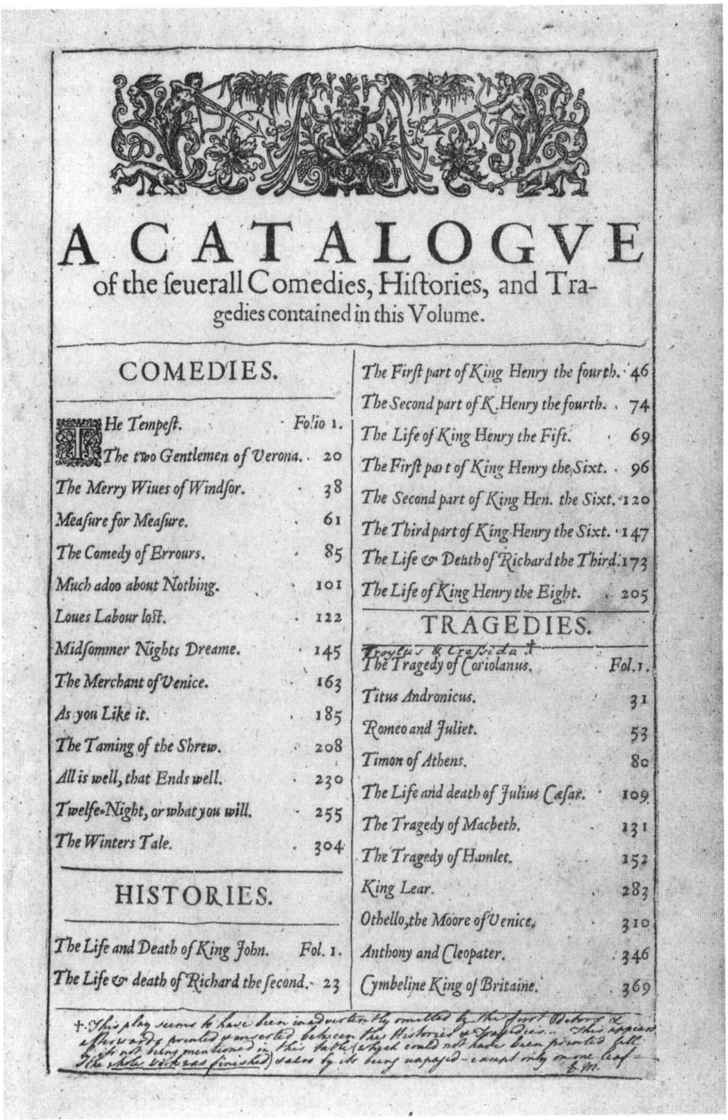

A CATALOGVE
of the seuerall Comedies, Histories, and Tragedies contained in this Volume.

COMEDIES.

The Tempest.	Folio 1.
The two Gentlemen of Verona.	20
The Merry Wiues of Windsor.	38
Measure for Measure.	61
The Comedy of Errours.	85
Much adoo about Nothing.	101
Loues Labour lost.	122
Midsommer Nights Dreame.	145
The Merchant of Venice.	163
As you Like it.	185
The Taming of the Shrew.	208
All is well, that Ends well.	230
Twelfe-Night, or what you will.	255
The Winters Tale.	304

HISTORIES.

The Life and Death of King John.	Fol. 1.
The Life & death of Richard the second.	23
The First part of King Henry the fourth.	46
The Second part of K. Henry the fourth.	74
The Life of King Henry the Fift.	69
The First part of King Henry the Sixt.	96
The Second part of King Hen. the Sixt.	120
The Third part of King Henry the Sixt.	147
The Life & Death of Richard the Third.	173
The Life of King Henry the Eight.	205

TRAGEDIES.

Troylus & Cressida †

The Tragedy of Coriolanus.	Fol. 1.
Titus Andronicus.	31
Romeo and Juliet.	53
Timon of Athens.	80
The Life and death of Julius Cæsar.	109
The Tragedy of Macbeth.	131
The Tragedy of Hamlet.	152
King Lear.	283
Othello, the Moore of Venice.	310
Anthony and Cleopater.	346
Cymbeline King of Britaine.	369

† This play seems to have been inadvertently omitted by the first Editors & afterwards printed & inserted between the Histories & Tragedies. This appears by its not being mentioned in this table (which could not have been printed till the whole work was finished) & also by its being unpaged – except only on one leaf – E. M.

dien oder den Tragödien zuschlagen sollten; denn die frühere Quarto-Ausgabe, auf die sich der Foliotext stützt, wird mit einem langen Text eingeleitet, in dem ein «Niemals-Schrei-

Inhaltsverzeichnis der Folio-Ausgabe

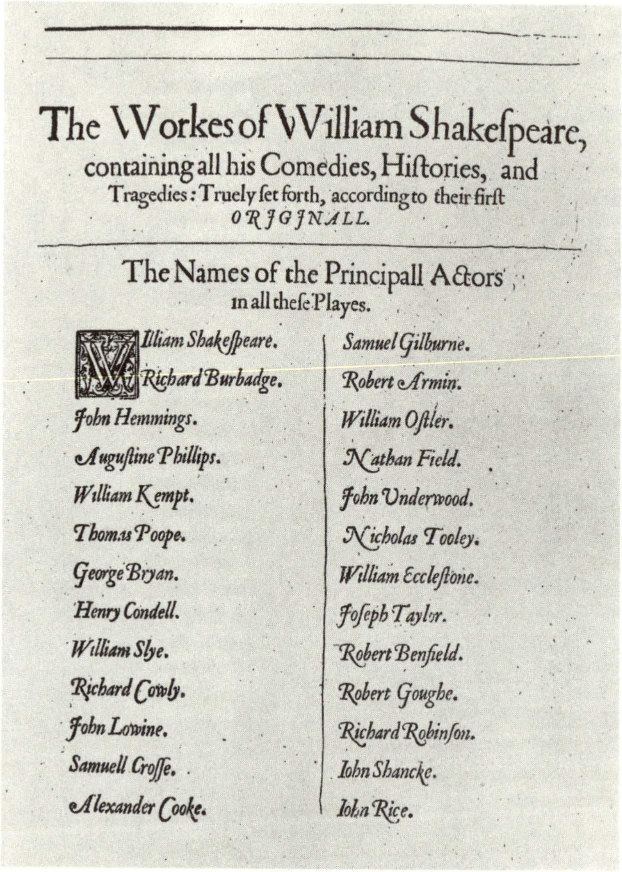

The Workes of William Shakeſpeare, containing all his Comedies, Hiſtories, and Tragedies: Truely ſet forth, according to their firſt ORIGINALL.

The Names of the Principall Actors in all theſe Playes.

William Shakeſpeare.	Samuel Gilburne.
Richard Burbadge.	Robert Armin.
John Hemmings.	William Oſtler.
Auguſtine Phillips.	Nathan Field.
William Kempt.	John Underwood.
Thomas Poope.	Nicholas Tooley.
George Bryan.	William Eccleſtone.
Henry Condell.	Joſeph Taylor.
William Slye.	Robert Benfield.
Richard Cowly.	Robert Goughe.
John Lowine.	Richard Robinſon.
Samuell Croſſe.	Iohn Shancke.
Alexander Cooke.	Iohn Rice.

Liste der Schauspieler in der Folio-Ausgabe

ber dem Immer-Leser» das Stück als Shakespeares geistreichste Komödie ans Herz legt. Von der ersten Folio-Ausgabe wurden wahrscheinlich 1000 Exemplare gedruckt, von denen rund 200, davon aber nur 14 vollständig, erhalten sind. Dass sich die einzelnen Exemplare zum Teil geringfügig unterscheiden, zeigt an, dass die Herausgeber noch während des Drucks Korrekturen vornahmen. 1663 kam eine dritte Auflage heraus, deren zweiter Nachdruck von 1664 sieben weitere Stücke enthält, von denen nur für *Pericles* Shakespeares Mitarbeit als gesichert gilt. Die übrigen sechs gelten als Shakespeare-Apokryphen. Danach ist zum Shakespeare-Kanon nur noch das Stück *Die beiden edlen Vettern* hinzugekommen, das Shakespeare zusammen mit John Fletcher verfasste. Bei einem weiteren Stück, *Edward III.*, wird Shakespeares Autorschaft vermutet, doch die Zuschreibung ist so wenig gesichert, das das Stück im vorliegenden Buch unberücksichtigt bleibt. Auch das verloren gegangene Stück *Cardenio* – vermutlich nach der Erzählung «Cardenio und Lucinda» aus Cervantes' *Don Quichotte*, der 1612 in englischer Übersetzung erschien – wird auf Grund einiger zeitgenössischer Hinweise als ein Gemeinschaftswerk von Shakespeare und Fletcher angesehen. Falls Heminges und Condell die Dramen, die Shakespeare zusammen mit Fletcher schrieb, mit Rücksicht auf diesen nicht aufnahmen, weil er noch lebte, würde das allerdings dafür sprechen, dass Fletcher nicht, wie allgemein angenommen, an dem Stück *Heinrich VIII.* beteiligt war, das sich in dem Folioband befindet. Auf die komplizierte Frage nach Shakespeares Zusammenarbeit mit anderen Dramatikern wird im Folgenden nicht eingegangen. In der Forschung werden viele Namen genannt, darunter Thomas Middleton, Thomas Dekker und Thomas Heywood.

Wie schwierig es für die Herausgeber gewesen sein muss, verlässliche Originaltexte zu bekommen, lässt sich ermessen, wenn man die Foliotexte der 18 schon vorher publizierten Stücke mit ihren Quarto-Ausgaben vergleicht. Die Forschung teilt Letztere in gute und schlechte ein. Die guten sind solche, denen ein autorisierter Text zugrunde lag, den der Verleger entweder vom Dichter selbst oder von seiner Schauspieltruppe gegen Honorar erworben hatte. Die schlechten sind Raubdrucke, die entweder auf Mitschriften von Aufführungen oder auf gestohlenen Rollenbüchern beteiligter Schauspieler beruhten. In einigen Fällen lässt sich sogar vermuten, welche Rolle der illegale Verkäufer des Textes in dem Stück gespielt hat, nämlich die, wo der Text in der Umgebung seines Auftritts weitgehend korrekt, ansonsten aber fehlerhaft oder gänzlich verstümmelt ist. Für die noch ungedruckten Stücke lagen den Druckern teils Manuskripte Shakespeares, teils Transkriptionen anderer Schreiber vor.

An der Einteilung der Stücke in Komödien, Historien und Tragödien hat sich seit der Folio-Ausgabe nichts geändert. Umstritten ist dagegen die Chronologie. Würde man sich auch hier mit einer Dreiteilung in frühe, mittlere und späte Werke begnügen, ließe sich vermutlich weitgehende Übereinstimmung erzielen, doch innerhalb der Gruppen gibt es nur wenige Anhaltspunkte für eine genauere Datierung. Als frühestes Stück wird von einigen Kritikern der zweite Teil der Trilogie *Heinrich VI.*, von anderen die Tragödie *Titus Andronicus* und von wieder anderen eine der frühen Komödien angesehen, entweder *Zwei Herren aus Verona* oder *Der Widerspenstigen Zähmung*. Lange Zeit wurde auch die *Komödie der Irrungen* dafür gehalten. Falls die von der Forschung gemachten Datierungsvorschläge annähernd zutreffen, müsste Shakespeare die hier genannten sieben frühen Stücke bis Ende 1594 geschrieben haben. Da als Zeitpunkt seines Einstiegs ins Londoner Theaterleben allgemein das Jahr 1589 angenommen wird, hätte er demnach in den ersten fünf Jahren seines Theaterlebens sieben Stücke, die beiden Verserzählungen und eine unbekannte Anzahl von Sonetten geschrieben. Bis zum Jahr 1614, dem spätestmöglichen Entstehungsdatum für sein letztes, zusammen mit John Fletcher verfasstes Stück *Die beiden edlen Vettern*, folgten den sieben genannten die übrigen 31 (bzw. 32) Stücke, die meisten seiner Sonette und einige längere Gedichte.

Die beiden Herausgeber der Folio-Ausgabe stellen dem Buch ein Vorwort voran, in dem sie die Leser zum Kauf des Buches auffordern und danach einiges über die Stücke und über Shakespeares Kunst sagen. Zunächst verweisen sie darauf, dass viele der Stücke gestohlen und in verstümmelter Form gedruckt worden seien. Danach bezeichnen sie Shakespeare als einen *happie imitator of Nature*, «einen glücklichen Nachahmer der Natur», bei dem «Geist und Hand zusammengingen». «Was er dachte, drückte er mit solcher Leichtigkeit aus, dass wir von ihm kaum ein Papier mit Ausstreichungen bekommen haben.» Diese Sicherheit des Ausdrucks, die kaum nachträgliche Korrekturen erforderlich machte, wurde von seinen Schauspielerkollegen, wie es scheint, allgemein bewundert, was Ben Jonson in einer späteren Notiz kritisch kommentiert. Er meinte, statt Shakespeare dafür zu rühmen, dass er kaum jemals etwas Geschriebenes ausstreichen musste, sollte man ihn dafür tadeln, dass er es nicht getan habe. Doch gleich darauf lässt er lobende Worte folgen, so dass aus seinen Äußerungen auch hier eine mit etwas Neid gewürzte Anerkennung spricht, wie schon in dem der Folio-Ausgabe beigegebenen Gedicht.

Was die oben erwähnten apokryphen Stücke in der dritten Folio-Ausgabe betrifft, so gibt es auch heute noch Versuche, einige davon Shakespeare zuzuschreiben. So spricht sich beispielsweise die angesehene Shakespeareforscherin Katherine Duncan-Jones dafür aus, das im bürgerlichen Milieu spielende Stück *A Yorkshire Tragedy* in den Kanon aufzunehmen. Doch es wäre unter den 38 anerkannten Stücken ein solcher Fremdkörper, dass es für den Vorschlag kaum Unterstützung gibt. Grundsätzlich sollte man davon ausgehen, dass die mit Shakespeare befreundeten Herausgeber aus jahrelangem Umgang mit dem Dichter schon gewusst haben werden, welche Stücke von ihm stammen.

Da in Shakespeares Frühwerk die Historien den Hauptteil ausmachen, soll im Folgenden mit ihnen begonnen werden. Danach sollen Gruppen von frühen und reifen Komödien und Tragödien abwechselnd in ungefährer zeitlicher Folge betrachtet werden, wobei sich die Erscheinungsdaten zeitlich überschneiden können. Da selbst große Shakespeare-Verehrer nicht alle 38 Stücke parat haben werden, wird jedes mit einer kurzen Inhaltsangabe vorgestellt, die alles Wesentliche der Handlung wiederzugeben versucht, aber zwangsläufig sehr verkürzt ausfallen muss. Die beigegebenen Illustrationen stammen aus dem 1844 in Frankreich erschienenen Buch *Galerie des Personnages de Shakespeare*. Sie sind weniger durch den Zeitgeschmack geprägt als die, die der englische Maler Francis Hayman für Hanmers Ausgabe der Werke Shakespeares von 1744 schuf. Auch von den stark kitschverdächtigen Illustrationen der viktorianischen Werkausgaben heben sie sich angenehm ab. Auf die Wiedergabe von Illustrationen bedeutender Maler und Zeichner wie William Hogarth oder Henry Fuseli wurde verzichtet, da sie mehr über den Künstler als über den Gegenstand aussagen.

Die Historien

Mit den *history plays* reagierte Shakespeare auf ein Interesse an der nationalen Geschichte, das durch den Sieg über die spanische Armada mächtig angefacht worden war. Zudem war das Legitimitätsproblem des Hauses Tudor inzwischen wieder verstärkt ins Bewusstsein der Bevölkerung getreten. Das Problem hätte sich erledigt, wenn Edward, der Sohn Heinrichs VIII., nicht schon mit 16 Jahren gestorben wäre. Doch sein früher Tod, die gewaltsame Rekatholisierung unter Maria, danach die Rückkehr zum Protestantismus unter Elisabeth, die in den Augen der Altgläubigen ein Bastardkind war, und deren eigene Kinderlosigkeit mussten bei vielen Bürgern den Eindruck wecken, dass England von Gott gestraft wurde. Das schuf ein Klima, in dem der früher erwähnte Tudor-Mythos erneut an Bedeutung gewann. Es würde zu weit gehen, den Dramatikern zu unterstellen, dass sie sich bewusst in den Dienst einer ideologischen Kampagne stellten, doch dem Einfluss der schon seit drei Generationen betriebenen Rechtfertigung des Hauses Tudor konnten sie sich kaum entziehen, zumal sie ökonomisch auf die Gunst des Adels und der Krone angewiesen waren.

Bei Shakespeare kam hinzu, dass er persönlich ein besonders starkes Interesse an Ordnung und Stabilität hatte. Seine konservativ-paternalistische Weltsicht musste seinen Blick zwangsläufig auf die nationale Geschichte lenken. Das Gleiche galt natürlich auch für sein Publikum. Deshalb fand er rege Nachfrage für seine Historien, in denen er beinahe lehrbuchhaft vier Fragen thematisiert: Wie soll ein guter Monarch charakterlich beschaffen sein? Durch welche Erbfolge ist er legitimiert? Wann darf ein fähiger, aber weniger legitimierter Thronaspirant einen schwachen, doch besser legitimierten König vom Thron stoßen? Darf ein Verbrecher, der sich durch Mord in die Position des legitimen Thronfolgers gebracht hat, von einem guten, aber nicht legitimierten

Gegner gestürzt werden? Shakespeare verhandelt diese Fragen in zehn Stücken, von denen drei eine Trilogie und zwei ein Doppeldrama bilden. Inhaltlich lassen sich je vier von ihnen zu zwei Tetralogien zusammenfassen, auch wenn sie nicht als solche geplant waren.

Anders als bei den Komödien und Tragödien, für die es antike Vorbilder gab, hatte sich die Form der Historie – im Deutschen spricht man auch von Königsdramen – erst in England ausgebildet, wo sie durch Shakespeare zur Vollendung gebracht wurde. Seine große Leistung besteht darin, dass er aus den historischen Stoffen, die eher für eine Präsentation in epischen Bilderbögen geeignet scheinen, vollgültige Dramen machte. Das war allein schon wegen der großen Zahl der handelnden Personen erheblich schwerer als die Dramatisierung einer schon dramatisch angelegten Novelle, auf die beispielsweise *Othello* zurückgeht. Bei den frühen Historien spürt man noch, wie der Dichter mit der Stofffülle ringt; doch spätestens mit *Richard III.* erweist er sich als Meister seiner Kunst, und in *Richard II.* gelingt ihm ein politisches Drama, das zugleich ein subtiles Seelendrama ist. Bilderbogenhaft ist nur die letzte Historie, *Heinrich VIII.*, die Shakespeare zusammen mit John Fletcher schrieb. Zahlreiche weitere Kollaborationen wurden und werden bei anderen Stücken vermutet. Doch hinreichend belegt sind nur die, bei denen es an entsprechender Stelle später genannt wird. Ein anderes Problem bei der Dramatisierung historischer Stoffe war der Umstand, dass die Könige, die den Stücken ihren Titel gaben, nicht immer das Format für dramatische Helden hatten; und wenn sie es hatten, fehlte ihnen womöglich – wie im Fall von *Heinrich V.* – der Gegenspieler. Umso bewundernswerter ist, was Shakespeare aus dem spröden Material gemacht hat.

Heinrich VI., Teil 1.
Der sterbende Edmund Mortimer erklärt seinem Neffen Richard Plantagenet, dem späteren Herzog York, den Erbfolgestreit, der zum Auslöser der Rosenkriege wurde (*Heinrich VI.*, Teil 1; II, 6). In der vorausgegangenen Szene hatten sich die Beteiligten mit dem Pflücken roter bzw. weißer Rosen für eine der beiden Seiten entschieden.

Heinrich VI. (Teile 1, 2, 3)

Im Jahr 1592 wurde Shakespeare zum ersten Mal als Dramatiker aktenkundig. In dem Pamphlet, in dem Robert Greene gegen einen jungen *Shake-scene* wetterte, taucht die Formulierung «ein Tigerherz, gehüllt in die Haut eines Schauspielers» auf, die in leicht abgewandelter Form eine Verszeile aus Shakespeares Trilogie *Heinrich VI.* zitiert, und zwar aus dem dritten Teil. Zu diesem Zeitpunkt muss also das Stück bekannt gewesen sein. Im gleichen Jahr spielt Thomas Nashe in seinem Pamphlet *Pierce Penilesse* auf eine Szene mit dem englischen Feldherrn Talbot an, was sich auf den ersten Teil der Trilogie bezogen haben muss. Es scheint so, als habe Shakespeare zuerst die Teile 2 und 3 als Doppeldrama geschrieben. Dafür spricht schon der Titel, unter dem Teil 2 1594 als Quarto-Ausgabe herauskam: *The First Part of the Contention of the Two Famous Houses of York and Lancaster* (Der erste Teil des Streits zwischen den beiden berühmten Häusern York und Lancaster). Der zweite Teil des Doppeldramas (also der dritte der Trilogie) folgte 1594 als Quarto-Druck unter dem Titel *The True Tragedy of Richard Duke of York and the Good King Henry the Sixth* (Die wahre Tragödie Richards, des Herzogs von York, und des guten Königs Heinrich des Sechsten). Den ersten Teil der Trilogie hat Shakespeare anscheinend danach geschrieben, um die beiden folgenden historisch besser verstehen zu können. Davon existiert nur der Text in der Folio-Ausgabe.

Trotz der Stofffülle, die der Leser selbst nach mehrfacher Lektüre kaum überblickt, lässt das dreiteilige Drama Shakespeares politische Weltsicht klar erkennen. Die Handlung des ersten Teils beginnt mit dem Tod Heinrichs V., den Shakespeare in einem späteren Stück als Musterkönig vorstellen wird. Doch auf diesen *model king* folgte kein goldenes Zeitalter, sondern ein dreißig Jahre währender Krieg um den englischen Thron. Dabei versuchen zwei Linien des Hauses Plantagenet – die Häuser Lancaster mit der roten und York mit der weißen Rose – ihren Thronanspruch durchzusetzen, den sie mit unterschiedlichen Interpretationen des Erbrechts begründen. Bereits in der anfangs noch friedlichen Auseinandersetzung wird in Shakespeares Stück klar, dass der

Heinrich VI., Teil 2.
Der fromme König Heinrich als Christus-Gestalt, bedrängt von seinen adligen Gegnern und den Rebellen unter Jack Cade.

Beginn des Übels viel weiter zurückliegt und in der Absetzung Richards II. durch Heinrich IV. zu sehen ist. Mit diesem ersten Rechtsbruch, der den Keim zur Krankheit der Rosenkriege legte, wird Shakespeare danach seine zweite Tetralogie beginnen. In der ersten, d. h. der Trilogie und dem darauffolgenden Stück *Richard III.*, zeigt er die akute Phase der Krankheit bis zu ihrer gewaltsamen Heilung.

Dass sich in den sogenannten Rosenkriegen das Unterste zuoberst kehrt und die göttliche Ordnung aus den Fugen gerät, wird in jedem Stück der Trilogie auf eine für Elisabethaner augenfällige Weise sichtbar gemacht. Im ersten Teil führt die Schwäche des minderjährigen Königs dazu, dass die Ordnung Risse bekommt, in die rebellische Kräfte, verkörpert durch die Jungfrau von Orleans, eindringen, die hier als widernatürliche Hexe auftritt. Im zweiten Teil erklärt der Herzog von York offen seinen Thronanspruch, den er mit einer umstrittenen Auslegung der Erbfolgeregeln begründet. Das Widernatürliche seines Handelns wird dadurch unterstrichen, dass er zur Durchsetzung seines Thronanspruchs den Rebellen Jack Cade zum Aufruhr gegen den König anstachelt. Jetzt bricht auch in England die Krankheit der Hexerei aus. Die machtgierige Gattin des Herzogs von Gloucester, der als Vormund des Königs das Amt des Lord Protectors innehat, sucht Hilfe bei Hexen und Zauberern und wird dafür mit Verbannung bestraft. Im dritten Teil besteht der Verstoß gegen die natürliche Ordnung darin, dass die willensstarke Königin Margaret anstelle ihres schwachen Gatten die Macht an sich reißt. Die destruktiven Kräfte, die die gottgewollte Ordnung erschüttern, stammen aus drei Quellen: aus widernatürlicher Magie, aus der Tollheit des unvernünftigen Pöbels und aus weiblichem Machtanspruch. Der Mann, der am ehesten das Zeug gehabt hätte, diese Kräfte zu bändigen, war der fähige General Talbot. Der aber wird aus Mangel an Unterstützung in Frankreich geschlagen.

Bei allem Wildwuchs im Formalen hat die Trilogie für heutige Leser mehr Realitätsbezug als Shakespeares Komödien und Tragödien. Man findet in ihr nicht nur das ganze Repertoire politischer Machtkämpfe; es geht auch um die Gefahren des Aberglaubens und um die Verführbarkeit des Volkes, das dem Rebellen Jack Cade folgt, der einen egalitären Anarchismus predigt und die gesamte Kultur einebnen will, bis hin zu der Forderung, dass alle Frauen des Landes allen Männern gehören sollen.

Richard III.
Richard III. wird hier nicht als missgestalteter Unhold, sondern als böser Engel gezeigt. In der Szene darüber ist zu sehen, wie auf seinen Befehl hin die jungen Prinzen erstickt werden.

Richard III.

Auf die Trilogie ließ Shakespeare mit *Richard III.* ein Stück folgen, das für sein Publikum von noch größerem Interesse gewesen sein muss, denn mit dem Tod dieses letzten Plantagenet gingen nicht nur die Rosenkriege zu Ende, es begann zugleich die Regierung des Hauses Tudor mit seinem zweifelhaften Thronanspruch. Der Sturz Richards durch Elisabeths Großvater Heinrich VII. war das kritische Ereignis, das durch den Tudor-Mythos legitimiert werden sollte. Diesen Mythos, der Richard als Schurken und Heinrich VII. als Lichtgestalt darstellt, brauchte Shakespeare nicht selbst zu erfinden; er fand ihn bereits in den historischen Quellen, denen er den Stoff entnahm. Das waren Holinsheds *Chronicles* und Edward Halles *The Union of the Two Noble and Illustre Families of Lancaster and York*, die beide auf Sir Thomas Morus' *History of King Richard III.* und Polydore Vergils *Historia Anglica* zurückgingen.

In *Richard III.* ist Shakespeare nicht nur sprachlich-rhetorisch, sondern auch thematisch Marlowe sehr nahe. Richard tritt gleich zu Beginn der ersten Szene an die Rampe und verkündet dem Publikum, dass er – wie ein Marlowescher Machiavellist – entschlossen ist, sich mit allen Mitteln die Macht zu erobern.

> Nun weicht der Winter unsres Missvergnügens
> glorreichem Sommer dank der Sonne Yorks;
> die schwere Wolkenlast auf unserm Haus
> ist fortan tief im Schoß des Meers begraben.
> Auf unsern Brauen prangen Siegerkränze,
> zerhaune Schwerter sind nur noch Trophäen.
> Aus strengem Feldlärm wurden muntre Feste,
> aus Trommelmärschen heitre Tanzmusik.
> Der grimme Krieg hat seine Stirn entrunzelt,
> und statt geharnischt in die Schlacht zu reiten,
> um in der Gegner Seele Furcht zu jagen,
> hüpft er jetzt keck in einer Dame Zimmer,
> begleitet von lasziven Lautenklängen.

Doch ich bin nicht für solchen Sport gemacht,
noch schmeichelt mir mein eignes Spiegelbild;
Ich, roh geprägt und frei von Liebesmajestät,
kann nicht vor einer Nymphe rumstolzieren.
Ich, dem die schönen Proportionen fehlen
und dem Natur kein edles Antlitz gab,
kam schon entstellt und vor der Zeit zur Welt,
halbfertig, lahm und ungestalt, so dass
die Hunde kläffen, wenn ich vor sie trete.
Mir macht es kein Vergnügen, meine Zeit
in diesem schlaffen Frieden zu vertrödeln
und in der Sonne meinen Schatten zu betrachten,
der mir die eigne Missgestalt beweist.
Drum, kann ich schon nicht als Verliebter
mit schönen Worten mir die Zeit vertreiben,
bin ich gewillt, als Schurke zu beweisen,
wie sehr ich die Vergnügen dieser Tage hasse.
Ich habe Netze ausgelegt und Fährten,
Gerüchte, Prophezeiungen und Träume,
um meinen Bruder Clarence und den König
zu gegenseitger Feindschaft aufzuhetzen.
Ist König Edward so gerecht und klug,
wie ich subtil, verräterisch und falsch,
dann setzt er Clarence fest auf mein Gerücht,
es gäbe einen G, der, hochgeachtet,
den Erben Edwards nach dem Leben trachtet.

Im Vergleich mit Marlowes machthungrigem Tamburlaine hat sich Shakespeare eine ungleich schwerere Aufgabe gestellt. Einen charismatischen Helden voller Tatendrang aufsteigen und dann vom Gipfel fallen zu lassen, ist entschieden leichter, als einen Schurken, der sich von Anfang an als solcher zu erkennen gibt, auf diese Bahn zu schicken. Würde dabei nur die Schurkenhaftigkeit gesteigert, wäre das Ergebnis ein blutrünstiges Moralitätenspiel. Shakespeare gelingt das Kunststück, einen Schurken zu zeigen, der sich selbst nicht verändert, dafür aber den moralischen Verfall seiner Umgebung sichtbar macht. Auch wenn das Stück noch nicht die psychologische Komplexität der späteren Tragödien hat, ist es aus künstlerischer Sicht Shakespeares erstes Meisterwerk. Es zeigt Richard als einen Menschen, dem die Natur einen missgebildeten Körper und die Geschichte zwei ältere Brüder gab, die in der Thronfolge vor ihm stehen. Das gibt seinem Handeln eine doppelte Motivation: zum machthungrigen Ehrgeiz kommt der Groll des Zu-kurz-Gekommenen. Am Schluss des Stücks, als sich Richard auf dem Schlachtfeld noch einmal als Geschlagener aufbäumt und nach einem Pferd ruft – «Mein Königreich für ein Pferd!» –, hat er beinahe die Aura eines tragischen Helden, doch ihm fehlt die Fallhöhe, die Shakespeares anderen großen Verbrecher zum tragischen Helden macht. Macbeth beginnt als charismatischer Sieger, erliegt der Versuchung, steigt auf und wird gefällt, worauf ein Nachfolger ohne Charisma die Macht übernimmt. Richard wird als politischer Unhold beseitigt, und die Macht übernimmt der strahlende Sieger als Heilsbringer. Henry Richmond, der nur über eine weibliche Linie aus dem Hause Lancaster stammt, nimmt Elisabeth aus dem Haus York zur Frau und verkündet als Heinrich VII. in seinem Schlusswort eine bewusst an das elisabethanische Publikum adressierte Friedensbotschaft:

> Dies Land war lange Zeit in Wahn befangen,
> in blinder Wut vergoss der Bruder Blut
> des eignen Bruders, Väter das der Söhne,
> und Söhne unter Zwang das Blut der Väter.
> All dies hat York und Lancaster gespalten,
> die in sich selbst so schlimm gespalten waren.
> O, lasst nun Richmond und Elisabeth,
> die wahren Erben beider Königshäuser,
> nach Gottes weiser Fügung sich vereinen,
> und mögen ihre Erben – so Gott will –
> der Zukunft sanftgesichtgen Frieden bringen,
> der über Tagen heitrer Fülle lächelt.

Mit Richards Tod waren zwar die Rosenkriege beendet, doch Shakespeares Suche nach den Ursachen der Krankheit im politischen Gemeinwesen seines Landes ging weiter. Als Beginn der Krankheit wird schon am Anfang der Trilogie die Absetzung Richards II. durch Heinrich IV. genannt, die dort als unrechtmäßige Usurpation bezeichnet wird. Mit diesem Sündenfall der englischen Geschichte wird Shakespeare seine zweite Tetralogie eröffnen. Doch zuvor soll ein Stück betrachtet werden, das abseits von den beiden Tetralogien steht.

König Johann
Hinter dem Gitter sieht man, wie der junge Arthur um sein Leben fleht, der danach in der Szene darunter bei einem Fluchtversuch in den Tod stürzt.

König Johann

In *King John* geht Shakespeare am weitesten zurück in der Geschichte Englands. Das Stück ist schwer zu datieren. Einerseits zeigt es eine sprachliche Kunstfertigkeit, die nichts von Anfängertum hat. Andererseits gibt es eine über weite Strecken ähnliche anonyme Dramenfassung des gleichen Stoffes, die bereits 1591 unter dem Titel *The Troublesome Raigne of King John* (Die unruhige Regierung König Johanns) erschien. Das bedeutet entweder, dass das anonyme Stück von ihm selbst stammt und später von ihm überarbeitet wurde oder dass es ein fremdes Stück ist, das er als Quelle benutzte. Die Fassung der Folio-Ausgabe erscheint dort zum ersten Mal. Obwohl das Stück auf englischen Bühnen des 18. und 19. Jahrhunderts durchaus beliebt war, stand es im Urteil der Kritiker immer im Schatten der beiden Tetralogien. Die glücklose Regierung König Johanns, der sich durch den Verlust der französischen Besitzungen den Beinamen Ohneland, engl. *Lackland*, erwarb, bietet wenig Stoff für die Befriedigung patriotischer Gefühle, es sei denn, ein Dramatiker schriebe ein Stück über die Wurzeln der englischen Demokratie und stellte die dem König 1215 abgetrotzte Magna Charta in den Mittelpunkt. Doch ausgerechnet dieses Dokument wird bei Shakespeare mit keinem Wort erwähnt, allenfalls lässt sich eine einzige Textstelle als Anspielung darauf deuten.

Auch hier geht es um das Problem der legitimen Thronfolge. Johann, der jüngste der drei überlebenden Söhne Heinrichs II., hat nach dem Tod des ältesten, des sagenumwobenen Richard Löwenherz, die Macht an sich gerissen, obwohl ein Sohn seines verstorbenen Bruders Geoffrey, der 12-jährige Arthur, der nächste in der Erbfolge gewesen wäre. Für Arthurs Thronanspruch kämpft seine Mutter Constance, die dafür die Unterstützung des Königs von Frankreich gewinnt, der sich seinerseits davon den Gewinn der englischen Besitzungen auf französischem Boden verspricht. Als ein Krieg auszubrechen droht, wird eine diplomatische Lösung gefunden, die darin besteht, dass der französische Kronprinz Johanns Nichte Blanche heiratet. Doch mitten in die Hochzeitszeremonie platzt der Abgesandte des Papstes, der Johann wegen der Konfiszierung von Kirchengeldern zur Rechenschaft zieht. Der reagiert darauf mit beleidigender Heftigkeit und wird exkommuniziert, woraufhin sich der französische König unter dem Druck des päpstlichen Legaten erneut zum Krieg gegen England entschließt. Im Verlauf der nur kurz angedeuteten Kriegshandlungen wird der junge Arthur auf Befehl Johanns gefangen genommen und nach England gebracht. Dort deutet der König, ohne den ausdrücklichen Befehl zu geben, seinem treuen Gefolgsmann Hubert an, dass er den Thronerben aus der Welt haben will. Hubert bereitet die Ermordung vor, lässt sich dann aber durch das Flehen des Knaben erweichen und verschont ihn. Daraufhin flieht dieser aus dem Gefängnis, stürzt aber von einer Mauer und stirbt. Währenddessen findet eine Invasion französischer Truppen statt, die sich mit rebellischen englischen Fürsten verbündet haben. Johann flüchtet in ein Kloster, wird dort vergiftet, und sein Sohn Henry übernimmt als Heinrich III. die Regierung, worauf die englischen Fürsten zur alten Loyalität gegenüber der Krone zurückkehren.

Shakespeares Stück hat außer dem jungen Arthur nur eine einzige positive Figur, den Bastard Philip Falconbridge. Mit seinem Auftritt in der ersten Szene wird das Problem der Erbfolge auf einer zweiten Ebene thematisiert. Philip, ein selbstbewusster Mann, tritt vor den König und erklärt mit witzig-dreisten Worten, dass ihm sein jüngerer Bruder das väterliche Erbe streitig mache, da er ein Bastard sei. Daraufhin kommt ans Licht, dass Richard Löwenherz einst längere Zeit im Hause Falconbridge weilte, als der Hausherr außer Landes war. Hier kam es zu einem Fehltritt der Mutter, dem der Bastard entsprang, was durch die Ähnlichkeit mit dem großen Richard bestätigt wird. Daraufhin spricht ihm der König zuerst das väterliche Erbe ab, erhebt den Bastard aber gleich darauf in den Adelsstand und gibt ihm den neuen Namen Richard Plantagenet. Der Bastard tauscht mit sichtlicher Genugtuung das verlorene Erbe gegen die immateriellen Werte der Ritterschaft, als deren Verkörperung Richard Löwenherz gilt. Als dessen echter Sohn erweist sich der Bastard das ganze Stück hindurch. Im Krieg tötet er den mit Frankreich verbündeten Herzog von Österreich, schlägt ihm den Kopf ab und rächt so seinen natürlichen Vater, denn den hatte der Herzog einst auf dem Heimweg vom Kreuzzug gefangen genommen und erst gegen Zahlung eines hohen Lösegelds freigelassen. (Wenn es bei Shakespeare heißt, dass er den Tod des Vaters gerächt habe, wird die Figur des Herzogs von Österreich mit der des Vicomte von Limoges verschmolzen, vor dessen Mauern Löwenherz die tödliche Wunde empfing.)

Während alle übrigen Akteure im politischen Ränkespiel des Stücks nur auf den materiellen Vorteil bedacht sind, gelten für den Bastard allein die ritterlichen Werte der Ehre, der Königstreue und des Patriotismus. Auch sprachlich hebt er sich deutlich von den übrigen Personen des Stückes ab. Während diese sich in manierierter, zuweilen ans Lächerliche grenzender Rhetorik überbieten, spricht er eine volksnahe, mit sexuellen Anzüglichkeiten gespickte Sprache und wird in der Rolle des Underdog zum Topdog des Stückes. Er hat von allen den größten Redeanteil, wobei ihn eine seiner längsten Reden ganz besonders als den heimlichen Helden des Dichters erscheinen lassen. Es ist die Rede, in der er sich ironisch über *commodity* auslässt, worunter er die materiellen Vorteile versteht, die das politische Handeln der übrigen Akteure bestimmen. Hier spürt man, wie sehr Shakespeare diesen Mann bewundert, der einerseits volksnah ist, andererseits aber die aristokratischen Werte hochhält und bürgerliches Gewinndenken verachtet.

Die anrührendste Szene des dramatisch nicht sonderlich wirkungsvollen Stückes ist die, in der Hubert bereits die Eisen vorglühen lässt, um damit dem jungen Arthur die Augen auszustechen, während dieser ihm seine Liebe bekundet, weil er nur von ihm Zuwendung empfing. Das Besondere an der Szene ist, dass es Shakespeare gelingt, sowohl die steigende Angst des hilflosen Kindes als auch die zunehmende Gewissensqual des zwischen Mitleid und Gehorsam hin und her gerissenen Gefolgsmanns so auszudrücken, dass sich Leser wie Zuschauer in beide Charaktere einfühlen können. Für das elisabethanische Publikum gab es noch etwas anderes, was das Stück trotz seiner Schwächen interessant machte, nämlich den Auftritt des äußerst unsympathischen päpstlichen Gesandten, der die zum Frieden bereiten Parteien wieder in den Krieg hetzt. Das entsprach der antipapistischen Stimmung, die unter Elisabeth zeitweilig hysterische Formen annahm, was angesichts mehrerer aufgedeckter katholischer Verschwörungen verständlich ist. Obwohl Shakespeare den antikatholischen Tenor seiner Vorlage abschwächte, passt seine Darstellung des Legaten kaum zu einem von manchen Kritikern bei ihm vermuteten Katholizismus.

Richard II.
Der Stich zeigt Richard II. im Gefängnis. Als ihm Speisen gebracht werden, fängt er mit den Dienern Streit an, ersticht zwei von ihnen und wird danach selbst getötet

Richard II.

Die erste Tetralogie hatte gezeigt, wie ein König nicht sein soll. Die zweite endet mit einem, der offensichtlich Shakespeares Ideal entsprach. Doch den Anfang macht mit *Richard II.* wieder ein Stück, in dem ein schwacher König abgesetzt wird. Richard ist ein zwischen Selbstmitleid und herrischer Pose schwankender König, der übereilte Entscheidungen trifft und sie dann widerruft, der Günstlingswirtschaft betreibt und die nationalen Interessen vernachlässigt und der in jeder Hinsicht das Gegenteil dessen ist, was sein Gegenspieler Henry Bolingbroke, Richards Cousin, darstellt – der ist tatkräftig, nüchtern, hat Autorität und die Interessen Englands im Blick. Das ganze Stück hindurch lässt Shakespeare keinen Zweifel daran, dass Henry ein besserer König wäre als Richard, doch es fehlt ihm die Legitimität. Einen legitimen König zu stürzen, war in den Augen Shakespeares und der elisabethanischen Gesellschaft nicht nur eine Gefährdung des Staates, sondern etwas, das die göttliche Weltordnung erschütterte.

Seine große Kunst beweist Shakespeare darin, dass er Richard zwar als moralischen und politischen Schwächling zeigt, ihm zugleich aber am Schluss, als er abgesetzt ist, eine Aura des Königlichen gibt, wie sie später in den Tragödien der entmachtete König Lear hat. Die sentimentale, doch hochpoetische Sprache, in der Richard seine Schwäche zelebriert, lässt deutsche Leser vielleicht an Goethes Tasso denken. Ebenso ambivalent wird das moralische Dilemma Bolingbrokes dargestellt, der Richard absetzt und als Heinrich IV. den Thron besteigt. Als er durchblicken lässt, dass er Richards Tod wünscht, erfüllt ihm Sir Pierce of Exton diesen Wunsch. Doch statt des erhofften Danks erntet Exton nur Vorwürfe. Auf seinen Einwand: «Aus deinem Mund kam der Befehl zur Tat», erwidert der König: «Der liebt das Gift nicht, der es nötig hat.» In dieser ersten Vergiftung des englischen Gemeinwesens sah Shakespeare den Ursprung der langen nationalen Krise, die erst mit dem Sturz Richards III. zu Ende ging. Das patriotische Programm der zweiten Tetralogie legt er dem sterbenden John of Gaunt in den Mund, der die Vision eines Englands verkündet, wie es sich Shakespeare offensichtlich wünschte.

Mir ist, als wär ich als Prophet berufen,
dem König sterbend dieses weiszusagen:
sein jähes, wildes Treiben kann nicht dauern,
denn heftges Feuer brennt am schnellsten aus.
Der milde Regen dauert, nicht der Sturm.
Wer heftig anspornt, wird am ehsten müde.
Zu schnell verschlungne Nahrung wirkt erstickend.
Die Eitelkeit, die wie ein Kormoran
nach Futter giert, verschlingt zuletzt sich selbst.
Dies stolze Eiland, Thron von Königen,
dies Land voll Majestät, ein Sitz des Mars,
ein zweites Eden, Demi-Paradies,
dies Bollwerk, das Natur sich selber schuf,
der Infektion durch Krieg zu widerstehen,
dies Volk, so glücklich in der kleinen Welt,
oh, dies Juwel, in Silber eingefasst
vom Meer, das ihm als sichrer Schutzwall dient,
vielmehr als Graben, der das Haus beschützt
vor Neidern, die nicht ganz so glücklich sind.
Gesegnet ist dies Land, dies Reich, dies England,
die Amme, Mutterschoß von königlichen Herrschern,
Gefürchtetes Geschlecht, berühmt für seine Art
und seine Taten, die man weithin kennt,
bekannt für Christendienst und Rittertum
wie Jesu Grab selbst bei verstockten Juden,
wo einst der Sohn der Jungfrau uns erlöste.
Dies Land der edlen Seelen, edles Land,
sein Edelmut gerühmt in aller Welt,
nun wird es wie ein Pachtgut weggegeben,
als wär' es eine kleine Bauernklitsche.
Dies England, dessen Felsen triumphierend
der ewigen Belagrung Neptuns trotzen,
ward so zum Tintenkleck auf Pergamenten
von faulen ausgeschacherten Verträgen.
Dies England hat einst andere erobert,
jetzt ist es der Gefangne seiner selbst.
Ach, wenn doch der Skandal mit mir verschwände,
wie glücklich wär ich über meinen Tod.

Heinrich IV. (Teile 1 und 2)

Obwohl Shakespeare die stabile Ordnung des Staates als höchsten politischen Wert ansah, stellt er Henry Bolingbroke nicht als den Retter dar. Die Absetzung und Ermordung Richards lässt er als etwas erscheinen, das einen langen Prozess der Sühne verlangt. Deshalb beginnt der erste Teil des Doppeldramas *Heinrich IV.*, der die Tetralogie fortsetzt, mit Heinrichs Entschluss, als Buße eine Wallfahrt ins Heilige Land zu unternehmen. Daran hindern ihn aber die politischen Ereignisse im eigenen Land. Im ersten Teil des Stücks ist es die Niederschlagung der von Percy Hotspur angeführten Rebellion, die in der Schlacht von Shrewsbury mit dem Sieg des Königs endet. Im zweiten Teil überlistet Heinrich die Rebellen um Erzbischof Scrope und die Grafen Hastings und Mowbray, die einen Aufstand im Norden angezettelt haben, und bringt sie dazu, ihre Armee zu entlassen, worauf er die Schuldigen fangen und hinrichten lässt. Bei allen seinen kühl kalkulierten Aktionen begleitet ihn dennoch bis zuletzt das Schuldgefühl wegen der Absetzung und Ermordung seines Vorgängers. Als er am Ende des zweiten Teils selber auf dem Sterbebett liegt, spricht er seine Gewissensqual seinem Sohn und Nachfolger gegenüber offen aus. Dann kommt er noch einmal auf seine nie verwirklichte Pilgerfahrt nach Jerusalem zu sprechen und lässt sich danach in sein Schlafzimmer – *my Jerusalem* – tragen, um dort zu sterben.

Hinter dem Titelhelden des Doppeldramas steht als Held in Wartestellung Heinrichs Sohn Harry, auch Prinz Hal genannt, der in die Staatshandlung nur gelegentlich und eher beiläufig eingreift, während er in der Nebenhandlung mit seinem Trinkkumpan Falstaff und zwei weiteren Genossen ein Lotterleben führt, das eines Kronprinzen nicht würdig zu sein scheint. Manche ihrer Eskapaden sind geradezu kriminell. Dramaturgisch ist diese Nebenhandlung wichtig, weil sie zu dem flachen Spannungsbogen der Haupthandlung einen Gegenpol darstellt, der das Spannungsintervall des Stücks vergrößert. Noch wichtiger ist aber das, was die Nebenhandlung über den zukünftigen König aussagt. Ganz offensichtlich soll sie zeigen, wie der Prinz sich in seiner Jugend die

Heinrich IV., Teil 2.
Der König versöhnt sich mit seinem Sohn auf dem Sterbebett. Vorausgegangen war eine Szene, in der der Prinz sich bereits die Krone aufsetzte, weil er den Vater für tot hielt.

Hörner abstößt, um danach zum Musterkönig aufzusteigen. Auch hier wirkt sich der Kunstgriff intervallvergrößernd aus. Um aus einem Tunichtgut einen Musterkönig werden zu lassen, musste Shakespeare seinen zukünftigen Helden nach zwei Seiten hin vorbereiten. Zum einen durfte er ihn nicht so tief in Falstaffs anarchischem Lebenssumpf versinken lassen, dass der Zuschauer ihm den tatkräftigen König später nicht mehr abnimmt. Zum anderen durfte Prinz Hal aber auch nicht direkt in das Machtspiel der um den Thron ringenden Kräfte einbezogen werden, weil er sonst bei seinem Regierungsantritt bereits durch Verpflichtungen gegenüber seinen Unterstützern und durch die Feindschaft der gegnerischen Seite in jenem Netz von guten Absichten und schuldhaften Verstrickungen gefangen gewesen wäre, in dem sich sein Vater von Anfang an befand.

Dass aus Hal einmal ein tatkräftiger König wird, ist bereits im ersten Teil des Doppeldramas zu ahnen, als der Prinz im Zweikampf den berühmten Percy Hotspur besiegt, der ihm vom eigenen Vater als Muster kriegerischer Männlichkeit vorgehalten wird. Hotspur ist die Inkarnation jener Tugenden, die bei Shakespeare um den Ehrbegriff kreisen und nach elisabethanischer Sicht ihren Sitz im Herzen haben. Doch für einen guten König reichen Ehrgeiz, Mut und Tatkraft nicht aus, er muss auch einen kühlen Verstand haben, wie das bei Hals Vater der Fall ist. Um das politische Kräftespiel kühl berechnen zu können, muss der Herrscher größtmögliche Distanz zu den Parteien haben. Die hat Prinz Hal dadurch, dass er im zweiten Teil des Stücks kaum noch am politischen Geschehen beteiligt ist. Dort geht es um die endgültige Niederschlagung der Rebellion, die vom Grafen Northumberland, dem Vater Hotspurs, und dem Erzbischof von York angeführt wird.

Aus dem Stück ragen zwei zentrale Szenen heraus. Im dritten Akt ist es die erste Szene, in der der König über seine Schlaflosigkeit klagt und danach mit Bitterkeit die zehn zurückliegenden Jahre rekapituliert, in denen die Unterstützer seines Kampfes gegen Richard II. zu seinen Gegnern wurden. Die andere Schlüsselszene ist die vierte des vierten Aktes, in der es endlich zur Versöhnung des Königs mit seinem Sohn kommt. Heinrich, schwer gezeichnet von der Last seines Amtes und dem Tode nahe, erwacht aus dem Schlaf und sieht, wie sich sein Sohn eben diese Last in Gestalt der Krone aufgesetzt hat, worauf der König ihn anfährt und mit bittren Worten überschüttet. Daraufhin kniet Prinz Hal vor dem Vater nieder und gewinnt sein Vertrauen mit einer wahrhaft königlichen Rede zurück. In diesem Moment schlüpft aus dem unansehnlichen Kokon der wahre Prinz, der sich wie der Schmetterling in einer Raupe in der Zeit seines Lotterlebens in ihm ausgebildet hat. Das für das Publikum Irritierendste an der Wandlung vom Tunichtgut zum königlichen Herrscher ist das, was der junge König unmittelbar nach dem Tod seines Vaters mit Falstaff tut: er verstößt ihn kaltherzig.

> Wer bist du, alter Mann? Knie hin und bete!
> Wie schlecht steht weißes Haar doch einem Narren!
> Ich träumte lang von einem solchen Mann,
> so fett von Übermaß, so alt und so gemein.
> Doch jetzt, erwacht, veracht' ich meinen Traum.
> nimm ab an Körper und nimm zu an Würde;
> gib auf die Völlerei, denk an das Grab,
> dreimal so breit für dich als wie für andre.
> Gib Antwort nicht mit einem Narrenwitz:
> Bild dir nicht ein, ich sei noch, der ich war.
> Denn Gott weiß, was die Welt noch sehen wird:
> mein frühres Selbst hab ich ganz abgelegt,
> und so auch die, mit denen ich verkehrte.
> Wenn je du hörst, ich sei, der ich gewesen,
> dann komm auch du zu mir so wie du warst,
> als Lehrer und Verführer meiner Lüste.
> Bis dahin sei verbannt bei Todesstrafe,
> komm mir nicht näher als bis auf zehn Meilen.
> Den Lebensunterhalt gewähr ich dir,
> damit die Not dich nicht zum Bösen zwingt.
> Und hör ich, dass zum Guten du dich wendest,
> will ich entsprechend deinen Qualitäten
> dich weiter fördern.

Moderne Leser werden dies als unbillige Härte oder gar als menschliche Kälte empfinden, doch Shakespeare lässt in seinen Stücken immer wieder spüren, dass er von einem Herrscher außer Gerechtigkeit in erster Linie Durchsetzungskraft erwartet.

Heinrich V.

Das vierte und letzte Stück der Tetralogie, *Heinrich V.*, hat etwas von einem patriotischen Weihespiel. Vielleicht war das sogar beabsichtigt und der Grund dafür, dass jeder Akt mit einem Chor eingeleitet wird. Als Drama ist das Stück spannungsarm, da der Titelheld weder einen Gegenspieler noch ein moralisches Problem in seinem Innern hat. Aus diesem Grund wurde es lange Zeit geringgeschätzt und immer nur dann ins nationale Gedächtnis gerufen, wenn es galt, die Kampfmoral der Engländer in Kriegszeiten zu stärken. Das gilt vor allem für Sir Laurence Oliviers Verfilmung aus dem Jahr 1944. Im Zentrum der Handlung steht die Schlacht bei Agincourt von 1417, die ein geschwächtes englisches Heer von nur 9000 Soldaten gegen 20 000 Franzosen gewann. Der Name der französischen Ortschaft Azincourt, dessen geschwänztes *z* von englischen Schreibern als *g* gelesen wurde, hatte zu Shakespeares Zeiten für Engländer die gleiche emotionale Bedeutung wie im 19. Jahrhundert Waterloo.

Nach der Schlacht zeigt Shakespeare den siegreichen Helden als versöhnenden Friedenskönig, der radebrechend um die Hand der Prinzessin von Frankreich anhält. Heinrich hat das, was Shakespeare offensichtlich als die wesentlichen Qualitäten eines guten Königs ansieht. Er ist legitim geboren, besitzt Autorität und hat durch sein früheres Lotterleben so viel Bodenhaftung gewonnen, dass er sich noch in den einfachsten Soldaten einfühlen kann. So hält er am Vorabend der Schlacht vor seiner Truppe eine bewegende Ansprache, die an rhetorischer Kunst nur noch von Mark Antons Rede in *Julius Caesar* übertroffen wird. In der Nacht geht er unerkannt durch das Lager und spricht mit den Soldaten, was weniger auf diese als auf die Zuschauer wirkt, denn nur sie wissen, dass es der König ist, der auf diese Weise seine Verbundenheit mit dem gemeinen Volk zum Ausdruck bringt.

Der einzige Flecken auf dem Schild des *model king* ist, dass er, als sich während der Schlacht das Glück gegen die Engländer zu neigen schien, den Befehl ausgab, alle Gefangenen zu töten. Das war auch nach damaliger Auffassung rechtswidrig. Offensichtlich wollte Shakespeare ihn als

Heinrich V.
Die Eingangsszene, in der der Erzbischof von Canterbury das salische Erbfolgerecht erklärt, das König Heinrich V. die Herrschaft über Frankreich streitig macht.

einen König zeigen, der im Interesse der Nation ebenso hart sein kann, wie er es als Mensch gegenüber Falstaff war. Von dem sympathischen Fettwanst dringt nur noch ein fernes Echo in das Stück, als seine Kumpel Pistol, Nym und Bardolph sich wehmütig an ihn erinnern und als Mrs. Quickly von seiner Krankheit und seinem erbärmlichen Tod berichtet. Außer diesem schwachen Nachklang Falstaffschen Humors bringt nur noch die Werbungsszene zwischen dem König und der französischen Prinzessin einen Hauch von Komik in das Stück. Hier erscheint der Musterkönig als ein schüchterner, des Französischen kaum mächtiger Mann, dem die Frau erst kokett auf die Sprünge helfen muss. Das Stück endet mit einem Epilog in Sonettform, der Heinrich V. als «Stern von England» rühmt und den Niedergang des Landes beklagt.

> Soweit hat des bemühten Autors Feder
> mit grober Kunst die ruhmreiche Geschichte
> auf engsten Raum gedrängt, so dass ein jeder
> die mächtgen Männer sieht in hellem Lichte.
>
> Nur kurze Zeit wars, die dem Helden lachte,
> dem Stern von England, seines Schicksals Schwert,
> der dieses Land zum schönsten Garten machte,
> dem Sohn vererbend seinen hohen Wert.
>
> Heinrich der Sechste, schon als Kind gekrönt,
> folgte als König ihm in Frankreich und allhier;
> doch ward von allzu vielen er verhöhnt.
> Für den Verlust von Frankreich zahlten wir.
>
> Das hat dies Haus euch hier schon oft gezeigt,
> drum bleibt uns auch in Zukunft wohlgeneigt.

Der Epilog teilt mit, dass das nationale Glück von kurzer Dauer war. Man gewinnt den Eindruck, dass Shakespeare nach diesem Durchgang durch die englische Geschichte zu der Einsicht gelangt war, dass politische Stabilität ausschließlich vom Charakter der Herrscher abhängt, weshalb er sich von da an in seinen Komödien und Tragödien ganz der menschlichen Psyche widmete, die er in exemplarischen Charakterstudien darstellt.

Heinrich IV., Teil 2.
Falstaff bei einem Trinkgelage, während Pistol eine großsprecherische Rede schwingt.

Falstaff

Mit Falstaff schuf Shakespeare eine Figur, die – wie Faust, Don Quichotte, Don Juan, Robinson Crusoe und sein eigener Hamlet – in die Mythologie der Neuzeit einging. Dabei geht auch diese Figur auf ein historisches Vorbild zurück. Es ist Sir John Oldcastle (ca. 1375–1417), der mit dem historischen Prinzen Hal befreundet war, sich aber John Wiclifs reformatorischer Lollarden-Bewegung anschloss und deswegen 1413 als Ketzer vor Gericht kam. Der junge König Heinrich V. versuchte, seinen alten Freund von seiner Häresie abzubringen, doch ohne Erfolg, und so wurde Sir John verurteilt und in den Tower geworfen. Von dort gelang ihm die Flucht, worauf er eine Verschwörung gegen den König anzettelte und sich an weiteren umstürzlerischen Unternehmungen beteiligte, bis er 1417 erneut gefangen genommen und hingerichtet wurde. Bis zur Reformation galt Oldcastle als Staatsfeind; danach wurde er durch John Foxe zum protestantischen Märtyrer geadelt und in das *Book of Martyrs* (Buch der Märtyrer) aufgenommen.

Als Shakespeare *Heinrich IV.* schrieb und dafür aus dem 1594 erstmals erwähnten anonymen Stück *The Famous Victories of Henry V* den Stoff für die komischen Szenen entlehnte, hießen Falstaff, Peto und Bardolph bei ihm noch wie in der historischen Quelle Sir John Oldcastle, Russell und Harvey. Dann aber änderte er noch vor dem Erscheinen der ersten Quarto-Ausgabe des Stücks die Namen, weil William Brook, der 7. Lord Cobham, als Nachkomme Oldcastles in dem Stück eine Verunglimpfung seines Vorfahren sah. Da Cobham just zu der Zeit, in der Shakespeare sein Stück vollendete, von August 1596 bis März 1597 das Amt des Lord Chamberlain innehatte, wird er die Lizensierung des Stückes von der Änderung des Namens abhängig gemacht haben. Spuren des alten Namens sind im Text der Quarto-Ausgabe noch an einigen Stellen erhalten. Um Ärger mit den Nachkommen Russells und Harveys zu vermeiden, änderte Shakespeare auch noch deren Namen in Peto und Bardolph. Bei der Wahl des Namens Falstaff griff er auf eine andere historische Figur zurück, die in seinem ersten Königsdrama *Heinrich VI.* als

Sir John Fastolfe einen kurzen Auftritt hat. Obwohl der historische Fastolf in den Quellen als harter Kämpfer beschrieben wird, erscheint er bei Shakespeare als ein Feigling, der sich, ohne einen Schwerthieb zu führen, aus der Schlacht verdrückte und damit die Gefangennahme seines Generals Talbot ermöglichte. Die Änderung der Schreibweise von Fastolf zu Falstaff hat Kritiker zu mancherlei Spekulationen veranlasst bis hin zu der Annahme, dass sich darin die Bedeutung ‹Phallus-Stab› verberge, was auf die Fleischlichkeit des Namensträgers anspiele.

Falstaff gehört – wie Chaucers Frau aus Bath und Dickens' Mr. Pickwick – zu den Archetypen des englischen Humors, wobei er die genannten und alle anderen an mythischer Allgemeingültigkeit weit überragt. Als Inbegriff des anarchischen Lebens, das sich gegen jede Ordnung auflehnt, ist er die Verkörperung des Komischen schlechthin. Vergegenwärtigt man sich alles, was Falstaff sich in den beiden Teilen von *Heinrich IV.* zuschulden kommen lässt, ist kaum zu verstehen, dass die Figur trotzdem die Sympathie des Publikums gewinnt. Falstaff belügt, betrügt und bestiehlt seine Freunde, überfällt wehrlose Pilger, drückt sich feige vor einem Kampf und stellt sich tot, als er auf dem Schlachtfeld von einem Gegner überrascht wird, steht danach wieder auf, sticht dem von Prinz Hal getöteten Percy Hotspur ins Bein und behauptet, er habe den gefürchteten Krieger zur Strecke gebracht. In seinen wortreichen Tiraden mischen sich Gemeinheit und Lebensweisheit auf eine unnachahmliche Weise. Welche Position er in Shakespeares Weltsicht repräsentiert, kommt in dem langen Prosamonolog zum Ausdruck, der ihm im zweiten Teil des Stücks im 4. Akt in den Mund gelegt ist. Vorausgegangen ist eine Schlacht, nach deren Ende der feige Fettwanst einen Gegner gefangen nahm, der sich ihm freiwillig ergab, weil er in ihm den Besieger Hotspurs zu sehen glaubte. Prinz Hals jüngerer Bruder Johann, der Falstaffs unlauteres Spiel durchschaut, führt einen ironischen Dialog mit ihm und verabschiedet sich mit dem Satz: «Lebwohl denn, Falstaff, ich für meinen Teil will von dir besser reden, als du wert bist.» Das kommentiert Falstaff nach dem Abgang des Prinzen so:

> Ich wünschte nur, du hättest auch den Witz dafür; der wäre besser als dein Herzogtum. – Wahrhaftig, dieser Junge von nüchtern-kaltem Blut, er mag mich nicht, noch kann ihn irgendwer zum Lachen

bringen; kein Wunder, er trinkt keinen Wein. Aus diesen prüden Jungs wird nie was Rechtes. Ihr dünnes Getränk und die vielen Fischmahlzeiten unterkühlen ihnen das Blut so sehr, dass sie in eine Art männlicher Bleichsucht verfallen; und wenn sie heiraten, zeugen sie nur Mädchen. Sie sind gewöhnlich Narren und Feiglinge, was einige von uns auch wären ohne Erhitzung. Ein guter Sherry hat eine zweifache Wirkung. Er steigt in mein Gehirn, trocknet all die dummen, stumpfen und trüben Dämpfe aus, die es umnebeln, und macht mich gewitzt, lebendig, erfinderisch, gibt mir lebhafte, feurige und genussreiche Vorstellungen, die, wenn sie durch die Stimme und die Zunge geboren werden, als ausgezeichneter Witz herauskommen. Die zweite Eigenschaft eines exzellenten Sherrys ist, dass er das Blut erwärmt, das vorher kalt und klumpig war und die Leber weiß und blass machte, was das Zeichen für Kleinmut und Feigheit ist. Doch der Sherry wärmt das Blut auf und treibt es von den innersten Teilen in die äußersten Extremitäten; er bringt das Gesicht zum Leuchten, worauf es wie Blinkfeuer das ganze kleine Königreich, den Mann, zu den Waffen ruft. Und dann versammeln sich die niederen Lebensgeister wie gemeines Fußvolk um ihren Hauptmann, das Herz, das, von seiner Gefolgschaft groß aufgeschwellt, mutige Taten vollbringt. Solcher Heldenmut kommt aus dem Sherry.

(*Heinrich IV.*, 2. Teil, Akt 4, Szene 2, 78–111)

Falstaff spielt sich hier als Anwalt jener männlichen Werte auf, die nach elisabethanischer Sicht aus den Körpersäften der Leber aufsteigen und im Herzen geadelt werden. In seinem Fall ist sein Plädoyer aber ironisch dadurch gebrochen, dass er selbst ein Feigling ist. Ihm fehlt die moralische Vernunft, die aus niederen Trieben edle Leidenschaften macht. Er steht außerhalb der Hierarchie von Hirn, Herz und Leber und verkörpert das pure, anarchische Leben, das frei von jeder sozialen Wertzumessung ist. Ob er aber, wie Harold Bloom glaubt, neben Hamlet die zentrale Figur in Shakespeares Kosmos ist, lässt sich bezweifeln, denn der Status der anarchischen Gegenspieler zur Ordnung sinkt von Stück zu Stück bis hin zu Caliban im *Sturm*, der nur noch Tier ist.

Heinrich VIII.
Porträts der Hauptcharaktere des Stücks.

Heinrich VIII. (Alles ist wahr)

Nach dem Abschluss der zweiten Tetralogie wandte sich Shakespeare der Gattung des Historienstücks erst wieder gegen Ende seines Schaffens zu, als er sich bereits nach Stratford zurückgezogen hatte. Das Stück, das in der Folio-Ausgabe *The Famous History of the Life of King Henry the Eighth* (Die berühmte Geschichte vom Leben König Heinrichs des Achten) heißt, wurde am 29. Juni 1613 im Globe-Theater unter dem Titel *All Is True* (Alles ist wahr) aufgeführt. Das Datum kennt man deshalb so genau, weil bei dieser Vorstellung das Theater abbrannte, nachdem ein im Rahmen der Aufführung abgefeuerter Kanonenschuss einen Brand ausgelöst hatte, der zu spät bemerkt wurde. Geschrieben hat Shakespeare das Stück wohl im Jahr davor, wobei die Forschung auf Grund stilistischer Kriterien annimmt, dass er mit John Fletcher zusammenarbeitete. Anders als die früheren Historien wirkt diese nicht wie ein geschlossenes Drama, sondern eher wie die Aneinanderreihung tableauartiger Episoden.

Nachdem der Prolog die Zuschauer darauf vorbereitet hat, dass sie kein «obszönes Stück mit Narrenspäßen», sondern ernsthafte Staatsaktionen mit dem «Sturz der Mächtigen» zu erwarten haben, wird nacheinander gezeigt, wie zuerst Graf Buckingham, der Gegner des Lordkanzlers Kardinal Wolsey, auf Grund einer Intrige zum Tode verurteilt, danach der Kardinal selbst in den Tower geschickt und schließlich die Königin Katharina geschieden und vom Hof verbannt wird. Dann folgt die mit großem Pomp gezeigte Krönung von Heinrichs zweiter Frau Anne Boleyn, und zum Schluss wird die ebenso pompöse Taufe der gerade geborenen Prinzessin Elisabeth gezeigt. Die einzelnen Staatsaktionen werden nur locker durch das Intrigenspiel zwischen den Parteien des Hochadels und zwischen den beiden Bischöfen Gardiner und Cranmer zusammengehalten.

In der Forschung wird vermutet, dass das Stück aus Anlass der am 14. Februar 1613 gefeierten Hochzeit von Jakobs I. Tochter Elisabeth mit dem deutschen Kurfürsten Friedrich von der Pfalz geschrieben wurde. Dafür spräche der Pomp, mit dem im Stück die Krönung Anne Boleyns und die Taufe der späteren Elisabeth I. vorgeführt werden. Die große abschließende Rede, die Bischof Cranmer aus Anlass der Taufe hält, ist unüberhörbar an die Adresse Jakobs gerichtet. Sie endet mit den Worten:

> Friede, Fülle, Wahrheit, Liebe
> und Schrecken, Diener des erwählten Kindes,
> gehn dann an ihn und wachsen rebengleich ihm zu.
> Wohin die strahlend helle Sonne scheint,
> geh auch sein Ruhm und seines Namens Größe,
> dass er Nationen schaffe. Er soll wachsen
> und wie die stolze Zeder seine Zweige
> ausbreiten, auf dass unsre Kindeskinder
> es sehn, dem Himmel dafür dankend.

Der Ausdruck ‹dass er Nationen schaffe› geht auf den Satz *A father of many nations have I made thee* («zum Vater vieler Nationen hab ich dich gemacht») aus Genesis, 17:4 zurück, der damals mit Bezug auf die Heirat der Prinzessin verschiedentlich zitiert wurde und der auf die Gründung der Kolonie Virginia anspielt.

Bemerkenswert an dem Stück ist die einfühlsame Darstellung der katholischen Königin Katharina. Ihr inständiger Appell an Heinrich, von der Scheidung abzusehen, das Bekenntnis ihrer Liebe zu ihm und die Beteuerungen ihrer Treue ziehen soviel Sympathie auf sie, dass manche darin einen Beweis für Shakespeares Katholizismus sehen. Doch mit gleichem rhetorischen Pathos feiert Cranmer in seiner Rede die protestantische Elisabeth, die er mit dem mythischen Vogel Phoenix vergleicht, der am Ende seines Lebens aus seiner Asche neu aufersteht, was sich hier auf Elisabeths Nachfolger bezieht. Mit Sicherheit beweist die Darstellung Katharinas nur Shakespeares Fähigkeit, sich in jede Figur hineinzuversetzen.

Das Stück wird heute wegen seiner geringen dramatischen Spannung kaum noch gespielt, wurde aber in früheren Zeiten gern mit großem Pomp auf die Bühne gebracht. Der berühmte Schauspieler David Garrick, der es in der Mitte des 18. Jahrhunderts mehrfach inszenierte, setzte für die Krönungsszene 140 Schauspieler ein; und im 19. Jahrhundert spielte Charles Kean, der Sohn des Schauspielers Edmund Kean, das Stück über hundertmal. Während es dem englischen Publikum noch immer Gelegenheit für patriotische Gefühle bietet, ist es für Nichtbriten nur von historischem Interesse.

Die frühen Komödien

Während Shakespeare das Genre des Historiendramas im Alleingang zum Erfolg führte, fand er auf dem Gebiet der Komödie eine bereits florierende dramatische Produktion vor. Es wurde schon gesagt, dass die elisabethanischen Dramatiker die heimische Tradition der Interludes fortsetzten und sie nach den klassischen Vorbildern von Plautus und Terenz weiterentwickelten. Als Shakespeare als Dramatiker begann, hatten John Lyly und und George Peele mit Stücken wie *Alexander, Campaspe, and Diogenes* bzw. *The Arraignment of Paris* (Das Urteil des Paris) bereits eine höfische Form der Komödie entwickelt, in der – wie die genannten Titel erkennen lassen – klassisches Bildungsgut großen Raum einnimmt. Fast immer geht es in diesen Komödien um das Liebeswerben von Königen oder Edelleuten in einem höfischen oder pastoralen Milieu.

Einen Schritt weiter ging Robert Greene mit seiner Komödie *Friar Bacon and Friar Bungay* (Bruder Bacon und Bruder Bungay), die mit ihrer Mischung aus höfisch-romantischer Liebeshandlung und farcenhafter Komik schon vieles vorwegnimmt, was Shakespeare danach zur Meisterschaft entwickelte. Was in seinem Werk dagegen fast ganz fehlt, sind satirisch-realistische Komödien im bürgerlichen Milieu, wie sie seine jüngeren Zeitgenossen Thomas Dekker, Ben Jonson und Thomas Middleton schrieben. Nur in *Die Lustigen Weiber von Windsor* spielt die Handlung im bürgerlichen Milieu. An den frühen Komödien lässt sich beobachten, wie Shakespeare stilistische Tendenzen und Moden aufnimmt, ausprobiert, auf die Spitze treibt und sich ironisch von ihnen distanziert. Das gilt vor allem für den euphuistischen Stil, den er in *Verlorene Liebesmüh* bewusst parodiert. Charakterkomik spielt bei ihm in den ersten Stücken kaum eine Rolle. Stattdessen übt er sich noch im Erfinden komischer Situationen, im Feuerwerk witziger Dialoge und in kunstvollen Versen bis hin zu Reden in ganzen Sonetten. Doch spätestens mit dem *Sommernachtstraum* ist er auf der Höhe seiner Kunst. Deren besonderes Merkmal ist, dass bei ihm auf hoher Ebene ernste Probleme verhandelt werden, die auf niederer Ebene ironisiert und komisch relativiert werden. Das macht seine Stücke ambivalent und damit lebensecht.

Für das Erzeugen komischer Wirkung erschließt sich Shakespeare schon früh das ganze Repertoire, das man aus der klassischen Überlieferung und aus dem Volkstheater kennt. Dazu zählen Verwechslungen von Zwillingen, Verkleidungen, Anspielungen und Doppeldeutigkeiten. Am kunstvollsten und subtilsten ist er beim Einsatz sprachlicher Mittel. Hier spielt er alle Möglichkeiten vom hinterlistigen Wortspiel bis hin zu absurden Assoziationen aus. Ebenso große Kunst beweist er in der Charakterdarstellung, wo er – anders als Satiriker vom Schlage Ben Jonsons – auf das Personal der klassischen Typenkomödie weitgehend verzichtet und stattdessen Figuren von unnachahmlicher Individualität auf die Bühne bringt. In diesem Punkt war ihm der oft mit ihm verglichene Dickens am ähnlichsten, was diesem den Beinamen ‹der Unnachahmliche› einbrachte. Am Unnachahmlichsten ist Shakespeare darin, dass es ihm gelingt, über die komischen und manchmal ans Tragische grenzenden Handlungen ein Licht von Poesie zu gießen, das die disparaten Elemente der Stücke – Fürsten und Bauern, weise Narren und dumme Tölpel, die Guten und Bösen, Höfisches und Pastorales – zu einer bruchlosen Einheit verschmilzt. Zudem gewährt er den Frauen in den Komödien mehr Handlungsspielraum als in den Tragödien. Wenn man bedenkt, dass sie zu seiner Zeit von Männern gespielt wurden, kann man sich vorstellen, dass auch diese dem Publikum bewusste Täuschung zur komischen Wirkung beitrug.

Zwei Herren aus Verona

Als Shakespeares erste Komödie gilt inzwischen *The Two Gentlemen of Verona*. Darin geht es um zwei Freunde, Valentine und Proteus, und ihre Liebesbeziehungen zu den Damen Julia und Silvia. Während Proteus in Verona um Julia wirbt, geht Valentine nach Mailand, wo er sich in Silvia verliebt. Dann folgt Proteus seinem Freund, verliebt sich in dessen Geliebte und spinnt eine Intrige, um sie ihm auszuspannen, während sich die verlassene Julia, als Page verkleidet, auf die Suche nach ihrem treulosen Geliebten macht. Die Verwirrung steigert sich, als Valentine in die Hände von Räubern fällt und drei Räuber auch Silvia gefangen nehmen. Proteus, der Silvia in den Wald folgte und sie dort bedrängt, wird kurz vor der Vergewaltigung von Valentine gestellt. Danach löst sich alles in Wohlgefallen auf: Proteus kehrt zu Julia zurück, Valentine verzeiht dem untreuen Freund; und die Räuber, die bei der Lösung des Knotens mitgewirkt haben, werden auf Bitten Valentines vom Fürsten wieder in die Gesellschaft aufgenommen.

Der Stoff stammt aus der Prosaromanze *La Diana enamorada* (1559) des Spaniers Jorge de Montemayor, möglicherweise über die Zwischenstufe der verlorengegangenen Komödie *Felix and Philiomena*, deren Aufführung am Hof für 1585 belegt ist. Shakespeares Stück enthält vieles, was man aus seinen späteren Komödien kennt: die Flucht in die pastorale Sphäre des Waldes, die Untreue eines Mannes und die Treue der Frau, die ihm, als Mann verkleidet, folgt. Doch die Verwirrung der Gefühle, die er später im *Sommernachtstraum* kunstvoll auf mehreren Ebenen durchspielt, wird hier noch recht kunstlos vorgeführt. Das Stück besteht überwiegend aus Szenen, in denen nur zwei Personen auftreten; und ihre Gefühle werden selten im Dialog ausgedrückt, sondern mehr zum Publikum hin beiseitegesprochen. Alles das spricht dafür, dass Shakespeare erst anfing, das Handwerk des Dramatikers zu lernen. Außerdem lassen Unstimmigkeiten bei der Orts- und Personenbezeichnung vermuten, dass das nur in der sehr kurzen Fassung der Folio-Ausgabe überlieferte Stück irgendwann einmal für eine Aufführung gekürzt wurde.

Zwei Herren aus Verona
In der unteren Szene tauscht der Herzog mit Valentine den Mantel und entdeckt darin einen Brief an seine Tochter Silvia. In der Szene darüber wird Silvia von Räubern gefangen genommen. Ein Hund spielt in dem Stück ebenfalls eine Rolle.

Der Widerspenstigen Zähmung

Zu den frühesten Komödien gehört mit Sicherheit auch *The Taming of the Shrew.* Verwirrung stiftet hier die Existenz eines 1594 gedruckten anonymen Stücks mit dem fast identischen Titel *The Taming of a Shrew,* das 1596 und 1607 zwei weitere Auflagen erlebte, während Shakespeares Stück nur in der Folio-Ausgabe überliefert ist. Das anonyme Stück ist dem Shakespeareschen sehr ähnlich, nur weniger komplex in der Nebenhandlung. Entweder ist es ein Stück, das Shakespeare vorfand und zu seinem eigenen umarbeitete, oder der Verfasser hat die Shakespearesche Komödie in gröberer Form plagiiert. Falls ersteres der Fall war, hätte Shakespeare das anonyme Stück als Quelle für die Haupthandlung benutzt. Den Stoff der Nebenhandlung nahm er aus George Gascoignes Bearbeitung von Ariosts Komödie *I Suppositi* (1501). Obwohl Shakespeares Stück kunstvoller als die Vorlage (oder Nachahmung) ist, scheint doch etwas darin zu fehlen, denn es beginnt mit einer Rahmenhandlung, die am Schluss nicht wieder aufgenommen wird, während das anonyme Stück den Rahmen schließt.

Die Komödie beginnt damit, dass der betrunkene Kesselflicker Christopher Sly von einem Lord schlafend aufgefunden und auf sein Schloss gebracht wird. Dort erzählt man ihm, dass er als Herr des Hauses nach fünfzehn Jahren geistiger Umnachtung wieder zu sich gekommen sei. Danach wird ihm von einer Schauspielertruppe das Stück *Der Widerspenstigen Zähmung* vorgeführt. In der eigentlichen Komödie spürt man bereits die Hand des Meisters. Anders als in *Zwei Herren aus Verona* hat die Handlung hier von Anfang an ein Ziel, nämlich die Antwort auf die Frage, in welchem Umfang sich eine Frau dem Ehemann zu unterwerfen hat. Schauplatz ist die Stadt Padua. Hier lebt der reiche Kaufmann Baptista mit seinen zwei Töchtern, der sanften Bianca und der rabiaten Katharina. Um Biancas Hand bemühen sich Lucentio und Hortensio, doch ihr Vater will keinen Freier an sie heranlassen, solange nicht die ältere Katharina unter der Haube ist. Darum schleicht sich Lucentio unter falschem Namen als Tutor der Schwestern in das Haus ein.

Der Widerspenstigen Zähmung
Ein Lord, der von der Jagd zurückkehrt, findet den betrunkenen Kesselflicker Sly, während dahinter schon die Schauspielertruppe auftaucht, die Sly die Komödie vorspielen wird.

Inzwischen ist aus Verona, angelockt von der großen Mitgift für Katharina, Petruchio eingetroffen, um die ältere Tochter für sich zu gewinnen, während er seinem Freund Hortensio verspricht, dessen Werbung um die jüngere zu unterstützen. Auf Petruchios Empfehlung wird Hortensio als Musiklehrer für die Schwestern engagiert. Daraus entwickelt sich eine turbulente Verwechslungskomödie, in der nicht nur Lucentio und Hortensio, sondern auch ihre Diener verkleidet unter falschen Namen auftreten und die Rollen ihrer Herren spielen. Während sich die Bewerber um Bianca gegenseitig auszutricksen versuchen und Katharina gleich am Anfang ihrem Ruf gerecht wird, indem sie Hortensios Mandoline auf seinem Kopf zerschmettert, führt Petruchio seine Werbung als Frontalangriff. Jede Abwehr ihrerseits deutet er als Zustimmung und überrumpelt sie damit so, dass sie sich schon am Sonntag darauf mit ihm verheiraten lassen muss. Am Hochzeitstag erscheint der Bräutigam in schäbiger Kleidung und bricht nach der Trauung noch vor dem Hochzeitsessen mit seiner Frau nach Verona auf. Unterwegs geht die Zähmung der Widerspenstigen weiter. In seinem Haus lässt er sie hungern, indem er alle Speisen zurückschickt, weil sie nicht gut genug für seine Frau seien. Auch die für sie bestellten Kleider sollte sie erst erhalten, wenn sie ihm ohne Widerspruch gehorcht. Inzwischen hat sich das Verwirrspiel in Padua durch einen Betrug zugunsten Lucentios entschieden, denn Biancas Vater gab seine Zustimmung erst, nachdem ein angeheuerter Krämer den Vater Lucentios spielte. Als dessen richtiger Vater auftaucht, explodiert die Verwechslungskomödie förmlich, es kommt zu Mordverdacht und Prügelei. Danach klärt sich alles auf, und das Stück endet mit einer Doppelhochzeit: Lucentio bekommt Bianca, und sein Rivale Hortensio tröstet sich mit einer reichen Witwe. Als nach dem Hochzeitsmahl die beiden Bräute und Katharina auf ihre Zimmer gegangen sind, schließen ihre Männer eine Wette ab: der mit der gehorsamsten Frau soll 20 Kronen bekommen. Als die Ehemänner daraufhin ihre Frauen rufen lassen, erscheint nur Katharina, die anderen lassen sich entschuldigen, kommen erst nach erneuter Aufforderung und zeigen unverhohlen, dass sie sich nichts befehlen lassen. Die Komödie endet damit, dass Katharina ihrer Schwester, die ihrem eben angetrauten Mann trotzige Blicke zuwirft, in einer langen Rede vorhält, wie sich eine Ehefrau dem Manne gegenüber verhalten soll.

Pfui, pfui, entrunzle deine finstre Stirne.
schieß keine Zornespfeile aus den Augen.
Ihn, deinen Herrn und König zu verwunden,
fällt wie ein Frost auf deine eigne Schönheit,
reißt deines Rufes Knospe sturmgleich nieder
und ist in keiner Weise liebenswert.
Ein Weib im Zorn gleicht der getrübten Quelle,
statt Schönheit sieht man nur den braunen Schlamm.
Wenn dies so ist, wird keiner, noch so durstig,
von dieser Quelle einen Tropfen trinken.
Dein Gatte ist dein Leben, Herr und Hüter,
Dein Kopf, dein Souverän, der für dich sorgt,
der sich für dich und deinen Unterhalt
zu Land und Wasser abmüht Tag und Nacht,
derweil du warm im Bett liegst, rundum sicher.
Und er verlangt von dir nicht mehr Tribut
als Liebe, schöne Blicke und Gehorsam:
geringe Zahlung für so große Schuld.
Das was der Untertan dem Fürsten schuldet,
soll auch die Frau dem Ehemann gewähren.
Ist launisch sie, voll Trotz und Bitterkeit,
und ungehorsam gegenüber seinem Willen,
was ist sie andres dann als ein Rebell,
als ein Verräter gegen seinen Herrn?
Ich schäme mich für Fraun, die unvernünftig
den Mann bekriegen, statt vor ihm zu knien,
die selber herrschen, lenken, leiten wollen
statt dass sie dienen, lieben und gehorchen.
Weshalb sind unsre Körper zart und schwach,
für mühevolle Arbeit nicht geschaffen,
wenn nicht, dass unser zartes Herz und Wesen
in Gleichklang sei mit unsren äußren Teilen?
Kommt, kommt, ihr eigensinn'gen Kreaturen,
mein innres Wesen war so stolz wie Eures,
Mein Herz so groß, mein Geist vielleicht noch mehr,
bereit mit Widerworten zu parieren:
doch seh ich jetzt: aus Stroh sind unsre Lanzen,
schwach unsre Kraft, schwach wie bei einem Kind.
Wir scheinen stark, wo wir am schwächsten sind.
Besinnt euch drum, lasst euch von mir bewegen,

die Hand dem Manne untern Fuß zu legen;
zum Zeichen dafür, falls es ihm beliebt,
hier meine Hand, die sich ihm willig gibt.

Es ist schwer zu sagen, ob Shakespeare die hier vorgetragene Meinung teilte oder ob er nicht eher zeigen wollte, wie die kluge Katharina zu der Einsicht gelangt ist, dass sie mit Unterwerfung bei ihrem Manne mehr erreichen kann als mit Trotz. Der Tenor der Rede und der ganzen Komödie weist in die zweite Richtung, so dass die vermeintliche Unterwerfung als diplomatischer Sieg gemeint sein kann. Trotzdem wird man aus dem Stück kaum eine feministische Botschaft herauslesen können. Auch wenn Shakespeare eine Reihe sehr tatkräftiger und souverän auftretender Frauengestalten geschaffen hat, passt eine wahrhaft emanzipierte Frau schlecht zu seinem hierarchischen Weltbild. Die Heldinnen seiner späten Stücke sind Mädchen oder unterwürfige Frauen. Dass er sich dennoch mit Gusto in eine rabiate Frau wie Katharina einfühlen konnte, ist ein weiterer Beweis seiner Kunst.

Es dürfte wenige Theaterbesucher geben, die nach diesem turbulenten Stück sagen könnten, wer sich darin wie und zu welchem Zweck verkleidet hat. Doch Shakespeare gelingt es, den roten Faden der Petruchio/Katharina-Handlung so deutlich sichtbar zu halten, dass man den wirren Knoten der übrigen Handlung als bloße Kontrastfolie wahrnimmt. Das Stück hat seine Vitalität bis heute bewahrt, wofür die Tatsache spricht, dass es selbst in der Breitwandverfilmung mit Richard Burton und Elizabeth Taylor seine Wirkung nicht verfehlte. Noch dauerhafteren Erfolg hatte es als Textgrundlage für das Musical *Kiss me Kate*. Wenn man sich allerdings vergegenwärtigt, was mit Frauen vom Typ Katharinas in der elisabethanischen Zeit geschehen konnte, vergeht einem das Lachen. Frauen, die sich ihrem Ehemann nicht bedingungslos unterwarfen und ihm Widerworte gaben, mussten damit rechnen, dem Spott der Nachbarn ausgesetzt zu werden, indem man sie, wie schon geschildert, auf einem Karren durch die Stadt fuhr oder gar auf den *ducking stool* band und in Wasser eintauchte.

Komödie der Irrungen
Das Zwillingspaar der Diener verdoppelt die Verwirrungen ihrer Zwillingsherren.

Komödie der Irrungen

Die *Comedy of Errors* galt lange Zeit als Shakespeares frühestes Werk. Da das zentrale Motiv der identischen Zwillinge von Plautus – in der Hauptsache aus dessen *Menaechmi* mit weiteren Entlehnungen aus *Amphitruo* – stammt, lag die Vermutung nahe, dass der junge Dramatiker sich erst einmal an Bewährtes halten wollte und sich etwas gänzlich Eigenes noch nicht zutraute. Tatsächlich ist das Stück aber keineswegs eine bloße Bearbeitung oder Imitation, sondern eine witzige Komödie, die die Verwechslungen noch weitertreibt als in den Vorlagen, denn Shakespeare stellt jedem seiner Zwillingsherren noch einen Zwillingsdiener an die Seite. Das potenziert die Zahl der Verwechslungen und bewirkt, dass bei so viel Situationskomik wenig Raum für Charakterkomik bleibt, wie sie sich zwischen Petruchio und Katharina in *Der Widerspenstigen Zähmung* entfaltet.

Psychologisch geht es um die ehelichen Irrungen und Verwirrungen, die durch die Begegnung der Ehefrauen mit den Zwillingsbrüdern ihrer Männer entstehen. Dass Shakespeare den Schauplatz, der bei Plautus Epidamnum ist, nach Ephesus verlegt, könnte einen tieferen Grund haben, denn in seinem Brief an die Epheser predigt Paulus jenes Eheverständnis, auf das die Komödie in witzig moralisierender Form Bezug nimmt. Die humanistisch Gebildeten im Publikum werden vielleicht auch an die Witwe von Ephesus gedacht haben, von der Petronius erzählt. Diese Frau, die sich am Grab ihres Mannes, dem sie eben noch in den Tod folgen wollte, in einen römischen Soldaten verliebt, galt als die sprichwörtliche Verkörperung der Verführbarkeit der Frauen.

Der Text der Komödie ist nur in der Folio-Ausgabe überliefert. Da eine Aufführung am 28. Dezember 1594 in einer Londoner Rechtsschule dokumentiert ist, muss sie vor diesem Zeitpunkt entstanden sein. Dass sich aus dem stereotypen Verwechslungsspiel von Zwillingen nicht nur unterhaltsame Komik, sondern große poetische Kunst machen lässt, zeigt Shakespeare später in seiner vielleicht reifsten und in den Augen vieler Kritiker schönsten Komödie, in *Was ihr wollt*.

Verlorene Liebesmüh
Ein Stück, in dem vier Herren Amor die Flügel stutzen wollen und vier Damen den Bogenschützen wieder flugfähig machen.

Verlorene Liebesmüh

Obwohl *Love's Labour's Lost* erst 1598 zum erstenmal erwähnt wird, galt auch diese Komödie zeitweilig als Shakespeares Erstlingswerk. Die Annahme stützte sich darauf, dass das Stück stilistisch und thematisch den höfischen Komödien Lylys am ähnlichsten ist. Da Shakespeare Lylys euphuistische Sprache nicht nur imitiert, sondern parodiert, wirkt das Werk auf eine elisabethanische Weise postmodern. Das an Sprachartistik überreiche Stück hat unter allen Komödien des Dichters die magerste Handlung. Ein Fürst und seine Höflinge beschließen, sich drei Jahre lang von Frauen fernzuhalten, um sich der Philosophie zu widmen. Doch als gleich darauf die Prinzessin von Frankreich und drei Edelfräulein eintreffen, sind alle guten Vorsätze dahin. Die Handlung besteht fast nur aus Wortgefechten, in deren Verlauf die Front der Männer aufweicht. Doch das erwartete Happy End einer vierfachen Hochzeit tritt nicht ein, sondern wird um ein Jahr hinausgeschoben, damit alle noch einmal die Beständigkeit ihrer Gefühle prüfen können.

Wenn das Grundmodell aller Shakespeare-Stücke darin besteht, dass eine Störung der Ordnung krisenhaft zugespitzt und in wiederhergestellte Ordnung überführt wird, liegt hier eine Komödie vor, in der die Störung rein sprachlicher Natur ist. Die Männer verweigern die Kommunikation mit den Frauen, was im Verlauf des Stückes zu immer neuen Missverständnissen führt, bis diese zuletzt aufgelöst werden und in gegenseitige Verständigung übergehen. In dieser Komödie spielt Shakespeare seine ganze Verskunst aus. Er lässt die Personen in kunstvollen Reimen und ganzen Sonetten sprechen, und legt ihnen Prosa in den Mund, deren Affektiertheit den euphuistischen Modestil ad absurdum führt. Am Schluss aber lässt er eine Truppe von Dörflern auftreten, die auf rustikale Weise den Frühling und den Winter besingen. Hier hat man als Leser den Eindruck, dass Shakespeare aus seiner Erinnerung an das ländliche Stratford schöpft und der modischen Poesie der höfischen Kreise seine eigene Vorstellung von vitaler Dichtung entgegenhält.

Frühling

Wenn Gänseblümchen, Veilchen blau
und Wiesenschaumkraut silberweiß
und Dotterblumen auf der Au
sich gelb erstrecken rings im Kreis,
Dann ruft der Kuckuck aus dem Bäumen,
lässt Männer von was Bösem träumen
Kuckuuk!
Kuckuuk, Kuckuuk! das schreckt den Mann,
der seinem Bett nicht trauen kann.

Wenn Schäfer auf den Flöten blasen,
die Lerchen um den Pflüger streichen,
die Täubriche vor Liebe rasen,
die Mädchen ihre Kleider bleichen,
Dann ruft der Kuckuck aus den Bäumen
lässt Männer von was Bösem träumen:
Kuckuuk!
Kuckuuk! Kuckuuk! das schreckt den Mann,
der seinem Bett nicht trauen kann.

Winter

Wenn Eis in Zapfen hängt vom Dach
und Schafhirt Nick die Hand behaucht
und Tom legt Holz im Feuer nach
und Milch erst Zeit zum Auftaun braucht,
wenn's Blut erstarrt, der Weg verschneit,
und in der Nacht die Eule schreit –
Tu-wit, tu-wuh! Ein lustger Ton,
dann rührt Marie die Suppe schon.

Wenn laut der Wind heult in der Höh
und Husten in die Predigt bricht
und Vögel hocken matt im Schnee
und Frost in Minnas Nase sticht
und Äpfel braten schon im Ofen,
hört man die Eule nächtlich rufen:
Tu-wit, tu-wuh! – Ein lustger Ton.
dann rührt Marie die Suppe schon.

Ein Sommernachtstraum

Der Durchbruch zur Meisterschaft gelingt Shakespeare in *A Midsummernight's Dream.* Auch diese Komödie wurde erstmalig 1598 erwähnt, scheint aber in den Jahren 1595–96 entstanden zu sein. Dafür spricht unter anderem die Erwähnung ungewöhnlicher Wetterverhältnisse, die in dieser Zeit zu katastrophalen Missernten geführt hatten. Der Text erschien 1600 und noch einmal 1619 im Quarto-Format und wurde mit kleinen Ergänzungen vom zweiten Quarto-Druck in die Folio-Ausgabe übernommen. Wie bei dem Vorgängerstück scheint auch hier die Handlung Shakespeares eigene Erfindung sein, wobei er bei den Naturwesen auf die volkstümliche Überlieferung zurückgegriffen haben mag. Die Namen des Fürstenpaars Theseus und Hyppolita stammen entweder von Plutarch oder Chaucer, die Sage von Pyramus und Thisbe von Ovid.

Das Besondere an dieser Komödie ist, dass hier die schon in den Vorgängern anklingende thematische Vielstimmigkeit voll entfaltet wird. Es geht um den Irrgarten der Liebe, der auf fünf Ebenen vorgeführt wird. Die höchste, die den Rahmen abgibt, ohne selbst in der Handlung eine Rolle zu spielen, wird durch Herzog Theseus und Hyppolita repräsentiert, die sich anschicken, zusammen mit dem Volk von Athen ihre Hochzeit zu feiern. Die Verbindung des Herzogs mit der von ihm besiegten Amazonenkönigin besiegelt die Herrschaft der Vernunft über die Leidenschaft und damit die Wiederherstellung einer gestörten Ordnung. Gleich in der ersten Szene sagt Theseus zu seiner Braut:

> Hippolyta, ich warb mit Waffen um dich,
> verletzt hab ich die Frau, die mich jetzt liebt.
> Doch nun vermählt uns eine andere Tonart
> mit Pomp, Triumph und großem Festgelage.

Doch die Hochzeitsvorbereitungen werden gestört, als vor dem Fürstenpaar Egeus erscheint, der seine Tochter Hermia dem Demetrius versprochen hat, während sie Lysander heiraten will. Der hat sie in Egeus' Augen

Ein Sommernachtstraum
Der Elfenkönig Oberon und seine Königin Titania.

mit Versen und nächtlichen Ständchen verhext. Vervollständigt wird das Quartett durch Helena, die Demetrius mit ihrer unerwiderten Liebe verfolgt. Der Herzog entscheidet, dass Hermia bei Strafe des Todes oder der Ehelosigkeit dem Befehl des Vaters gehorchen müsse, worauf sie in der Nacht mit Lysander in den Wald flüchtet, verfolgt von Demetrius und Helena. Dort taumeln die vier hilflos durch den Irrgarten der Leidenschaft, weil der Elfenkobold Puck (sein eigentlicher Name ist Robin Goodfellow, d. h. ‹Robin Gutfreund›) einen Befehl des Elfenkönigs Oberon durch Irrtum falsch ausführte und nicht Lysander, sondern dem schlafenden Demetrius Liebestropfen auf die Augen träufelte. Die wirken so, dass Demetrius beim Erwachen in Liebe zu Helena entbrennt, die sich durch diesen plötzlichen Sinneswandel verhöhnt fühlt. Die Verwirrung steigert sich, als auch Lysander durch das Zaubermittel für Helena entflammt. Wurde sie erst von keinem geliebt, wird sie jetzt von beiden bedrängt. Der Streit zwischen den Vieren gipfelt darin, dass die Männer sich duellieren wollen, was Puck mit seinen Zaubertricks verhindert.

Auf einer dritten Ebene spielt sich ein Streit zwischen dem Elfenkönig Oberon und seiner Gemahlin Titania ab. Dabei geht es um einen «indischen Jungen», den Titania nicht an Oberon herausgeben will. Dieser Junge, der im Stück nicht auftritt, hat erstaunlich wenig Interesse bei Forschern gefunden. Aus dem Stück erfährt man, dass er das Kind einer Menschenfrau ist, mit der Titania befreundet war und die bei der Geburt des Jungen gestorben ist. Das klingt wie eine Anspielung auf den Mythos von Dionysos, den Zeus mit der Menschenfrau Semele zeugte. Während im Mythos Hera aus Eifersucht die Frühgeburt und damit den Tod Semeles provozierte, worauf Zeus das Kind in seinem Schenkel in Sicherheit brachte, will hier Titania das Kind für sich haben. Da der Zug des Dionysos nach Indien ein beliebtes Motiv bei Malern der Renaissance war, könnte der *Indian Boy* eine Anspielung darauf sein. Dafür spräche außerdem, dass für die große Hochzeitsfeier auch ein Stück über Bacchus, also Dionysos, geplant ist. Am Ende des Stücks tritt Titania den Knaben an Oberon ab, und der Elfenkönig hat seine Autorität wiederhergestellt. Zwischendurch zeigt er aber erst einmal seiner Königin, wer der Herr ist, indem er Puck beauftragt, auch ihr die Liebestropfen auf die Augen zu träufeln. Daraufhin verliebt sie sich beim Erwachen in

Ein Sommernachtstraum
Ein Spiel, in dem eine Elfenkönigin sich in einen eselsköpfigen Weber verliebt und Naturgeister unter der Regie Oberons mit Hilfe von Puck alles wieder ins Lot bringen.

den Weber Zettel, dem Puck zuvor einen Eselskopf angezaubert hatte. Zettel, der im Original Bottom heißt, gehört zu einer Truppe von Handwerkern, die im Wald ein Stück proben, das sie zu Ehren des Herzogs bei seiner Hochzeit aufführen wollen. Der Name Bottom bedeutet wörtlich ‹Boden› und bezeichnet beim Webstuhl die fest eingespannten Fäden, die im Deutschen ‹Zettel› heißen. Der Weber markiert damit schon durch seinen Namen die unterste der fünf Ebenen des Stücks. Ironischerweise studiert aber seine Truppe ein Stück ein, das auf der höchsten kulturellen Ebene angesiedelt ist, denn es handelt von Pyramus und Thisbe, die das klassische Muster einer tragischen Liebe darstellen.

Das Stück zeigt Liebe auf fünf Ebenen: als vernunftbeherrschte Beziehung beim Herzogspaar, als ein Taumeln im Irrgarten der Gefühle, als Machtspiel zwischen Oberon und Titania, als lächerliches Kulturimitat ohne Vernunft und Leidenschaft im Spiel der Handwerker und, ironisch gebrochen, als das tragische Schicksal von Pyramus und Thisbe. Das alles klingt wie ein ausgeklügeltes Denkspiel. Tatsächlich ist die Komödie aber ein Muster an blühender Fantasie. Puck und den Elfen legt Shakespeare Verse von großer sprachlicher Schönheit in den Mund, denen die an Nonsens grenzenden poetischen Versuche der gutmütigen Handwerker diametral gegenüberstehen. Die Komödie ist nicht nur die erste, in der Shakespeare den gesamten Stoff in eine vielstimmige Partitur ohne überstehende Reste verwandelt, es ist auch die erste, in der er Aussagen über Poesie macht, die bis heute geflügelte Worte sind. Gemeint ist die Rede, die Theseus dem abschließenden Spiel der Handwerker vorausschickt:

> Bei Liebenden und Irren kocht das Hirn,
> es formt fantastische Gestalten, die
> Vernunft sich nicht zusammenreimen kann.
> Der Irre, der Verliebte und der Dichter
> bestehn aus nichts als purer Fantasie.
> Der eine sieht mehr Teufel als die Hölle;
> das ist der Irre; der Verliebte, wirr
> im Kopf, sieht Helena in einer Hexe.
> Des Dichters Aug', in schönem Wahnsinn rollend,
> blickt auf zum Himmel, schaut zur Erde nieder,
> und was an Formen unbekannter Dinge

die Fantasie in Körper bannt, gestaltet
des Dichters Feder und gibt luftgem Nichts
ein Haus zu wohnen drin und einen Namen.
So trickreich ist die Fantasie, dass sie,
wenn sie auf eine gute Nachricht hofft,
sich gleich den Überbringer davon schafft,
und andernfalls aus Furcht in dunkler Nacht
aus einem Busch sich einen Bären macht.

Das Stück, das zu seiner Zeit sehr beliebt war, sank im 17. und 18. Jahrhundert in der Gunst des Publikums, weil es mit seiner Mischung aus Märchenspiel und Bauerntheater allzu sehr der klassizistischen Ästhetik widersprach. Der berühmte Tagebuchschreiber Samuel Pepys, der es 1662 auf der Bühne sah, bezeichnete es sogar als «das albernste Stück, das ihm in seinem ganzen Leben vor Augen gekommen» sei. Umso höher stieg sein Ansehen in der Romantik, und es hat diese Wertschätzung seitdem nicht verloren. Seine Vielstimmigkeit erlaubt es Regisseuren, entweder das Traumhaft-Heitere oder das Nächtlich-Bedrohliche herauszustellen. So wie in der Legende von Pyramus und Thisbe der Selbstmord der Liebenden dadurch ausgelöst wird, dass Pyramus glaubt, Thisbe sei von einem Löwen zerrissen worden, so hätten auch die beiden Liebespaare im Wald tragisch enden können, wenn nicht Oberon und Puck, wie später Prospero und Ariel im *Sturm*, die Fäden in der Hand behalten hätten. Nachdem die Laientruppe ihr Stück abgeliefert und dafür wohlwollenden Spott geerntet hat, tritt sie ab und macht die Bühne frei für Puck, Titania und Oberon, die mit ihren Elfen ein Feuerwerk von Poesie entfachen. Sie repräsentieren eine Sphäre, die außerhalb von Vernunft und Leidenschaft liegt und nur durch Poesie und Musik ausgedrückt werden kann. Kein Wunder also, dass es Felix Mendelssohn Bartholdy reizte, dafür eine Bühnenmusik zu komponieren. Benjamin Britten machte aus dem Stück sogar eine ganze Oper.

Der Kaufmann von Venedig

Vielstimmig auf eine ganz andere Art ist die Komödie, die Shakespeare als nächste schrieb. Als Quarto-Ausgabe erschien sie 1600 unter einem Titel, der eine Kurzfassung des Inhalts gibt und fast eine halbe Seite füllte. Da das Stück den Einfluss der 1595 erschienenen Schrift *The Arraignment and Conviction of Usury* (Die Beurteilung und Verurteilung des Wuchers) von Miles Mosse erkennen lässt, dürfte es nicht vor 1596 entstanden sein. Als Stoffquelle nutzte Shakespeare für das Motiv des verpfändeten Pfunds Fleisch die Geschichte *Il Pecorone* von Ser Giovanni Fiorentino (gedruckt 1558). Das Motiv der Kästchenwahl stammt aus der 66. Geschichte von Richard Robinsons Version der *Gesta Romanorum*, die 1577 in Druck erschien. Das Verhältnis zwischen dem Juden Shylock und seiner Tochter Jessica erinnert außerdem an das zwischen dem Juden Barabas und seiner Tochter Abigail in Marlowes *Der Jude von Malta*. Möglicherweise kannte Shakespeare auch das verschollene anonyme Stück *The Jew* (Der Jude), dessen Hauptfigur von dem Puritaner Stephen Gosson in *The School of Abuse* (1579; Die Schule des Missbrauchs) als geld- und blutgieriger Jude beschrieben wird.

In der Komödie sind drei Handlungen ineinander verwoben. In der ersten soll die reiche Venezianerin Portia auf Grund einer testamentarischen Verfügung ihres Vaters den Mann heiraten, der unter drei Kästchen, die aus Gold, Silber und Blei gefertigt sind, das richtige wählt. Zwei Bewerber, die Portia nicht mag, treffen die falsche Wahl: Der König von Marokko entscheidet sich für das goldne mit dem Begleitspruch: «Wer mich erwählt, bekommt, was viele Männer wollen» und verliert; der Prinz von Aragon wählt das silberne mit dem Spruch «Wer mich erwählt, erhält, was er verdient» und verliert ebenfalls. Nur der venezianische Edelmann Bassanio, den Portia liebt, entscheidet sich für das bleierne Kästchen mit dem Begleitspruch «Wer mich erwählt, muss gebend alles wagen» und gewinnt. Durch Bassanio ist die erste Handlung mit einer zweiten verknüpft, in der sein Freund Antonio – er ist der Kaufmann von Venedig – und der Jude Shylock im Mittelpunkt stehen. An-

Der Kaufmann von Venedig
Der Jude Shylock fordert das verpfändete Pfund Fleisch; darunter Portia, die ihn überlistet.

tonio bezahlte die hohen Schulden Bassanios, doch da seine reichbeladenen Schiffe noch auf See waren, lieh er sich dafür Geld von Shylock, der zur Bedingung machte, dass er den Kredit in Form von einem Pfund Fleisch aus seinem Körper zurückzahlen müsse, falls er das Geld am festgesetzten Tag nicht hat. In der dritten Handlung geht es um die Liebesbeziehung zwischen Shylocks Tochter Jessica und dem Venezianer Lorenzo, dem zuliebe sie zum Christentum konvertiert und sich aus dem Haus ihres Vaters schleicht, unter Mitnahme einer gut gefüllten Kassette. Da Antonios Schiffe nicht rechtzeitig zurückkehren, verlangt Shylock vor Gericht das Pfund Fleisch, das der Kaufmann ihm schuldet. Der Richter ist kurz davor, die Forderung anzuerkennen, als ein junger Rechtsgelehrter, Dr. Bellario, auftaucht, der das Blatt wendet. Es ist die verkleidete Portia, die zunächst die Rechtmäßigkeit von Shylocks Forderung unter dessen Beifall bestätigt, dann aber erklärt, wenn er auch nur ein Gramm mehr herausschneide und dabei auch nur einen Tropfen Christenblut vergieße, werde ihm sein gesamter Besitz genommen und der Doge könne ihn sogar zum Tode verurteilen. Shylock erkennt, dass er in eine Falle getappt ist und will jetzt gerne die mehrfache Geldsumme annehmen, die Antonio ihm zuvor angeboten hat. Doch da er darauf vorher verzichtet hat, verweigert ihm der junge Rechtsgelehrte auch diesen Ausweg. Der Doge verzichtet zwar auf das Todesurteil, spricht aber die Hälfte von Shylocks Vermögen Antonio und die andere der Staatskasse zu. Nur auf Antonios Fürsprache darf Shylock dessen Hälfte behalten unter der Bedingung, dass er zum Christentum konvertiert und seinen Besitz seiner Tochter und deren Ehemann hinterlässt.

Im fünften und letzten Akt kehrt das Stück auf die heitere Ebene der Komödie zurück. Als Dank gibt Bassanio, dessen Schulden die Ursache für Antonios kritische Lage waren, dem Rechtsgelehrten Bellario auf dessen Wunsch, wenngleich widerstrebend, den Ring seiner Verlobten, ohne zu wissen, dass er ebendiese vor sich hatte. Auch Portias Kammerjungfer Nerissa, die mit Bassanios Freund Gratiano verlobt ist und die als Schreiber verkleidet ihre Herrin begleitete, hatte sich von ihrem Verlobten ihren Ring erbeten. Jetzt wollen die beiden Frauen die Ringe sehen, und es entspinnt sich ein gespielter Streit um die vermeintliche Treulosigkeit der beiden Männer. Dann aber klärt sich alles auf, und das Stück endet mit drei glücklichen Paaren, denn auch Lorenzo und Jessica hatten kurz vorher unter nächtlichem Sternenhimmel ihren Liebesbund besiegelt.

Betrachtet man die Komödie gegen den Hintergrund des Wertesystems, das in Shakespeares übrigen Stücken zum Ausdruck kommt, wird man ihr moralisches Zentrum in Portias berühmter Rede über die Gnade sehen müssen (S. 212). In seiner vertikalen Weltsicht war Gnade Ausweis einer aristokratischen Gesinnung. Gnade ist das, was von oben nach unten wirkt und damit dem Wesen nach hierarchisch ist. Shylock hingegen beharrt auf dem Buchstaben seines Vertrags, denn Recht bedeutet für ihn, den Juden, Gleichheit vor dem Gesetz, also ein horizontales Verhältnis. Aus heutiger Sicht ist er das Opfer einer ethnischen und religiösen Diskriminierung, weshalb ein modernes Publikum sich stark mit ihm identifizieren wird. Wenn der Venezianer Bassanio, der selbst keinem Broterwerb nachgeht, aber mit seiner verschwenderischen Schuldenmacherei die Lawine ins Rollen brachte und beinahe den Tod seines noblen Freundes auf sein Gewissen geladen hätte, am Ende mit der Hand einer reichen Frau belohnt wird, während Shylock als der Betrogene dasteht, fällt es schwer, dies nicht als ungerecht zu empfinden. Das heutige egalitär denkende Publikum wird die folgenden Worte Shylocks stärker anrühren als das, was Portia über die Gnade sagt. Auf die Frage, was er mit dem Pfund Fleisch anfangen könnte, antwortet Shylock:

> Um Fische zu ködern! Wenn es nichts anderes nährt, nährt es doch meine Rache. Er hat mich entehrt, hat mich um eine halbe Million gebracht, hat über meine Verluste gelacht, über meine Gewinne gespottet, mein Volk verhöhnt, meine Geschäfte durchkreuzt, meine Freunde abgeschreckt, meine Feinde aufgehetzt. Und aus welchem Grund? Ich bin ein Jude. Hat ein Jude keine Augen? Hat ein Jude keine Hände, Glieder, Organe, Sinne, Gefühle, Leidenschaften? Genährt von derselben Nahrung, verletzt von denselben Waffen, befallen von denselben Krankheiten, gewärmt und gekühlt im Sommer und Winter genau wie ein Christ? Wenn ihr uns stecht, bluten wir nicht? Wenn ihr uns kitzelt, lachen wir nicht? Wenn ihr uns vergiftet, sterben wir nicht? Wenn ihr uns Unrecht tut, sollten wir uns dann nicht rächen? Wenn wir euch in dem Übrigen gleichen, tun wir es auch in

> diesem Punkt. Wenn ein Jude einem Christen Unrecht tut, was wird aus seiner Demut? Rache. Wenn ein Christ einem Juden Unrecht tut, nach welchem christlichen Vorbild soll er es dulden? Rache, was sonst. Die Gemeinheit, die ihr mich lehrt, werde ich ausüben, auch wenn es mir schwerfällt; aber ich werde besser sein als meine Lehrer.

Später während der Gerichtsverhandlung fragt ihn der Doge: «Kannst du auf Gnade hoffen, der du keine übst?», worauf Shylock antwortet:

> Wer soll den richten, der kein Unrecht tat?
> Ihr habt hier unter euch gekaufte Sklaven,
> die ihr wie eure Esel, eure Hunde
> zu würdelosen Sklavendiensten zwingt,
> weil ihr für sie bezahlt habt. Soll ich sagen:
> Lasst sie doch frei, vermählt sie euren Erben?
> Wozu lasst ihr sie Ächzen unter Lasten?
> Gebt ihnen weiche Betten, ihren Gaumen
> das, was ihr esst, stattdessen sagt ihr nur:
> «Die Sklaven sind mein Eigentum» – Ich sage:
> Das Pfund an Fleisch, das ich von ihm verlange,
> ist meins, ich habe viel dafür bezahlt.
> Wenn ihrs mir nehmt – pfui über das Gesetz.
> Dann hat Venedigs Satzung keine Macht:
> Ich warte auf das Urteil – wer gibt Antwort?

Von diesen Argumenten fühlt sich ein moderner Theaterbesucher weit mehr angesprochen als von Portias Appell an die Gnade, der gewiss aus Shakespeares Herzen kam, obgleich er Shylock zuletzt keine Gnade gewährt. Oben wurde gesagt, dass Gnade einem aristokratischen Wertesystem entspricht. Das gilt auch für den Wert, durch den Bassanio die Hand Portias gewann. Als er das bleierne Kästchen wählte, entschied er sich für das Wagnis. Etwas zu wagen gehört zusammen mit Ehre und den edlen, aus dem Herzen kommenden Leidenschaften zu den Werten, die im Zentrum von Shakespeares Weltsicht stehen.

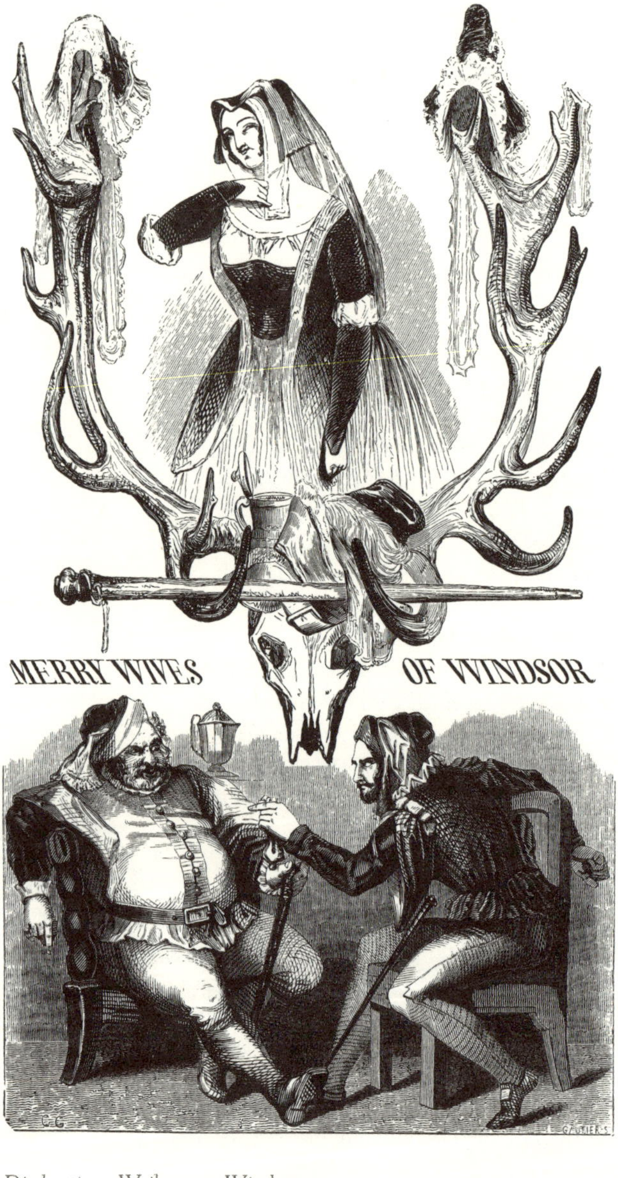

Die lustigen Weiber von Windsor
Es geht um die Angst der Ehemänner, von ihren Frauen gehörnt zu werden, wobei Falstaff zur Zielscheibe des Spottes wird.

Die lustigen Weiber von Windsor

Bevor Shakespeare mit *Viel Lärm um Nichts* das Trio seiner sogenannten romantischen Komödien eröffnete, die später gesondert betrachtet werden sollen, schrieb er erst einmal die Historien *Heinrich IV.* und *Heinrich V.*, aus denen als Ableger die Komödie *Die lustigen Weiber von Windsor* hervorging. Eine alte, quellenmäßig nicht belegte Legende sagt, dass er die Komödie auf ausdrücklichen Wunsch Königin Elisabeths geschrieben habe, die gerne Falstaff als Liebhaber sehen wollte. Die Entstehung wird in den Jahren 1597 oder 1598 vermutet. Als Anhaltspunkt für die Datierung dient eine Anspielung im Text auf Friedrich Mömpelgart, der 1593 Herzog von Württemberg wurde und sich 1597 aufdringlich um die Aufnahme in den Hosenbandorden bemühte. In Shakespeares Truppe wird das zu Gesprächsstoff geführt haben, da bei der gleichen Zeremonie ihr neuer Schutzherr, der zum Lord Chamberlain ernannte Lord Hunsdon, in den Orden aufgenommen wurde. Das Stück erschien 1602 als Quarto-Druck und ist im gleichen Jahr nachweislich aufgeführt worden.

Trotz ihrer großen Popularität, zu der auch die Vertonung durch Otto Nicolai beigetragen hat, reicht die Komödie nicht an die vorausgegangenen und die folgenden heran. Der Falstaff dieses Stückes ist nicht der vitale Fettwanst, der in *Heinrich IV.* den Zwängen der kalkulierenden Politik die Freiheit des puren Lebens entgegenstellte. Hier sieht man ihn als dümmlichen Liebhaber, der von den Frauen düpiert, vor einem eifersüchtigen Ehemann in einem Korb mit schmutziger Wäsche versteckt und in den Fluss geworfen wird, in Frauenkleidern fliehen muss und immer nur Zielscheibe des Gelächters ist, statt, wie in den beiden Historien, selbst mit anarchischem Lachen über die Politik zu triumphieren. Es ist ein unterhaltsam witziges Volksstück mit viel Situationskomik, doch ohne den Tiefgang, der die großen Komödien auszeichnet. Da das Stück nicht wie Shakespeares übrige Komödien in einer höfisch-pastoralen Sphäre, sondern im bürgerlichen Milieu spielt, steht es dem satirisch-realistischen Typ näher, den Ben Jonson und Dekker praktizierten. Doch bei Shakespeare erhält die Satire einen warmen Hauch von gutmütigem Spott.

Die frühen Tragödien

Auch für die Tragödie hatten die elisabethanischen Dramatiker klassische Vorbilder: es waren die Schauerdramen Senecas. Während die griechischen Tragiker Aischylos, Sophokles und Euripides im Original kaum bekannt waren und allenfalls von Akademikern in lateinischen Übersetzungen gelesen wurden, kannten die Gebildeten die blutrünstigen Stücke Senecas sehr gut, da ihr Autor als Hauptvertreter der stoischen Philosophie in der europäischen Renaissance hochgeschätzt wurde und seine Tragödien als Schulbeispiele für große Rhetorik galten. Seneca selbst hatte sie wohl als Exempel intendiert, die lehren sollten, wie man die Schlechtigkeit der Menschen und die Willkür des Schicksals mit stoischem Gleichmut erträgt. Die Dramatiker und Theaterleute interessierte aber weniger seine Philosophie, als vielmehr die mit Grausamkeiten und Rachetaten gespickten Handlungen und die hochdramatische Rhetorik. Neben Seneca wirkte auch noch die heimische Tradition der Moralitäten und Interludes nach, deren stereotype Figur des *Vice* als Verkörperung des Teuflischen das Modell für viele Bühnenschurken war.

Als Shakespeare seine erste Tragödie schrieb, trat er gegen die Konkurrenz von zwei Autoren an, die mit ihren Dramen Furore gemacht hatten. Der eine war Thomas Kyd, dessen *Spanish Tragedy* das populärste Drama in den frühen 1590er Jahren war; der andere war Christopher Marlowe, der sprachmächtigste unter Shakespeares Zeitgenossen. Die beiden hatten engen Kontakt miteinander und wohnten zeitweilig zusammen, starben aber bereits 1594 bzw. 1593, so dass Shakespeare danach das Feld für sich allein hatte. Seine frühen Versuche zeigen, wie er verschiedene Formen der Tragödie ausprobiert. Für seine erste, *Titus Andronicus,* die wie Kyds und Marlowes Stücke im *Rose*-Theater aufgeführt wurde, übernahm er von Kyd das Modell der Rachetragödie; in der zweiten, *Romeo und Julia,* entwickelte er die Handlung als Schicksalstragödie; und in der dritten, *Julius Caesar,* verband er das *de casibus*-Schema, d. h. den Sturz einer hochgestellten Persönlichkeit, mit der Struktur einer Konflikttragödie, deren Held Brutus ist. Danach begann mit *Hamlet* die Reihe der großen Tragödien, in denen er seine ganz eigene Sicht der Probleme entfaltet.

Für das Publikum, wie auch für die Autoren selber, war der Begriff ‹Tragödie› nicht genau definiert. Er konnte auf alle Stücke angewendet werden, die mit dem Tod der Helden endeten. Deshalb wurden auch viele der Historien in überlieferten Drucken oder erhaltenen Theaterankündigungen als Tragödien bezeichnet. Sachlich ist das nicht immer falsch; denn einige von Shakespeares Historien nehmen in der Tat einen tragisch anmutenden Verlauf. Was sie aber von den eigentlichen Tragödien unterscheidet, ist der Umstand, dass ihre Helden von Anfang an durch die historischen Umstände determiniert werden, während die volle tragische Wirkung erst dann eintritt, wenn der Held oder die Heldin die Freiheit haben, sich auch anders zu entscheiden. Wie sehr Shakespeare an dem Problem der richtigen Entscheidung interessiert war, wird bereits in *Titus Andronicus,* seiner ersten echten Tragödie, deutlich. Hier wird der gesamte tragische Verlauf als eine fatale Kette gut gemeinter Fehlentscheidungen vorgeführt. Man gewinnt den Eindruck, als habe Shakespeare bei der Suche nach möglichen Ursachen dieser Fehlentscheidungen zum einen das Schicksal und zum anderen einen unauflöslichen Wertekonflikt als mögliche Erklärung angesehen, bevor er in seinen großen Tragödien die Ursache im Innern der Helden freilegte.

Titus Andronicus
Lavinia, mit herausgeschnittner Zunge und abgehackten Händen, schlägt ein Buch auf und zeigt auf die Stelle, wo in Ovids *Metamorphosen* die Sage von Philomele erzählt wird. Der Angeredete ist der junge Lucius, der im Stück die Stimme der Vernunft vertritt und am Ende Kaiser wird.

Titus Andronicus

Für seine erste Tragödie entnahm Shakespeare wesentliche Motive aus Senecas *Thyestes* und den *Metamorphosen* Ovids; die Handlung selbst scheint seine eigene Erfindung zu sein. Eine frühe Aufführung, vermutlich die erste, ist für den 11.4.1592 bezeugt. Die Handlung beginnt mit dem Streit zweier Kaisersöhne um die Nachfolge auf den römischen Thron. Die Volkstribunen schlagen einen Dritten vor, den soeben aus dem Krieg gegen die Goten siegreich heimkehrenden Feldherrn Titus Andronicus. Doch der lehnt ab und unterstützt den erstgeborenen Kaisersohn. Damit gibt er um der Legitimität willen die Chance auf Macht aus der Hand. Zwar versucht er sich dadurch zu sichern, dass er dem neuen Kaiser seine Tochter Lavinia zur Frau geben will, doch die war bereits Bassianus, dem Bruder des neuen Kaisers, versprochen, der sie sich mit Gewalt nimmt. Im Kampf um Lavinia wird Bassianus von Titus' Söhnen unterstützt, worauf dieser einen von ihnen tötet. Parallel dazu läuft eine Rachehandlung, die Titus selbst dadurch in Gang setzt, dass er mit kaiserlicher Erlaubnis den ältesten Sohn der gefangenen Gotenkönigin Tamora am Grab seiner im Krieg gefallenen Söhne opfert, was er als seine religiöse Pflicht bezeichnet. Als nun der neue Kaiser anstelle von Lavinia Tamora ehelicht, ist Titus der Rache dieser Frau ausgeliefert. Somit werden bereits in der ersten Szene drei Kausalreihen ausgelöst: die Rache Tamoras, die schwindende Macht des Titus und die Rebellion des jüngeren Kaisersohns gegen den gekrönten Bruder.

Im Fortgang der Handlung ermorden Tamoras Söhne Bassianus und vergewaltigen Lavinia, der sie die Zunge herausschneiden und die Hände abhacken. Dann folgt Bluttat auf Bluttat. Titus schickt dem Kaiser seine abgehackte Hand, um damit zwei seiner Söhne vor dem Todesurteil zu retten, der Kaiser schickt die Hand mitsamt den Köpfen von Titus' Söhnen zurück. Darauf serviert Titus der Kaiserin die Köpfe ihrer Söhne als Pastete, tötet seine Tochter, danach Tamora und wird selbst vom Kaiser getötet; den tötet Titus' letzter Sohn Lucius, der darauf zum Kaiser ernannt wird. Nicht genug mit diesen Gräueln, Shakespeare setzt noch eins drauf und lässt den bösen Mohren Aaron, den Geliebten Tamoras, als Mordgehilfen zuvor weitere Verbrechen begehen. Als Tamora ein schwarzes Kind zur Welt bringt, tötet er Amme und Hebamme und bringt sein Kind in Sicherheit, um dem Kaiser danach ein weißes Kind präsentieren zu können.

Dieser makabren Blutorgie, in der alles darauf angelegt zu sein scheint, dem Publikum das Äußerste an Sensation zu bieten, liegt dennoch ein Sinn stiftendes Prinzip zugrunde. Auch hier geht es um das Dilemma, dass der legitime Thronfolger nicht immer der beste Herrscher ist. Hätte Titus das Angebot der Tribunen angenommen, hätte er den Zusammenbruch der politischen Ordnung verhindern können. Sein zweiter Fehler war die Opferung der Söhne Tamoras. Wäre er hier Pragmatiker geblieben, hätte er nicht die Rache der gefangenen Gotenkönigin auf sich gezogen. Wie in der Trilogie *Heinrich VI.*, die der Tragödie vorausgegangen ist, geht es um das Problem, wie sich altes Recht – in diesem Fall Primogenitur und die religiöse Opferpflicht – mit pragmatischer Vernunft vereinbaren läßt. Schon bei Betrachtung der Historien zeigte sich klar, was in den späteren Werken noch komplexer hervortreten wird: dass Shakespeare einerseits die alte Ordnung als die rechtmäßige ansieht, während er andererseits die Macht an Pragmatiker übergehen lässt, deren Verdienst zuweilen nur darin besteht, überlebt zu haben.

Angesichts der grausamen Exzesse gewinnt man den Eindruck, dass Shakespeare seinen Konkurrenten Kyd und Marlowe zeigen wollte, dass er es noch besser kann als sie. Die Nähe zu Marlowes Stück *Der Jude von Malta* ist besonders deutlich. Vor allem der Mohr Aaron wirkt wie einer von Marlowes amoralischen Schurken. Als er am Schluss zur Strafe eingegraben wird, um den Hungertod zu sterben, reagiert er darauf so:

> Ah, weshalb sollte Wut und Wildheit schweigen?
> Ich bin kein Baby, das jetzt mit Gebeten
> für seine bösen Taten Reue zeugt.
> Zehntausendmal so Schlimmes hätt ich gern
> getan, hätt' meinen Willen ich gehabt.
> Hab ich je eine gute Tat vollbracht,
> bereu ich dies aus meiner tiefsten Seele.
>
> (V, 3; 183–189)

Romeo und Julia

Mit seiner nächsten Tragödie schuf Shakespeare ein archetypisches Liebespaar, das in die Mythologie der Neuzeit eingegangen ist. In *Romeo and Juliet* gibt es zwar auch gewalttätige Aktionen, doch sie nehmen nur wenig Raum ein. Stattdessen bietet der Dichter sein ganzes sprachliches Können auf, um den großen Bogen vom Liebesrausch zum Liebestod poetisch zu gestalten. In langen Arien drücken die Liebenden ihre Gefühle aus, und den Zuschauer irritiert dabei nicht, dass ein vierzehnjähriges Mädchen tiefe Einsichten äußert, von der Sprachkunst ganz zu schweigen. Den Stoff des Stückes entnahm Shakespeare aus Arthur Brookes Versdichtung *The Tragical History of Romeus and Juliet* (1562), die er bereits früher für die Komödie *Zwei Herren aus Verona* herangezogen hatte. Brooke seinerseits nahm ihn aus Pierre Boaistuaus *Histoires Tragiques* (1559; später von Belleforest erweitert), der ihn wiederum aus italienischen Quellen schöpfte, die über Bandello (1554) und Luigi da Porto (ca. 1530) bis zu Masuccio aus Salerno (1476) zurückgehen. Es handelte sich also um eine in ganz Europa seit langem bekannte Geschichte, so dass man sich wundern muss, dass sie nicht schon früher dramatisiert worden ist. Die erste Quarto-Ausgabe des Stücks stammt aus dem Jahr 1597, in dem auch die erste bezeugte Aufführung stattfand. Als Entstehungszeit kommen die Jahre 1594 bis 1596 in Frage.

Das Opernhafte der Tragödie zeigt sich schon darin, dass die ersten beiden Akte von einem Chor mit einem Sonett eingeleitet werden, das nach Art einer Ouvertüre die zu erwartende Handlung ankündigt und bereits ihr Ende verrät. Aus dem ersten Sonett erfährt das Publikum, dass zwei verfeindete Häuser in Verona ihren Streit so weit treiben, dass «ein Liebespaar, unsternbedroht» *(a pair of star-crossed lovers)* zugrunde geht und dadurch den Familienstreit heilt. Das Stück ist eine klassische Schicksalstragödie, enthält aber schon das Schema von Shakespeares späteren Tragödien, in denen nicht das Schicksal, sondern der Widerstreit zwischen Vernunft und Leidenschaft im Mittelpunkt steht. Romeo und Julia sind schuldlose Opfer einer Verkettung von

Romeo und Julia
Die Balkonszene; darunter die Schlussszene, in der Romeo am Leichnam der vermeintlich toten Julia kniet. Links unten liegt Paris, den Romeo vorher im Zweikampf erstach.

schicksalhaften Zufällen, die aber durch unkontrollierte Leidenschaft ausgelöst werden.

Das Stück beginnt damit, dass Romeo aus dem Hause Montague in Schwermut verfallen ist, weil die von ihm verehrte Rosalinde seine Liebe nicht erwidert. Um ihm zu zeigen, dass es auch andere schöne Frauen gibt, überreden ihn seine Freunde Benvolio und Mercutio, sich in den Maskenball der feindlichen Familie Capulet einzuschleichen. Romeo hat eine böse Vorahnung, da kurz vorher ein Straßenkampf zwischen den Familien stattgefunden hat, den der regierende Fürst mit der Drohung beendete, dass er bei erneutem Aufflammen die Oberhäupter beider Familien mit dem Tode bestrafen werde. Auf dem Ball trifft er Julia und beide verlieben sich auf der Stelle ineinander. Heimlich lassen sie sich von Bruder Lorenzo in dessen Klosterzelle trauen. Doch die Hoffnung auf eine offizielle Ehe wird durch einen unglücklichen Zwischenfall zunichtegemacht. Als es zwischen Julias Cousin Tybalt und Romeos Freunden Benvolio und Mercutio zu einem von Tybalt provozierten Streit kommt, will Mercutio sich verteidigen, doch Romeo fällt ihm in den Arm, so dass Mercutio vom Gegner tödlich verletzt wird. Das rächt Romeo, indem er Tybalt tötet. Um der Todesstrafe zu entgehen, flieht er nach Mantua. Julia, die ihren Cousin Tybalt liebte, ist zwischen Liebe zu Romeo und Hass auf seine Familie hin und her gerissen und würde gern seine Person von dem verhassten Namen trennen. Schon vor dem Unglücksfall sagte sie: Dein Name, nur dein Name ist mein Feind.

> Du bist du selbst, auch ohne Montague.
> Was ist das, Montague? Nicht Hand noch Fuß
> noch Arm noch Kopf noch irgend sonst ein Teil,
> das einem Mann gehört. Tausch Deinen Namen!
> Was sagt ein Name? Was wir Rose nennen,
> hätt' unter andrem Namen gleichen Duft.
> (II, 1; 80–86)

Hier ist einem vierzehnjährigen Mädchen ein zentraler Gedanke des Stücks in den Mund gelegt, dass nämlich das Wesen eines Menschen durch seinen Namen verdeckt wird, der nur die öffentliche Person repräsentiert und damit der Welt des Scheins angehört. An diesem Schein hängt etwas, was in Shakespeares Augen und denen seiner Zeitgenossen einen hohen Wert darstellt, nämlich die Ehre. Um der Ehre willen muss deshalb der Schein verteidigt werden.

Der Tod von Tybalt und Mercutio markiert den Wendepunkt der Handlung und leitet den tragischen Absturz ein. Als Julia von ihren Eltern gedrängt wird, den Grafen Paris zu heiraten, kann sie ihnen nicht sagen, dass sie sich bereits mit Romeo hat trauen lassen. Wieder hilft Bruder Lorenzo, indem er ihr eine Droge gibt, mit der sie ihren Tod vortäuschen kann. Sie nimmt das Gift, wird in der Familiengruft beigesetzt, und ein Bote wird nach Mantua geschickt, um Romeo zu benachrichtigen. Doch der Bote wird – erneute Schicksalsfügung – wegen eines Pestausbruchs festgesetzt, so dass Romeo durch einen nicht eingeweihten Freund vom Tod seiner Frau erfährt, sie in der Gruft aufsucht und sich dort mit einem Gift tötet, das er sich für diesen Zweck vorher besorgt hat. Als Julia aus ihrem Scheintod erwacht, trifft gerade Bruder Lorenzo ein, um das Schlimmste zu verhindern. Doch als sie den tragischen Hergang erfährt, tötet sie sich auf Romeos Leichnam mit seinem Dolch. Ihre letzten Worte: «Hier roste, lass mich sterben.» An den Leichen des toten Paares treffen die verfeindeten Familien zusammen und begraben endlich ihren Streit.

Diese frühe Tragödie lässt die Charaktere noch geradlinig ohne Skrupel und Selbstzweifel ihren Gefühlen folgen. Doch was dabei an psychologischer Komplexität fehlt, wird durch suggestive Poesie ersetzt. Nicht nur die Liebenden drücken ihre Gefühle in großen Arien aus, auch andere Figuren tun es, am eindrucksvollsten Mercutio, der in seiner Rede auf die Feenkönigin Queen Mab ein Kabinettstück an phantastischer Rhetorik abliefert, das jeden Schauspieler zur Höchstleistung anspornt. Die Sprachkunst des Stückes verhindert, dass die Zuschauer sich an mangelndem Realismus stoßen, z. B. wo Romeo auf dem Weg zum Apotheker ist, um Gift zu kaufen, und dabei eine Art Inventarverzeichnis des Ladens gibt, auf dessen langer Liste vom Schildkrötenpanzer über einen ausgestopften Alligator bis hin zu Enden von Bindfäden und gepressten Rosenblättern alles auf Tod gestimmt ist. Dieses Verfahren, innere Zustände so in Bilder zu projizieren, dass man sie zu sehen glaubt, findet man später bei einem anderen Mythenbildner der englischen Literatur, bei Charles Dickens, der nicht ohne Grund immer wieder mit Shakespeare verglichen wurde, nur dass seine Mythen weniger universal sind.

Julius Caesar

Auch in dieser Tragödie spielt das Schicksal eine wichtige Rolle, allein schon wegen der Prophezeiung von Caesars Tod an den Iden des März. Doch die Handlung bestimmt ein anderes Schema. Der erste Teil der Tragödie, in dem es um den Sturz Caesars geht, folgt dem *de casibus*-Modell; im zweiten Teil, dessen Held Brutus ist, geht es um einen Wertkonflikt, dessen klassisches Muster die *Antigone* des Sophokles ist. Den Stoff nahm Shakespeare, wie später bei *Coriolan* und *Antonius und Cleopatra,* aus Plutarchs Kaiserbiographien. Das Stück ist mit großer Wahrscheinlichkeit das, was der Schweizer Thomas Platter am 21. September 1599 in London sah. 1599 ist vermutlich auch das Entstehungsjahr. Überliefert ist der Text nur in der Folio-Ausgabe.

Eine Tragödie, deren Titelheld bereits im dritten Akt stirbt, ist so ungewöhnlich, dass man in ihr kein Meisterwerk vermuten würde. Dem Stück fehlen auch weitere Attribute, die sonst typisch für Shakespeare sind. So gibt es darin keine komischen Einlagen und auch keine Ausbrüche von Bosheit und Leidenschaft. Das Stück zeigt im Ganzen eine dem Gegenstand angemessene klassische Strenge, wozu auch seine Kürze beiträgt. Im thematischen Zentrum steht der politische Gegensatz zwischen Republik und Kaisertum. Zwischen diesen beiden Polen orientieren sich die Charaktere mit unterschiedlicher Entschiedenheit zur einen oder anderen Seite. Brutus, der Caesar als Person liebt und ihm Dank schuldet, ist aus politischer Überzeugung Republikaner und vertritt seine Überzeugung ohne Rücksicht auf Realpolitik mit rigider Prinzipientreue. Ihm zur Seite steht der misstrauische Cassius, der nach dem Attentat auf Caesar gern auch noch Marcus Antonius umgebracht hätte, weil er ihm nicht traut. Bei Cassius mischt sich in das politische Motiv persönlicher Neid auf Caesar. Auf der Gegenseite stehen Marcus Antonius, der Günstling Caesars und brillante Redner, der klug und listig taktiert, und Octavius Caesar, Großneffe und Erbe Caesars, der mit kühler Berechnung agiert.

Höhe- und erster Wendepunkt der Handlung ist die Ermordung Caesars durch Brutus und seine Mitverschworenen. Unmittelbar danach

JULIUS CÆSAR

Julius Caesar
In der Nacht vor der Schlacht bei Philippi erscheint Caesars Geist dem Brutus und verkündet ihm: «Bei Philippi sehen wir uns wieder!»

schwankt die Waage der politischen Kräfte. Das Zünglein daran ist Mark Anton. Hätten die Verschwörer auch ihn umgebracht, wäre ihr Coup wahrscheinlich gelungen, doch Brutus will die Idee der Republik nicht mit einem machtpolitischen Mord besudeln. So hat sein Gegner die Chance, durch eine brillante Totenrede auf Caesar das Volk gegen die Verschwörer aufzuwiegeln, während Brutus mit seiner nüchternen Gegenrede wenig erreicht. Danach nimmt das politsche Kräftespiel seinen Lauf. Es kommt zu einer Entscheidungsschlacht, an deren Vorabend Brutus der Geist Caesars erscheint und ihm verkündet, dass sie sich bei Philippi, dem Ort der Schlacht, wiedersehen werden. In der Schlacht selbst hält Brutus seine Front, während Cassius weichen muss. Da Cassius die Truppen des Brutus mit denen des Gegners verwechselt, hält er die Schlacht für verloren und tötet sich. Damit hat auch Brutus keine Chance mehr, das Blatt zu wenden, und stürzt sich in sein Schwert, wie er es vorher mit Cassius verabredet hatte. Bei der Verabredung hatte Brutus zunächst Zweifel an der Ehrenhaftigkeit des Selbstmords geäußert und es als feige bezeichnet, dem Schicksal damit vorzugreifen. Nur die Vorstellung, als Gefangener nach Rom geführt zu werden, stimmt ihn um. Diese Erniedrigung bleibt auch seinem Leichnam erspart, denn der kluge Antonius sagt am Schluss:

> Er war der Edelste von diesen Römern.
> Ein jeder der Verschwörer, außer ihm,
> Tat, was er tat, aus Neid auf Caesars Größe:
> nur er tat es aus ehrlicher Gesinnung,
> zum Wohl des Ganzen war er Teil von ihnen.
> Sein Leben war gesittet, alles in ihm
> war so gemischt, dass die Natur aufstehn
> und sagen könnte: «Dieser war ein Mann!»
> (V, 5; 69–74)

Das Ungewöhnliche an *Julius Caesar* ist, dass die Tragödie zwei tragische Helden hat, die Gegner sind und doch die gleiche tragische Ranghöhe haben. Beide verkörpern moralische Positionen, die bei Shakespeare hohen Wert haben. Brutus ist der Inbegriff von Rechtschaffenheit. Auf der anderen Seite wird auch Caesar nicht als Tyrann gezeigt. Kurz vor seinem Tode beschreibt er seine politische Rolle ganz im Sinn von Shakespeares Ordnungsdenken:

Ich bin beständig, dem Polarstern gleich,
ein wahrhaft fester Ruhepol der Welt,
dem keiner gleicht am hohen Firmament.
Die Himmel zeigen ungezählte Sterne,
sie sind ganz Feuer und ein jeder davon strahlt.
Doch ist nur einer da von festem Stand.
So ist's auch in der Welt: sie ist voll Menschen,
und Menschen sind aus Fleisch und Blut und Denken:
Doch in der großen Zahl gibt es nur einen,
der unantastbar seinen Platz einnimmt,
im Innern unbewegt, und das bin ich.

(III, 1; 59–65)

In den Ohren moderner Republikaner und Demokraten klingt das wie Größenwahn eines Tyrannen, doch Shakespeare sah es sicher nicht so. In seinen Augen braucht das verführbare Volk, das mal nach dieser, mal nach jener Seite neigt, einen solchen Leitstern. Anders als in *Richard III.* stehen sich mit Brutus und Caesar nicht Gut und Böse gegenüber, sondern zwei Haltungen, die in Shakespeares Weltsicht idealerweise in einer Person vereint sein sollten. In *Hamlet,* der nächsten Tragödie, geht er noch einen Schritt weiter und verteilt das, was in einer Person vereint sein sollte, auf drei: Hamlet, Horatio und Fortinbras. Eine philosophische Form von Schicksalsbewusstsein findet sich auch bei Brutus, der den günstigen Augenblick zum Handeln – das, was die Griechen Kairos nannten – so beschreibt:

Wir reiten auf dem Kamm der Welle, die
sich neigt. Es gibt Gezeiten für das Handeln,
die, nimmt man sie bei Flut, zum Glück uns tragen.
Lässt man sie aus, dann strandet unsre Reise
in seichtem Wasser und in trübem Elend.
Auf voller See befinden wir uns jetzt
und müssen sehn, wie wir die Strömung nutzen,
sonst werden wir verlieren.

(IV, 2; 269–276)

Ähnliches wird Hamlet sagen, bevor er zu dem Schluss kommt: «Bereit sein ist alles.»

Die romantischen Komödien

Bevor in Shakespeares Schaffen eine dunklere Phase einsetzte, schrieb er drei Komödien, die zum Inbegriff seiner Kunst in dieser Gattung wurden und oft mit dem Adjektiv ‹romantisch› versehen werden. Die englische Literaturkritik benutzt das Wort, um diese Komödienform von der ‹realistischen› Ben Jonsons abzugrenzen. Dessen Komödien spielen im bürgerlichen Milieu und handeln von der Jagd nach Geld und Sex, bei Shakespeare geht es um Macht und Liebe, wobei die zentralen Probleme an Fürstenhöfen und in pastoralen Landschaften verhandelt werden. Romantisch im landläufigen Sinne war bereits der *Sommernachtstraum,* und an einem Fürstenhof spielte auch schon *Verlorene Liebesmüh,* doch die vollkommene Verbindung dieser Elemente findet sich erst in den drei folgenden Komödien. Thematisch geht es darin um das gleiche Grundproblem wie in den späteren Tragödien, nämlich um den Widerstreit von Vernunft und Leidenschaft, nur wird dieser Streit hier nicht durch einen tragischen Bruch, sondern durch sanftes Biegen gelöst, was, wie schon im *Kaufmann von Venedig,* maßgeblich von Frauen bewirkt wird.

Die Konfrontierung der politischen Welt mit einer romantisch-pastoralen Sphäre wird in dem romantischen Dreigestirn noch konsequenter ausgeführt. Der Wald, der schon im *Sommernachtstraum* eine symbolisch aufgeladene Sphäre der Verwirrung und Verwandlung menschlicher Gefühle repräsentierte, spielt als Gegenpol zur Welt der höfischen Machtkämpfe in *Wie es euch gefällt* eine zentrale Rolle. In *Was ihr wollt* ist umgekehrt der Hof die pastorale Sphäre, die vom Meer umgeben ist, dem die Hauptpersonen nach einem Schiffbruch mit knapper Not entkommen. Auf ähnliche Weise ist in *Viel Lärm um nichts* ein idyllischer Landsitz die pastorale Insel in einer Welt des Kriegs, aus der die Hauptpersonen gerade zurückgekehrt sind. In allen drei Komödien wird der Widerstreit von Vernunft und Leidenschaft auf der Ebene von Schein und Sein verhandelt, wobei die Lösung durch Aufdeckung des Scheins und durch Versöhnung des Widerstreits im Herzen, dem Sitz der positiven Leidenschaften, geschieht. Auch wenn es sich dabei um Situationen handelt, die tragisch ausgehen könnten, lassen diese Komödien von Anfang an ein glückliches Ende erwarten.

Romantisch sind Shakespeares Komödien auch in dem Sinn, dass ihre Stoffe aus Romanen und romanhaften Erzählungen stammen, deren Gattungsmerkmale dem späteren Stilbegriff der Romantik den Namen gaben. Es sind höfische Erzählungen, in denen menschliche Lebenssituationen in einer allgemeingültigen Weise dargestellt und aufgelöst werden, wobei die Realität in einem idealisierenden Licht erscheint. Deshalb überwiegt bei Shakespeare auf Seiten des Publikums das heiter entspannte Lächeln und nicht, wie bei Ben Jonson, das schadenfrohe Gelächter. Allerdings würzt er seine Komödien durchaus mit Komik, die von subtilem Witz bis hin zu drastischem Ulk reicht und selbst vor Blödelei nicht zurückschreckt. Das gibt seinen Stücken bei aller Romantik eine pralle Lebensfülle, in der so gut wie jeder Zuschauer, vom analphabetischen Handwerksburschen bis zum hochgebildeten Akademiker, eine Identifikationsfigur findet. Kein anderer Dichter entzieht sich so sehr dem üblichen Schema von Realismus versus Idealismus wie er. Selbst in seinen romantischsten Komödien zeigt er die Realität des menschlichen Lebens in größerer Breite und Fülle als alle seine Dichterkollegen, was beim *Sommernachtstraum* bereits aufgezeigt wurde.

Viel Lärm um nichts

Diese Komödie, die früher im Schatten der beiden folgenden stand, hat durch die furiose Verfilmung von Kenneth Branagh weltweit ein neues Publikum gefunden. Da sie in Francis Meres' *Palladis Tamia* (1598) noch nicht erwähnt wird, aber 1600 als Quarto-Ausgabe herauskam, wird sie in dem Zeitraum dazwischen entstanden sein. Als Quelle für den ernsten Teil der Handlung, die Verleumdung der Hero, benutzte Shakespeare eine der weitestverbreiteten Erzählungen der europäischen Renaissance, die sich bereits bei Ariost in *Orlando furioso* (1516) findet und die als die Geschichte der Fenicia in Bandellos Novellensammlung (1554) durch deren französische Übersetzung in Belleforests *Histoires Tragiques* (1559, 1580) weithin bekannt wurde. George Whetstone nutzte die Quelle für *The Rock of Regard* (1576), und Spenser erwähnt sie im zweiten Buch der *Faerie Queene* (1590). Auch für die Bühne war sie schon zweimal bearbeitet worden. Der publikumswirksamste Teil des Stückes, nämlich der rhetorische Liebeskampf zwischen Beatrice und Benedick, scheint aber Shakespeares eigene Erfindung zu sein.

Das Stück beginnt damit, das Leonato, der Gouverneur von Messina, zusammen mit seiner Tochter Hero und ihrer Kusine Beatrice den Besuch Don Pedros, des Prinzen von Aragon, erwartet, der gerade seinen illegitimen Halbbruder Don John besiegt und sich mit ihm versöhnt hat. Weitere Gäste, die im Gefolge Don Pedros erscheinen, sind der schüchterne Claudio und Benedick, der den eingeschworenen Junggesellen spielt. Don Pedro unterstützt Claudios Werbung um Hero und holt für ihn auch die Zustimmung ihres Vaters ein. Das nutzt der boshafte Don John und macht Claudio auf Don Pedro eifersüchtig. Nachdem Don Pedro aber Claudio überzeugen konnte, dass er in dessen Namen geworben und Heros Jawort erhalten habe, wird der Hochzeitstermin angesetzt. Doch Don John bringt seinen Freund Borachio dazu, Heros Zofe zu einem Stelldichein zu überreden, bei dem diese sich mit ihm in Heros Kleidern nachts auf deren Balkon zeigt. Das wird von Claudio beobachtet, der daraufhin glaubt, von Hero betrogen zu werden. Als sie ihm am

Viel Lärm um nichts
Das Eifersuchtsdrama, das um ein Haar tragisch ausgegangen wäre, löst sich zum Guten auf, als der vertrottelte Konstabler Dogberry mit seiner ebenso vertrottelten Truppe durch Zufall den Betrug des bösen Don John aufdeckt.

Hochzeitstag angetraut werden soll, verstößt er sie unter Verwünschungen. Daraufhin wird sie von ihren Freunden in Sicherheit gebracht und für tot erklärt.

Parallel zu dieser Handlung laufen die Wortgefechte zwischen Beatrice und Benedick, die sich ineinander verliebt haben, es aber nicht zugeben können, weil beide vorher die Liebesverächter gespielt haben. Jetzt treiben ihre Freunde mit ihnen ein Spiel, bei dem die störrischen Liebenden zu Mithörern angeblich heimlicher Gespräche gemacht werden, aus denen sie erfahren, wie sehr sie vom jeweils anderen Partner geliebt werden. Zur weiteren Auflockerung der drohenden Liebestragödie zwischen Claudio und Hero trägt der wichtigtuerische, aber gänzlich inkompetente Wachtmeister Dogberry mit seiner Truppe bei, der durch die Verhaftung Borachios mithilft, den Betrug an Hero aufzudecken. Nachdem Beatrice und Benedick sich ihre Liebe gestanden haben, fordert sie den Geliebten auf, die Verleumdung Heros an Claudio zu rächen. Doch zuvor wird ein neues, nun positives Täuschungsmanöver eingefädelt. Claudio soll zur Wiederherstellung der Familienehre die Tochter von Leonatos Bruder Antonio heiraten, die Hero angeblich sehr ähnlich sehe. Für den gleichen Tag setzen Beatrice und Benedick ihre Hochzeit an. Zur festgesetzten Stunde wird Claudio die verschleierte Braut zugeführt, und als der Schleier fällt, erkennt er dahinter seine Hero. Gleich darauf trifft die Nachricht ein, dass Don John gefangen genommen wurde; doch der Fürst verschiebt das Strafurteil auf den folgenden Tag.

Die Vielstimmigkeit der früheren Komödien wird hier noch kunstvoller ausgeführt. Im Zentrum steht die tragisch bedrohte Liebesbeziehung zwischen Hero und Claudio, die auf der einen Seite von der boshaften Intrige Don Johns und auf der anderen von dem witzigen Liebeskampf zwischen Beatrice und Benedick flankiert wird. Den drei Handlungssträngen, die im höfischen Milieu spielen, ist als vierter das Narrenspiel Dogberrys und seiner Truppe unterlegt. Eingebettet in dieses Bezugssystem sind die einzelnen Figuren, die unterschiedliche moralische Facetten verkörpern. Benedick und Beatrice zähmen sich gegenseitig und tun damit das, was in *Der Widerspenstigen Zähmung* sehr einseitig zugunsten Petruchios ablief. Während bei den beiden der Verstand schließlich den Stolz überwiegt, werden Claudio und Hero durch ein Ehrgefühl auseinandergebracht, das blind für die Stimme der Vernunft ist. Das gleiche

Ehrgefühl macht andererseits Claudio zum positiven Gegenpol des ehrlosen Don John. Im Zentrum steht Don Pedro, der zur Mäßigung mahnt, Autorität ausübt und die Fäden in der Hand behält. Er ist aber auch der einzige der drei Protagonisten, der am Ende bei der Doppelhochzeit ohne weiblichen Partner dasteht, weshalb Benedick ihm rät: «Besorg dir eine Frau.»

Der Charakter, der Shakespeares Herzen am nächsten stand, ist ohne Zweifel Benedick. In ihm kommt alles zusammen, was in seinen Werken als positiv erscheint: Ehrgefühl, Tatkraft, Wortgewandtheit und Einsichtsfähigkeit. Benedick agiert wie ein Schauspieler, der permanent seinen eigenen witzigen Text erfindet, ohne jedoch zum manierierten Wortedrechsler zu werden. Er tut damit das, was Shakespeare während seines ganzen beruflichen Lebens tat. Da Komödien um des Lacheffekts willen grundsätzlich mit Täuschungen, Verwechslungen und Verkleidungen arbeiten, ist immer schwer zu entscheiden, was bloßer Kunstgriff und was Ausdruck eines Problems ist. Wenn aber wie hier das Spiel von Schein und Wirklichkeit so facettenreich vorgeführt wird, spricht alles dafür, dass es die moralische Sicht des Dichters ausdrückt.

Beatrice und Benedick sind die beiden Charaktere, bei denen Vernunft und Leidenschaft im Gleichgewicht sind. In der Schlussszene fragt Benedick die Geliebte, ob sie ihn liebe, worauf sie antwortet: *Why no, no more than reason* («Ich? Nein, nicht mehr, als die Vernunft es zulässt»). Darauf stellt sie ihm die gleiche Frage und er gibt ihr die gleiche Antwort. Sie lieben sich, doch sie legen ihrer Leidenschaft die Zügel der Vernunft an; und wann immer ihnen die Gefühle durchgehen wollen, tun sie das, was der Dichter tut: sie distanzieren sich von ihren Gefühlen in einer sprachlichen Spielsphäre. Zwischen Claudio und Hero gab es kein Spiel, sondern nur die Unmittelbarkeit der Liebe. Deshalb fiel Claudio auf das niederträchtige Spiel Don Johns herein und ließ sich täuschen. Er wurde aus Mangel an kritischer Vernunft durch sein verletztes Ehrgefühl geblendet, das seinen Sitz im Herzen hat, während der ehrlose Don John die verdiente Strafe für eine Bosheit bekommt, die aus der Leber stammt. Bei Beatrice und Benedick hingegen funktioniert das Zusammenspiel von Hirn, Herz und Leber. Don Pedro, der ruhende Pol des Stückes, bleibt unbeweibt, weil er ausschließlich auf die Stimme der Vernunft hört.

Wie es euch gefällt

Zu Shakespeares beliebtesten Komödien zählt *As You Like It*. Das Stück wurde am 4. August 1600 zum Druck angemeldet, vermutlich um einem Raubdruck zuvorzukommen, ist aber danach nicht erschienen, so dass der Folio-Band den einzigen überlieferten Text enthält. Die Stoffquelle war Thomas Lodges Roman *Rosalynde, or Euphues golden Legacie* (1590; Rosalinde oder Euphues' goldenes Erbe). Zwei Hauptpersonen, der Melancholiker Jacques und der Narr Touchstone, sind Shakespeares eigene Erfindung.

Auch hier hat die Handlung einen harten Kern, der tragisch ausgehen könnte. Herzog Frederick hat seinen Bruder vom Thron gestoßen, der sich seitdem im Ardenner Wald im Exil befindet, während seine Tochter Rosalinde noch am Hofe lebt, da sie mit Fredericks Tochter Celia befreundet ist. Am Hof verkehrt auch Oliver, der älteste Sohn des verstorbenen Sir Rowland de Boys, der seinen jüngeren Bruder Orlando um sein Erbe betrogen hat und ihn gern beseitigen möchte. Zu diesem Zweck animiert er ihn, die Herausforderung des herzoglichen Ringkämpfers anzunehmen, der ihm das Genick brechen soll. Doch Orlando gewinnt den Kampf. Als der Herzog erfährt, dass der Sieger der Sohn von Sir Rowland ist, der dem früheren Herzog die Treue hielt, verweigert er ihm die ausgesetzte Belohnung. An seiner Stelle gibt Rosalinde, die für den jungen Helden Feuer gefangen hat, dem ebenfalls entflammten Jüngling ihre Halskette. Daraufhin wird es für beide am Hof bedrohlich, und sie fliehen getrennt in den Ardenner Wald: Rosalinde mit ihrer Freundin Celia in Männerkleidung und in Begleitung des Hofnarren Touchstone (Prüfstein), Orlando mit Adam, dem alten treuen Diener seines Vaters. Im Wald kaufen Rosalinde und Celia eine Schäferei, während Orlando auf der Suche nach Nahrung für den altersschwachen Adam auf den alten Herzog trifft, der den sangesfrohen Edelmann Amiens und den Melancholiker Jacques bei sich hat.

Als Orlando auf die verkleidete Rosalinde trifft, die ihm als Mann unter dem Namen Ganymed gegenübertritt, entspinnen sich zwischen den beiden witzige Dialoge über die Liebe, die dazu führen, dass Or-

Wie es euch gefällt
Das höfische Intrigenspiel löst sich in der pastoralen Sphäre des Ardenner Waldes auf. In dem eingelegten Szenenbild trägt Jacques vor seinen Freunden die Rede «Die Welt ist eine Bühne» vor.

lando Liebesgedichte an die Bäume heftet und Rosalinde ihm Unterweisung in Liebesdingen erteilt. Das amüsante Spiel der beiden wird auf der einen Seite vom weisen Narren Touchstone und vom Melancholiker Jacques ironisch kommentiert und auf der anderen mit der bäurischen Naivität der Schäferin Phoebe und der Ziegenhirtin Audrey kontrastiert, die von schüchternen Verehrern umworben werden. Dabei macht Touchstone dem Bauernburschen William mit selbstironischer Hochnäsigkeit Audrey abspenstig. In das Liebesgeplänkel platzt der böse Oliver, der vom Herzog ausgesandt wurde, seinen Bruder zurückzuholen. Als Oliver im Schlaf von einer Löwin angefallen wird, rettet ihn Orlando, worauf sich beide versöhnen. Zuletzt kündigt Rosalinde ein Fest an, bei dem sie wie durch Zauberei alles aufklärt: Sie gibt sich ihrem Vater, dem alten Herzog, zu erkennen, und Hymen, der Gott der Ehe, führt höchstselbst die Paare Rosalinde/ Orlando und Oliver/ Celia zum Altar. Auch die Schäferin Phoebe kommt glücklich unter die Haube. Nur Touchstone präsentiert seine Frau Audrey auf eine grotesk verächtliche Weise. Am Schluss taucht der bis dahin nur einmal kurz erwähnte dritte Sohn Sir Rowlands auf und verkündet, dass der Herzog, der ein Expeditionscorps gegen den verbannten Bruder anführte, ein Bekehrungserlebnis hatte und daraufhin beschloss, sein Leben als Eremit zu beenden. Der alte Herzog kehrt auf sein Schloss zurück und alle folgen ihm außer Jacques, der es vorzieht, sich dem moralisch bekehrten Eremiten anzuschließen.

Obwohl es in der Kernhandlung um Tod und Leben geht, überwiegt das Pastorale, das über das Ganze einen Hauch von utopischer Idylle legt. Alle moralischen Knoten, die durch die Machtgier des jüngeren Herzogs zusammengehalten wurden, lösen sich auf: Die Bösen bereuen, die Guten werden in ihre alten Rechte eingesetzt, und die gestörte Ordnung ist wiederhergestellt. Dass die Komödie dennoch nicht in reine Idylle abgleitet, erreicht Shakespeare auch hier durch Vielstimmigkeit. Alle Wertpositionen werden mit Gegenpositionen kontrastiert und damit ironisiert und relativiert. Der höfische Liebeskult wirkt neben der bäurischen Naivität wie ein leeres Gesellschaftsspiel, während umgekehrt das Bäurische als primitiv erscheint. Wo die Liebenden ihre großen Gefühle ausdrücken, lässt sogleich der weise Narr oder der mild-zynische Melancholiker die Luft aus ihren schillernden Seifenblasen. Auf politischem Gebiet wird die brutale Tatkraft des Thronusurpators mit der Schwäche des legitimen Herzogs kontrastiert, so dass dieser nicht eindeutig als Guter dasteht. Im moralischen Zentrum des Stückes stehen Rosalinde und Orlando. Er ist der Underdog, der sich im Kampf gegen den herzoglichen Ringer behauptet und später die Löwin besiegt; sie ist die kluge Frau, die mit klarem Kopf die Fäden in der Hand behält. Eine skeptisch-ironische Gegenposition zur pastoral-utopischen Lösung formuliert Jacques bereits im zweiten Akt in seiner oft zitierten Rede, in der er das menschliche Leben als ein siebenaktiges Drama auf der Bühne der Welt beschreibt. Hier spricht aus Shakespeare die frühneuzeitliche Skepsis, für die Montaigne das große Beispiel ist:

> Die ganze Welt ist eine Bühne
> und Mann und Frau sind darauf nur wie Spieler.
> Sie haben ihren Auftritt, ihren Abgang,
> und jeder spielt dabei in vielen Rollen
> durch sieben Akte. Erst ist er das Kleinkind,
> das spuckt und quengelt auf dem Arm der Amme.
> Dann ist er Schüler, schleicht mit seinem Ranzen
> mit weinerlicher Miene schneckengleich
> zur Schule. Danach ist er Liebender,
> seufzt wie ein Ofen, dichtet Schmalzballaden
> voll großer Reden; bärtig wie ein Kater
> giert er nach Ehre, stets bereit zu Händeln,
> und jagt die Seifenblase Heldenruhm
> noch vor der Mündung der Kanonenrohre.
> Dann ist er Richter, mit Kapaunen fett
> gefuttert, strengen Augs, der Bart gestutzt,
> hat weise Sprüche drauf, kennt neuste Fälle,
> und spielt so seinen Part. Im sechsten Alter
> ist er der magre Stolprer in Pantoffeln,
> mit Nasenkneifer, und die weite Hose
> umschlabbert seine altersdürren Beine,
> und seine männlich starke Stimme piepst
> jetzt wieder wie in kindlichem Diskant
> und japst nach Luft. Dann kommt die letzte Szene,
> mit der das sonderbare Schauspiel endet:
> die zweite Kindheit, die nur noch vergisst:
> kein Zahn, kein Auge, kein Geschmack, kein alles.
> (II, 7, 141–167)

Was ihr wollt

Die dritte Komödie des romantischen Dreigestirns, die in den Augen vieler Kritiker Shakespeares beste ist, trägt den englischen Haupttitel *Twelfth Night* (Zwölfte Nacht), weil sie offenbar für eine Aufführung am Dreikönigstag, der zwölften Nacht nach Weihnachten, geschrieben wurde. Dieser Tag wurde in England noch im 19. Jahrhundert mit Theateraufführungen begangen, so z. B. in Dickens' Familie, wo der Erzähler selbst Regie führte und mitspielte. Eine Aufführung am Dreikönigstag 1601 im königlichen Schloss Whitehall wird vermutet, ist aber nicht bezeugt. Eine spätere am 2. Februar 1602 in der Rechtsschule des Middle Temple ist dagegen durch eine Quelle belegt. Das Stück selbst ist nur in der Folio-Ausgabe überliefert. Die Haupthandlung entnahm Shakespeare der Geschichte *Apollonius and Silla* in Barnabe Riches *Farewell to Military Profession* (1581; Abschied vom Soldatenberuf), die ihrerseits aus Belleforests französischer Übersetzung einer Novelle von Bandello stammt, der sie aus der sienesischen Komödie *Gl'Ingannati* (Die Getäuschten) von 1531 entnahm. Die komische Nebenhandlung scheint Shakespeares eigene Erfindung zu sein.

Die Handlung, in der viele vertraute Komödienmotive zusammenkommen, beginnt damit, dass bei einem Schiffbruch ein Zwillingspaar, Viola und ihr Bruder Sebastian, getrennt an die Küste Illyriens gespült werden. Viola, die ihren Bruder für ertrunken hält, rettet sich mit dem Kapitän an Land und begibt sich in Männerkleidung unter dem Namen Cesario in den Dienst des Grafen Orsino, der um die reiche, schöne und vornehme Olivia wirbt, die um den Tod ihres Bruders trauert und von Liebe nichts wissen will. Der Graf und seine Angebetete ähneln sich darin, dass sie das Gefühl mehr lieben als dessen Objekt. Er liebt die Liebe, sie die melancholische Trauer. Orsino stellt Cesario als seinen Liebesboten an und benutzt ihn zugleich als Trainingspartner für seine Liebesgefühle, was zur Folge hat, dass die verkleidete Viola sich in ihn verliebt. Auf der anderen Seite ist Olivia von Orsinos Liebesboten so angetan, dass sie sich in ihn statt in den Grafen verliebt. Kompliziert werden die

Was ihr wollt
Die poetischen Liebesverwirrungen der Haupthandlung werden auf der Ebene darunter von Sir Toby und seinen Kumpanen ironisiert, die den liebeskranken Malvolio in einen dunklen Raum einsperren.

Verhältnisse, als der tot geglaubte Sebastian auftaucht, der seiner verkleideten Schwester zum Verwechseln ähnlich sieht. Jetzt entspinnt sich ein verwirrendes Spiel von Schein und Sein, das sich kaum nacherzählen lässt.

Am Ende löst sich alles glücklich auf. Orsino hat für seinen Liebesboten Cesario so viel Gefühl entwickelt, dass dieser ihm auch als Frau unter dem Namen Viola recht ist; und Sebastian ist für Olivia ein willkommener Ersatz für den Liebesboten, der sich als Frau herausstellte. Insofern mutet das ganze Verwirrspiel wie eine Boulevardkomödie an von der Art, wie sie Oscar Wilde in *The Importance of Being Earnest* (Ernst sein ist alles) ironisch parodiert. Auch Shakespeare ironisiert, doch nicht parodistisch, sondern indem er die Gefühlsverwirrungen der Haupthandlung auf einer niederen Ebene widerspiegelt. In Olivias Haushalt leben ihr Onkel Sir Toby Belch (sein Name bedeutet Rülps) und sein Kumpan Sir Andrew Aguecheek (Ritter Bleichenwang), die zu jedem Streich aufgelegt sind, wobei sie von Olivias Kammerfrau Maria kräftig unterstützt werden. Hauptzielscheibe ihres Spotts ist Olivias Haushofmeister Malvolio, der als eingebildeter, sauertöpfischer Mensch dargestellt wird, wobei ein Hinweis im Text vermuten lässt, dass das Publikum in ihm einen Puritaner sehen sollte. Toby Belch und seine Verbündeten machen Malvolio durch gefälschte Briefe glauben, dass Olivia in ihn verliebt sei und dass er ihr Herz gewinnen könne, wenn er sich «mit gelben Strümpfen, kreuzweis gebunden» zeige. Er macht sich auf diese Weise lächerlich, steigert sich in wahnhafte Vorstellungen hinein und wird zuletzt in einer dunklen Kammer eingesperrt.

Die komische Handlung ist mit der Haupthandlung so eng verwoben, dass sich beide auch thematisch durchdringen. Malvolios Wahnvorstellungen sind ein ironischer Kommentar zu dem Liebeskult der Hauptcharaktere, während der Clown Feste die Verwicklungen mit Versen und Liedchen begleitet, die nahe am Nonsense sind. Auf diese Weise erhält die ganze Komödie etwas Schillerndes. Die Liebesverwicklungen erscheinen halb als echtes Gefühl und halb als sinnfreies Ritual. Da alle Figuren im Netz ihrer Gefühle und sozialen Rituale gefangen sind, ist das moralische Zentrum der Komödie eine Art virtuelle Mitte, in der sich Schein und Sein treffen und schließlich gegenseitig aufheben. Die Worte, mit denen Orsino gleich zu Beginn der ersten Szene die Musik als «der Liebe Nahrung» bezeichnet, gelten für das ganze Stück.

> Wenn die Musik der Liebe Nahrung ist,
> dann spielt, gebt mir davon im Übermaß,
> dass mein Verlangen danach endlich sterbe.
> Spiel es noch einmal, starb es doch so schön.
> In meine Ohren drang sein süßer Klang
> wie Veilchenduft an einem Frühlingshang,
> der Düfte gibt und stiehlt. Genug davon,
> es ist nicht mehr so süß, wie's vorher war.
> O Geist der Liebe, frisch-lebendig bist
> du gleich dem Meer, nimmst unablässig auf,
> und was in dich hineinfällt, groß und stark,
> wird gleich darauf geschwächt, verliert an Wert
> Minuten später! In der Höhe bleibt
> allein, was Fantasie in Formen bannt.
>
> (I, 1; 1–15)

Diese Zeilen, die an die Worte des Theseus im *Sommernachtstraum* erinnern, sind wie eine Ouvertüre, die dem Stück das zentrale Thema voranstellt. Es geht darum, wie die formlos ausufernden Liebesgefühle unter Kontrolle gebracht werden können. Die Ouvertüre setzt sich fort mit einem Wortspiel. Als der Diener fragt: «Wolln Sie heut jagen, Herr?» und Orsino zurückfragt: «Was?», antwortet der Diener: *The hart* (den Hirsch). Doch für den Zuhörer ist damit *heart* (Herz) gemeint:

> Oh, als mein Blick erstmals Olivia traf,
> schien mir die Luft von Pestilenz gereinigt.
> Verwandelt hat sie mich in einen Hirsch (hart),
> und die Begierden hetzen mich als Meute,
> die mich verfolgt.
>
> (I, 1; 19–23)

Dann erfährt man aus den Worten des zweiten Kammerdieners, dass sich Olivia aus Trauer über den Tod ihres Bruders sieben Jahre lang nicht mehr der Sonne zeigen wolle, worauf Orsino antwortet:

Oh sie, die ein so zartes Herz besitzt,
dass sie dem Bruder solche Liebesschuld
bezahlt, wie wird sie lieben, wenn der Pfeil,
der alle anderen Gefühle tötet,
die in ihr sind: Wenn Leber, Hirn und Herz
auf ihren königlichen Thronen süß
gesättigt sich zum Oberherrn verbinden!
Auf, vor mir liegen süße Blütenmatten.
Die Liebe blüht, wo Lauben sie beschatten.

(I, 1; 23–41)

Der Ausgleich zwischen Leber, Hirn und Herz ist das, worum es in der Komödie, entsprechend der elisabethanischen Vorstellung vom Mikrokosmos, im Kern geht. Dass es sich bei Orsinos Liebe anfangs um eine Leidenschaft handelt, die aus der Leber kommt, wird von ihm selbst im zweiten Akt ausgesprochen, als er mit Cesario über seine Gefühle spricht.

Kein Frauenkörper hält
die Leidenschaft in meinem Herzen aus,
die mir die Liebe gibt. Kein Frauenherz
ist dafür groß genug, es fasst sie nicht;
denn ihre Liebe ist bloß Appetit,
kommt aus der Leber nicht, sondern vom Gaumen,
der gegen Übermaß schnell revoltiert.
Doch meine ist so hungrig wie die See
und fasst gleich viel. Vergleiche nicht
die Liebe einer Frau mit der, die ich
empfinde für Olivia.

(II, 4; 93–103)

Das hier Gesagte widerspricht der elisabethanischen – und auch bei Shakespeare anzutreffenden – Vorstellung, dass Frauen stärker als Männer von Leidenschaften geleitet werden. Tatsächlich sind es in Shakespeares Komödien immer Frauen, die die Leidenschaft der Männer domestizieren. In dieser Komödie ist es die mädchenhafte Viola, die – wenn auch nicht so souverän wie Rosalinde oder vorher Portia – den Grafen Orsino am Zügel führt. Das Stück endet mit dem berühmten Lied des Narren Festes: «Als ich ein kleiner Junge war, mit hey ho bei Regen und Wind.» Zuvor hatte Feste bereits mit anderen Liedern zur musikalischen Grundierung der Komödie beigetragen. Da Shakespeares Truppe ab 1599 in Robert Armin einen guten Sänger hatte, vermutet man, dass sie die musikalische Konkurrenz mit der Knabentruppe des Blackfriars-Theaters aufnahm.

Hamlet
Die obere Szene zeigt das Erschrecken auf den Gesichtern von König Claudius und der Königin, als die Schauspieler den Mord an Hamlets Vater pantomimisch darstellen. In der Szene links unten macht Hamlet seiner Mutter erregt Vorhaltungen; rechts daneben spielt er gegenüber Ophelia den Wahnsinnigen.

Die Sonderstellung des Hamlet

Neben den *Sonnets* ist *Hamlet* das zweite große Rätselwerk in Shakespeares Schaffen. Rätsel gibt bereits die Überlieferung auf. Vom Text sind drei Fassungen erhalten: die ‹schlechte›, sehr kurze in einem Quarto-Band von 1603; die doppelt so lange ‹gute› Quarto-Ausgabe von 1604; und die sorgfältig edierte, gegenüber der ‹guten› Quarto-Fassung 200 Zeilen kürzere in der Folio-Ausgabe von 1623. Vorher gab es bereits ein verlorengegangenes Hamlet-Drama, dessen Existenz durch zeitgenössische Zitate und Anspielungen eindeutig belegt ist. Dieser sogenannte *Ur-Hamlet*, der Anfang der 1590er Jahre sehr populär gewesen sein muss, wird allgemein Thomas Kyd zugeschrieben, denn der hatte mit seiner *Spanischen Tragödie* das Genre der Rachetragödie popularisiert, zu dem auch *Hamlet* gehört. Sofern nicht Shakespeare selbst, sondern Kyd oder ein anderer den *Ur-Hamlet* schrieb, war dieser für Shakespeare die Vorlage, so dass er die historischen Quellen gar nicht konsultieren musste. Hauptquelle des Stoffs ist das siebenbändige Werk *Histoires Tragiques* (1580) des Franzosen François de Belleforest, der die Geschichte seinerseits in der lateinischen *Historia Danica* des Dänen Saxo Grammaticus (ca. 1150 – ca. 1206) fand, die 1514 zum ersten Mal gedruckt erschien. Belleforests Werk kam erst 1608 auf Englisch heraus, wobei der Übersetzer bei der Hamlet-Geschichte Dinge einfügte, die er nur aus Shakespeares Stück gekannt haben kann. Die Unstimmigkeiten zwischen den drei überlieferten Fassungen lassen sich am ehesten so erklären, dass Shakespeare um 1600 eine erste Fassung der Tragödie schrieb, die er um 1602 noch einmal überarbeitete. Der ‹schlechte› Quarto-Text, in dem einige Charaktere andere Namen haben, scheint auf einer für die Aufführung gestrafften Spielfassung zu beruhen. Noch komplizierter wird das Rätselraten um die Überlieferung, wenn man auch noch das deutsche Stück *Der bestrafte Brudermord* berücksichtigt, das 1710 als Manuskript auftauchte und die Übersetzung einer Vorlage ist, die die englischen Komödianten im 17. Jahrhundert nach Deutschland brachten. Diese Fassung hat zwar die Namensgebung der ‹schlechten› Quarto-Fassung, aber auch Elemente der ‹guten›.

Die Sonderstellung des *Hamlet* springt unmittelbar ins Auge, wenn man das Stück mit den früheren und späteren Tragödien vergleicht. Es wurde bereits im Zusammenhang mit Shakespeares Ordnungsdenken gesagt, dass Hamlet sein einziger tragischer Held ist, der die Ordnung nicht selbst stört, sondern sie im Gegenteil wiederherzustellen versucht. Der dort zitierte Satz aus Hamlets Mund sei darum hier wiederholt:

> Die Zeit ist aus den Fugen – schlimm zu denken,
> dass ich geboren ward, sie einzurenken.

Alle Helden der späteren Tragödien fallen einer übermäßigen, durch Vernunft nicht mehr kontrollierten Leidenschaft zum Opfer. Antonius hängt schon vor Beginn des Stücks an der Angel seiner Liebesleidenschaft, Macbeth und König Lear schlucken den Köder in der ersten Szene; bei Othello dauert es nur wenig länger, bis Jago ihn am Haken der Eifersucht hat; und auch Coriolans Stolz ist von Anfang an die Schwachstelle, die ihm zum Verhängnis wird.

Ganz anders bei Hamlet. Zwar zeigt auch er bei seinem ersten Auftritt die Symptome von etwas, was nach elisabethanischer Vorstellung eine aus der Leber kommende psychische Disposition ist, nämlich Melancholie, doch es ist keine Leidenschaft, die ihn zu unvernünftigem Handeln antreibt. Im Gegenteil, sie hindert ihn daran und scheint eher seine Vernunft zu unterstützen. Seine Lebensumstände hätten auch ohne melancholische Veranlagung zu einer tiefen Verstimmung geführt: Sein Vater, der dänische König, wurde ermordet, die Mutter heiratet gleich danach dessen Bruder, und dieser setzt sich auf den Thron, der eigentlich dem Königssohn zustand. Auch Hamlets weitere Aktionen sind wohlbegründet. Nachdem ihm der Geist des Vaters erschienen ist und ihn zur Rache an Claudius, seinem Mörder, aufgefordert hat, reagiert Hamlet mit kühlem Kopf. Statt sich in Weltschmerz zu flüchten, will er sich erst einmal Gewissheit verschaffen, ob das, was der Geist sagte, die Wahrheit oder womöglich ein Blendwerk der Hölle ist. Zu diesem Zweck stellt er dem Mörder eine Falle, indem er von der Schauspielertruppe, die am Hof gastiert, eine Pantomime aufführen lässt, die zeigt, wie Claudius seinen Bruder vergiftet. Als der Mörder mitten in der Aufführung erregt aufspringt, hat Hamlet den Beweis seiner Schuld und müsste nun zur Rachetat schreiten. Doch etwas in ihm hindert ihn, sie auszuführen.

Über den Grund von Hamlets Zaudern ist zweihundert Jahre lang viel spekuliert worden. Die nüchternsten Kritiker sehen darin eine dramaturgische Notwendigkeit, weil sonst das Stück spätestens nach dem dritten Akt zu Ende gewesen wäre. Das andere Extrem ist die Ansicht, dass Hamlet ein zum Handeln unfähiger Denker oder Gefühlsmensch sei. Goethe lässt seinen Romanhelden Wilhelm Meister die oben zitierten Hamlet-Verse aussprechen und daran die folgende Überlegung anschließen:

> In diesen Worten, dünkt mich, liegt der Schlüssel zu Hamlets ganzem Betragen, und mir ist deutlich, daß Shakespeare habe schildern wollen: eine große Tat auf eine Seele gelegt, die der Tat nicht gewachsen ist. … Hier wird ein Eichbaum in ein köstliches Gefäß gepflanzt, das nur liebliche Blumen in seinen Schoß hätte aufnehmen sollen; die Wurzeln dehnen sich aus, das Gefäß wird zernichtet.
>
> (*Wilhelm Meisters Lehrjahre,* Buch IV, Kap. 13)

Wie abwegig diese Deutung ist, zeigt der Fortgang der Handlung; denn der in Goethes Augen so zart besaitete Held, dessen Seelengefäß nur für liebliche Blumen tauge, zögert nicht, den hinter einem Vorhang lauschenden Polonius zu erstechen, den er für Claudius hielt, und er zerrt die Leiche ohne jedes Zartgefühl hinter dem Vorhang hervor mit der zynischen Bemerkung: «Ich schaffe die Gedärme in das Nebenzimmer.» Auch später, als er auf der Reise nach England die Pläne des Königs durchkreuzt und Rosencrantz und Guildenstern in die Todesfalle schickt, die der König für ihn vorgesehen hatte, ist von Goethes «köstlichem Gefäß» nichts zu spüren. Die Romantiker, allen voran Friedrich Schlegel, deuteten Hamlets Zaudern ähnlich, nur dass sie die Ursache nicht in seiner zart besaiteten Seele sahen, sondern in seinem «nachsinnenden Verstand», der «die thätige Kraft … ganz vernichtet». Friedrich Schlegel schreibt:

> Es giebt vielleicht keine vollkommenere Darstellung der unauflöslichen Disharmonie des menschlichen Gemüths, welche der eigentliche Gegenstand der philosophischen Tragödie ist, als ein so gränzenloses Mißverhältnis der denkenden und der thätigen Kraft, wie in Hamlets Charakter. Der Totaleindruck dieser Tragödie ist die höchste intellektuelle Verzweiflung, inmitten einer durchaus zerrütteten Welt.
>
> (Aus: *Über das Studium der griechischen Poesie*)

Dass das Denken für Hamlet zum Problem wird, ist offensichtlich. Er selbst spricht es unmissverständlich aus. Auch wenn der berühmte Monolog allgemein bekannt ist, soll er hier zur Vervollständigung des Bildes in ganzer Länge zitiert werden.

> Sein oder nicht sein, so stellt sich die Frage.
> Ist's edler für die Seele, still zu dulden
> die Pfeile, die ein wüstes Schicksal schleudert,
> als, kämpfend gegen dieses Meer von Plagen,
> sich wehren und so enden, sterben – schlafen,
> mehr nicht – und sagen, dieser Schlaf macht Schluss
> mit allem Herzweh und den tausend Schlägen,
> die unsres Fleisches Erbteil sind: ein Ziel,
> aufs Innigste zu wünschen: sterben – schlafen,
> im Schlaf zu träumen – ah, da sitzt der Haken:
> denn was für Träume uns dann kommen mögen,
> wenn abgestreift ist unsre irdsche Hülle,
> hält uns zurück – das ist der Grund
> für unsres Elends ach so langes Leben.
> Wer nähme hin den Hohn und Spott der Zeit,
> den Druck der Macht, die Anmaßung des Stolzes,
> verschmähter Liebe Qual, Verzug des Rechts,
> Missbrauch von Ämtern, und die vielen Tritte,
> die das Verdienst vom Unverdienst bekommt,
> wenn man von selbst den Schlussstrich ziehen könnte
> mit einem kleinen Dolch? Wer schwitzte noch
> und stöhnte unterm Joch des tristen Lebens,
> wär da nicht Furcht vor dem, was danach kommt,
> dem unentdeckten Land, von dessen Grenze

kein Wandrer wiederkehrt? Das lähmt den Geist
und hält uns fest an Übeln, die wir kennen,
statt dass wir fliehn zu andren, unbekannten.
So macht Bewusstsein Feige aus uns allen,
und auf die angeborne Farbe der Entschlusskraft
legt sich die blasse kranke Schicht des Denkens,
und Unternehmungen von hohem Mut und Schwung
drehn sich ins Gegenteil und sie verlieren
den Namen «Tat».

(III, 1; 56–88)

Das klingt so, als sei Hamlet ein durch das Denken Gelähmter. Doch dem widerspricht die dramatische Handlung, denn Hamlet ist nicht unfähig, die Rachetat auszuführen, er will sie nur so ausführen, dass es wirkliche Rache ist. Als er Claudius beim Gebet überrascht und ihn in diesem Moment töten könnte, laufen die folgenden Überlegungen in ihm ab:

Nun könnt' ich's tun, bequem, er ist beim Beten,
nun will ich's tun. (Er zieht sein Schwert).
Und dann fährt er zum Himmel.
Und so bin ich gerächt. Das wär zu schön:
Ein Lump bringt meinen Vater um und ich,
sein Sohn, schick diesen Lumpen in den Himmel.
Das wäre Lohn für seine Tat, nicht Strafe.
Der Vater war noch voller irdschem Saft
und stand in seiner Sünden Maienblüte:
und wie sein Konto steht, weiß nur der Himmel.
Doch wenn ich die Verhältnisse bedenke,
steht's um ihn schlecht. Hab ich ihn dann gerächt,
wenn ich den hier, gereinigt durch Gebet,
gewürzt und fit gemacht zum Himmel schicke?
Nein,
mein Schwert, such eine bessere Gelegenheit.
Wenn er im Suff schläft, oder rast und tobt,
wenn er im Bett der Schwägrin Inzest treibt,
beim Glückspiel flucht und irgendetwas tut,
das keine Aussicht auf Erlösung bietet,
dann stich ihn ab, dass seine Hacken hoch

zum Himmel zucken und die schwarze Seele
zur Hölle fährt.

(III, 3; 73–95)

Hamlets Problem ist nicht, dass er durch das Denken gelähmt ist, sondern dass ihm der Antrieb zum Handeln fehlt, nämlich die dafür nötige Leidenschaft. Dass zum Handeln Leidenschaft erforderlich ist, wird in dem Stück mehrfach explizit ausgesprochen. Als Hamlet sieht, wie der Schauspieler beim Deklamieren einer Rede auf den Tod Hekubas in Tränen ausbricht, schämt er sich für seine eigene Leidenschaftslosigkeit:

O welch ein Schuft und Bauernsklave bin ich!
Ist's nicht monströs, dass dieser Komödiant
in einer bloß fiktiven Leidenschaft
die Seele so ins Vorgestellte zwingt,
dass ihm das eigene Gesicht erbleicht,
das Auge tränt und seine Miene sich
dem Vorgestellten fügt? All dies für nichts?
Für Hekuba.
Was ist ihm Hekuba und sie für ihn,
dass er so weint um sie? Was täte er,
hat er solch Grund zur Leidenschaft wie ich?

(II, 2; 542–555)

Danach steigert er sich immer weiter in Selbstvorwürfe, nennt sich einen Feigling und putscht sich auf zu einer Pseudoleidenschaft, die tatenlos verglüht, weil seine Vernunft ihn zwingt, sich mit der im nächsten Akt stattfindenden Theateraufführung erst einmal absolute Gewissheit über die Schuld seines Onkels zu verschaffen. Hamlet weiß, dass er für die ihm aufgetragene Tat Leidenschaft braucht, gleichzeitig weiß er aber auch, dass Leidenschaft ohne Vernunft verwerflich ist. Zu seinem leidenschaftslosen Freund, dem Stoiker Horatio, sagt er mit Bezug auf die Trunksucht der Dänen:

So oft geschieht es in besondren Menschen,
dass wegen eines Makels, den Natur
in ihre Wiege legte, ohne dass

sie schuld sind – denn Natur lässt keine Wahl –,
ein übermäßger Körpersaft die Dämme
und Festungsbauten der Vernunft durchbricht,
vielleicht auch, dass die Hefe der Gewohnheit
die guten Sitten gären lässt.

(I, 4; 18: 7–18)

und etwas später ebenfalls zu Horatio:

Gib mir den Mann
der nicht der Leidenschaften Sklave ist,
ich werde ihn in meinem Herzen tragen,
wie dich.

(III, 2; 64–67)

Leidenschaft der niederen Art war das, was Claudius zum Brudermord antrieb. Aber auch die edle Leidenschaft, die den norwegische Prinzen Fortinbras motiviert, erscheint Hamlet fragwürdig. Nachdem der Prinz mit seiner Truppe zur Eroberung eines wertlosen Landstrichs aufgebrochen ist, vergleicht Hamlet sich mit ihm, und es fällt ihm sichtlich schwer, solchen Ehrgeiz vor seiner Vernunft zu rechtfertigen:

Wie klagt mich alles an und gibt die Sporen
dem trägen Rachesinn! Was ist ein Mensch,
wenn er als höchstes Gut vom Markt des Lebens
nur Schlaf und Essen kennt? Ein Tier, nicht mehr.
Gewiss, der uns mit solcher Denkkraft schuf,
vorauszuschaun und rückwärts, gab uns nicht
die Fähigkeit der göttlichen Vernunft,
um in uns zu verrotten. Wie auch immer,
ob tierisches Vergessen oder Denken,
das allzu gründlich auf das Ende schaut –
zerlegt man den Gedanken, ist ein Viertel
Vernunft, der Rest ist Feigheit – ich weiß nicht,
wieso ich mich noch frage, was zu tun ist,
hab ich doch Grund und Willen, Kraft und Mittel,
um es zu tun. Vor mir hab ich ein Beispiel,

das mich mahnt. Ein großes, teures Heer,
geführt von einem zarten, sanften Prinzen;
sein Geist, von Ehrgeiz göttlich aufgeblasen,
zieht dem, was kommen könnte, eine Fratze
und wagt, was sterblich ist und ungewiss,
dem Schicksal und dem Tode auszusetzen
für eine Eierschale. Wahrhaft groß sein
heißt nicht, aus nichtgem Anlass loszuschlagen,
vielmehr sich groß um einen Strohhalm streiten,
wenn's um die Ehre geht. Wie steh ich da,
der Vater tot durch Mord, befleckt die Mutter,
Grund für Vernunft und Blut sich zu erregen,
und ich bin still. Jetzt seh ich voller Scham
vor mir den droh'nden Tod von Zwanzigtausend,
die für ein Hirngespinst von Ruhm ins Grab
marschieren wie ins Bett. Sie kämpfen für
ein Stückchen Land, zu klein für die Kanonen,
nicht einmal groß genug, um die Gefallnen
drauf zu begraben. Nein, von nun an sei
mein Denken blutig, sonst ist es nichts wert.
(IV, 4; 33–66)

Solange Hamlet leidenschaftslos bleibt, hat er alle Fäden in der Hand und ist seinen Gegnern überlegen, kann aber selbst nicht handeln. Dann aber kommt ein Moment, wo auch er von Leidenschaft übermannt wird. Es ist der Augenblick, als er (im 5. Akt) ins Grab Ophelias springt und mit ihrem Bruder Laertes in Streit gerät. Jetzt bricht es aus ihm heraus in maßlos übersteigerter Rede:

Ich liebte sie. Nicht vierzigtausend Brüder
Erreichten mit der Summe ihrer Liebe
Mein volles Maß. Was tätst du denn für sie?
....
Weinst du um sie, kämpfst, fastest und zerreißt dich?
Trinkst Essig du, verspeist ein Krokodil?
Ich tu's. Kommst du nur her, um hier zu winseln?
....
Wenn du von Bergen schwatzt, lass sie sich türmen
Millionenfach auf uns, bis über uns

Der Berg sich an der Sonne sengt und Ossa
Daneben einer Warze gleicht.
(V, 1; 263–276)

Diese Rede, die für moderne Leser ans Komische grenzt, dient dem Zweck zu zeigen, dass Hamlet blind vor Leidenschaft ist. Auf der Bühne des Globe-Theaters wurde das dadurch sichtbar gemacht, dass er während der Rede in der Bühnenversenkung stand und damit die Wirklichkeit nur noch aus der Froschperspektive wahrnahm. Jetzt lässt er sich in die Intrige einwickeln, die Claudius und Laertes gegen ihn spinnen, als sie ihn zu einem Fechtwettkampf mit angeblich stumpfen Waffen herausfordern, bei dem Laertes aber ein scharfes Florett haben wird, das obendrein noch vergiftet ist.

Streng genommen ist Hamlet überhaupt kein tragischer Held im klassischen Sinn. Ihm fehlt das, was Aristoteles die *hamartia* nennt, die selbstverschuldete Verfehlung, die den Untergang herbeiführt. Er ist an seinem Tod noch schuldloser als Romeo und Julia, die durch die Täuschung der Eltern dem Schicksal immerhin einen Angriffspunkt gaben. Dass Hamlet durch die Tötung des Polonius schuldig geworden sei, wird im Stück nirgends angedeutet. Auch an der Berechtigung der Rache lässt Shakespeare keinen Zweifel. Schuldhaft ist im Wertesystem des Stücks nur ihr ausbleibender Vollzug. Doch diese Schuld lädt Hamlet nur dadurch auf sich, dass er die Rache allzu perfekt ausführen will.

Betrachtet man die Charaktere der Tragödie gegen den Hintergrund der dreistufigen elisabethanischen Wertewelt, so lassen sie sich eindeutig zuordnen. Claudius steht für die Leber, Fortinbras für das Herz und der leidenschaftslose Stoiker Horatio für das Hirn. Hamlet versucht Vernunft und Leidenschaft zu verbinden, was nicht gelingt, weil seine Vernunft die perfekte Rache will. Darum verpasste er den günstigen Moment – so wie Brutus ihn verpasste, als er Antonius aus vernunftbegründeter Rechtschaffenheit verschonte.

Hamlet steht vor einem Dilemma, das Shakespeare in seinen Stücken in vielen Abwandlungen zeigt und für das es keine vorhersagbare Lösung gibt. Auf der einen Seite gibt es bei ihm die kühlen Pragmatiker, die wie Octavius in *Julius Caesar* ihre Leidenschaft vollkommen unter der Kontrolle ihrer Vernunft haben, aber dennoch handeln können, weil sie zu moralischen Kompromissen bereit sind. Auf der anderen stehen die Wagemutigen, die wie Fortinbras aus spontaner Leidenschaft heraus handeln. Im *Kaufmann von Venedig* lässt Shakespeare bei der Kästchenwahl den wagemutigen Bassanio gewinnen, was darauf schließen lässt, dass er im Wagemut einen hohen Wert sah. Fasst man sein Gesamtwerk einschließlich der Sonette ins Auge, gewinnt man den Eindruck, dass seine Sympathie den Wagemutigen galt. Aber auch da ist er nicht eindeutig. Während er in einigen Sonetten den Wagemut lobt, spricht er sich in anderen für stoische Kälte aus. Der Zauderer Hamlet, der einerseits an der Vernunft festhält, sagt andererseits zu Horatio:

> Gelobt sei Raschheit; denn – das ist gewiss –
> die Unbesonnenheit hilft manchmal uns,
> Wenn unser tiefes Planen stockt; das lehrt uns,
> Dass eine Gottheit unsre Ziele formt,
> Wie immer wir sie grob zurechthaun mögen.
> (V, 2; 7–11)

Hier spricht Hamlet etwas Ähnliches aus wie Brutus, als der über den Kairos sprach und gegenüber Cassius dafür plädierte, die günstige Strömung für das eigene Handeln zu nutzen. Das Tragische für ihn lag darin, dass er besser gefahren wäre, wenn er misstrauisch und kalt wie Cassius gleich am Anfang dessen Rat befolgt und auch Antonius ausgeschaltet hätte. Es wäre eine rasche Tat aus kalter Vernunft gewesen. Auch Hamlet hätte, als er mit gezücktem Schwert hinter Claudius stand, durch eine rasche Tat sein Unglück verhindern können. Beiden fehlte im entscheidenden Moment der spontane Wagemut, den Charaktere wie Falconbridge in *König Johann*, Prinz Hal in *Heinrich IV.* und auf komischem Feld Orlando in *Wie es euch gefällt* hatten. Aber auch Wagemut ist bei Shakespeare keine Garantie für Erfolg, sonst hätte er den «Heißsporn» Percy Hotspur in *Heinrich IV.*, nicht sterben lassen dürfen. Spontan reagierte Hamlet, als er Polonius erstach. Mit zynischer Kälte agierte er, als er Rosencrantz und Guildenstern in den Tod schickte. Beide Taten gelangen ihm. Nur die Tat, die ihm vom Geist seines Vaters aufgetragen war, vollbrachte er nicht, weil er die aus den Fugen geratene moralische Welt nicht bloß flicken, sondern wieder einrenken wollte. Für die absolut richtige Rache suchte er den absolut richtigen Moment, doch den fand er nicht, weil seine Vernunft seinem Handeln immer schon voraus war – bis zu dem Moment, in dem er die Herausforderung zum Fechtwettkampf annahm. In diesem Augenblick ließ auch er sich bei der Ehre packen und verlor die sichere Position der kühlen Vernunft.

Die Problemstücke

In zeitlicher Nähe zu *Hamlet* schrieb Shakespeare drei Stücke, die tragisch angelegt sind, aber doch wie Komödien enden, auch wenn es in ihnen wenig zu lachen gibt. Das lässt auf eine weitere Verdunkelung seiner Weltsicht schließen. Der Grund könnte die zunehmende politische Verunsicherung in England gewesen sein, die wegen des fehlenden Thronerben aufkam. Denkbar wäre auch, dass der Tod seines Vaters 1601 für ihn ein Anlass war, das Auf und Ab des menschlichen Lebens in einem trüberen Licht zu sehen. Von den romantischen Komödien unterscheiden sich die *problem plays* vor allem dadurch, dass der Widerstreit von Vernunft und Leidenschaft nicht mehr komödienhaft in einem Spiel von Schein und Sein aufgelöst, sondern als moralisches Problem thematisiert wird. Schon Hamlet ist von Anfang an ein Moralist, der an der Unmoral der Welt leidet.

In *Troilus und Cressida* sind Troilus und Hektor, der eine als Anwalt edler Leidenschaft, der andere als Mahner zur Vernunft – positive Charaktere in einer Welt von Berechnung, Untreue, Intrige und Zynismus. Während in den früheren Stücken am Schluss die Ordnung wiederhergestellt ist, endet diese schwarze Komödie mit der Fortsetzung des moralischen Verfalls. In *Maß für Maß* entpuppt sich ein Mann, der im Auftrag seines Fürsten der Moral wieder Geltung verschaffen soll, als Lüstling, der eine Frau zum Beischlaf zu erpressen versucht, anderenfalls werde er ihren Bruder hinrichten lassen. Erpresserisch wirkt es auch, wenn in *Ende gut, alles gut* die Heldin vom König, den sie von schwerer Krankheit geheilt hat, als Belohnung einen Mann zum Gatten fordert, der von ihr nichts wissen will. Das lässt die Ehe als einen sozialen Stabilisator erscheinen, der nichts mit Liebe zu tun hat. In keinem der drei Stücke gibt es wirkliche Helden oder Heldinnen, allenfalls alte Männer wie den König in *Ende gut, alles gut* oder den Herzog in *Maß für Maß*, die die Ordnung notdürftig wieder ins Lot bringen. Man gewinnt den Eindruck, dass Shakespeare sich hier um Lösungen für etwas bemüht, das sich nicht mehr positiv auflösen lässt, so dass als nächster Schritt nur der tragische Bruch bleibt, auf den eine pragmatische Lösung auf niedriger Ebene folgt.

Erinnert man sich daran, dass Shakespeare noch im Jahr vor der Entstehung des ersten Problemstücks mit *Was ihr wollt* eine Komödie schrieb, in der die Liebe als ein poetisches Spiel erotischer Verwirrungen erscheint, die in heiterer Atmosphäre aufgelöst werden, dann fällt umso mehr auf, wie in den drei darauf folgenden Problemstücken extreme Pervertierungen dieser Gefühle vorgeführt werden: in *Troilus und Cressida* wird Liebe als große Illusion entlarvt, in *Maß für Maß* wird sie als maßlose Begierde und maßlose Keuschheit gezeigt, und in *Ende gut, alles gut* wird über sie wie über eine Sache verfügt. Das lässt an die Dark Lady denken, die der Dichter leidenschaftlich begehrt und ebenso leidenschaftlich verachtet. Ließe sich beweisen, dass die Sonette in ebendiesem Zeitraum entstanden sind, müsste man vermuten, dass Shakespeare in den Problemstücken eine eigene private Liebesenttäuschung verarbeitete. Doch da es keinerlei gesicherte Daten gibt, kann man nur Vermutungen anstellen. Hat eine untreue, sexhungrige Frau ihn so gekränkt, dass für ihn Keuschheit einen übersteigerten Wert bekam? Hat er sich, wie andere vermuten, eine Geschlechtskrankheit zugezogen? Oder äußert sich in den Stücken die Reue über frühere Sexabenteuer und die Sehnsucht eines alternden Mannes nach einer naiven, keuschen, unterwürfigen Geliebten des Griseldis-Typs, der sich schon in Viola aus *Was ihr wollt* andeutet, in Helena von *Ende gut, alles gut* deutlicher hervortritt und dann in den späten Romanzen in den Mittelpunkt rückt? Für keine dieser Vermutungen gibt es sichere Anhaltspunkte.

Troilus und Cressida

Anfang des Jahres 1603 findet sich im Stationers' Register der Eintrag: *The booke Troilus and Cresseda as yt is acted by my lo: Chamberlens Men* (Das Buch Troilus und Cressida, wie es von der Truppe des Lord Chamberlain aufgeführt wird); doch erschienen ist das Stück als Quarto-Ausgabe erst 1609, und zwar in zwei unterschiedlichen Druckstadien. Die erste Fassung erwähnt die Aufführung durch die *King's Men* (so hieß die Truppe der *Chamberlain's Men* nach der Thronbesteigung Jakobs I.), die zweite enthält ein überschwängliches Vorwort, in dem ein *never writer* (Niemals-Schreiber) dem *ever reader* (Immer-Leser) das Stück als Shakespeares witzigste Komödie anpreist und behauptet, es sei noch nie «von der Bühne und dem Klatschen vulgärer Hände besudelt» worden. Leser dieser Ankündigung werden überrascht gewesen sein, als sie feststellen mussten, dass das vom *never writer* gerühmte «Würzsalz des Witzes» ein äußerst bitteres ist. Die Handlung geht in letzter Instanz auf Homers *Ilias* zurück, in der allerdings Troilus nur beiläufig erwähnt wird. Doch die Liebesgeschichte zwischen ihm und Cressida war den Gebildeten in England bestens vertraut, da Chaucer ihr seine Versdichtung *Troilus and Criseyde* (um 1385) gewidmet hatte. Die nicht bei Chaucer erwähnten Handlungsteile – wie die Figur des Thersites – kann Shakespeare aus George Chapmans Übersetzung der ersten sieben Bücher der *Ilias* (1598) oder aus der älteren Übersetzung von Arthur Hall (1581) genommen haben. Doch was er den Quellen nicht entnahm, war der heroische Geist des Geschehens. Sein Stück entwickelt die Liebesgeschichte zwischen Troilus und Cressida gegen den Hintergrund einer zynischen Welt, in der alle heroischen Werte entwertet sind.

Das Stück beginnt mit einem Prolog, der den Anlass und die ersten sieben Jahre des Trojanischen Kriegs rekapituliert. Dann beginnt die Liebesgeschichte damit, dass Troilus den Kuppler Pandarus beauftragt, für ihn um Cressida zu werben, die, wie man gleich darauf aus ihrem Mund erfährt, schon ein Auge auf ihn geworfen hat, aber sich noch ziert, um ihren Wert zu steigern. Währenddessen schleppt sich der Krieg wei-

Troilus und Cressida
Pandarus als Kuppler zwischen Troilus und Cressida; darunter die Szene, in der Cassandra den König Priamus bestürmt, er möge Hektor zurückrufen, dass es für den Tag schlimme Vorzeichen gebe.

ter hin. Bei den Griechen ist die Kampfmoral erschlafft und muss durch Odysseus mit seiner an früherer Stelle zitierten Rede wieder hochgeputscht werden. Doch im Grunde sind beide Seiten kriegsmüde, und es klingt Friedensbereitschaft an. Auf trojanischer Seite plädiert Hektor für Vernunft und deutet an, dass es besser wäre, Helena zurückzugeben und den sinnlosen Krieg zu beenden. Dem widersprechen die Vertreter der Ehre, angeführt von Troilus, worauf Hektor einen Rückzieher macht. Vorher hatte er bereits eine allgemeine Herausforderung zum Zweikampf an die Adresse der Griechen gerichtet, die darüber beraten, wer gegen ihn antreten soll. Da sie den Verlust ihres stärksten Kriegers Achill nicht riskieren wollen, fällt die Wahl auf Ajax, der als stupider Muskelmann vorgestellt wird. Eine Wendung erhält das Geschehen, als Cressidas Vater Calchas, der zur griechischen Seite übergelaufen ist, seine Tochter im Austausch gegen einen trojanischen Gefangenen zu sich holt. Bevor sie sich dorthin geleiten lässt, schwören sich die Liebenden gegenseitige Treue und tauschen Liebespfänder aus. Doch wenig später, als Troilus einen Waffenstillstand zum Besuch des griechischen Lagers nutzt, muss er sehen, wie Cressida bereits mit dem Griechen Diomedes flirtet und ihm das Liespfand gibt, das er der Geliebten zum Abschied gab.

So illusionslos wie die Liebesaffäre wird auch die kriegerische Seite gezeigt. Achill sitzt schmollend in seinem Zelt, Ajax spielt den großen Zampano, und auf beiden Seiten wird auf hoher Ebene über Mannesehre und auf niederer Ebene über kleinliche Eifersüchteleien geredet. Es kommt zu halbherzigen Kämpfen, die lustlos unterbrochen werden, und schließlich zu einem, bei dem Hektor auf der Suche nach Achill glaubt, diesen besiegt und getötet zu haben, weil sein Gegner eine besonders kostbare Rüstung trug. Danach beauftragt der feige Achill, der sich vor Hektor in Sicherheit gebracht hatte, seine Myrmidonen, den Trojaner zu töten. Das tun sie, indem sie den Wehrlosen, der gerade seine Rüstung abgelegt hat, niedermachen. Hektor, der als Einziger die Stimme der Vernunft erhob, ist tot. Troilus, der an das aus dem Herzen kommende Verlangen nach Liebe, Ruhm und Ehre glaubt, ist desillusioniert, und das Stück endet damit, dass die Griechen nach dem Tod Hektors an ihren Sieg glauben und die Trojaner auf Rache für ihren Helden sinnen.

Der durchgängige Zynismus des Stücks wird auf seiten der Liebeshandlung durch den Kuppler Pandarus und auf seiten der Kriegshandlung durch den respektlosen Spötter Thersites sarkastisch zum Ausdruck gebracht. Vernunft, Leidenschaft und Ehre, diese ethischen Begriffe, die schon in Hamlet in abstrakter Form diskutiert wurden, stehen hier noch deutlicher im Zentrum. Dabei ist schwer zu sagen, wo Shakespeare den moralischen Angelpunkt sieht. Achill ist ein unritterlicher Schmoller und Feigling, Ajax ein dummer Kraftprotz, Troilus ein an Mannesehre glaubender Ritter, der dennoch aus Liebeskummer einen Kampf verweigert, und auch Odysseus hat bei aller Vernünftigkeit wenig Gewinnendes. Am ehesten ist Hektor der Held, dann aber hätte das Stück als Tragödie konzipiert werden müssen. Doch er endet nicht durch eigene Schuld, sondern durch feigen Totschlag: und Troilus ist kein Fortinbras, der eine wieder eingerenkte Welt übernimmt. Das Schlusswort dieser schwarzen Komödie hat der zynische Pandarus, der sich über die postkoitale Erschlaffung der Helden mokiert und zuletzt den «Brüdern und Schwestern aus dem Fleischgewerbe» sowie in der allerletzten Zeile auch dem Publikum als sein Vermächtnis eine Geschlechtskrankheit verspricht. Am Anfang seines Abgesangs nimmt er das Bild der fleißigen Bienen auf, das Odysseus als Modell eines geordneten Staats- und Militärwesens bemühte, und führt es mit obszönem Unterton ad absurdum, wenn er sagt:

> Gar lustig ist des Bienerichs Gesang,
> hat er noch Honig und des Stachels Drang.
> Doch fehlt ihm erst das edle Stück,
> kehrt auch der Honig nicht zurück.
>
> (V, 11; 31.10)

Zuletzt gibt Pandarus dem Publikum noch einen Wink, der nur für die Besucher des *Globe* im Stadtteil Southwark zu verstehen war, denn wenn er sagt, er halte sein Testament noch ein paar Monate zurück, weil er fürchte, dass «*Some galled goose of Winchester would hiss*» (eine pikierte Gans aus Winchester zischen könnte), dann spielt er darauf an, dass der Bischof von Winchester die Jurisdiktion über Southwark hat. Mit der Gans könnte eine Prostituierte, aber auch die bischöfliche Behörde gemeint sein.

Maß für Maß

Measure for Measure ist unter Shakespeares Stücken die Komödie, in der er das Komische bis hart an die Grenze des Tragischen führt. Die erste bezeugte Aufführung fand am 26. Dezember 1604 statt. Einige Anspielungen im Stück lassen ein Entstehungsdatum kurz vorher vermuten. Gedruckt erschien es erstmalig in der Folio-Ausgabe. Als Quelle hat Shakespeare in der Hauptsache George Whetstones zweiteiliges Stück *Promos und Cassandra* (1578) benutzt, das den Stoff aus Cinthios Novellensammlung *Hecatommithi* entnahm. Das zentrale Motiv des verkleideten Herrschers, bekannt als Harun al Raschid-Motiv, war damals bei Dramatikern sehr beliebt. Ein anderes Motiv, die in Verkleidung erschlichene Liebesnacht, taucht in *Ende gut, alles gut* wieder auf. Auch das Motiv des Ringes als Identitätsbeweis kehrt bei Shakespeare mehrfach wieder, so in *Der Kaufmann von Venedig* und in *Cymbeline*.

Das Stück beginnt damit, dass der Herzog von Wien meint, unter seiner Regierung seien die strengen Gesetze lax geworden, so dass er beschließt, die Regierungsgeschäfte vorübergehend dem Aristokraten Angelo zu übertragen, von dem er weiß, dass er auf strikte Moral hält. Als Angelo den jungen Claudio zum Tode verurteilt, weil er eine Frau geschwängert hat, die er heiraten wollte, aber dafür nicht die Zustimmung ihrer Familie bekam, meldet sich Isabella, die Schwester des Verurteilten, und fleht um Gnade. Angelo, von ihrer Schönheit gereizt, ist zur Begnadigung bereit, wenn Isabella ihm ihre Jungfräulichkeit opfert, was sie ablehnt. Im weiteren Verlauf gerät der Herzog, der verkleidet in der Stadt geblieben ist, an Personen aus der Halbwelt, aus deren Reden er den Schluss zieht, dass sein Stellvertreter falsches Spiel treibt. Er erfährt, dass Angelo mit Mariana verlobt war, sie aber verließ, als sie ihre Mitgift verlor. Mariana liebt Angelo noch immer. Darum fädelt der Herzog, als Mönch verkleidet, eine Intrige ein. Er sorgt dafür, dass Mariana, als Isabella verkleidet, ihren früheren Verlobten in ihr Bett lockt, wofür Angelo ihr verspricht, Claudio zu begnadigen, was er dann aber nicht tut. Doch der Gefängniswärter befolgt Angelos Hinrichtungsbefehl nicht und

Maß für Maß
Der auf seine Hinrichtung wartende Claudius fleht seine Schwester an, ihn dadurch zu retten, dass sie dem Statthalter Angelo ihre Jungfernschaft opfert, worauf sie den Bruder empört zurückstößt. Über der Szene thront der Herzog: links in der Verkleidung als Mönch und rechts als weiser alter Mann.

schickt ihm statt Claudios Kopf den eines vorher verstorbenen Gefangenen. Noch vor seiner Rückkehr erlässt der Herzog einen Aufruf, dass sich jeder melden solle, der etwas gegen Angelo vorzubringen habe. Als Isabella ihre Anklage erhebt, gibt der Herzog vor, ihr keinen Glauben zu schenken, und lässt als Zeugen den vermeintlichen Mönch herbeischaffen. Der trifft ein, nachdem der Herzog sich für kurze Zeit entschuldigt hat. Auf dem Höhepunkt des Verhörs wirft der Mönch die Verkleidung ab und übernimmt als Herzog die Leitung der Verhandlung. Angelo bekennt seine Schuld und ist bereit, dafür zu sterben. Der Herzog verurteilt ihn zum Tode, zwingt ihn aber, vorher Mariana zu heiraten. Daraufhin bittet Mariana um sein Leben und wird darin von Isabella unterstützt. Isabella glaubte bis dahin, dass ihr Bruder auf Anordnung Angelos hingerichtet worden sei. Nun aber wird der gerettete Claudio herbeigeschafft, und der Herzog begnadigt Angelo, während er selbst um die Hand Isabellas anhält.

Wie in den beiden anderen Problemstücken geht es auch hier um Ordnung und deren Auflösung durch sinnliche Leidenschaft; und wie in *Troilus und Cressida* wird das Problem mehrfach explizit thematisiert. Doch anders als dort, wo es um die aristokratische Ordnung des Rangs und der Ehre ging, geht es jetzt um die bürgerliche Ordnung von Ehe und Moral. Vor der Übergabe der Macht an seinen zeitweiligen Stellvertreter sagte der Herzog:

> Wir haben strenge Regeln und Gesetze,
> wie man sie braucht bei Pferden als Kandare,
> doch wurden sie in vierzehn Jahren schlaff,
> so wie ein fetter Löwe in der Höhle,
> der nicht mehr Beute jagt. Denn wenn der Vater
> den Kindern nur die Rute zeigt, um sie
> damit zu schrecken, und sie nicht benutzt,
> wird sie verspottet statt gefürchtet.
> So erging es unseren Gesetzen. Tot
> sind sie, weil man sie nicht mehr respektiert.
> Die Freiheit tanzt dem Rechte auf der Nase.
> Das Baby schlägt die Amme, und verquer
> geht alle Sitte *(decorum)*.
>
> (I, 3; 19–31)

Das erinnert an die Odysseus-Rede in *Troilus und Cressida*, nur mit dem Unterschied, dass es jetzt nicht um Rangordnung *(degree)*, sondern um Sitte *(decorum)* geht. Als Garant der Sitte wird in dieser Komödie die Ehe vorgestellt, während das sexuelle Verlangen als das erscheint, was die Ordnung gefährdet. Auffällig und vom Dichter vermutlich beabsichtigt ist der Umstand, dass der Herzog, der im Stück die Vernunft vertritt, dabei von einem Mann aus dem Volke unterstützt wird. Es ist der Kerkermeister, der die rettende Idee hatte, anstelle von Claudios Kopf den eines Toten an Angelo zu schicken. Die moralischen Positionen sind in diesem Stück noch weiter ausdifferenziert als in den früheren Werken. Während dort die niederen Leidenschaften mit den edlen kontrastiert werden, ist hier die Seite der Vernunft ausgefächert. Angelo vertritt einen rigiden Moralismus, der bei ihm unter dem Ansturm verdrängter Leidenschaft zusammenbricht und ihn zum Heuchler werden lässt. Isabella ist genauso rigide in der Verteidigung ihrer sexuellen Ehre. Der Herzog vertritt die liberale Vernunft, die nach einem Gleichgewicht zwischen Freiheit und Moral sucht; und der Kerkermeister praktiziert den gesunden Menschenverstand.

Am härtesten prallen rigide Moral und Menschlichkeit aufeinander, als Isabella ihren Bruder im Gefängnis besucht und er sie anfleht, ihn mit dem Opfer ihrer Jungfernschaft zu retten. Mit eindringlichen Worten bringt er seine Todesangst zum Ausdruck:

> Zu sterben, nicht zu wissen, was danach ist,
> in kalter Finsternis so zu verrotten,
> wenn dieses warme Fleisch zu Lehm verklumpt,
> der Geist, der köstliche, im Feuer badet,
> vielleicht auch eingesperrt ist unter Eis,
> von ruhelosen Kräften um die Erde
> herumgeschleudert, oder, schlimmer noch,
> zu denen zu gehören, die der Wahnsinn
> zu ewigem Geheul antreibt – wie schrecklich.
> Das schlimmste Elend eines Erdenlebens
> mit Alter, Schmerzen, Armut, Unfreiheit
> und was Natur uns gibt, ist paradiesisch
> verglichen mit der Furcht vorm Tod.
>
> (III, 1; 118–132)

Als Claudio nach diesem Aufschrei die Schwester anfleht, ihre Unschuld für ihn zu opfern, fährt sie ihn an:

> Du Tier,
> Ruchloser Feigling, du entehrter Schuft!
> Willst du durch meine Schmach zum Manne werden?
> Ist es nicht Inzest, aus der Schwester Schande
> sich eignes Leben holen? Weh ist mir!
> Hat meine Mutter etwa meinen Vater
> betrogen, um dich Scheusal zu gebären,
> denn er hat so was nicht gezeugt. Nimm dies
> von mir. Stirb und vergeh. Könnt ich durch ein
> Verbeugen dich erretten, tät ich's nicht.
> Ich bete tausendmal um deinen Tod,
> kein Wort von mir zur Rettung.
> (III, 1; 138–148)

Hier wird der Jungfräulichkeit ein noch höherer Wert beigemessen als der Ehre unter den Kriegern in *Troilus und Cressida*. Von diesem Zentrum der Komödie geht eine Kälte aus, die es heutigen Lesern schwer macht, das ansonsten so komplexe Drama ebenso hochzuschätzen wie die festlichen Komödien, die ihre moralische Härte in einem pastoralen Milieu moderieren und menschlicher machen. Doch Isabella repräsentiert nicht die moralische Mitte des Stücks, sie ist nur der positive Gegenpol zu Angelo, mit dem sie die Rigidität gemein hat. Im Zentrum steht der Herzog als Repräsentant einer liberalen Vernunft, deren praktisches Gegenstück der gesunde Menschenverstand des Kerkermeisters ist. Selbst der Herzog vertritt noch eine Haltung, aus der ein existentialistisch anmutender Rigorismus spricht. Als er, als Mönch verkleidet, den todgeweihten Claudio in seiner Zelle aufsucht, will er ihm die Todesfurcht mit der folgenden stoischen Tröstung nehmen:

> Hab stets den Tod vor Augen. Tod und Leben
> sind danach süßer. Sag zum Leben dies:
> Verlier ich dich, verlier ich, was nur Narren
> behalten wolln, du bist ein Atemhauch,
> den Einflüssen des Himmels unterworfen,
> die deine Wohnstatt jede Stunde quälen.

Nichts weiter als des Todes Narr bist du.
Ihm läufst du auf der Flucht vor ihm entgegen
und mühst dich für ihn ab. Nicht vornehm bist du,
denn all das Angenehme, das du bietest,
entspringt aus Niederem; bist auch nicht tapfer,
denn dir macht eine arme Schlange Angst
mit ihrer Zunge. Ruhe findest du
allein im Schlaf, und der ist wie der Tod,
den du so fürchtest und so oft beschwörst.
Du bist gar nicht du selbst, denn du bestehst
aus Tausenden von staubgebornen Körnern.
Auch glücklich bist du nicht, denn du begehrst
fortwährend das, was du nicht hast, und was
du hast, vergisst du. Du bist nicht beständig.
Dein Wesen wechselt ständig wie der Mond.
Selbst wenn du reich bist, bist du arm,
denn wie ein Esel, der mit goldner Last
beladen ist, schleppst du dich hin, bis dir
der Tod die Last abnimmt. Hast keinen Freund,
denn selbst der Ausfluss deiner Lenden flucht,
wenn dich die Altersgicht nicht schnell genug
hinwegrafft. Deine Jugend wie dein Alter
sind mehr nicht als ein Schlaf am Nachmittag,
in dem du beides träumst. Denn deine Jugend
wird alt und endet oft als Bettelgreis.
Und bist du reich im Alter, fehlt der Saft,
die Schönheit und das Feuer in den Lenden.
Was steckt in dem, was man so Leben nennt?
Nichts anderes als tausendfacher Tod,
den wir so fürchten. Er macht alles gleich.
(II, 1; 5–41)

Dem Ernst dieser Rede steht in Gestalt des zum Tode verurteilten Barnardine eine makabre, an die Grenze des Absurden gehende Komik gegenüber. Als der Henkersknecht Abhorson (der Name ist eine Verschmelzung von *abhor*, ‹verabscheuen›, und *whoreson*, ‹Hurensohn›) ihn auffordert, sich zur Hinrichtung bereit zu machen, weigert er sich: nicht etwa aus Todesangst, sondern weil er vorher seinen Rausch ausschlafen will, um anständig in den Tod gehen zu können.

Barnardine ist nicht die einzige Figur, die den Ernst dieser dunkel eingefärbten Komödie aufhellt. An makabrer Komik fehlt es darin nicht, es sei nur daran erinnert, dass ein abgeschlagener Menschenkopf auf die Bühne gebracht wird und dort die komische Rolle eines Zwillings hat, denn er ähnelt Claudio und macht so das Täuschungsmanöver möglich. Makaber ist das ganze Ambiente der Komödie. Während in den romantischen Komödien der Hof mit einer pastoralen Sphäre kontrastiert wird, ist die Gegensphäre hier das Gefängnis und das Bordellmilieu. Die Bordellbetreiberin Mrs. Overdone (ihr Name charakterisiert sie als abgewrackte Hure) hat zwar nur einen kurzen Auftritt am Anfang des Stückes und verschwindet später im Gefängnis, doch ihr Diener Pompey sorgt das ganze Stück hindurch für obszöne Späße. Das Bordellmilieu, das Angelo mit Stumpf und Stiel auszurotten versucht, ist die negative Kontrastfolie zu Isabellas rigoroser Keuschheit, während das Gefängnis das Unterdrückungsinstrument ist, mit dem Angelo die moralische Ordnung wiederherstellen will. Die Kontrastierung der Schauplätze wirkt wie eine Umkehrung des «romantischen» Schemas, bei gleichem Ergebnis, denn so, wie in *Wie es euch gefällt* der Ardenner Wald einerseit eine Wildnis außerhalb der gesellschaftlichen Ordnung und andererseits eine Sphäre der moralischen Regeneration ist, so wird hier die moralische Ordnung in der asozialen Sphäre des Gefängnisses wiederhergestellt.

Ob Shakespeare bei der Figur des Angelo an den moralischen Rigorismus der Puritaner gedacht hat, lässt sich vermuten, aber nicht beweisen. Doch Angelos gnadenloses Strafrecht, das auf dem Prinzip «Auge um Auge, Zahn um Zahn» beruht – der Titel des Stücks verkürzt es auf «Maß für Maß» –, steht dem Puritanismus nahe und lässt dessen egalitäre Sicht erkennen. Nachdem sich Angelos Versuch, die Moral mit dem Henkerbeil durchzusetzen, in das Gegenteil verkehrt hat, stellt der Herzog die alte vertikale Ordnung wieder her und lässt Gnade vor Recht ergehen, doch erst, nachdem er Angelo dessen Prinzip noch einmal vor Augen geführt hat:

> Ein Angelo für Claudio, Tod für Tod,
> Hast zahlt mit Hast, die Muße zahlt mit Muße,
> Gleiches mit Gleichem, Maß für Maß als Buße.
> (V, 1; 401 ff.)

Ende gut, alles gut
Diana berichtet von Bertrams Werbung um sie und zeigt den Ring, in dem der König das Geschenk erkennt, das er einst Helena gab; diese hatte Bertram für tot erklärt, was ihn unter Mordverdacht bringt.

Ende gut, alles gut

Nicht ganz so düster ist das dritte Problemstück. Obwohl es nur in der Folio-Ausgabe überliefert ist und weder eine Aufführung noch ein früherer Druck dokumentiert ist, lässt es sich nach Wortschatz und Thematik der hier betrachteten Gruppe zuordnen. Allerdings deuten stilistische Kriterien darauf hin, dass Shakespeare möglicherweise eine frühere Komödie noch einmal überarbeitet hat. Den Stoff dafür entnahm er der Geschichte «Giglietta di Nerbona» aus Boccaccios *Decamerone,* deren englische Übersetzung er in William Painters *Palace of Pleasure* (1566; Palast des Vergnügens) fand. Das Stück handelt von weiblicher Treue in Gestalt einer Frau, die dem bereits erwähnten Griseldis-Typ angehört. Die Handlung ist folgende: Helena, die Tochter eines kürzlich verstorbenen berühmten Arztes, wird von einer verwitweten Gräfin in ihr Haus aufgenommen und verliebt sich dort in deren Sohn Bertram, einen hochmütigen jungen Mann, der ihre Liebe verschmäht. Bertram geht an den Hof des französischen Königs, der an einer schweren Krankheit leidet. Helena folgt dem Geliebten, heilt den König dank ihrer vom Vater erworbenen Kenntnisse und darf sich als Lohn einen Ehemann unter den Höflingen aussuchen. Ihre Wahl fällt auf Bertram, der sie aus Standesgründen ablehnt. Zwar gehorcht er dem Befehl des Königs und heiratet sie, verlässt sie aber gleich darauf mit der Ankündigung, er werde sie erst als seine Ehefrau anerkennen, «wenn du den Ring an meinem Finger, der diesen nie verlässt, bekommst und mir ein Kind aus deinem Schoß vorweist, das mich zum Vater hat». Im Verlauf der weiteren Handlung versucht Bertram in Florenz Diana, die Tochter seiner Wirtin, zu verführen. Helena, die ihm gefolgt ist, bringt Diana dazu, mit ihm eine Liebesnacht zu verabreden, bei der sie verschleiert Dianas Rolle spielt. Als Liebesbeweis tauscht sie mit Bertram Ringe, wodurch nicht nur sie den kritischen Ring erhält, sondern Bertram den ihren, den der König ihr bei ihrer Vermählung gab. Danach ist sie schwanger. Während Helena für tot gehalten wird, darf Bertram wieder am Königshof erscheinen, nachdem er erklärt hat, dass er die ihm aufgezwungene Braut nur deshalb abgelehnt habe, weil er bereits vorher verlobt gewesen sei. Zum Beweis zeigt er den Ring der vermeintlichen Diana, in dem der König sein Geschenk an Helena wiedererkennt. Jetzt wird Bertram verdächtigt, seine Frau beseitigt zu haben. Darauf erscheint am Hof die durch einen Brief angekündigte Diana, die von Bertram die Einlösung seines Eheversprechens verlangt. Der weigert sich und nennt sie eine gewöhnliche Prostituierte, worauf sie ihm seinen Ring zeigt. Dann wird die schwangere Helena vor den König geführt, alles wird aufgeklärt, Bertram bekennt sich zu seiner Frau und Diana darf sich als Dank für ihre Mithilfe einen Mann aussuchen.

Eine so romantisch-sentimentale Geschichte hätte auch zu Shakespeares Zeiten wenig Reiz für das Publikum gehabt, wenn er sie nicht mit einer komischen Nebenhandlung gewürzt hätte. Darin geht es um einen Krieg zwischen Florenz und Siena, in dessen Verlauf der feige Zyniker und Intrigant Parolles – sein Name bedeutet ‹Wortemacher› – für die nötige Komik sorgt. Strukturell hat Parolles eine ähnliche Funktion wie Falstaff, doch ihm fehlt die positive Energie des Anarchischen, er ist nur ein großmäuliger Feigling, Verleumder und Verräter, der für seine Machenschaften zum Tode verurteilt und dann doch am Leben gelassen wird. Der letzte an ihn gerichtete Satz «Obwohl du ein Narr und ein Schurke bist, sollst du essen» erinnert an Falstaffs Verstoßung. Das Hohelied unerschütterlicher Liebe, das Helena verkörpert, wird ein modernes Publikum schwer nachvollziehen können. Dass eine Frau einen Mann gegen dessen Willen heiraten darf, mutet wie eine satirische Umkehrung der realen Verhältnisse in der Shakespearezeit an.

Die letzten beiden Problemstücke vermitteln den Eindruck, als habe Shakespeare in dieser Phase seines Schaffens das gesetzliche Band der Ehe als einzigen verlässlichen Stabilitätsanker in der Gesellschaft angesehen, gleichgültig, ob sie auf Liebe und freier Entscheidung oder auf der Verfügung einer Autorität beruht. Da in der Forschung angenommen wird, dass Shakespeare zwischen *Maß für Maß* und *Ende gut, alles gut* die Eifersuchtstragödie *Othello* geschrieben hat, spricht auch das für einen zusammenhängenden Themenkomplex. Ein anderer, kaum zu überhörender Unterton im dritten Problemstück ist Kritik am Standesdünkel; denn Helena und Diana sind Frauen, die aus niederem Stand kommen und doch am Königshof akzeptiert werden.

Die späten Tragödien

Nach den Problemstücken schrieb Shakespeare sechs Dramen, in denen er den Widerstreit von Vernunft und Leidenschaft so zuspitzt, dass ein tragischer Ausgang unvermeidlich ist. Fünf von ihnen werden zusammen mit *Hamlet* als seine «großen Tragödien» bezeichnet; nur *Timon von Athen* zählt nicht dazu. Die Dominanz dieser Stücke in den Augen der Kritiker verführt dazu, in Shakespeare eine tragische Weltsicht zu vermuten. Dagegen spricht allein schon die Tatsache, dass nur zehn seiner 38 Dramen überhaupt Tragödien sind. Ebenso viele sind heitere Komödien, weitere zehn sind Historien, und die restlichen acht sind dunkle Komödien und Romanzen, die an die Grenze des Tragischen gehen und dennoch ein gutes Ende nehmen.

Betrachtet man die Tragödien nebeneinander, so lassen sich in ihnen zwei gegensätzliche Handlungsmuster unterscheiden. Bei den einen ist die treibende Kraft der Ehrgeiz, so in *Julius Caesar, Macbeth* und *Antonius und Cleopatra;* bei den anderen löst eine Kränkung des Ehrgefühls die tragische Handlung aus wie in *Othello, König Lear, Timon von Athen* und *Coriolan.* In den Rachedramen *Titus Andronicus* und *Hamlet* treiben Ehrgeiz und Kränkung zwei gegenläufige Handlungen an. Das gilt in gewissem Sinn auch für *Romeo und Julia,* nur dass hier die Liebe an die Stelle der Ehre tritt. Ehre und Kränkung beziehen sich auf eine vertikale Werteskala: Ehrgeiz strebt nach höherem Status, Kränkung ist die Reaktion auf einen Statusverlust. Auf die zentrale Bedeutung, die der Begriff ‹Ehre› bei Shakespeare hat, wurde schon im Zusammenhang mit seiner Weltsicht eingegangen. Da er bis zur Jahrhundertwende auch der Falstaffschen Respektlosigkeit großen Raum gab, während er danach Ehrgeiz und Kränkung ins Zentrum seiner Stücke rückte, scheint sich seine Weltsicht verändert zu haben. Ob es eine Reaktion auf das Zeitgeschehen war, lässt sich vermuten, aber nicht beweisen. Man gewinnt jedenfalls den Eindruck, dass seine Weltsicht im ersten Jahrzehnt des 17. Jahrhunderts noch stärker als früher auf Hierarchie ausgerichtet war, denn jetzt fehlt in seinen Werken die Position, die Falstaff repräsentierte. Man könnte darin eine Reaktion auf die zunehmende Macht des Unterhauses und des Puritanismus sehen.

Was Shakespeares Tragödien von denen seiner zeitgenössischen Konkurrenten unterscheidet, ist, dass er selbst da, wo er wie in *Macbeth* und *König Lear* extreme Grausamkeiten zeigt, den Kitzel der heimlichen Bewunderung für skrupellose Schurkerei vermeidet und statt dessen das Schwergewicht ganz auf das selbstverschuldete Leiden eines ursprünglich edlen, dann aber moralisch gefallenen Helden legt. Wo aus seinen Stücken Menschenhass spricht – das trifft vor allem auf *Timon von Athen* und *König Lear* zu –, handelt es sich um Rollensprache der Helden, die allerdings poetisch so eindringlich ist, dass man sich des Eindrucks kaum erwehren kann, dass Shakespeare hier selbst einem zeitweiligen Ekel vor der Welt Luft macht. Doch am Ende der Tragödien ist die Ordnung wieder notdürftig eingerenkt und es bleibt kein Rest, der auf Nihilismus oder auf zynisches Einverständnis mit einer korrupten Welt schließen lässt. Als *Timon von Athen*, Shakespeares bitterstes Stück überhaupt, noch für seine vorletzte Tragödie gehalten wurde, mochte man darin ein Indiz für eine persönliche Verbitterung sehen, die seinen frühen Abschied vom Theater erklärt. Doch inzwischen ist sich die Forschung einig, dass die Entstehungszeit des Stückes näher an den Problemstücken liegt, so dass nun umgekehrt vermutet wird, dass Shakespeare in dieser Zeit eine persönliche Krise durchmachte, die seine Weltsicht verdüsterte.

Othello

Eine Aufführung dieser Tragödie ist für den 1. November 1604 im Bankettsaal von Whitehall bezeugt. Da im Stück Dinge über den türkischen Seekrieg gesagt werden, die offensichtlich aus Richard Knolles im Herbst 1603 erschienenem Buch *History of the Turks* stammen, muss es danach entstanden sein. Der Stoff der Handlung ist einer Novelle von Giraldi Cinthio in dessen Sammlung *Hecatommithi* (1565) entnommen. Der erste bekannte Druck der Tragödie, eine gute Quarto-Ausgabe aus dem Jahr 1622, lag offensichtlich dem Text der Folio-Ausgabe zugrunde, der aber 160 Zeilen länger ist und über 1000 Abweichungen enthält, so dass ein weiterer Text, vermutlich ein Manuskript, vorgelegen haben muss.

Die Handlung beginnt damit, dass der Zuschauer aus dem Mund von Othellos Feinden die Vorgeschichte erfährt. Der Venezianer Roderigo hatte es auf Desdemona abgesehen, die heimlich den dunkelhäutigen General der venezianischen Armee geheiratet hat; und Roderigos Freund Jago will sich an dem General rächen, weil dieser ihn bei einer Beförderung zugunsten des Leutnants Cassio übergangen hat. Darum überredet Jago den dümmlichen Roderigo zu einem Komplott, durch das dieser doch noch an Desdemona und Jago selbst auf die Stelle Cassios kommen soll. Da am Anfang die Niedertracht Jagos steht, erscheint der erst in der zweiten Szene auftretende Moor in umso hellerem Licht. Er wird als besonnener, vom Senat hochgeschätzter militärischer Führer vorgestellt. Doch Brabantio, Desdemonas Vater, ist mit der Ehe nicht einverstanden und verklagt Othello vor dem Dogen, weil der Moor die Tochter angeblich durch Hexerei verführt habe. Othello erklärt auf höchst würdevolle Weise, wie er durch die Erzählung seiner Kriegstaten das Herz seiner Braut gewonnen habe. Als sie daraufhin erklärt, dass sie fortan nur noch ihrem Gatten folgen werde, gibt der Doge seinen Segen. Gleichzeitig erteilt er dem General den Auftrag, mit seiner Truppe nach Zypern zu segeln, um die dortige Garnison gegen einen drohenden Angriff der Türken zu verteidigen. Auf Zypern fädelt Jago eine Intrige ein, indem er mit raffinierten Andeutungen in Othello die Saat der Eifersucht sät und ihn

Othello
Der Stich zeigt den Anfang der Tragödie, als Desdemonas Vater vor dem Dogen gegen die eben geschlossene Ehe seiner Tochter mit Othello protestiert und behauptet, der schwarze General habe sie verhext. Die Szene darüber zeigt den nächtlichen Markusplatz in Venedig, auf dem bereits Jago und Rodrigo ihre Intrige planen.

glauben macht, seine Frau habe ein Verhältnis mit Leutnant Cassio, dem stellvertretenden Garnisonschef.

Da Cassio keinen Alkohol verträgt, verführt ihn Jago zum Trinken, damit Roderigo ihn zum Kampf reizen kann, um ihn zu töten. Weil Cassio sich provozieren ließ, fällt er bei Othello in Ungnade und wird seines Amtes enthoben. Jago heuchelt ihm gegenüber Mitgefühl und rät ihm, sich um Desdemonas Fürsprache zu bemühen, was Othellos Eifersucht verstärkt. Um ein materielles Indiz für Desdemonas Untreue zu bekommen, lässt Jago sich von seiner Frau Emilia, der Kammerfrau Desdemonas, eins von deren Taschentüchern besorgen, das er danach in Cassios Zimmer bringt. Als Othello von Jago erfährt, dass sich ein Taschentuch, das er selbst seiner Frau geschenkt hat, in Cassios Besitz befindet, ist er von Desdemonas Untreue überzeugt und befiehlt Jago, Cassio zu töten. Er selbst macht den letzten Test und fordert seine Frau auf, ihm das Taschentuch zu zeigen. Als diese das als sonderbare Marotte abtut und gleich wieder um Gnade für Cassio bittet, glaubt Othello den Beweis ihrer Untreue zu haben und beschließt sie zu töten. Im letzten Akt erwürgt er sie, während Jago Roderigo auf Cassio hetzt, der verletzt wird, aber den Angreifer tötet. Zum Schluss werden alle Missverständnisse aufgeklärt. Othello erfährt, dass alles nur eine Intrige Jagos war, der seinerseits mitten in der Enthüllung seine Frau ersticht, um nicht verraten zu werden. Othello tötet sich daraufhin selbst, und Cassio wird von den eben eintreffenden Abgesandten des venezianischen Senats als sein Nachfolger bestellt. Die Türkengefahr hatte sich bereits vorher erledigt, da die türkische Flotte von einem Sturm vernichtet wurde.

Was diese Tragödie dramaturgisch so wirkungsvoll macht, ist der Kunstgriff, dem guten Protagonisten von Anfang an einen bösen Antagonisten gegenüberzustellen. Dessen Bosheit sickert durch subtile Heuchelei Tropfen für Tropfen in die Seele des Helden ein und kommt dort als blinde Leidenschaft der Eifersucht zum Ausbruch. Othello erscheint zunächst als der souveräne Kommandant, der vollständig Herr seiner Leidenschaft ist, während umgekehrt der von leidenschaftlichem Neid getriebene Jago, der sich zwischendurch sogar einredet, dass Othello ihn mit seiner Frau Emilia betrüge, anfangs ironischerweise als Anwalt der Vernunft auftritt. Im ersten Akt sagt er zu Roderigo:

> Hätte die Waage unsres Lebens nicht eine Schale mit Vernunft, um die der Sinnlichkeit auszutarieren, dann führten unser Blut und unsre niedere Natur uns zu den schlimmsten Folgen. Doch die Vernunft ist uns gegeben, um unsre wilde Leidenschaft, die fleischlichen Gelüste und den zügellosen Trieb zu kühlen.
>
> (I, 3; 322–325)

Auch später beruft sich Jago mehrfach auf Vernunft. Doch für ihn ist sie nur der instrumentale Verstand, nicht das *lumen naturale*, das den rechten Weg weist. Nach elisabethanischer Psychologie ist er trotz seiner scheinheiligen Berufung auf die Vernunft ein Charakter, dessen Handeln ganz durch die Leber bestimmt wird. Was ihm gänzlich abgeht, sind die Leidenschaften des Herzens. Er begründet seinen Hass auf Othello mit Eifersucht, ohne auch nur das leiseste Anzeichen von Liebe zu seiner Frau erkennen zu lassen. Auch sein Neid auf Cassio hat nichts mit einem Streben nach Ehre zu tun. Das Leitmotiv seiner niederen Gesinnung ist seine mehrfach an die Adresse von Roderigo gerichtete Aufforderung: «Tu Geld in deinen Beutel.» Jagos Charakterzeichnung ist ein Meisterstück dramatischer Kunst. Wie es dem satanischen Bösewicht gelingt, in Othello die Eifersucht gerade dadurch hochzukitzeln, dass er ihn, anfangs subtil, dann immer eindringlicher vor dem «grünäugigen Monster» warnt, ist geradezu virtuos. Jago ist die personifizierte Niedertracht. Während Richard III. noch ein Schurke von heroischem Format war, ist dieser skrupellose Intrigant einfach nur gemein, aber er ist es auf eine ungemein raffinierte und psychologisch differenzierte Weise. In der Mitte zwischen klarer Vernunft und niederer Leidenschaft steht als tragischer Held Othello. Bevor er sich tötet, sagt er, dass er nicht aus Hass, sondern «um der Ehre willen» zum Mörder wurde, und fügt später hinzu:

> Sprecht von mir, wie ich bin: beschönigt nichts,
> noch fügt aus Bosheit etwas zu. Dann sprecht
> von einem, der nicht weise liebte, nur
> zuviel, der nicht leicht eifersüchtig wurde,
> doch, wenn gereizt, verwirrt war und extrem.
>
> (V, 2; 351–355)

Für das elisabethanische Publikum war klar, dass ein dunkelhäutiger Mensch aus Afrika für Leidenschaften anfälliger sein musste als ein weißer Europäer. Die latente Wildheit, die unter der schwarzen Haut schlummert, wird von Othello selbst angedeutet, als er nach dem Taschentuch fragt und seiner Frau erklärt, dass eine Ägypterin es seiner Mutter geschenkt habe und dass eine Sibylle mit «prophetischer Wildheit» *(prophetic fury)* geheimnisvolle Magie in das Tuch hineingewebt habe. *Egyptian*, das Wort für ‹Ägypterin›, ließ die Elisabethaner an das etymologisch davon abgeleitete *gipsy* (‹Zigeunerin›) denken. Zur symbolischen Grundierung des Stücks trägt auch die Tatsache bei, dass die Handlung ab dem 2. Akt in einer Garnison auf der Insel Zypern spielt. Das gibt dem Geschehen etwas Klaustrophobisches. Die handelnden Personen sind eingesperrt im Labyrinth ihrer Leidenschaften, während die Instanz der Vernunft, der Doge, weit weg ist, so dass die vom Meer herkommende Rettung erst eintrifft, als es zu spät ist.

Der positive Charakter, der am Ende überlebt und als Othellos Nachfolger Kommandant der Garnison auf Zypern wird, ist Cassio. Er ist kein Heiliger, sondern ein lebenslustiger Mann von anständiger Gesinnung, der aber reizbar ist und nach Alkoholgenuss die Kontrolle über sich verliert. Er ist wie Fortinbras einer der Vertreter jenes mehr oder weniger anständigen Mittelmaßes, das in allen Tragödien Shakespeares die wiederhergestellte Ordnung repräsentiert. Es sind Pragmatiker, die den gesunden Menschenverstand mit den anständigen Regungen ihres Herzens verbinden und dabei Kompromisse schließen, zu denen die tragischen Helden nicht fähig sind. Sie halten die gesunde moralische Mittellage zwischen Vernunft und Leidenschaft, die bei Shakespeare immer durch das Herz markiert wird. Zum Wert des Herzens kehrte auch Othello mit seiner letzten Tat, der Selbsttötung, zurück, die Cassio so kommentiert:

> Ich hab's befürchtet, er schien unbewaffnet;
> Doch kannte ich sein großes Herz. *(For he was great of heart)*.
> (V, 2; 370 f.)

Timon von Athen
Alcibiades sucht, zusammen mit zwei Hetären, den verbitterten Timon in der Wildnis auf (IV, 3). In der Szene darüber reißt sich Timon die Kleider vom Leib und verflucht Athen und die ganze Menschheit (IV, 1).

Timon von Athen

Unter den sechs großen Tragödien wirkt *Timon of Athens* wie ein Fremdkörper, wurde aber von Anfang an zu ihnen gezählt und galt lange Zeit als eine der späteren. Im Grunde verdient das Stück die Gattungsbezeichnung gar nicht, da der Held eines natürlichen Todes stirbt, so dass der tragische Abschluss fehlt. Überliefert ist es nur in der Folio-Ausgabe. Auch Aufführungen sind erst aus dem späten 17. Jahrhundert belegt. Man darf also annehmen, dass es nicht besonders beliebt war, weshalb schon früh vermutet wurde, dass es entweder gar nicht oder nur zum Teil von Shakespeare stammt. Heute glaubt die Mehrheit der Forscher auf Grund von Sprach- und Stilvergleichen, dass etwa ein Drittel des Textes von Thomas Middleton geschrieben wurde. Die Hauptquelle des Stoffs war das biographische Kapitel über Antonius und Alkibiades bei Plutarch, woraus Shakespeare an einer Stelle fast wörtlich zitiert. Auch Lukians Dialog *Timon misanthropus* scheinen Shakespeare und Middleton gekannt zu haben, vielleicht auch das anonyme Stück *Timon.* Außerdem findet sich eine Beschreibung Timons in William Painters *Palace of Pleasure,* aus dem Shakespeare den Stoff für *Ende gut, alles gut* nahm. Das stützt die Vermutung, dass er *Timon* unmittelbar danach schrieb.

Der Anfang lässt eine bittere Komödie erwarten, denn das Stück beginnt damit, dass Timons Haus von Menschen umlagert wird, die alle darauf aus sind, von seiner Freigiebigkeit zu profitieren. Bei einem Festbankett im ersten Akt drängen sie ihm kleine Geschenke auf, um dafür größere zurückzubekommen. Doch schon im zweiten Akt sind Timons Mittel erschöpft, und er muss nun seinerseits die Empfänger seiner früheren Wohltaten um Geld bitten, das sie ihm nicht geben. Dieser Teil des Stücks ist der Komödie am nächsten, denn die einstigen Freunde finden die verlogensten Ausflüchte, um ihre Dankesschuld nicht begleichen zu müssen, bis hin zu dem Argument des Sempronius, der den Beleidigten spielt, weil er von Timon erst als Dritter gefragt wurde. Im dritten Akt lädt Timon die Freunde noch einmal zu einem Bankett, und da sie alle glauben, er sei wieder zu Geld gekommen, erscheinen sie vollzählig. Doch diesmal serviert der Gastgeber den Heuchlern verdeckte Schüsseln mit lauwarmem Wasser. Anschließend verflucht er sie und seine Vaterstadt, reißt sich die Kleider vom Leib und zieht sich in die Wildnis zurück, um dort bei den Tieren zu leben, begleitet nur von seinem treuen Haushälter Flavius.

Doch dann tritt eine unerwartete Wendung ein, als Timon bei der Suche nach essbaren Wurzeln auf einen vergrabenen Goldschatz stößt, der ihm die Macht gibt, sich an Athen und der Menschheit insgesamt zu rächen. Als ihn Alkibiades mit zwei Kurtisanen besucht, gibt er ihnen Geld, damit sie Kunden anlocken und mit Geschlechtskrankheiten anstecken können. Drei Dieben schenkt er Gold, um sie zu weiteren Verbrechen anzuspornen. Zuletzt tauchen zwei Senatoren auf, die um seine Unterstützung gegen Alkibiades, den Feind Athens, bitten. Ihnen sagt er, dass es ihm gleichgültig sei, ob Alkibiades Athen zerstöre, die alten Männer an den Bärten herausschleife und die Jungfrauen schände. Dann aber schöpfen die Senatoren Hoffnung, als Timon sagt: «Und dennoch liebe ich mein Land.» Doch sie werden bitter enttäuscht, denn Timons letzte Botschaft an die Athener lautet:

> Empfehlt mich ihnen
> Und sagt, um ihre große Angst zu lindern
> und ihre Furcht vor Wunden und Verlusten,
> vor Liebesqualen und dem Weh und Ach,
> die das fragile Lebensschiff enthält
> bei seiner ungewissen Fahrt, ist hier
> mein Rat, dem Zorn des Feindes zu entgehen:
> (Erster Senator (beiseite): Das klingt mir gut, nun kommt er doch zurück.)
> Timon: Ich habe einen Baum hier in der Nähe,
> den ich zu meinem eignen Unterhalt
> bald fällen muss. Sagt meinen Freunden,
> sie mögen, aufgereiht nach ihrem Rang,
> um ihre Qualen zu beenden, kommen,
> eh meine Axt den Baum dort niederhaut,
> und sich an ihm erhängen.
>
> (V, 2; 82–96)

Danach widmet sich Timon dem Verfassen seines eignen bitteren Grabspruchs. Als noch einmal ein Soldat auftaucht, um ihn umzustimmen, findet der nur einen Grabstein vor. Nachdem sich die Senatoren dem Alkibiades ergeben haben, verspricht dieser, nur Timons und seine eigenen persönlichen Feinde zu töten. Doch als ihm die Nachricht von Timons Tod und der bittere Grabspruch überbracht werden, lässt er sich umstimmen und schließt mit Athen Frieden.

Obwohl das Umschlagen von Freigiebigkeit in Menschenhass strukturell an König Lear erinnert, fehlt bei Timon die differenzierte innere Entwicklung. Wenn er im zweiten Akt von sich sagt: «Unklug, doch nicht unedel habe ich gegeben» *(unwisely, not ignobly, have I given)*, dann weist das auf das gleiche Problem einer durch Vernunft nicht ausreichend kontrollierten edlen Leidenschaft des Herzens hin, wie sie König Lear und Othello ins Verderben stürzte. Das Zitat klingt sogar wie ein Echo von Othellos Selbstbeschreibung als *a man, who loved not wisely, but too well.*

Das Stück endet zwar wie die Tragödien mit der Wiederherstellung der gestörten Ordnung und der Machtübernahme durch einen kompromissbereiten Mann, in diesem Fall Alkibiades, doch dem Ende des Helden fehlt die kathartische Wirkung, die selbst vom Tod eines Verbrechers wie Macbeth ausgeht. Timon stirbt nicht auf offener Bühne, sondern unsichtbar in einer Höhle; und er stirbt auch nicht als tragisch Schuldiger, sondern als Verbitterter. Schuldig ist nur die Stadt Athen, die sich durch den Eigennutz ihrer Bürger die Feindschaft des Alkibiades zugezogen und durch die schmähliche Behandlung Timons dessen Unterstützung verscherzt hat. Die Tragödie wirkt wie ein Lehrstück, das zeigen soll, wie unvernünftige Freigiebigkeit in ebenso unvernünftigen Menschenhass umschlagen kann. Zum Lehrstückhaften trägt auch die auffällige Symmetrie der beiden Bankettszenen bei, von denen die erste die Freigiebigkeit und die zweite den Menschenhass zeigt. Das erklärt, weshalb der Klassizist Dr. Johnson das Stück besonders schätzte, während heutige Kritiker darin die psychologische Komplexität vermissen. Andererseits erhält es dadurch eine spröde Intellektualität, die auch im 20. Jahrhundert von manchen Kritikern bewundert wurde. Insofern steht es näher bei *Troilus und Cressida* als bei den großen Tragödien und könnte sogar in zeitlicher Nähe zu den Problemstücken entstanden sein.

König Lear
Lear klagt in wilder Raserei über dem Leichnam seiner ermordeten Tochter Cordelia.
Die Szene darüber zeigt ihn in Begleitung Edgars und seines Narren im Gewittersturm auf der Heide.

König Lear

Am 26. November 1607 meldeten die Buchhändler Nathanael Butter und John Busby «ein Buch, genannt Master William Shakespeares Historie von König Lear» beim Stationers' Register an, und sie fügten hinzu, dass es am zweiten Weihnachtstag 1606 im königlichen Schloss Whitehall aufgeführt worden sei. Erschienen ist es als Quarto-Ausgabe 1608. Obwohl dem nachlässig gesetzten Buch anscheinend ein autorisiertes Manuskript vorlag, unterscheidet sich sein Text erheblich von dem der Folio-Ausgabe, in der 300 Zeilen fehlen, dafür aber 100 neue enthalten sind. Das lässt vermuten, dass Shakespeare das Stück später noch einmal überarbeitet hat. Der Stoff der Haupthandlung geht auf Holinsheds *Chronicles* zurück, doch Shakespeare hatte ihn bereits in dramatisierter Form in dem anonymen Stück *The True Chronicle History of King Leir and His Three Daughters* vorliegen, das 1605 in Druck erschien, aber schon am 6. und 9. April 1594 in Henslowes *Rose*-Theater aufgeführt worden war. Dieses Stück geht für den Titelhelden glücklich aus, und es fehlt darin auch die Parallelhandlung mit Gloucester und seinen beiden Söhnen, die Shakespeare aus Sidneys *Arcadia* nahm. Offensichtlich erkannte er das Potential des Stoffes und machte daraus die Tragödie, die von vielen für seine ergreifendste gehalten wird.

Die Handlung beginnt damit, dass Lear mit großmütiger Geste erklärt, er wolle aus Altersgründen sein Königreich an seine drei Töchter übergeben. Doch gleich darauf mischt sich in das, was nach Weisheit aussah, Eitelkeit, denn er fordert seine Töchter der Reihe nach auf, ihm ihre Liebe zu bekunden, «auf dass unsre reichste Großmut / dort trifft, wo zur Natur Verdienst hinzukommt». Während sich die beiden älteren Töchter, Goneril und Regan, an geheuchelten Liebesbezeugungen überbieten, antwortet die jüngste, Cordelia, auf die Frage des Vaters, womit sie ihre Schwestern übertreffen könne, nur spröde: «Nichts.» Als sie auch auf seine weiteren indignierten Nachfragen nur antwortet, sie liebe ihn so, wie es sich für eine Tochter gehöre, schlägt seine verletzte Eitelkeit in Jähzorn um, er enterbt und verstößt sie. Von den zwei Bewerbern um ihre Hand, dem König von Frankreich und dem Herzog von Burgund, ist nur Ersterer bereit, die mitgiftlose Cordelia zu nehmen, mit der er unverzüglich England verlassen muss. Der treue Gefolgsmann Kent, der Lears Jähzorn bremsen will, zieht sich damit ebenfalls seinen Zorn zu und wird vom Hof verbannt. Danach ist Lear ohne Freunde und hilflos der Gnade seiner beiden bösen Töchter ausgeliefert, die ihm nach und nach das Personal und die Sachmittel wieder entziehen, die sie ihm vorher zugesagt hatten. Nur Kent bietet in Verkleidung seine Hilfe an. Als Lear ihn fragt, was er denn in ihm sehe, bringt Kent es auf die Formel: *authority* (s. S. 203). Bei aller Unvernunft ist Lear das königliche Charisma geblieben, das wie bei Othello und Timon in der Größe des Herzens liegt und wie bei diesen beiden in maßlose Leidenschaft umschlägt. Die Kränkung seiner Großmut stürzt ihn in abgrundtiefen Menschenhass und lässt ihn bei einem Gewittersturm auf der Heide rasen, während sein Narr dazu bittere Kommentare abgibt.

Parallel zur Haupthandlung läuft eine Nebenhandlung, in der Edmund, der illegitime Sohn des Grafen Gloucester, sich die Gunst seines Vaters erschleicht, indem er ihm einen gefälschten Brief zeigt, worin sein legitimer Sohn Edgar dem Halbbruder angeblich vorschlägt, den Vater um seine Besitztümer zu bringen. Gloucester schreibt solch unnatürliches Verhalten den jüngsten Sonnen- und Mondfinsternissen zu und sieht die kosmische Welt aus den Fugen. Wie Jago in *Othello* treibt Edmund seine Intrige weiter und bringt seinen Vater dazu, den eigenen Sohn auf Leben und Tod zu verfolgen. Inzwischen spitzt sich die aufgebrochene Rivalität zwischen Regan und Goneril und die zwischen ihren Ehemännern, den Herzögen von Cornwall und Albany, weiter zu. Da Gloucester zu Lear hält, nutzt Edmund die Rivalität der Schwestern und bringt Cornwall dazu, Gloucester die Augen auszustechen. Ein Diener, der das verhindern will und Cornwall einen Stich zufügt, wird von Regan erstochen; aber auch Cornwall stirbt später an seiner Wunde. Im vierten Akt irrt der geblendete Gloucester über die Heide, geführt von seinem Sohn Edgar, der sich als Poor Tom aus dem Irrenhaus ausgibt und darauf hofft, das Cordelia mit französischen Truppen zu Hilfe kommt. Inzwischen hat Albany die skrupellosen Machenschaften seiner Frau durchschaut und sich verächtlich von ihr abgewandt, worauf sie sich mit Edmund verbündet, der auch der anderen Schwester Avancen macht.

Goneril, die etwas ahnt, vergiftet ihre Schwester, während Edmund Lear und Cordelia gefangen nimmt. Als Edmund danach Edgars Herausforderung zum Zweikampf annimmt und besiegt wird, bekennt er sterbend seine Schandtaten und bereut sie. Doch sein Auftrag, Lear und Cordelia zu töten, ließ sich nicht mehr widerrufen. Cordelia wird umgebracht, doch Lear gelingt es, ihren Mörder zu erschlagen. Nach dem Tode ihres untreuen Liebhabers ersticht sich Goneril, und die Tragödie endet damit, dass Lear über der Leiche Cordelias an gebrochenem Herzen stirbt, worauf Albany die Herrschaft über Lears Reich an Edgar und Kent übergibt.

Auslöser der tragischen Lawine war Lears Verstoß gegen die göttliche Ordnung, als er in einer großherzigen, aber eitlen Geste den ihm zugewiesenen Platz auf dem Thron aufgab. Damit öffnete er das Tor für Unheil, das aus der Leber kommt. Albany, der nach anfänglicher Irritation an den Werten des Herzens und der Vernunft festhält, muss sich von seiner Frau als *milk-livered man* bezeichnen lassen, als einen, dessen Leber von Milch und nicht von Blut durchströmt wird. Von zentraler Bedeutung ist in dem Stück die Ambivalenz des Naturbegriffs. Lear sieht in Cordelias spröder Verweigerung einen Verstoß gegen die «Göttin Natur», die er daraufhin anfleht, die Tochter mit Unfruchtbarkeit oder mit einem missgebildeten Kind zu bestrafen. Später steigert er sich immer mehr in die Überzeugung hinein, dass sein ganzes Unheil aus der Unnatur seiner Töchter komme und dass diese Unnatur ihren Sitz im weiblichen Unterleib habe.

> Vom Gürtel abwärts sind sie wie Kentauren,
> obwohl darüber Frauen.
> Nur bis zur Hüfte sind sie Gottes Erben,
> darunter ist die Hölle, tiefe Nacht.
>
> (IV, 5; 318–321)

Auf dieselbe Natur, in der Lear nur Gier und den Trieb zur Kopulation sieht, beruft sich der illegitime Edmund, wenn er sagt: «Natur, du meine Göttin, dein Gesetz ist, dem ich diene» (I,2; 1 f.). Sein Vater Gloucester wiederum sieht in der Natur gestörte Ordnung:

> Diese jüngsten Finsternisse der Sonne und des Mondes verkünden uns nichts Gutes: obwohl die weise Natur es so oder so vernünftig geplant haben kann, findet sie sich am Ende durch die Folgen bestraft.
>
> (I, 2; 103–106)

Den Worten Gloucesters lässt Edmund unmittelbar nach dessen Abgang diesen Kommentar folgen:

> Das ist die grandiose Narrheit dieser Welt, dass wir, wenn unser Glück dank unserm eigenen Übermaß beginnt zu kränkeln, wir Sonne, Mond und Sterne dafür verantwortlich machen, als wären wir Schurken aus Notwendigkeit, Narren aus himmlischem Zwang, Gauner, Diebe und Verräter wegen einer sphärischen Prädominanz, Trunkenbolde, Lügner und Ehebrecher, weil uns der Einfluss der Planeten dazu zwingt. Und alles, was wir Böses tun, wird uns vom Himmel aufgezwungen. Eine wunderbare Ausflucht dieses Hurenbockes Mensch, der seine Bocksnatur den Sternen anlastet!
>
> (I, 2; 118–127)

Das klingt wie Jagos Berufung auf die Vernunft: Beide benutzen sie nicht als Maßstab für sittliches Handeln, sondern als Instrument für ihre niedere Leidenschaft. Auf der Gegenseite vertieft sich Gloucesters oben geäußerter Zweifel an der «weisen Natur» zu schwärzestem Pessimismus, wenn er sagt: «Was Fliegen sind für muntre Knaben, das sind wir den Göttern, sie töten uns zum Spaß.» (IV, 1; 36–38) Fatalistisch klingt auch das, was Edgar sagt: «Dulden muss der Mensch sein Scheiden aus der Welt wie seine Ankunft. Reif sein ist alles.» (V,2; 9–11)

König Lear erlangte unter Shakespeares Tragödien erst spät den Spitzenplatz, den das Stück heute neben *Hamlet* einnimmt. Bis zum Ende des 18. Jahrhunderts widersprach das Ausmaß der dargestellten Gewalt und des Leidens zu sehr den Erwartungen eines von der Aufklärung geprägten Publikums. Obwohl das Ossian-Fieber in der zweiten Hälfte des 18. Jahrhunderts im Lesepublikum ein Verlangen nach Melancholisch-Düsterem und Erhabenem hervorgerufen hatte, wurde bis ins frühe 19. Jahrhundert nicht Shakespeares Originalfassung, sondern die mit einem positiven Schluss versehene Bearbeitung des Stücks von Nahum Tate gespielt, die dieser 1681 dem klassizistischen Geschmack angepasst hatte. Erst die Romantiker, allen voran Samuel Taylor Coleridge, erkannten die hohe Qualität des Stücks.

Dass sich das Publikum schwer tat mit diesem literarischen Koloss, kann kaum verwundern. Ein König, der sich gleich in der ersten Szene wie ein eitler Narr verhält und danach in Begleitung eines Narren als Wahnsinniger auf sturmumtoster Heide rast, ist nicht das, was den Bürger zur Identifikation einlädt. Andererseits gibt aber gerade das Exzessive dem Stück eine mythische Allgemeingültigkeit. Als leidender Narr wirkt Lear wie das tragische Gegenstück zum komischen Narren Don Quichotte; und seine drei Töchter erinnern an das Märchenmotiv, bei dem die gute Tochter von zwei bösen Schwestern ausgestochen wird. Das Archetypische des Stücks lässt Lear als die von allem Gesellschaftlichen entkleidete nackte Kreatur erscheinen.

Was Shakespeare am Schicksal eines Königs zeigt, stellt Georg Büchner gut zwei Jahrhunderte später in seinem Woyzeck an einem Mann der Unterschicht dar, und auch ihm gelingt es, in dem auf das Kreatürliche reduzierten Helden das Universal-Menschliche freizulegen. Doch in der bürgerlichen Gesellschaft nach der Französischen Revolution war die Fallhöhe vom Kleinbürger zur menschlichen Kreatur sehr viel geringer als die, von der Lear herabstürzt. Heutzutage wird es dem Theaterpublikum schwerfallen, in einem so törichten König die charismatische Autorität zu sehen, die Kent in Lear sah und die Shakespeare zweifellos zeigen wollte. In einer egalitären Gesellschaft fehlt die Bereitschaft, für einen Stürzenden nur deshalb Mitgefühl zu empfinden, weil er aus großer Höhe fällt. Ganz im Gegenteil: man wird wohl eher Befriedigung darüber empfinden, dass die Gleichheit wiederhergestellt ist.

Macbeth
Der Stich zeigt Macbeth nach seinen Bluttaten: rechts unter ihm die Hexen, die seinen Ehrgeiz anstachelten, links der von ihm ermordete König Duncan und darunter die von seinen Leuten hingeschlachtete Frau Macduffs mit ihren Kindern.

Macbeth

Noch düsterer als *König Lear* ist Shakespeares nächste Tragödie, in der es nicht einmal den Lichtblick eines Schuldbekenntnisses und einer Versöhnung gibt. *Macbeth* ist zudem das kürzeste und in seiner dramatischen Wucht kompakteste seiner Stücke. Entstanden ist es mit hoher Wahrscheinlichkeit 1606. Dafür sprechen einige zeitgeschichtliche Anspielungen. So ist gleich am Anfang bei der Prophezeiung der Hexen von einem Schiff namens *Tiger* die Rede, das 81 Wochen Sturm überstehen musste. Ein Schiff dieses Namens war nach einer ebenso langen Irrfahrt im Juni 1606 in Milford Haven gelandet. Eine weitere Anspielung in der Rede des betrunkenen Torwächters scheint sich auf den Prozess gegen die Teilnehmer an der Pulververschwörung zu beziehen, der von Januar bis März 1606 stattfand. Da sich aus zwei fremden Stücken aus dem Jahr 1607 Echos auf Shakespeares Tragödie heraushören lassen, wird sie wohl 1606 auf der Bühne zu sehen gewesen sein. Bezeugt ist eine Aufführung aber erst für das Jahr 1611. In Druck erschien die Tragödie erstmalig in der Folio-Ausgabe von 1623. Als Quelle diente Shakespeare wieder Holinshed, der den schottischen Teil seiner *Chronicles* von Hector Boeces lateinischer Chronik *Scotorum Historiae* hatte. Einige Stellen im Text der Hexen, die in einem Stück von Thomas Middleton auftauchen, und auch stilistische Merkmale lassen vermuten, dass dieser Dramatiker entweder mit Shakespeare zusammengearbeitet oder das Stück später überarbeitet hat.

Mit den Hexen beginnt bereits die ersten Szene. Wenig später begrüßen sie den siegreich aus der Schlacht heimkehrenden Macbeth nacheinander als Than von Glamis, Than von Cawdor und als zukünftigen König. Das klingt so, als sei der Titelheld von Anfang an der Spielball schicksalhafter Mächte, dessen Zukunft bereits vorherbestimmt ist. Tatsächlich handelt es sich bei den Vorhersagen der Hexen aber nicht um Prophezeiungen im strengen Sinn. Dass Macbeth Than von Glamis ist, wusste er bereits. Dass er Than von Cawdor wird, weiß das Publikum, da der König das in der vorausgegangenen Szene in Abwesenheit von

The Historie of Scotlande. 243

was right displeasant to him and his people, as shoulde appeare in that it was a custome many yeares after, that no Knightes were made in Norway, excepte they were firste sworne to revenge the slaughter of theyr countreymen and frendes thus slayne in Scotland.

The othe that knights tooke in Norway, to revenge the death of theyr frendes.

The Scottes hauing wonne so notable a victory, after they had gathered and diuided the spoyle of the fielde, caused solemne processions to be made in all places of the realme, and thankes to be giuen to almightie God, that had sent them so fayre a day ouer their enimies.

Solemne processions for victory gottẽ.

But whylest the people were thus at theyr processions, worde was brought that a newe fleete of Danes was arriued at Kingcorne, sent thyther by Canute king of England in reuenge of his brothers Suenoes ouerthrowe.

A power of Danes arriue at Kyncorne out of Englãd.

To resist these enimies, whiche were already landed, and busie in spoiling the countrey, Makbeth and Banquho were sente with the kings authoritie, who hauing with them a conuenient power, encountred the enimies, slewe parte of them, and chased the other to their shippes. They that escaped and got once to theyr shippes, obtayned of Makbeth for a great summe of golde, that suche of theyr freendes as were slaine at this last bickering might be buried in Saint Colmes Inche. In memorie whereof, many olde Sepultures are yet in the sayde Inche, there to be seene grauen with the armes of the Danes, as the maner of burying noble men still is, and heretofore hath bene vsed.

The Danes vanquished by Makbeth and Banquho.

Danes buried in S. Colmes Inche.

A peace was also concluded at the same time betwixte the Danes and Scottishmen, ratified as some haue wrytten in this wise. That from thence forth the Danes shoulde neuer come into Scotlande to make any warres agaynst the Scottes by any maner of meanes.

A peace concluded betwixt Scottes and Danes.

And these were the warres that Duncane had with forrayne enimies in the seuenth yeare of his reygne.

Shortly after happened a straunge and vncouth wonder, whiche afterwarde was the cause of muche trouble in the realme of Scotlande as ye shall after heare. It fortuned as Makbeth & Banquho iourneyed towarde Fores, where the king as then lay, they went sporting by the way togither without other companie, saue only themselues, passing through the woodes and fieldes, when sodenly in the middes of a laũde, there met them .iij. women in straunge & ferly apparell, resembling creatures of an elder worlde, whom when they attentiuely behelde, wondering much at the sight, The first of them spake & sayde: All hayle Makbeth Thane of Glammis (for he had lately entred into that dignitie and office by the death of his father Synel.) The .ij. of them said: Hayle Makbeth Thane of Cawder: but the third sayde: All hayle Makbeth that hereafter shall be king of Scotland.

The prophesie of three women supposing to be the weird sisters or feiries.

Then Banquho, what maner of women (saith he) are you, that seeme so litle fauourable vnto me, where as to my fellow here, besides highe offices, yee assigne also the kingdome, appointyng forth nothing for me at all? Yes sayth the firste of them, wee promise greater benefites vnto thee, than vnto him, for he shall reygne in in deede, but with an vnluckie ende: neyther shall he leaue any issue behinde him to succeede in his place, where contrarily thou in deede shalt not reygne at all, but of thee those shall be borne whiche shall gouerne the Scottishe kingdome by long order of continuall discent. Herewith the foresayde women vanished immediatly out of theyr sight. This was reputed at the first but some vayne fantasticall illusion by Makbeth and Banquho, in so muche that Banquho woulde call Makbeth in ieste kyng of Scot-

A thing to wonder at.

M.ij.

Die Begegnung Macbeths und Banquos mit den Hexen. In: Holinsheds *Chronicles of England, Scotland, and Ireland* (1587)

Macbeth beschlossen hat. Offen ist nur noch, ob er der zukünftige König ist. Das ist ihm selbst offensichtlich so ungewiss, dass er es herbeiführt, indem er den König ermordet und seinen Thron usurpiert. Damit hat sich der Schicksalszwang ganz ins Innere des Helden verlagert. Ihn treibt kein Fatum an, sondern nur sein unbändiger Ehrgeiz, d. h. eine Leidenschaft, die von Vernunft nicht mehr kontrolliert wird. Allerdings ist dennoch Irrationales im Spiel. So prophezeien die Hexen Banquo, dass er nicht selbst König, aber Ahnherr von Königen sein wird, was später eintrifft. Während Macbeth die ihn betreffende Prophezeiung selbst befördert, will er die auf Banquo bezogene unbedingt verhindern, indem er ihn ermorden lässt, wobei dessen Sohn Fleance entkommen kann. Am Abend nach dem Mord erscheint ihm bei einem Bankett Banquos Geist, den aber nur er selbst sieht.

Nachdem sich Macbeth zum König gemacht hat, sucht er die Hexen ein zweites Mal auf und erfährt von ihnen, dass er sich vor Macduff hüten solle, dass er aber nicht besiegt werden könne, «bis nicht der Wald von Birnam den Berg hinauf zur Festung Dunsinane» käme, und dass ihn niemand töten könne, der von einer Mutter geboren wurde. Diese Prophezeiungen werden dadurch wahr, dass am Schluss, als der geflüchtete Königssohn Malcolm mit englischen Hilfstruppen Macbeths Festung angreift, die Angreifer sich mit Zweigen vom Wald von Birnam tarnen und sich so der Burg nähern können. Ganz zuletzt kommt es zu einem Zweikampf, bei dem Macbeth seinem Gegner Macduff zynisch entgegenschleudert, er könne sich die Mühe sparen, da kein «von einer Mutter Geborener» ihn töten könne. Darauf erfährt er von Macduff, dass dieser nicht auf natürlichem Wege geboren, sondern aus dem Mutterleib herausgeschnitten wurde. Das erschüttert Macbeths blindes Schicksalsvertrauen, und er wird besiegt und getötet.

Wieder zeigt Shakespeare das Problem von allen Seiten, ohne eine bestimmte Sicht als seine vorzustellen. Er lässt keinen Zweifel daran, dass Macbeth nicht Opfer des Schicksals, sondern ein schuldiger Verbrecher ist, er zeigt aber auch, wie ein im Kern edler Mensch durch das, was ihn auszeichnet, nämlich seinen Ehrgeiz, anfällig wird für äußere Einflüsterungen, die dann für ihn zum Schicksal werden. Um wie viel reifer und psychologisch subtiler Shakespeares Kunst inzwischen ist, springt ins Auge, wenn man Macbeth mit Richard III. vergleicht. Der hatte am Anfang sich selbst vorgestellt und danach raffiniert auf der psychologischen Klaviatur seiner Mitmenschen gespielt. Macbeth dagegen wird am Anfang abwechselnd von außen und von innen gezeigt. Zuerst beschreibt der Bote vom Schlachtfeld ihn als tapferen Krieger, dann klingt in seinem Gespräch mit Banquo nach der Begegnung mit den Hexen das Motiv des Ehrgeizes an. Danach liest Lady Macbeth den Brief, in dem ihr Mann von den Weissagungen der Hexen berichtet, und kommentiert ihn so:

> Glamis bist du, Cawdor auch und du sollst sein,
> was dir versprochen. Doch ich fürchte deine
> Natur, zu voll von Milch der Menschlichkeit,
> um jetzt den nächsten Schritt zu tun.
>
> (I, 5; 14–17)

Erst ihre Ermunterung gibt seinem Ehrgeiz die Sporen. Bevor er den Königsmord begeht, geht er mit sich selbst ins Gericht:

> Wenn es getan wär, wenn's getan ist, wär
> es besser, es ging schnell: die Mordtat finge
> die Konsequenzen auf in ihrem Netz
> und damit das erstrebte Ziel. Wär nur
> der Hieb das-ist-es und zugleich das-war-es,
> wir sprängen leicht vom Ufer dieser Zeit
> in das, was kommt. Doch vorher müssen wir
> ein Urteil fälln. Wir lehren uns ein Tun,
> und das Gelehrte springt auf uns zurück.
> Das ist der Ausgleich der Gerechtigkeit,
> dass sie den Giftpokal, den wir bereiten,
> zu unsren Lippen führt. Zwiefache Pflicht
> hemmt mich: zuerst als Untertan und Vetter,
> danach als Wirt, der seine Tür dem Mörder
> verschließen sollte, statt das Messer selbst
> zu zücken. Weiter, dieser Duncan war
> in seinem Amt so mild und ohne Fehl,
> dass seine Tugenden wie Engelszungen
> dagegen sprechen, ihn hinwegzuraffen.
> Und Mitleid, wie ein neugebornes Kind
> rittlings auf Stürmen, oder Cherubim
> auf unsichtbaren Pferden in der Luft
> streun diese Schreckenstat in jedes Auge,
> bis Tränenflut den Sturm ertränkt. Ich hab

als Stachel, meine Absicht anzuspornen,
nur meinen Ehrgeiz, der vornüberschießt
und jetzt auf andre fällt.

(I, 7; 1–28)

Auch im weiteren Verlauf der Handlung reflektiert Macbeth sein eigenes Tun scharfsinnig und unerbittlich. Nachdem er auch Banquo hat beseitigen lassen, beschließt er, sich von den Hexen absolute Gewissheit zu holen.

Ich wills jetzt wissen,
auf schlimmstem Weg das Schlimmste, mir zum Guten.
Hinweg mit jeder Rücksicht, bin ich doch
so weit durch Blut geschritten, dass der Weg
zurück so lästig wär wie der nach vorn.

(III, 5; 353–357)

Während Macbeth durch das von ihm angerichtete Blutbad so gehärtet wird, dass nichts mehr von der *milk of human kindness* in ihm zurückbleibt, bricht Lady Macbeth, die anfangs die härtere war, unter der Last zusammen und verliert den Verstand. Unablässig versucht sie, schlafwandelnd, das Blut von ihren Händen zu waschen, bis sie sich zuletzt selbst tötet. Die Nachricht von ihrem Tod kommentiert Macbeth mit seinem berühmtesten und zugleich schwärzesten Monolog.

Sie hätte später sterben sollen,
wenn dafür besser Zeit gewesen wäre.--
Ja, morgen, morgen – jeder neue Morgen
kriecht Tag für Tag auf trägem Fuß heran
bis hin zur letzten Silbe unsres Buchs,
und alle unsre Gesten leuchteten
nur Narren in den Tod. Aus! Aus! Du Kerze!
Das Leben ist ein wandelnd Schattenbild,
ein armer Spieler, der auf dieser Bühne
ein Stündchen fuchtelt und herumstolziert
und dann vergessen ist. Es ist ein Märchen,
Erzählt von einem Irren, voller Klang
und Wildheit ohne jeden Sinn.

(V, 4; 17–29)

Eine der ungewöhnlichsten Szenen dieser Tragödie ist das Gespräch, in dem sich Malcolm, der Sohn des ermordeten Duncan, der nach Macbeths Tod den schottischen Thron besteigt, gegenüber Macduff zum Schein als unmoralischen Lüstling und habgierigen Menschen darstellt. Damit will er testen, wie weit Macduffs Treue zu ihm, dem rechtmäßigen Erben der schottischen Krone, geht. Gegen Ende des Dialogs, kurz bevor er sich dem völlig desillusionierten Macduff offenbart, sagt er von sich, dass er keine von den Königstugenden besitze. Als solche nennt er «Gerechtigkeit, Wahrhaftigkeit, Mäßigung, Stabilität, Großzügigkeit, Ausdauer, Gnade, Demut, Frömmigkeit, Geduld, Mut und Tapferkeit». Dies dürfte nicht nur Shakespeares Vorstellung von wahrem Königtum gewesen sein, sondern auch die seiner Zeitgenossen. Zehn der genannten zwölf Tugenden zeichnen sich durch Leidenschaftslosigkeit aus, und nur die beiden letzten, Mut und Tapferkeit, erfordern ein gewisses Maß an leidenschaftlichem Ehrgeiz, den Macbeth im Übermaß hatte. Malcolm, der sich gleich nach der Ermordung seines Vaters durch die Flucht nach England in Sicherheit brachte, zeigt das ganze Stück hindurch wenig Mut und Tapferkeit; er ist ein vorsichtiger Taktierer mit wenig königlichem Charisma.

Was zum Schluss über *König Lear* gesagt wurde, gilt in noch stärkerem Maß für *Macbeth*. Für den großherzigen und zugleich eitlen, jähzornigen und zuletzt demütigen Lear mag ein modernes Publikum noch genügend Achtung aufbringen, um sein Ende als tragisch zu empfinden; aber gilt das auch für den Verbrecher Macbeth? Um seinen Sturz als Tragödie zu erleben, muss man vorher zu ihm aufgeschaut haben. Für Shakespeare und seine Zeitgenossen – mit Ausnahme der Puritaner – muss er das Charisma einer starken Führernatur ausgestrahlt haben, deren Sturz als Verlust erlebt wird. Doch ein heutiges Publikum, zumal ein deutsches, wird mit ihm die fatale Erinnerung an die blutigen Führer der jüngsten Vergangenheit verbinden. So wird sein Ende zwar die Befriedigung vermitteln, die am Schluss eines gelösten Kriminalfalls nach der gerechten Bestrafung des Verbrechers aufkommt, es fehlt aber der Überschuss an Verlust, der das Wesen der Tragödie ausmacht. Das ist, wie schon mehrfach gesagt, das Dilemma der überlieferten tragischen Dichtung, die nicht mehr tragisch erlebt werden kann.

Antonius und Cleopatra

Am 20. Mai 1608 ließ der Buchhändler Edward Blount die Stücke *Pericles* und *Antony and Cleopatra* in das Stationers' Register eintragen. Während *Pericles* bis 1623 vier Quarto-Ausgaben erlebte, aber nicht in die erste Folio-Ausgabe aufgenommen wurde, erschien *Antony and Cleopatra* dort zum ersten Mal. Da der Zeitgenosse Samuel Daniel sein 1594 publiziertes Stück *Cleopatra* 1607 in revidierter Form neu herausbrachte und darin Änderungen vornahm, die wie Echos von Shakespeares Stück wirken, ist anzunehmen, dass dieses im Jahr 1606 in London zu sehen war. Als Stoffquelle benutzte Shakespeare Plutarchs Biographie des Antonius. Ein Stück mit 42 Szenen und mit Schauplätzen, die zwischen Rom, Ägypten und Griechenland hin und her wechseln, lässt ein extrem handlungsintensives Drama erwarten. Tatsächlich wird es aber über weite Strecken durch die Untätigkeit der beiden Protagonisten bestimmt. Dieser Tenor wird gleich zu Beginn des Stücks angeschlagen, als Philo, ein Freund des Antonius, dem Auftritt des Heldenpaares die folgenden Verse vorausschickt:

> Nein, dieser Liebeswahnsinn unsres Feldherrn,
> Er übersteigt jedwedes Maß. Die Augen,
> Die einst, wenn er sein Kriegsvolk musterte,
> Wie Mars in Waffen glänzten, senken sich
> Auf eine braune Stirn jetzt; und sein Herz,
> Das im Gewühl der Schlachten einst die Spangen
> Des Panzers sprengten, ist ein Blasebalg,
> Der einer lüsternen Ägypterin
> die Wollust kühlt.
>
> (I, 1; 1–10)

Der Liebesrausch, der bei *Romeo und Julia* ein Geschenk des Himmels ist, das an der irdischen Wirklichkeit zerschellt, wird in *Antonius und Cleopatra* gleich in der ersten Zeile als *dotage* bezeichnet, was so viel wie ‹Affenliebe› mit einem Schuss Senilität bedeutet. In den Stücken, die

Antonius und Cleopatra
Der Stich betont das ägytische Milieu der Haupthandlung. In der oberen Szene bittet Antonius Cleopatra, einem seiner besten Krieger die Hand zum Kuss zu reichen, worauf sie diesem eine goldene Rüstung verspricht (IV, 8). Die Szene darunter zeigt den Beginn des Stücks mit dem prunkvollen Empfang des aus Rom zurückgekehrten Antonius.

zwischen den beiden Tragödien entstanden, lässt sich eine zunehmende Kritik an der sinnlichen Liebe beobachten, verbunden mit einem frauenfeindlichen Unterton. Auch wenn Cleopatras Schönheit später mit sehr poetischen Worten gerühmt wird, ist sie zuerst und vor allem eine Verführerin, die die aus dem Herzen kommende Leidenschaft des ehrgeizigen Mannes in die Niederungen der bloßen Sexualität herabzieht. Der politische Kontext der Handlung ist das Ringen um die Macht im Römischen Reich. Nach der Ermordung Caesars hatte dessen Adoptivsohn Octavius zusammen mit Marcus Antonius und Lepidus als Triumvirat die Macht an sich gerissen, während Sextus Pompeius, der Sohn von Caesars einstigem Verbündeten, ihnen die Herrschaft streitig macht. Unter den vier Hauptakteuren ist Mark Anton der charismatische Heerführer, Octavius Caesar der kühl kalkulierende, als Person aber nicht sehr gewinnende Pragmatiker und Lepidus der politisch und persönlich schwächste im Triumvirat, der schon im dritten Akt vom jungen Caesar ausgeschaltet wird. Auch Pompeius spielt in der dramatischen Handlung kaum eine Rolle und fällt schon im dritten Akt.

Das Stück beginnt damit, dass Antonius in Ägypten bei Cleopatra weilt und seine Staatsgeschäfte vernachlässigt, während Octavius die Stabilität des römischen Reichs durch Pompeius bedroht sieht und seinen Partner nach Rom zurückruft. Dort ist inzwischen dessen Gattin Fulvia gestorben, was Octavius auf Anraten Agrippas dafür nutzt, den zurückgekehrten Antonius für eine Heirat mit seiner Schwester Octavia zu gewinnen. Doch der kehrt gleich nach der Eheschließung zurück zu seiner Geliebten in Ägypten, während Octavius und Lepidus gegen Pompeius ziehen. Der Krieg wird zunächst durch ein Friedensbankett vermieden, bei dem sich Lepidus unmäßig betrinkt, was für Octavius Anlass ist, ihn gefangen zu setzen. Wenig später nimmt Octavius den Kampf gegen Pompeius erneut auf und tötet ihn.

Jetzt geht es darum, ob er oder Antonius die Vorherrschaft im Reich erringt. Die Seeschlacht von Actium gewinnt Octavius, weil Antonius der mit ihm verbündeten Flotte Cleopatras folgt, als diese die Flucht ergreift. In den anschließenden Verhandlungen fordert Cleopatra den erblichen Besitz Ägyptens, was Octavius ihr gewähren will, sofern sie Antonius ins Exil schickt. Daraufhin fordert Antonius Octavius zum Zweikampf, was dieser ablehnt. Nun kommt es zu einer Entscheidungsschlacht, die zu

Wasser und zu Land geführt wird. Die Landschlacht vor Alexandria gewinnt Antonius. Doch als er sieht, wie Cleopatras Flotte sich auf die Seite Caesars schlägt, droht er ihr den Tod an. Um ihn zu besänftigen, lässt sie ihm die Nachricht überbringen, dass sie tot sei. Darauf stürzt er sich in sein Schwert und fügt sich eine Wunde zu, an der er wenig später stirbt, nachdem es zuvor zur Versöhnung zwischen ihm und ihr gekommen ist. Als Cleopatra danach erfährt, dass Octavius sie im Triumphzug als Gefangene durch Rom führen will, tötet sie sich selbst mit dem Gift zweier Aspisvipern.

Die Seegefechte und Landschlachten werden nur durch Boten bzw. Beobachter vermittelt. Was auf der Bühne verhandelt wird, ist vor allem das politische Ränkespiel, bei dem der Mann mit dem kühlsten Kopf, Octavius Caesar, die Oberhand behält. Angereichert wird das Machtspiel mit Prophezeiungen, Vorahnungen und geisterhafter Musik aus dem Untergrund, die andeutet, dass Herkules, der Schutzgott des Antonius, im Begriff ist, ihm seinen Schutz zu entziehen. Als knappe Nebenhandlung kommt ein Loyalitätskonflikt hinzu, bei dem Enobarbus, lange Zeit der treueste Freund des Antonius, zu Caesar überläuft, dann aber, als ihm Antonius seine zurückgelassenen Wertsachen mit «freundlichen Grüßen» nachschickt, im Augenblick der Schlacht in Scham versinkt und sich umbringt.

Im Zentrum des Stückes steht von Anfang an die wechselvolle Liebesbeziehung zwischen den Titelhelden. Den Mangel an äußerer Handlung kompensiert Shakespeare mit einer besonders poetischen Sprache, die zuweilen an große Oper erinnert. Um die Zuschauer von der unvergleichlichen Schönheit einer Frau zu überzeugen (die im Globe-Theater von einem Mann gespielt wurde), musste der Dichter sein ganzes Sprachvermögen aufbieten, damit Beschreibungen das vermitteln, was nicht gezeigt werden kann. Die poetisch eindrucksvollste liefert Enobarbus. Er beginnt damit, dass er zuerst die orientalische Pracht von Cleopatras Barke in glühenden Farben malt, um dann ihre Begleiterinnen und zuletzt sie selbst zu beschreiben. Seine Rede gipfelt in den Zeilen:

> Nicht welkt das Alter sie, noch macht Gewohnheit
> die grenzenlose Vielfalt schal. Wenn andre Fraun
> den Hunger stillen, macht sie hungriger,

> wo sie am meisten sättigt. Noch das Niedrigste
> steht ihr so rein, dass ihre Priester sie,
> selbst wo sie hurt, noch segnen.
> (II, 2; 240–245)

Dass selbst ein aufgeklärter Realist wie der Maler und satirische Zeichner William Hogarth von dieser Beschreibung hingerissen war, zeigt sich darin, dass er das Zitat *infinite variety* (grenzenlose Vielfalt) als Schönheitsformel ins Zentrum seines Buches *Analysis of Beauty* (Analyse der Schönheit) stellte.

Cleopatra ist Shakespeares schillerndste Frauengestalt. Sie genießt es, ihre Macht über Antonius auszuspielen, indem sie ihn abwechselnd anlockt und im Stich lässt, doch zuletzt siegt in ihr der Stolz und sie tötet sich, um im Tod mit dem Mann vereint zu sein, den sie als einzigen für ihrer würdig hielt. Durch sprachliche Kunst gelingt es Shakespeare, seine beiden Titelhelden ins Mythische zu überhöhen, wobei auch Antonius nicht durch eigene Taten, sondern erst durch die Worte anderer Größe gewinnt. Lange Zeit erscheint er wie ein «liebestoller Enterich» (so wird er in der Mitte des Stücks einmal genannt) und Cleopatra wie eine launische Diva. Am Ende aber zollt selbst der nüchterne Octavius den Toten seinen Respekt: «Kein Grab auf Erden hält in sich ein Paar von solchem Ruhm.» (V, 2; 349 f.)

Das tragische Grundmuster der vorausgegangenen Stücke ist auch hier klar zu erkennen, allerdings mit dem Unterschied, dass die Schuld des Antonius nicht in leidenschaftlichem Rasen, sondern in der Unfähigkeit zu rationalem Handeln aufgrund seiner Verblendung durch Leidenschaft liegt. Wie in *Othello* unterstreicht dabei der afrikanische Hintergrund die zum Verhängnis werdende Sinnlichkeit. Das Ende gleicht den übrigen Tragödien: Nach dem Untergang der charismatischen Helden übernimmt ein nüchterner Pragmatiker die Macht, in diesem Fall Octavius, der spätere Kaiser Augustus. Heutigen Theaterbesuchern dürfte es schwerer fallen, sich in Antonius und Cleopatra einzufühlen als in Romeo und Julia. Da die Tragödie auch sonst schwer auf die Bühne zu bringen ist, wird sie vor allem als Wortoper weiterleben.

Coriolan
Coriolan zeigt dem Volk und den Tribunen seine Verachtung. In der Szene darunter wird er angefleht, Rom nicht im Stich zu lassen.

Coriolan

Auch für seine letzte Tragödie, von der außer dem Text in der Folio-Ausgabe von 1623 keine andere Fassung und auch kein Aufführungsdatum überliefert ist, nahm Shakespeare den Stoff für die Haupthandlung aus Norths Übersetzung des Plutarch. Auf eine andere Quelle, nämlich das 1605 erschienene Buch *Remains of a Greater Work Concerning Britain* (Fragmente eines größeren Werkes über Britannien) aus der Feder des Antiquars William Camden, scheint die Rede des Menenius zurückzugehen, in der dieser gleich zu Beginn des Stückes den hungrigen Plebejern klarmacht, dass der mit Patriziern besetzte Senat dem Magen des Staates gleiche, der zum Wohle des Ganzen gut genährt sein müsse. Damit ist für die Datierung des Stückes eine untere Grenze gesetzt. Die obere Grenze ist das Jahr 1609, in dem Robert Armins *The Italian Taylor and His Boy* und Ben Jonsons *Epicoene* zum Druck angemeldet wurden, die beide Anspielungen auf Shakespeares Stück enthalten. Das wahrscheinlichste Entstehungsjahr der Tragödie ist demnach 1608. Wie in den übrigen sogenannten Römerdramen steht wieder ein politisches Geschehen im Zentrum.

Das Stück beginnt mit einer doppelten Bedrohung Roms: zum einen durch eine Hungersnot, unter der besonders die Plebejer leiden, und zum anderen dadurch, dass der Stamm der Volsker aus der Stadt Corioli Rom den Krieg erklärten. Dank dem Mut ihres Anführers Caius Marcius erobern die Römer die Stadt des Gegners, worauf Marcius den Ehrentitel Coriolan erhält. Der so Geehrte macht als stolzer Patrizier aus seiner Verachtung für die Plebejer keinen Hehl und zieht sich damit ihren Zorn zu. Als die Patrizier ihn zum Consul machen wollen, spitzt sich der Konflikt zwischen der Adelspartei und dem Volk zu, und die Volkstribunen verweigern ihm ihre Stimmen, es sei denn, er entschuldige sich öffentlich auf dem Marktplatz für seine verächtlichen Äußerungen über das Volk. Nur auf Drängen seiner Mutter Volumnia ist er schließlich bereit, der Forderung nachzukommen. Doch auf dem Marktplatz reizen ihn die Tribunen absichtlich mit provozierenden Fragen, worauf er ihnen erneut seine Verachtung entgegenschleudert. Daraufhin wird er aus der Stadt verbannt und er schließt sich in rachsüchtigem Trotz den Volskern an. Im erneut ausbrechenden Krieg wird Coriolan zur größten Gefahr Roms. Menenius, der in der ersten Szene mit seiner Parabel das Volk beruhigt hatte, versucht nun auch Coriolan umzustimmen, doch vergeblich. Erst im letzten Moment gelingt es Volumnia, ihren Sohn vom Sturm auf Rom abzuhalten. Coriolan ahnt, dass er damit sein Todesurteil unterschrieb: wenig später wird er von Tullus Aufidius, dem Anführer der Volsker, und einigen Mitverschwörern umgebracht. Aufidius ist – wie Octavius Caesar – ein kühl kalkulierender Pragmatiker, der sich seines Rivalen entledigt, aber gleich darauf anerkennende Worte über ihn spricht und damit mögliche Sympathisanten des Toten beschwichtigt.

Das Stück wirkt trotz seiner enormen Länge kompakt, streng und geradlinig. Obwohl Shakespeare den Helden äußerst arrogant auftreten lässt, ist unübersehbar, dass seine Sympathie ihm und nicht dem wankelmütigen Volk gilt. Es wird vermutet, dass er mit dieser autoritären Haltung auf die Hungeraufstände reagierte, die in Mittelengland in den Jahren 1607 und 1608 ausgebrochen waren und die Stabilität des Gemeinwesens gefährdeten. Andererseits hätte ein guter Dramatiker, selbst wenn er demokratische Gefühle hegte, schon um der tragischen Wirkung willen den Helden so darstellen müssen, dass sein Sturz Mitgefühl hervorruft. Die Wendung vom arroganten Aristokraten hin zum liebenden Sohn und Römer kommt in Coriolans Worten an seine Mutter zum Ausdruck, die in ihrem Namen und dem seiner Kinder an seine Liebe zu seiner Vaterstadt appelliert und ihn umstimmt.

O Mutter, Mutter!
Was tatest du! Der Himmel tut sich auf
und Götter schaun auf unsre Unnatur
und lachen nur. O Mutter, meine Mutter,
du hast für Rom hier einen Sieg errungen,
doch nicht für deinen Sohn, o glaube mir.
Höchst unheilvolles, wenn nicht tödliches
Geschick rufst du auf ihn. Doch es soll kommen!
(V, 3; 183–190)

Hier findet Coriolan aus seinem verstockten Stolz zurück zu seinem besseren Selbst. Das gibt ihm die Fallhöhe für den tragischen Sturz, die er am Anfang nicht hatte; und nun ist Aufidius, der eben noch als der rationale Machtpolitiker erschien, ein von Wut Übermannter. Gegen die Warnung der Patrizier, die zur Mäßigung raten, will er zusammen mit einigen Verschwörern den Mann beseitigen, der ihn als Kriegsheld überschattete und ihn, wie er selbst sagt, als einen «Söldner» erscheinen ließ. Coriolan hatte sich durch seine Verachtung der Plebejer die Verbannung eingehandelt. Aufidius wiegelt nun seinerseits das Volk auf, das die Verschwörer auffordert (V, 6; ab 130): «Reißt ihn in Stücke, auf der Stelle!» Und die Verschwörer begleiten ihren Meuchelmord mit dem Schrei: «Tötet, tötet, tötet, tötet, tötet ihn!» Doch als die Patrizier erneut zur Ruhe mahnen, hat sich die Wut des Aufidius bereits gelegt, und er ist wieder der kühle Realpolitiker, dem jede Disposition zum Tragischen fehlt:

Mein Zorn verflog
Und ich fühl Trauer. Drei von unsren Besten
solln ihn aufheben, ich will einer sein.
Die Trommel rührt, den Toten zu beklagen.
Senkt eure Speere. Zwar weint diese Stadt
zur Stunde noch mit Witwen und mit Waisen,
die er dazu gemacht hat, doch er soll
ein ehrenvolles Denkmal bei uns haben.
(V, 6; 147–154)

Auch hier zeigt sich Shakespeares Kunst der moralischen Ambivalenz. Erst lässt er den Helden als arroganten, kaltherzigen Egozentriker auftreten und gibt damit den Plebejern guten Grund, sich gegen ihn zu empören, während Aufidius mit kühler Vernunft die Kampfmaschine für seine Zwecke nutzt. Dann regt sich im Helden die gute Natur, was ihn über die nach Blut dürstende Menge erhebt, während sein Gegner nun seinerseits der niederen Leidenschaft nachgibt, um gleich darauf wieder zur pragmatischen Vernunft zurückzukehren. Wie in allen Stücken Shakespeares zeichnet sich auch hier im Hintergrund die dreistufige Werthierarchie von Hirn, Herz und Leber ab.

Die Romanzen

In den letzten Jahren seines Schaffens wandte sich Shakespeare einem Genre zu, das als Romanzen bezeichnet wird. Es handelt sich dabei um ernsthafte Stücke, die tragisch angelegte Handlungen zuletzt mit gedämpfter Heiterkeit positiv ausgehen lassen und dabei stilistische Züge aufweisen, die man barock nennen könnte. Einen barocken Epochenstil, wie man ihn vom Kontinent her kennt, gab es in England nicht. Er war Ausdruck der Gegenreformation und des Absolutismus und fand deshalb im protestantischen England mit seiner parlamentarischen Tradition keinen Nährboden. Doch für barocke Ausdrucksformen war man auch hier empfänglich, zumal am englischen Hof durchaus absolutistische Vorstellungen herrschten, die später unter Karl I. zum Bürgerkrieg führten. Insofern kann es nicht verwundern, dass auch in London Unterhaltungsformen aufkamen, die barocke Züge tragen. Dazu gehören Maskenspiele, opernhafte Theateraufführungen mit hohem Musikanteil und eine zunehmende Tendenz zu einem nichtrealistischen Illusionstheater.

Auf diesen Geschmackswandel reagierte auch Shakespeare, indem er wunderbare Ereignisse wie z. B. einen durch Zauber herbeigeführten Sturm oder die Verwandlung einer Statue in einen Menschen auf die Bühne brachte. Den großen Freilichttheatern wie dem *Globe*, für das er seine Stücke schrieb, waren dabei engere Grenzen gesetzt als den kleinen *private theatres*, die in geschlossenen Räumen mit Beleuchtungseffekten weit mehr barocken Bühnenzauber entfalten konnten. Außerdem zogen diese Theater wegen ihrer erheblich höheren Eintrittspreise ein anderes Publikum an, das aus den besseren Kreisen kam und der höfischen Welt nahestand. Anders als in den Komödien und Tragödien, in denen Shakespeare die Psyche der Protagonisten vor allem durch Handlung zum Ausdruck bringt, entfaltet er sie in den Romanzen mehr durch lange Monologe und Dialoge, für die die unrealistische Handlung den Anstoß gibt. Deshalb wirken diese Stücke wie Wortopern, in denen mehr demonstriert und deklamiert als dramatisch ausagiert wird. Was in der

Oper die Musik leistet, wird hier durch die lyrische Sprache und die Symbolik der Schauplätze zum Ausdruck gebracht. Das letzte der fünf nun vorgestellten Stücke wird nur mit Einschränkungen zu den Romanzen gezählt, steht ihnen aber sehr nahe.

Über die Gründe, weshalb Shakespeare die tragische Form aufgab und sich der Romanze zuwandte, lässt sich nur spekulieren. An einem Wandel des Publikumsgeschmacks kann es nicht allein gelegen haben, denn seine jüngeren Konkurrenten Tourneur, Webster, Heywood, Middleton, Massinger und Ford belieferten die Bühne weiterhin mit effektvollen Sensationsstücken, die oft als *sex and crime tragedies* bezeichnet werden. Doch diese Stücke laden in vielen Fällen mehr zur heimlichen Identifikation mit den Störern der Ordnung als zur Angst um die Ordnung selbst ein. Sollte Shakespeare dies so empfunden haben, wäre nur zu verständlich, dass er seine Feder dafür nicht hergeben wollte, denn für ihn blieb die soziale, politische und moralische Ordnung bis zuletzt der oberste Wert. Die märchenhafte Art und Weise, wie in seinen Romanzen die Unordnung am Ende geheilt wird, ist ein weiteres Indiz dafür, wie prekär es um die reale Welt in seinen Augen bestellt war.

Perikles
Der spätmittelenglische Dichter John Gower, von dem der Stoff stammt, leitet in bewusst altertümlichem Englisch die Handlungen an den verschiedenen Schauplätzen ein. Im oberen Teil des Stichs wird eine Pantomime aus dem 3. Akt, 1. Szene, gezeigt.

Perikles

Shakespeares erster Versuch auf dem neuen Feld ist das Stück *Perikles*, von dem ein Manuskript am 20. Mai 1608 beim Stationers' Register zum Druck angemeldet wurde. Im selben Jahr erschien George Wilkins' Roman *The Painful Adventures of Pericles of Tyre* (Die schmerzlichen Abenteuer des Perikles von Tyrus), das offensichtlich auf der Kenntnis des Stückes basiert. Da der italienische Botschafter Giorgo Giustinian zwischen Januar 1606 und November 1608 eine Aufführung des Stücks in London sah, ist es vermutlich in diesem Zeitraum entstanden. Shakespeares Hauptquelle für den Stoff war die mittelenglische Versdichtung *Confessio Amantis* (1393, Bekenntnis eines Liebenden) des Chaucer-Schülers John Gower, den Shakespeare in seinem Stück als Sprecher auftreten und jeden neuen Handlungsabschnitt einleiten lässt. Als weitere Quelle, vor allem für die Bordellszenen, benutzte er Laurence Twines *Pattern of Painful Adventures* (1576). Das Stück, das nicht in die erste Folio-Ausgabe aufgenommen wurde, enthält Texte von so ungleicher Qualität, dass die Beteiligung eines oder mehrerer Mitarbeiter angenommen wird, vielleicht war es der oben genannte George Wilkins. Die Handlung erstreckt sich über viele Jahre und weit auseinander liegende Schauplätze, was verständlich macht, dass Shakespeare den Kunstgriff wählte, die disparaten Teile durch einen Sprecher zusammenzuhalten. Dadurch wird aber der dramatische Ablauf behindert, und das Ganze erhält einen epischen Charakter, was typisch für barockes Theater ist.

Im ersten Akt wirbt Perikles in Antiochien um die Hand der Tochter des Königs, vor dem er danach fliehen muss, da er dessen Inzest aufdeckte. Im zweiten erleidet er an der Küste von Pentapolis Schiffbruch und heiratet die dortige Prinzessin Thaisa. Im dritten stirbt Thaisa auf einem Schiff bei der Geburt einer Tochter, wird in einem Sarg ins Meer versenkt und später am Strand von Ephesus durch einen Wunderarzt wieder zum Leben erweckt. Bis zum vierten Akt vergehen viele Jahre, in denen die auf dem Meer geborene Tochter Marina zu einer schönen Jungfrau heranwächst, wodurch sie sich den Hass einer eifersüchtigen

Frau zuzieht, die sie umzubringen versucht. Piraten retten sie und verkaufen sie an ein Bordell in Mytilene, aus dem sie durch einen gütigen Beschützer befreit wird. Im fünften Akt wird das Schiff ihres Vaters vom Sturm an die Küste von Mytilene getrieben, wo er die tot geglaubte Tochter wiederfindet. Danach erscheint ihm die Göttin Diana im Traum und erteilt ihm den Auftrag, im Tempel von Ephesus ein Opfer zu bringen. Dort erkennt er in der Priesterin seine tot geglaubte Frau.

Besser als jede Definition illustriert dieser Abriss das Wesen der Romanze. Die von Zufällen und wunderbaren Ereignissen bestimmte Handlung stellt keinen Anspruch auf realistische Glaubwürdigkeit, sie will vielmehr in exemplarischen, symbolisch-allegorischen Situationen Grundbefindlichkeiten des Menschen darstellen. Es geht um reine und inzestuöse Liebe zwischen Vater und Tochter, um keusche Liebe und bloßen Sex zwischen Mann und Frau, um Hass und Güte, Trennung und Wiedervereinigung, um Trauer und Glück. Romantisch waren auch schon Shakespeares frühere Komödien, wenn sie die Probleme der realen Welt durch ein Reinigungsbad in einer pastoralen Sphäre lösten. Jetzt aber wird die gesamte Handlung in ein opernhaftes Ritual verwandelt und mehr episch als dramatisch vorgeführt, was im Fall von *Perikles* besonders ausgeprägt ist, da hier ein Erzähler die Tableaus des allegorisch angereicherten Bilderbuchs aufblättert.

Die symbolische Bedeutung des Meeres ist in *Perikles* unübersehbar. Schon der Name Marina, ‹die dem Meer Entstammende›, lässt es als eine Sphäre der moralischen Reinigung und Wiedergeburt erscheinen. Dass diese Symbolik sich nicht zufällig aus der Handlung ergibt, sondern in Shakespeares Fantasie zunehmende Bedeutung erlangte, wird durch die nachfolgenden Stücke *Das Wintermärchen* und *Der Sturm* bestätigt. Dort spielt das Meer eine zentrale Rolle. Da Shakespeare in den Romanzen die gleichen Probleme wie in den Tragödien verhandelt – Machtgier, Eifersucht, Liebesleidenschaft und persönliche Kränkung –, brauchte er eine Sphäre, in der die Konflikte, die im politisch-gesellschaftlichen Raum der Tragödien zum Untergang der Opfer und Täter führen, positiv gelöst werden. In den romantischen Komödien war das die pastorale Natur. Doch in den Romanzen lässt er hinter dem Pastoralen in Gestalt des Meeres symbolisch eine Sphäre aufscheinen, die die Macht hat, alle gesellschaftlichen Konkretisierungen aufzulösen.

Das Wintermärchen

Auch dieses Stück trägt die typischen Züge eines barocken Romans. Seine Handlung umfasst einen Zeitraum von sechzehn Jahren und Schauplätze in Sizilien und Böhmen, wobei Shakespeare mit Letzterem nicht das mitteleuropäische Land, sondern eine pastorale Fantasiewelt meint, denn sein Böhmen liegt am Mittelmeer. Im Zentrum der Handlung steht wieder das Eifersuchtsmotiv; und wieder wird die Lösung nicht tragisch durch einen Zusammenprall, sondern romanzenhaft durch Trennung und spätere Wiedervereinigung herbeigeführt. Dabei wirkt wie in *Wie es euch gefällt* die pastorale Sphäre als das heilende Medium, das die Wiederherstellung der Ordnung ermöglicht. Den Stoff entnahm Shakespeare Greenes Roman *Pandosto, or the Triumph of Time* (1588), nachgedruckt unter dem Titel *Dorastus and Fawnia* (1607). Entstanden ist das Stück vermutlich 1610 oder 1611. Eine Aufführung am 15. Mai 1611 ist dokumentiert, ebenso weitere Aufführungen bei Hofe in den Jahren 1612/13 und 1618. Der Text ist nur in der Folio-Ausgabe überliefert.

Die Handlung ist in groben Zügen folgende: König Leontes von Sizilien, der seit neun Monaten seinen Jugendfreund Polixenes, den König von Böhmen, zu Gast hat, steigert sich in den Verdacht, dass der Gast ihn mit seiner Frau Hermione betrüge und dass ihr noch ungeborenes Kind von ihm sei. Sein Plan, Polixenes zu vergiften, scheitert, weil der damit beauftragte Camillo den Gast warnt und mit ihm flieht. Danach lässt Leontes seine Frau ins Gefängnis werfen, wo sie eine Tochter zur Welt bringt, die er durch Antigonus, einen der vier Lords an seinem Hof, aussetzen lässt. Der bringt sie an die Küste Böhmens, legt sie mit einem Begleitschreiben und einem Kästchen mit Gold ab und wird anschließend von einem Bären verschlungen, während sein Schiff im Sturm zerschellt. Das Kind wird von einem Schäfer gefunden und unter dem Namen Perdita aufgezogen. Vorher erfährt Leontes bei der Verhandlung über die Untreue seiner Frau vom Orakel von Delphi, dass sie unschuldig sei, doch er glaubt dem Spruch nicht. Sein einziger Sohn stirbt aus Gram über das Leid der Mutter, worauf diese in Ohnmacht fällt und

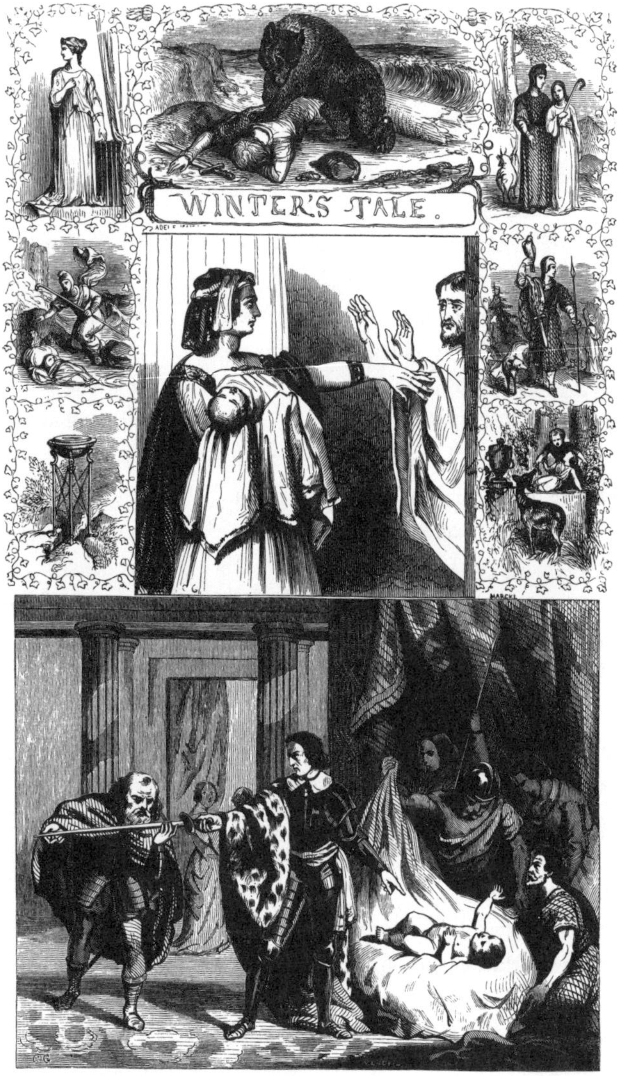

Das Wintermärchen
Der Stich zeigt die entscheidenden Handlungsphasen, beginnend mit der Aussetzung Perditas (unten); darüber das Auffinden des Kindes, die Tötung des Antigonus durch einen Bären und die Rettung Perditas durch den Schäfer. Links oben die Statue Hermiones, die am Schluss zum Leben erwacht.

von der treuen Paulina für tot erklärt wird. Leontes bricht in lautes Klagen aus und schwört lebenslange Trauer.

Danach vergehen sechzehn Jahre. In Böhmen verliebt sich der Königssohn Florizel in Perdita, doch bei einem Schafschurfest erscheint in Verkleidung Polixenes, sein Vater, und warnt ihn, dass er ihn enterben und Perdita töten lassen werde, wenn sie nicht voneinander lassen. Die Liebenden fliehen nach Sizilien, während der Schäfer, der Perdita einst fand, den König dadurch zu besänftigen sucht, dass er ihm das Dokument zeigt, das Perditas Identität beweist. Daraufhin folgt Polixenes seinem Sohn nach Sizilien, versöhnt sich mit seinem einstigen Freund, die Identität Perditas wird anerkannt, und Paulina arrangiert eine Zeremonie, bei der die lebensechte Statue Hermiones enthüllt werden soll. Auf dem Höhepunkt des Finales steigt die echte Hermione, die von Paulina verborgen gehalten wurde, vom Sockel herab, verzeiht ihrem Mann, und der Weg ist frei für die Vermählung von Perdita und Florizel. Wie in der Oper stehen zuletzt drei Paare auf der Bühne: die jungen Liebenden, die wiedervereinten Eltern Perditas sowie Camillo, der auf Geheiß des Königs der wackeren Paulina zugewiesen wird, deren Mann von dem Bären zerfleischt wurde.

Trotz der weitläufigen Handlung liegt dem Stück eine strenge Symmetrie zugrunde. Am Anfang verfällt Leontes in blinde Raserei; später geschieht das Gleiche mit Polixenes, der in Wut gerät, als sein Sohn die Schäferstochter heiraten will, ohne die Zustimmung des Vaters einzuholen. Nicht Standesdünkel, sondern gekränkte Eitelkeit – wie bei Lears Zornesausbruch gegen Cordelia – macht ihn so rasend, dass er die armen Schäfer, bei denen Perdita aufwuchs, mit dem Tod bedroht, weil er glaubt, sie hätten seinen Sohn umgarnt. Zwischen den beiden leidenschaftlichen Männern steht als Vertreter der Vernunft Camillo, der in beiden Fällen das Unheil verhindert. Den Männern stehen drei Frauen gegenüber, die drei moralische Positionen repräsentieren. Hermione ist die unwandelbar treue, geduldig Leidende, die dem damals beliebten Griseldis-Typ entspricht; Perdita ist das archetypische unschuldige Mädchen und Paulina die tatkräftige Frau, die selbst dem König Paroli bietet. Wie später in *Cymbeline* klingt in merkwürdig ambivalenter Form das Problem der Standesunterschiede an. Einerseits werden die Schäfer als tumbe Toren vorgeführt, andererseits ist der jugendliche Held, der

Königssohn Florizel, bereit, die vermeintliche Schäferstochter gegen den Willen seines Vaters zu heiraten. Zwischen dem verkleideten Polixenes und Perdita entspinnt sich ein Gespräch, bei dem es um Veredlung der Natur geht. Als Perdita sagt: «Ich hörte sagen, / Es gebe eine Kunst, die der Natur / An Buntheit gleicht, der Schöpferin von allem», antwortet Polixenes:

> Sei's;
> Doch wird Natur durch nichts veredelt, was
> Natur nicht selber schuf; so ist die Kunst,
> die, wie du sagst, Natur verbessert, das,
> was die Natur erzeugte. Wir vermählen
> den edlen Spross mit einem wilden Stamm,
> und lassen aus der Rinde des Gemeinen
> die Knospe einer edlen Rasse sprießen.
> Zwar ist dies Kunst, die die Natur verbessert,
> doch stammt die Kunst aus der Natur.
> (IV, 4; 87–97)

Hier scheint Shakespeare dem gesellschaftlichen Rang den natürlichen Adel entgegenzustellen, was aber dadurch relativiert wird, dass Perdita sich zuletzt doch als Königstochter erweist. Anders als in *Perikles* kommt jetzt auch wieder Shakespeares Humor zum Zuge, für den der Sohn des Schäfers als dummer Clown und der Gauner und fliegende Händler Autolycus sorgen. Man spürt auch wieder die Vielstimmigkeit der früheren Komödien, wobei die Psychologie der Hauptakteure weniger ihren Worten, als dem szenischen Ambiente zu entnehmen ist. Dem vierten Akt geht, zur Überbrückung der Zeitspanne von 16 Jahren, ein langer Prolog aus dem Mund der personifizierten Zeit voraus. Auch das trägt zum barocken Eindruck des Stückes bei. Der Titel geht auf die bemitleidenswerteste Person des Stückes zurück, auf den jungen Königssohn, dem das Leid der Mutter das Herz brach. Unmittelbar bevor Leontes sie ins Gefängnis warf, bat sie den Sohn, ihr ein Märchen zu erzählen. Auf seine Frage, ob ein lustiges oder ein trauriges, antwortete sie: «So lustig wie du willst», worauf er erwiderte: «Zum Winter passt ein Trauriges am besten» (II, 1; 26 f.).

Cymbeline

Dieses Stück wurde in der Folio-Ausgabe von 1623 den Tragödien zugeschlagen. In der Tat enthält es typische Tragödienmotive, so die an *König Lear* erinnernde Figur des starrsinnigen Cymbeline und die an *Othello* erinnernde Intrige Giacomos, der wegen einer Wette die Frau seines Freundes der Untreue zu überführen versucht. Romanzenhaft ist dagegen die Entführung der beiden Prinzen, die zwanzig Jahre später wieder auftauchen, sowie das Erwachen der vermeintlich toten Imogen und ihre Verkleidung als Page im Dienst ihres ebenfalls verkleideten Mannes, der sie wegen vermuteter Untreue töten lassen wollte. Typisch für die Romanze ist auch die Prophezeiung, die Posthumus im Traum vernimmt und die am Schluss durch einen Wahrsager so gedeutet wird, dass sie den Ereignissen entspricht.

Die Handlung beginnt damit, dass Imogen, die einzige Tochter des britischen Königs Cymbeline, heimlich den niedrig geborenen Posthumus heiratet und nicht ihren dümmlich-plumpen Stiefbruder Cloten, den Cymbelines zweite Frau auf den Thron bringen will. Cymbelines eigene Söhne Arviragus und Guiderius wurden als Kleinkinder von dem britischen Lord Belarius entführt, den Cymbeline verbannt hatte. Der nun ebenfalls vom Hof verbannte Posthumus gelangt nach Rom und wettet dort 10 000 Dukaten und einen Brillantring, dass es seinem Freund Giacomo nicht gelingen werde, seine Frau Imogen zu verführen. Als der ihn dann doch mit einem gestohlenen Armreif von der Untreue seiner Frau überzeugt, gibt er seinem Diener Pisanio den Auftrag, sie zu töten. Der warnt Imogen, worauf diese in Verkleidung flieht, um bei der römischen Truppe Schutz zu suchen, die nach England kam, um Tribut einzufordern. Bei den Römern ist auch Belarius mit den entführten Söhnen Cymbelines. Cloten, als Posthumus verkleidet, verfolgt Imogen, wird aber von einem der entführten Söhne getötet, der ihm den Kopf abschlägt und in den Fluss wirft. Als Imogen aus einem todesähnlichen Schlaf erwacht, hält sie den kopflosen Leichnam Clotens für den ihres Mannes. Danach kommt es zur Schlacht

Cymbeline
Die Szene zeigt, wie Giacomo, der sich in einem Koffer unter Imogens Bett schaffen ließ, einen Reif von ihrem Arm stiehlt, um die Wette zu gewinnen, die er mit ihrem Mann abgeschlossen hat

zwischen Römern und Briten, bei der Belarius mit seinen Söhnen zu den Briten überläuft.

Am Ende klärt sich alles auf: Cymbeline hat seine Söhne wieder und Posthumus seine Frau. Cymbeline erweist sich als großmütig und gibt die Gefangenen frei; und Posthumus vergibt seinem ungetreuen Freund Giacomo, obwohl der bereit ist, für seinen Betrug zu sterben. Zuletzt bringt ein Bote die Nachricht, dass Imogens böse Schwiegermutter auf dem Sterbebett gestanden habe, dass sie den König nur heiratete, um ihren Sohn Cloten auf den Thron zu bringen, und dass sie deshalb Imogen und Posthumus beseitigen wollte. Die tatsächliche Handlung ist noch viel komplizierter, als diese Kurzfassung erwarten lässt.

Das Stück entstand mit hoher Wahrscheinlichkeit 1609 oder 1610, möglicherweise schon vor dem *Wintermärchen*. Eine Aufführung ist für das Jahr 1610 belegt. Den Stoff entnahm Shakespeare aus verschiedenen Quellen. Das Motiv der Wette stammt aus Boccaccios *Decamerone*, die Belarius-Handlung vermutlich aus dem anonymen Stück *The Rare Triumphs of Love and Fortune* (Die seltenen Triumphe von Liebe und Glück, 1589) und die historische Kernhandlung um König Cymbeline aus Holinsheds *Chronicles*. Dort heißt die Heldin Innogen, was von einigen Herausgebern des Stücks inzwischen übernommen wird. Wie in den Tragödien geht es auch hier um den Konflikt von Vernunft und Leidenschaft, wobei die Natur als ambivalente Sphäre der Vermittlung auftritt. Im 4. Akt des Stückes trifft die als Mann verkleidete Imogen in der freien Natur auf Belarius und ihre beiden von ihm entführten Brüder, ohne dass sich die Geschwister erkennen. Belarius erkennt aber in Imogen sogleich die edle Abkunft und kommentiert dies für sich so: «O Adel der Natur, geborne Größe! / Die Feigen zeugen Feige, Niedre Niedres. / Natur hat Mehl und Spelz, Stolz und Gemeinheit.» (IV, 2; 25–27). Anders deutet Imogen die Ambivalenz der Natur, wenn sie sagt: «Das königliche Meer zeugt Ungeheuer, / die armen Bäche Fische für die Tafel. » (IV, 2; 35 f.) Das klingt wie die Rechtfertigung eines natürlichen Adels gegenüber dem der standesgemäßen Abkunft. Kritik am Standesdenken klingt auch darin an, dass der niedrig geborene Posthumus zuletzt in die Gesellschaft des Adels aufgenommen wird.

Der Sturm
Der Luftgeist Ariel inszeniert im Auftrag Prosperos einen Sturm, der das Schiff von Prosperos bösem Bruder an der Küste der Insel zerschellen lässt. An Prosperos Seite kniet seine Tochter Miranda.

Der Sturm

Dieses Stück galt lange Zeit als Shakespeares letztes Werk und damit gewissermaßen als sein poetisches Testament. Inzwischen gilt als gesichert, dass er danach noch an drei weiteren Stücken als Hauptautor beteiligt war. Dennoch hat *The Tempest* den Charakter eines persönlichen Abschieds von der Bühne. Der Text ist nur in der Folio-Ausgabe überliefert, doch eine Aufführung durch die *King's Men* ist für den 1. November 1611 bezeugt. Für die Handlung, die man früher im Ganzen für Shakespeares eigene Erfindung hielt, sind inzwischen eine Reihe möglicher Quellen identifiziert worden. Eine davon ist William Stracheys Bericht über einen Schiffbruch, den er zusammen mit Sir Thomas Gates vor den Bermudas überlebte. Der Bericht trägt das Datum 15. Juli 1610 und kursierte in Manuskriptform, bevor er 1625 gedruckt erschien. Übereinstimmungen in wesentlichen Punkten lassen es als sicher erscheinen, dass Shakespeare ihn gelesen oder seinen Inhalt indirekt erfahren hat. Weitere gesicherte Quellen sind Sylvester Jourdans *A Discovery of the Bermudas* (Entdeckung der Bermudas, 1610) und die vom Council of Virginia veröffentlichte *True Declaration of the Estate of the Colony in Virginia*, die im November 1610 beim Stationers' Register angemeldet und im Jahr darauf gedruckt wurde. Der Name Caliban für den Sohn der entmachteten Inselhexe dürfte eine Abwandlung von ‹Kannibale› sein, denn aus Montaignes Essay «Über die Kannibalen», der seit 1603 in Florios Gesamtübersetzung der Essays vorlag, zitiert Shakespeare teilweise wörtlich in der Rede Gonzalos, auf die noch näher einzugehen ist. Sogar eine deutsche Quelle wurde in Betracht gezogen, denn das Stück *Die schöne Sidea* (1605) von Jakob Ayrer weist motivische Ähnlichkeiten mit der Handlung des *Tempest* auf. Da Ayrer von englischen Komödianten, die auf dem Kontinent auf Tournee waren, beeinflusst wurde, könnten diese umgekehrt Ayrers Stück oder seine Fabel nach England gebracht haben. Jedenfalls erlauben die Quellen eine recht genaue Datierung des *Sturm* auf 1611.

Die Handlung beginnt mit einem Sturm, bei dem ein Schiff an einer Insel zerschellt und Besatzung und Passagiere sich an Land retten. Die

Passagiere sind Alonzo, der König von Neapel, sein Bruder Sebastian und sein Sohn Ferdinand sowie der alte Ratsherr Gonzalo und Antonio, der unrechtmäßige Herzog von Mailand. Der rechtmäßige Herzog ist Prospero, der von seinem Bruder Antonio vom Thron gestoßen wurde und sich mit seiner Tochter Miranda auf diese Insel rettete, deren Herr er jetzt ist. Dank dem Studium magischer Bücher gelang es ihm, sich den guten Luftgeist Ariel dienstbar zu machen und den bösen Herrn der Insel Caliban zu unterwerfen. Zur Besatzung des Schiffes gehören außer dem Kapitän und dem Bootsmann auch noch die trinkfreudigen Spaßmacher Stephano und Trinculo. Im Verlauf des Stücks kommt heraus, dass Prospero dank seiner magischen Künste von der Ankunft des Schiffes wusste und sowohl den Schiffbruch wie die Rettung der Besatzung bewusst inszeniert hat. In seinem Auftrag treibt Ariel mit den Geretteten ein Spiel und lässt sie auf der Insel wie in einem Irrgarten umherwandern. Der junge Ferdinand, der sich getrennt von seinem Vater gerettet hat und von diesem für ertrunken gehalten wird, trifft auf Miranda, und beide verlieben sich auf den ersten Blick ineinander. Währenddessen geraten Trinculo und Stephano an den Unhold Caliban, was Gelegenheit für komische Szenen liefert. Der böse Antonio überredet Sebastian dazu, die Gelegenheit zu nutzen und sich – wie er selbst es in Mailand tat – seines Bruders zu entledigen und sich zum König von Neapel zu machen. Doch das Komplott wird vereitelt, da Prospero alles unter Kontrolle hat. Am Ende löst er den Bann, gibt sich seinem Bruder Antonio zu erkennen, verzeiht ihm, nachdem dieser Reue gezeigt hat, und krönt die allgemeine Versöhnungsfeier mit der Hochzeit von Miranda und Ferdinand, zu der Ariel seine Geister als die Göttinnen Iris, Ceres und Juno auftreten lässt. Danach zerbricht Prospero seinen Zauberstab und geht das Risiko ein, sich auf das Wort seines Bruders zu verlassen, der ihm den Thron in Mailand zurückgibt.

Wenn schon die vorangegangenen Romanzen barocke Züge aufwiesen, haben wir es hier erst recht mit einer barocken Wortoper zu tun. Schein und Sein wirken ineinander, Magie überwindet irdische Macht, böse Menschen werden in einer Welt des Wunderbaren zum Guten bekehrt, und das ganze Geschehen wirkt wie die allegorisch zugespitzte moralische Krise einer Menschenwelt, die Schiffbruch erleidet und im Meer ein moralisches Reinigungsbad erlebt. Das alles sieht auf den ersten Blick nach Darstellung einer Traumfantasie aus. Doch hinter dem Geschehen steht ein komplexes ethisches Bezugssystem. Als Prospero auf die Insel kam, erlöste er Ariel, den Repräsentanten der edlen Natur, aus der Gefangenschaft, in die ihn Caliban, der Vertreter der gemeinen Natur, geworfen hatte. Am Schluss zeigt Ariel Mitleid mit den reuigen Sündern, worauf Prospero sagt:

> Wenn du, der du nur Luft bist, so empfindest,
> soll ich, der ihre Leidenschaften teilt,
> nicht eher mehr als du zur Nachsicht neigen?
> Zwar traf mich ihre Schandtat bis ins Mark,
> doch zwingt mich meine edlere Vernunft
> der Wut zu widerstehen; edler ist es
> der Rache Tugend vorzuziehen.
>
> (V, 1; 21–27)

Wenig später beschreibt er die Unvernunft seiner einstigen Gegner mit dem Bild von Ebbe und Flut:

> Ihr Verstand *[understanding]*
> schwillt an. Die Flut, die jetzt zurückkehrt, wird
> schon bald den Boden mit Vernunft bedecken,
> der jetzt noch faulig ist von Schlamm.
>
> (V, 1; 79–82)

Seine weisesten Worte hatte Prospero kurz vorher gesprochen, als er zur Hochzeitsfeier seiner Tochter die Geisterschar heraufbeschwor und sich mittendrin an Calibans Verschwörung erinnerte, was ihn heftig erregte. Als Ferdinand darauf zu Miranda sagt: «Wie seltsam, sieh, welch starke Leidenschaft / sich in ihm regt», antwortet Prospero:

> Du siehst so aus, mein Sohn, als hätt ich dich
> erschreckt und irritiert. Sei heiter, Mann.
> Mein Zauber hat ein Ende. Diese meine Mimen
> sind, wie ich sagte, nichts als meine Geister,
> die sich in Luft auflösen, dünne Luft.
> Und wie die körperlosen Bilder hier
> vergehn die hohen Türme und Paläste,

die Tempel, ja, der ganze Erdenball,
und alles, was uns überkommen ist,
löst sich wie unser luftges Schauspiel auf,
bis nichts mehr ist. Wir sind aus solchem Stoff
wie der von Träumen, unser kleines Leben
ist rund umspült von Schlaf.

(IV, 1; 145–158)

Auch wenn das Stück, wie schon gesagt, nicht Shakespeares letztes war und darum eigentlich nicht als sein poetisches Testament angesehen werden kann, fasst es doch in allegorisch-symbolischer Form zusammen, was sich in allen vorausgegangenen Stücken als thematische Grundstruktur abzeichnete. Allegorisch-eindeutig ist die Zuordnung der Hauptakteure zu den drei Wertsphären in Shakespeares Welt. Prospero steht für Vernunft, Ariel für die edlen Gefühle des Herzens und Caliban für die niederen Triebe der Leber. Als Prospero in Mailand ohne Ariel seinem feindlichen Bruder gegenüberstand, war seine Vernunft der niederen Leidenschaft unterlegen. Ariel seinerseits war ohne Prosperos vernunftbegründete Magie machtlos gegenüber Caliban und seiner Mutter Sykorax. Doch vereint triumphieren beide über die niederen Triebe. Der Luftgeist Ariel steht zugleich für die Poesie, die – wie Herzog Theseus im *Sommernachtstraum* sagt – «luftigem Nichts» eine «feste Wohnstatt», *a local habitation,* gibt. Allegorisch-eindeutig ist auch das, was die eingelegten Spielszenen darstellen, in denen Iris als Regenbogengöttin den Liebesbund, Ceres die Fruchtbarkeit und Juno die Ehe verkörpern.

Weniger eindeutig und deshalb symbolisch ist das Gesamtkonzept dieser Romanze. Während das allegorische Gerüst Vertrauen in die stabile Weltordnung auszudrücken scheint, ist unter der Oberfläche eine latente Gefährdung zu spüren, die jederzeit aufbrechen kann. Das ganze Stück hat den Charakter einer Utopie, die im Stück selbst ironisch gebrochen wird. Das wird besonders klar in der utopischen Fantasie, die der alte Gonzalo tagträumend ausspricht, bezeichnenderweise in Worten, die zum Teil von dem Skeptiker Montaigne stammen:

Gonzalo: Hätt' ich die Insel hier zu kultivieren –
Antonio: Würd' er mit Nesselsamen sie bestreuen.

Sebastian: mit Malven und mit Sauerampfer.
Gonzalo: Und wär ich König hier, was würd ich tun?
Sebastian: Schön nüchtern bleiben ohne Wein.
Gonzalo: Ganz anders würde ich in meinem Staat
die Dinge regeln: Keinerlei Geschäfte
erlaubte ich, kein Amt und keinen Richter;
kein Schrifttum wär erlaubt, nicht Reich noch Arm
gäbs hier; nicht Dienstbarkeit, Vertrag und Erbschaft,
nicht Zäune, Landbesitz, noch Ackerbau.
Metall, Korn, Wein und Öl wärn unbekannt,
und keine Arbeit; alle Männer müßig,
die Frauen auch; doch unschuldig und rein.
und keine Herrschaft –
Sebastian: Und dennoch will er König sein.
Antonio: Das Ende seines Commonwealths vergisst den Anfang.
Gonzalo: Dem allgemeinen Wohl dient, was Natur
hervorbringt ohne Schweiß und Müh: Verrat
und Raub, Schwert, Spieß und Pulver, alle Waffen
tät ich verbieten; nur Natur erzeugt
aus sich heraus in Überfluss und Fülle
die Nahrung für mein unschuldiges Volk.
Sebastian: Und keine Ehe zwischen deinen Leuten?
Antonio: Nein! Mann! Nur faule Huren und Halunken.
Gonzalo: Ich würd mit solcher Perfektion regieren,
dass es die Goldne Zeit noch übertrifft.

(II, 1; 143–168)

Hier erhält der Traum vom Goldnen Zeitalter zwar durch die moralische Integrität Gonzalos den Charakter eines ernstzunehmenden Ideals, wird aber gleichzeitig durch die Einwürfe der beiden anderen Männer als illusionäre Traumtänzerei entlarvt. Eine andere ironische Kontrapunktierung ist durch Aldous Huxleys Roman *Brave New World* (Schöne neue Welt) weltbekannt geworden. Es ist der Ausruf Mirandas im großen Schlusstableau, als sie die übrigen Schiffbrüchigen sieht, nachdem sie vorher nur Ferdinand kennengelernt hatte. Begeistert ruft sie beim Anblick dieser Schar, in der außer Gonzalo kein einziger eine weiße Weste hat und einige von krimineller Bosheit sind:

O Wunder!
Wie viele herrliche Geschöpfe hier!
wie schön die Menschheit ist! O schöne, neue Welt,
die solche Wesen hat.

(V, 1; 182–185)

Mirandas kindliche Begeisterung beim Anblick der moralisch so fragwürdigen Truppe ist objektiv genauso ironisch wie Gonzalos naiver Tagtraum und setzt damit ein weiteres Fragezeichen hinter die scheinbare Utopie.

Das Ambivalenteste in Shakespeares Wertwelt ist die Natur. Das erkennt man schon daran, dass Ariel und Caliban gleichermaßen Natur repräsentieren. Schon der Titel stellt mit dem Sturm ein Naturphänomen ins Zentrum, das einerseits destruktiv ist und andererseits Regeneration und moralische Wiedergeburt einleitet. Im Zusammenhang mit Shakespeares Weltsicht wurde bereits auf dieses Dilemma und auf das Verhältnis von *nature* und *nurture* eingegangen. Im *Sturm* nimmt Shakespeare darauf explizit Bezug, wenn er an einer Schlüsselstelle Prospero über Caliban sagen lässt, dass *nurture* an der *nature* dieses Wilden nicht haften bleibt und deshalb alle Kultivierungsbemühungen bei ihm vergeblich sind (IV, 1; 188 ff.). Im *Wintermärchen* sprachen Perdita und Polixenes über die Möglichkeit der Veredlung der Natur, und Polixenes kam zu dem Fazit, dass die «Kunst» der Veredlung ihrerseits aus der Natur stamme. Der kreative Künstler im *Sturm* ist Ariel, nicht Prospero, denn der ist nur ein gelehrter Regisseur. Ohne den Genius Ariel wäre der Magier Prospero ein ohnmächtiger Buchgelehrter. Spätestens hier sieht man, wie Shakespeare bereits den Boden für die Romantik bereitete, für die Natur die Basis ihres Wertsystems wurde. Man sieht zugleich aber auch in Prospero das Ethos der Aufklärung, deren pädagogisches Programm die vernunftgeleitete Veredlung der Natur war. Wie sich Aufklärung und Romantik bei Shakespeare bereits *in statu nascendi* zeigen, wird Gegenstand des Schlusskapitels dieses Buches sein. Da sich dieser Sachverhalt aber im *Sturm* so kompakt und symbolisch verdichtet wie in keinem anderen Werk des Dichters, wäre es nicht gänzlich falsch, dieses Stück nun doch als sein Testament zu bezeichnen.

Die beiden edlen Vettern

1634 erschien die Quarto-Ausgabe eines Stücks, das beim Stationers' Register unter dem Titel *The Two Noble Kinsmen* als eine «Tragikomödie» von Shakespeare und John Fletcher eingetragen wurde. In die erste Folio-Ausgabe wurde es vermutlich mit Rücksicht auf Fletchers Anteil nicht aufgenommen. Entstanden ist es wahrscheinlich um 1613 und gilt darum als Shakespeares letztes dramatisches Werk. Für den genannten Zeitpunkt spricht, dass der eingelegte *morris dance*, den eine Gruppe von Dörflern für das schon aus dem *Sommernachtstraum* bekannte Fürstenpaar Theseus und Hippolyta einstudieren, wohl durch ein Maskenspiel von Francis Beaumont angeregt wurde, das im Februar 1613 zur Aufführung kam. Außerdem scheint sich ein Hinweis auf «unsere Verluste» auf den Brand des Globe-Theaters vom 29. Juni dieses Jahres zu beziehen. Da in Ben Jonsons Stück *Bartholomew Fair* (Bartholomäusmarkt), das im Oktober 1614 uraufgeführt wurde, auf eine Figur von *The Two Noble Kinsmen* angespielt wird, kann die Datierung als gesichert gelten. Den Stoff entnahmen die beiden Autoren aus Chaucers *Knight's Tale,* die den Reigen der *Canterbury Tales* eröffnet. Chaucer seinerseits hatte ihn von Boccaccios *Teseida.* Zwei frühere Dramatisierungen sind aus den Jahren 1566 bzw. 1594 dokumentiert.

Die Handlung trägt die typischen Züge eines höfischen Ritterromans und entspricht damit, wie die Romanzen, dem neu aufgekommenen barocken Geschmack. Im Mittelpunkt stehen Palamon und Arcite, zwei adlige Vettern, die wegen der grausamen Regierung König Kreons ihre Vaterstadt Theben verlassen wollen, dann aber doch zurückkehren, um für die Stadt zu kämpfen, als diese von Theseus angegriffen wird. Theseus war mitten in den Vorbereitungen zu seiner Hochzeit mit der Amazonenkönigin Hippolyta von drei verwitweten Königinnen angefleht worden, den Tod ihrer Gatten, die im Kampf gegen Kreon gefallen waren, an diesem zu rächen. Theseus siegt und nimmt die verletzten Vettern gefangen. Im Gefängnis schwören sie sich ewige Freundschaft, die aber sogleich in Feindschaft umschlägt, als sich beide in Emilia, die

Schwester Hippolytas, verlieben, die sie zufällig durch das Gefängnisfenster im Garten sahen. Als Arcite von Theseus freigelassen und aus Athen verbannt wird, kehrt er in Verkleidung zurück, um weiter um Emilia zu werben. Inzwischen hat sich die Tochter des Gefängniswärters in Palamon verliebt und will ihm zur Freiheit verhelfen, was sie tut, doch ohne damit seine Liebe zu gewinnen, worauf sie den Verstand verliert. Als die beiden Vettern wieder eingefangen sind, erklärt Theseus, demjenigen der beiden die Hand seiner Schwägerin zu geben, der im Zweikampf gegen den anderen siegt. Beide sollen zum festgesetzten Zeitpunkt mit jeweils drei Sekundanten zum Kampf antreten und der Verlierer soll danach zusammen mit seinen Sekundanten hingerichtet werden. Es kommt zum Zweikampf, bei dem Palamon kurz vor dem Sieg doch noch unterliegt und den Tod erwartet. Dann aber stürzt der im Triumph in Athen einziehende Sieger mit seinem Pferd und wird von diesem erdrückt, was als Schicksalsspruch gedeutet wird. Im Sterben tritt Arcite die umkämpfte Braut an seinen Vetter ab und spricht ihm das größere Recht zu. Auch für den Wahnsinn der Tochter des Gefängniswärters gibt es Heilung. Ein Arzt rät dem jungen Mann, der von Anfang an um sie warb, ihr als Palamon verkleidet gegenüberzutreten, worauf sie geheilt ist.

Es ist klar, dass ein so opernhafter Stoff, bei dem das Schicksal das letzte Wort hat, wenig Gelegenheit für psychologischen Tiefgang bietet. Stattdessen bot er aber genügend Anlässe für höfisches Zeremoniell, Liedeinlagen und gedankenreiche Rhetorik. Das Schlusswort hat Theseus, der seine Rede mit den Sätzen beendet:

> O, ihr im Himmel,
> Was macht ihr mit uns! Wir verlachen das,
> was uns noch fehlt, und was wir haben, macht
> uns traurig; wie die Kinder sind wir. Dank
> sei dafür, wie's jetzt ist, und der Disput,
> der unser Urteil überstieg, mag ruhn.
>
> (V, 6; 131–136)

Die Teile des Stücks, die auf Grund stilistischer Kriterien Shakespeare zugeschrieben werden, haben die sprachliche Komplexität seiner späten

Stücke. Dennoch unterscheidet es sich grundsätzlich von seinen übrigen Werken. Zwar beginnt es wie diese mit einer Störung der Ordnung, in diesem Fall mit dem Krieg gegen Kreon, doch diese Störung wird bereits im ersten Akt durch Theseus behoben. Danach folgt eine dramatische Handlung, in der nicht der vertikale Kampf der Vernunft gegen die niederen Leidenschaften oder, in anderen Begriffen, des Edlen gegen das Gemeine im Zentrum steht, vielmehr kämpfen hier zwei gleich edle Aristokraten um eine Frau und sind dabei bestrebt, die Regeln der Ehre einzuhalten. Damit liegt hier als Grundstruktur ein Konkurrenzkampf vor, also das, was die Beziehung der Bürger untereinander in einer egalitären Gesellschaft bestimmt. Zwar spielt sich der Konkurrenzkampf des Stücks auf hoher aristokratischer Ebene ab, doch strukturell ist das Verhältnis der beiden Vettern genauso horizontal wie das zwischen konkurrierenden Kaufleuten. Wie zentral das Modell des Wettkampfes für das Stück ist, erkennt man daran, dass bereits vor dem großen Duell der Helden ein sportlicher Wettkampf zu Ehren von Theseus vorbereitet wird, an dem der aus der Verbannung incognito nach Athen zurückgekehrte Arcite teilnehmen will, um Emilia zu beeindrucken.

Die Horizontalität dieser Grundstruktur macht verständlich, dass der Stoff danach mehrfach zu ähnlichen, an Shakespeare angelehnten Stücken umgearbeitet wurde. Im 17. Jahrhundert formte der selbsternannte Shakespeare-Erbe Sir William Davenant daraus seine heitere Komödie *Die Rivalen* (1664), während Richard Cumberland den Stoff ein Jahrhundert später unter dem Titel *Palamon und Arcite: oder die zwei edlen Vettern* (1779) in dunkleren Farben auf die Bühne brachte. 1795 ließ F. G. Waldron mit Anklängen an Shakespeares *Sommernachtstraum* sein Singspiel *Liebe und Wahnsinn: oder die zwei edlen Vettern* folgen. Rivalität war in der bürgerlichen Komödie ein stereotypes Motiv. So begann beispielsweise Englands bester Komödienschreiber des späten 18. Jahrhunderts, Richard Brinsley Sheridan, mit einem Stück, das *The Rivals* (1775) hieß. Shakespeare selbst hatte bereits in seiner allerersten Komödie, *Zwei Herren aus Verona,* zwei Freunde gezeigt, die zu Rivalen werden. Doch bei ihm wird daraus weder ein Konkurrenzkampf nach Regeln der Ehre noch wie bei Sheridan ein trickreicher Kampf zwischen Reich und Arm, sondern ein moralisches Problem, bei dem die edle Gesinnung zeitweilig von der gemeinen überwogen wird, also ein vertikaler Wertkonflikt. Insofern deutet sich im letzten Stück, an dem er mitgearbeitet hat, eine ideologische Brücke an, über die er selbst nicht mehr gegangen ist. Auch wenn das Motiv der feindlichen Brüder, und im weiteren Sinn das der Rivalität von Gleichrangigen, uralt ist und bis in die antiken Mythen zurückreicht, scheint es doch erst im bürgerlichen Drama zu einem obsessiv behandelten Problem geworden zu sein. In der deutschen Literatur gab Schiller mit *Die Räuber* den Anstoß und ließ später noch die Tragödie *Die Braut von Messina* mit dem gleichen Motiv folgen. Danach wurde der Bruderzwist zu einem Standardmotiv des populären Dramas bis hin zu Tragödien, in denen das Problem auf hoher sozialer Ebene ausgetragen wird wie in Grillparzers *Ein Bruderzwist im Hause Habsburg*. Ob der Grund dafür ist, dass sich das Motiv als dramatisch besonders ergiebig erwies, oder ob sich darin, wie hier angedeutet, die horizontale Rivalität in einer egalitären Bürgergesellschaft widerspiegelt, lässt sich vermuten, aber nicht beweisen. Das starke Interesse, das Shakespeares letztes und vielleicht schwächstes Stück trotz seiner Mängel im 18. Jahrhundert fand, spricht zumindest für eine ideologische Affinität zur Kultur der späteren Bürgerlichkeit.

V

WILLIAM SHAKESPEARE SUPERSTAR

Ein fiktives
Shakespeare-Monument.
Aus dem Titelblatt von
The Doubtful Plays of Shakespeare.
London o. J.

Vergötterung in England

Als um 1800 die Shakespeare-Begeisterung in Deutschland ihren Gipfel erreichte, klang es hier bei manchen seiner Verehrer so, als hätten erst die Deutschen seine wahre Größe erkannt. Das entsprach aber durchaus nicht den Tatsachen. Auch wenn Shakespeare in seinem Heimatland nicht von Anfang an als der größte englische Dichter anerkannt wurde, war er dort nie vergessen und wurde nie gering geschätzt. Miltons Sonett legt dafür Zeugnis ab. Dass die rühmenden Stimmen zwischen 1642 und 1660 verstummten, rührte nur daher, dass in dieser Zeit die Theater von den Puritanern geschlossen worden waren. Auch die übrige Poesie musste der religiösen und politischen Pamphletliteratur das Feld überlassen. In den Jahren 1642 bis 1649 kämpfte das Heer des Parlaments unter Oliver Cromwell gegen die königstreue Armee Karls I., bis dieser endgültig besiegt und danach geköpft wurde. Dann folgte die elf Jahre währende Republik unter Cromwell, in der die essayistische Literatur dominierte. Doch schon bald nach der Restauration der Stuart-Monarchie von 1660 begann auch wieder der Theaterbetrieb, allerdings mit stark veränderten Aufführungsbedingungen. An die Stelle der großen Freilichttheater traten zwei lizensierte Spielstätten in geschlossenen Häusern, die viel weniger Zuschauer fassten und deshalb entsprechend teurer waren, so dass nur Angehörige von der Mittelklasse aufwärts sich den Luxus eines Theaterbesuchs leisten konnten. Als zweite große Veränderung durften jetzt auch Frauen auf der Bühne auftreten, was dem Theater eine neue, erotische Note gab. Da Karl II. nach dem puritanischen Experiment einer egalitär-republikanischen Staats- und Gesellschaftsform bestrebt war, das alte hierarchisch-aristokratische System wiederzubeleben, stellten sich auch die vom königlichen Lizenzgeber abhängigen Theater geschmacklich in den Dienst der konservativen Rückwendung.

Während sich in Shakespeares späten Werken bereits romantische Tendenzen zeigten, die im 18. Jahrhundert vom aufsteigenden Bürgertum aufgenommen wurden, kam es nach 1660 erst einmal zur Ausbildung eines klassizistischen Epochenstils, der mit Werten wie Schönheit, Klarheit, Ordnung und Rationalität dem höfischen Interesse an Stabilität entgegenkam. Für das Theater bedeutete dies, dass das, was später als Shakespeares Naturwüchsigkeit gerühmt wurde, erst einmal dem neuen Geschmack angepasst werden musste. Dennoch fand er in dem Klassizisten John Dryden einen aufrichtigen Bewunderer, der das Natürliche seiner Dichtung anerkannte, auch wenn er es für nötig hielt, einige seiner Dramen klassizistisch zu überarbeiten. Doch schon um die Jahrhundertwende brach der Klassizist John Dennis eine Lanze für das Erhabene, das danach immer stärker ins Zentrum der Debatte rückte und zu einem Leitwert der romantischen Ästhetik wurde. Selbst der reinste englische Klassizist, Alexander Pope, der 1725 eine Gesamtausgabe von Shakespeares Werken herausgab, spürte in dem Elisabethaner die Kraft der Natur, die er selbst als den Quell aller Kreativität ansah. Natur, so führte er in seinem berühmten *Essay on Criticism* (1711) aus, liege auch den klassischen Regeln zugrunde: sie seien *Nature still, but Nature Methodized* (Natur noch immer, nur methodisiert); und im Zweifelsfall habe die Natur Vorrang. Sein berühmtes, vielzitiertes Credo klingt wie ein Fanfarenstoß der Romantik aus dem Munde eines Klassizisten:

> Zuerst folg' der Natur; dein Urteil form'
> nach ihrer unveränderlichen Norm:
> Natur, die göttlich helle, irrt sich nicht,
> sie ist ein ew'ges, allgemeines Licht.
> Kraft, Schönheit, Leben gibt uns ihre Gunst
> als Quelle, Ziel und Maßstab jeder Kunst.

Auch der noch einflussreichere Klassizist Dr. Samuel Johnson, der 1765 ebenfalls eine Ausgabe der Werke Shakespeares betreute, sah allen Einschränkungen zum Trotz in ihm einen genialen Dichter, der sich am Maßstab der Natur orientierte. Sein Grundsatz lautete: «Nichts kann vielen Menschen dauerhaft gefallen außer der richtigen Darstellung der allgemeinen Natur.» Während Pope und Dr. Johnson viel zur Wert-

Garrick rezitiert eine Ode vor Shakespeares Monument. Stich von Caroline Watson nach einem Bild von Robert Edge Pine (1784)

schätzung Shakespeares beitrugen, sorgten die gelehrten Herausgeber seiner Werke für die Ermittlung der bestmöglichen Textfassungen. Den Anfang machte Nicholas Rowe mit seiner 1709 erschienenen Werkausgabe. 1733 folgte die Ausgabe von Lewis Theobald. Nach weiteren Editionen von Thomas Hanmer (1744), William Warburton (1747), Edward Capell (1768) und George Steevens (1773) krönte Edmond Malone die philologischen Bemühungen um Shakespeare im 18. Jahrhundert mit seiner 10-bändigen Ausgabe von 1790.

Parallel zur lesenden Aneignung Shakespeares lief die noch wirksamere Rezeption auf der Bühne, wo der Dichter bereits um die Mitte des 18. Jahrhunderts durch den Schauspieler David Garrick (1717–1779) zum Gott des englischen Theaters erklärt wurde. Garrick, der in vielen Shakespeare-Rollen brillierte, hatte für den 200. Geburtstag des Dichters im Jahr 1764 eine große Jubiläumsfeier in Stratford geplant, die sich aber erst fünf Jahre später anlässlich der Einweihung des neuen Rathauses der Stadt realisieren ließ. Das dreitägige Fest wurde mit Kanonenschüssen eingeleitet, es folgten Umzüge kostümierter Menschen, Glockengeläut, Maskenbälle, Feuerwerke, Pferderennen und öffentliche Bankette; vieles davon fand in einem hölzernen Theater statt, das tausend Menschen fassen konnte und eigens für diesen Zweck errichtet worden war. Kurioserweise war darunter keine einzige Aufführung eines Shakespearestückes, nicht einmal eine einzige Szene. Fast alles, was in der englischen Kultur jener Zeit Rang und Namen hatte, war anwesend, nur Dr. Johnson mied das Spektakel. Nicht einmal der strömende Regen tat der allgemeinen Begeisterung Abbruch, und selbst auf dem europäischen Kontinent wurde das Ereignis zur Kenntnis genommen. Garrick hatte schon früher auf seinem Landsitz in Hampton einen Tempel zu Ehren Shakespeares errichten lassen und dafür 1758 bei dem französischen Bildhauer Louis-François Roubiliac, der seit 1730 in London tätig war, eine Statue in Auftrag gegeben, die er später dem Britischen Museum vermachte.

Noch bevor Garrick seine Kampagne zum Ruhme Shakespeares begann, hatte der Dichter bereits das traditionelle Siegel der Unsterblichkeit erhalten, als 1741 das nach einem Entwurf von William Kent durch den niederländischen Bildhauer Peter Scheemakers ausgeführte Monument in der Dichterecke der Westminster-Abtei enthüllt wurde. Vor dieser Figur steht Garrick auf dem Stich, den Caroline Watson 1784 nach einem Gemälde von Robert Edge Pine anfertigte. Es zeigt Garrick, wie er zum Jubiläum des Dichters eine Ode rezitiert, während Shakespeares Figuren wie Geister ihren Schöpfer umschwirren. Shakespeare stand als

Große Shakespeare-Darsteller des 18. Jahrhunderts. Stich von Charles Geoffroy

Leitstern über der englischen Dichtung des 18. Jahrhunderts und behielt diese Position bis heute. Bezeichnend für die englische Kultur ist dabei, dass er in seinem Land nicht wie in Deutschland in erster Linie als Tragiker gesehen wurde. Die Tragödie war nach dem Ende der jakobäischen

Bedeutende Shakespeare-Forscher des 18. Jahrhunderts. Stich von Charles Geoffroy

Zeit weitgehend aus der englischen Literatur verschwunden. Zwar wurden in der Zeit des Klassizismus noch heroische Dramen geschrieben, die man als Tragödien bezeichnete, doch es fehlt ihnen das, was die Gattung ausmacht: das Tragische. Auch die so genannten *domestic tragedies* (bürgerliche Tragödien), die im 18. Jahrhundert in Mode kamen, sind, wie schon früher erwähnt, keine Tragödien, sondern bloße Trauerspiele, in denen sich Schuld und Sühne ohne tragischen Rest ausgleichen. Für das englische Publikum war Shakespeare nicht nur der Dichter des Hamlet und König Lear, sondern mindestens ebenso sehr der Schöpfer Falstaffs und der Komödien.

Mit der Entfernung vom elisabethanischen Zeitalter wuchs auch für englische Muttersprachler die Schwierigkeit, Shakespeares Sprache zu verstehen. Deshalb mussten seine Werke in populären Ausgaben immer wieder modernisiert werden. Im 19. Jahrhundert kam mit der zunehmenden Prüderie ein weiteres Problem hinzu. Jetzt gab es neben der sprachlichen noch die moralische Hürde, denn Shakespeares Stücke sind gespickt mit sexuellen Anzüglichkeiten, was zu Peinlichkeiten führen musste, wenn man sie, wie es damals üblich war, im Familienkreis vorlas. Hier erwarb sich der Pfarrer Thomas Bowdler 1818 zweifelhafte Unsterblichkeit dadurch, dass er die Werke des Dichters in seinem 10-bändigen *Family Shakespeare* von allem Anstößigen reinigte. Seitdem gehört das Wort *bowdlerized* zum englischen Wortschatz. Vielleicht hat sich Bowdler aber auch ein echtes Verdienst erworben, denn seine Reinigung dürfte die Neugier der Forscher dazu angeregt haben, all die anzüglichen Wortspiele aufzudecken, die man bis dahin überlesen oder nicht verstanden hatte. An der Verehrung Shakespeares in England hat sich bis heute nichts geändert, auch wenn sie – wie bei vielen großen Künstlern – oft nur als Kult betrieben wird. Jedenfalls strömen die Shakespeare-Verehrer zu dem alljährlichen Shakespeare-Festival mit dem gleichen Enthusiasmus nach Stratford wie die Wagner-Verehrer nach Bayreuth.

Vergötzung in Deutschland

Die Vergötterung Shakespeares nahm in Deutschland zeitweilig die Form der Vergötzung an. Dabei kannte man ihn hier bis zur Mitte des 18. Jahrhunderts nur als den «englischen dramaticus» mit «dem scherzhaften Gemüthe», wie ihn das im Eingangskapitel zitierte Gelehrtenlexikon beschreibt. Noch 1751 konnte der deutsche Literaturpapst Johann Christoph Gottsched in seinem *Versuch einer critischen Dichtkunst* dem Briten nichts abgewinnen. Er vermisste bei ihm den kunstgerechten Aufbau einer dramatischen Fabel. Doch acht Jahre später trat Gotthold Ephraim Lessing mit dem 17. seiner *Briefe, die neueste Literatur betreffend* eine Lawine los, die die nachfolgende deutsche Literatur von Grund auf veränderte. Statt von einer Lawine, die den Berg hinabrollt, sollte man in diesem Fall wohl besser den Berg selbst als Bild bemühen, denn auf einem solchen sah Johann Gottfried Herder den englischen Dichter in seinem Aufsatz «Shakespeare»:

> Wenn bei einem Manne mir jenes ungeheure Bild einfällt: ‹hoch auf einem Felsengipfel sitzend! Zu seinen Füßen Sturm, Ungewitter und Brausen des Meers; aber sein Haupt in den Strahlen des Himmels!›, so ist's bei *Shakespeare*! – Nur freilich auch mit dem Zusatz, wie unten am tiefsten Fuße seines Felsenthrones Haufen murmeln, die ihn erklären, retten, verdammen, entschuldigen, anbeten, verleumden, übersetzen und lästern! – und die er alle nicht höret! Welche Bibliothek ist schon über, für und wider ihn geschrieben!

Zwei Jahre vorher hatte der 22-jährige Goethe seine enthusiastische *Rede Zum Schäkespears-Tag* publiziert, mit der er als wirkungsvollste Stimme in den Chor der Stürmer und Dränger einstimmte. Er schrieb:

> Und ich rufe: Natur, Natur! nichts so Natur als Shakespeares Menschen.
> Da hab ich sie alle überm Hals.
> Laßt mir Luft, damit ich reden kann.
> Er wetteiferte mit dem Prometheus, bildete ihm Zug vor Zug seine Menschen nach, nur in kolossalischer Größe; darin liegt's, daß wir unsre Brüder verkennen; und dann belebte er sie alle mit dem Hauch seines Geistes, er redete aus allen, und man erkennt ihre Verwandtschaft.

Dass es sich bei der deutschen Shakespeare-Begeisterung nicht ausschließlich um ein literarisches Werturteil handelte, erkennt man daran, dass Lessing drei Jahre vor dem folgenreichen 17. Literaturbrief eine Abhandlung über *Des Herrn Jakob Thomson sämtliche Trauerspiele* schrieb, die er mit ähnlichen Argumenten rühmte wie später die von Shakespeare, obwohl es sich um schwache Stücke handelt, die zu Recht vergessen sind. Für Lessing wie für die übrigen von Shakespeare Berauschten ging es in erster Linie nicht um poetische Qualität, sondern um Freiheit, um das Sprengen des Regelkorsetts, das der Dichtung durch das Vorbild der französischen Klassiker aufgezwungen wurde und das nichts anderes war als die literarische Erscheinungsform der sozialen und politischen Zwangsjacke des Absolutismus. Die englischen Dichter hatten sich nie ein solches Korsett anlegen lassen. Politisch hatte England den Versuch der Stuarts, ein absolutistisches System einzuführen, durch einen Bürgerkrieg abgewehrt und danach eine konstitutionelle Monarchie etabliert. Schon unter Elisabeth genossen die Briten mehr Freiheit als alle ihre Nachbarn, und danach sahen alle aufklärungshungrigen Bürger Europas in der englischen Freiheit das, was jedem Menschen als Mitgift der Natur in die Wiege gelegt war. Deshalb verschmolzen Natur und Freiheit zu einem auf die Romantik hinführenden Wertkomplex, den Shakespeare als Dichter beispielhaft verkörpert.

Das größte Hindernis für die deutschen Shakespeare-Verehrer war die Sprache. Selbst für Engländer des 18. Jahrhunderts war es nicht leicht, die komplexe Rhetorik in einem altertümlichen Englisch zu verstehen. Wie viel schwerer musste es dann erst für Deutsche sein. Die Ersten, die sich an Übersetzungen der Stücke machten, hatten weder gute Wörterbücher noch ausreichende Englischkenntnisse. Christoph Martin Wieland unterzog sich der frustrierenden Aufgabe und brachte zwischen 1762 und 1766 Prosaübersetzungen von 22 Dramen in acht Bänden in einem Züricher Verlag heraus, dann gab er resigniert auf. Als nächster machte sich Johann Joachim Eschenburg daran, dem deutschen Publikum den ganzen Shakespeare zu vermitteln. Von 1775 bis 1777 ließ er, ebenfalls in Zürich, in zwölf Bänden die überarbeiteten Übersetzungen Wielands und seine eigenen in Prosa erscheinen. Nur bei *Richard III.* wagte er eine Übertragung in Versen. Dass Shakespeares Stücke auch ohne seine Verskunst bei deutschen Lesern Begeisterung auslöste, zeugt für die inhaltliche Wirkungsmacht der Stücke. Dann endlich wurde den Deutschen auch die sprachliche Form vermittelt, die Shakespeare zum meistzitierten europäischen Dichter macht. Die schönste Frucht der deutschen Shakespeare-Begeisterung ist die von August Wilhelm Schlegel 1796 begonnene und später von Ludwig Tieck unter Mithilfe seiner Tochter Dorothea und seines Freundes Wolf Graf Baudissin vollendete Übersetzung sämtlicher damals bekannter Werke des Dichters. Auch wenn die Schlegel-Tiecksche Übersetzung Mängel aufweist, die teils auf Fehlern in den Textvorlagen, teils auf Unkenntnis des elisabethanischen Sprachstands beruhen, gilt sie noch heute als die klassische Nachdichtung und hat einen eigenen Status als Original erlangt. Dabei ist der Ruhm etwas ungerecht verteilt ist; denn Graf Baudissin, der 13 Stücke übersetzte, und Dorothea Tieck, die so schwere Brocken wie *Macbeth, Coriolan, Timon von Athen, Cymbeline* und das *Wintermärchen* übernahm, hatten an der Gesamtleistung wesentlichen Anteil.

Lange bevor das Schlegel-Tieck-Projekt 1844 abgeschlossen war, hatte der Wiener Verlag Sollinger das deutsche Publikum schon mit der ersten formgerechten und kommentierten Übersetzung sämtlicher Dramen und Gedichte des Dichters versorgt, die 1826 in einem Band herauskam. Der Band umfasst die 18 bis dahin erschienenen Übersetzungen A. W. Schlegels und 18 weitere von anderen Übersetzern, dazu noch die Nachdichtungen der Sonette von Andreas Schumacher. Außer den «kritischen Erläuterungen» zu den einzelnen Werken enthält der Band auch noch eine kurze Shakespeare-Biographie.

Während die Sonette noch für lange Zeit ein Geheimtip für Eingeweihte blieben, wurden die Dramen, allen voran *Hamlet,* von einer breiten Bildungsschicht rezipiert. Die besondere Wirkung, die gerade diese Tragödie in Deutschland hatte, liegt offen zutage. In Hamlet sahen die deutschen Gebildeten ihre politische Lähmung literarisch geadelt. Deshalb deuteten sie ihn durchgängig als einen Intellektuellen, der durch sein Denken am Handeln gehindert wird. Dabei übersahen sie geflissentlich, dass Hamlet das ganze Stück hindurch planvoll handelt und bis zur Totengräber-Szene alle Fäden in der Hand behält. Das deutsche, zum Archetypus erstarrte Hamletbild ist das des schwarz gekleideten Melancholikers, der den Schädel des toten Yorick in der Hand hält und melancholisch über die Sinnlosigkeit der Welt räsoniert. Diese Hamletfigur ist anderen spezifisch deutschen literarischen Gestalten wie Goethes Werther und Büchners Lenz so nahe, dass es nicht verwundert, dass die Deutschen sie als Teil ihrer literarischen Tradition empfanden. Den politischen Grund dieser nationalen Identifikation mit Hamlet spricht am deutlichsten Ferdinand Freiligrath aus, dessen oft zitiertes Gedicht, das 1844 in der stickigen Luft der Vormärzzeit entstand, so beginnt:

> Deutschland ist Hamlet! Ernst und stumm
> In seinen Toren jede Nacht
> Geht die begrabne Freiheit um
> Und winkt den Männern auf der Wacht.

1871 nimmt Friedrich Nietzsche in seiner Schrift *Die Geburt der Tragödie aus dem Geist der Musik* auf die deutsche Hamlet-Fixierung Bezug und distanziert sich von der «wohlfeilen Weisheit von Hans dem Träumer, der aus zuviel Reflexion, gleichsam aus einem Überschuss von Möglichkeiten, nicht zum Handeln kommt». Dann fährt er fort:

> ... nicht das Reflektieren, nein! – die wahre Erkenntnis, der Einblick in die grauenhafte Wahrheit überwiegt jedes zum Handeln antreibende Motiv, bei Hamlet sowohl als bei dem dionysischen Menschen. (Kap. 7)

In der genannten Schrift entwirft Nietzsche seine Typologie von apollinischer und dionysischer Kultur. Da die Deutschen im 19. Jahrhundert zum Volk der Musik wurden, war ihre Kultur nach dieser Typologie dionysisch geprägt. Kein Wunder also, dass Nietzsche, der ein Bewunderer Wagners war, diesem die Schrift widmete. Wagners der Götterdämmerung entgegengehende Helden scheinen danach die deutsche Seele stärker fasziniert zu haben als Hamlet. Der Komponist selbst, der mit Lob für andere Künstler geizte, hat seine Bewunderung für Shakespeare nie zurückgehalten. Er nahm sogar dessen Stück *Maß für Maß* zur Vorlage für seine zweite Oper *Das Liebesverbot.* Danach suchte der Schöpfer von «Musikdramen» seine Stoffe paradoxerweise in epischen Dichtungen, was seiner narrativen Leitmotivtechnik mehr entgegenkam als die unmittelbare Psychologie von Wortdramen. An die hielt sich Verdi, der große Dramen der Weltliteratur vertonte, darunter drei von Shakespeare. Bei Wagner geht es um Erlösung auf einer höheren Ebene, bei Shakespeare enden die Tragödien nach dem Sturz aus der Höhe auf dem Boden der Realität. Das entspricht den unterschiedlichen Mentalitäten, die die beiden Nationen im Lauf ihrer Kultur ausbildeten. Während die Deutschen seit der Romantik eine Kultur der Sehnsucht entwickelten, mit der Musik als ihrem bevorzugten Ausdrucksmittel, blieb die englische auf ihrem empiristisch-skeptischen Weg, den sie seit Chaucer eingeschlagen hatte.

Insofern ist Shakespeare nicht, wie hierzulande manche in der Zeit seiner höchsten Verehrung meinten, ein Deutscher, der nur zufällig in England geboren wurde, sondern ein durch und durch englischer Dichter. Bei ihm zerbricht Prospero zuletzt seinen Zauberstab und kehrt in die alltägliche Menschenwelt zurück. Bei Wagner zerschlägt Siegfrieds Schwert den Speer des Göttervaters Wotan, danach geht die Welt unter; es bleibt aber die Hoffnung, dass ein neuer Zyklus der Schöpfung im Sinne von Nietzsches Idee der «ewigen Wiederkehr» beginnt. Auch wenn generalisierende Aussagen über den Gemütszustand einer Nation immer etwas Fragwürdiges haben, weil sie naturgemäß nur durch wenige prominente Beispiele zu belegen sind, ist doch klar zu erkennen, dass sich die deutsche Kultur in der zweiten Hälfte des 19. Jahrhunderts von Hamlet entfernte und sich mehr auf Siegfried hin orientierte.

Der Drang zum Hohen, Erhabenen war ein Grundzug der deutschen Kultur des 19. Jahrhunderts und hielt bis in die Mitte des 20. an. Außer in der Musik und bildenden Kunst zeigt er sich vor allem in der hohen Wertschätzung der Tragödie, um die in Deutschland Dichter und Denker von Lessing bis Gerhart Hauptmann gleichermaßen rangen. Deut-

Apotheose Schillers. Stich von J. H. Ramberg (1820)

sche Literaturwissenschaftler und Philosophen schrieben über die Tragödie so, als sei tragisches Scheitern der Ausweis besonders hohen Menschentums. Nietzsche beschreibt die Vernichtung des tragischen Helden als rauschhafte Auflösung des Prinzips der Individuation, was er im Sinne Schopenhauers als einen Durchbruch durch die Welt des Scheins und als Faustischen Gang zu den Müttern ansieht. Darin liegt das, was er den «metaphysischen Trost der Tragödie» nennt. Das mag für Wagners Ring gelten, doch nicht für Shakespeares Tragödien. Bei dem Elisabethaner stürzen die charismatischen Helden durch eigene Schuld und werden durch kompromissbereite Pragmatiker ersetzt, in denen sich bereits das Normalmaß des bürgerlichen Individuums ankündigt. Seine Tragödien enden in einer Realität, über der der Grauschleier des Alltäglichen liegt.

Zu diesem Normalmaß ist inzwischen auch die deutsche Erhabenheitskultur zurückgekehrt. Von der einstigen Wertschätzung des Tragischen ist nichts mehr zu spüren. Das gilt für die ganze westliche Welt, wie im Zusammenhang mit der elisabethanischen Lust am Tragischen näher ausgeführt wurde. Mit Bezug auf Shakespeare macht das den Blick frei für Werke, die früher gering geachtet wurden. So werden moderne Leser und Theaterbesucher mehr Bezug zu ihrer eigenen politischen Realität in Shakespeares Trilogie *Heinrich VI.* finden als in den Tragödien; und für Regisseure hat es einen größeren Reiz, das blutige Drama *Titus Andronicus* zu inszenieren als den melancholischen Hamlet, der über das Sein philosophiert. Vor allem die Sonette, die lange im Schatten der Tragödien standen, finden jetzt so viel Interesse, das immer wieder neue Übersetzungen herauskommen. Das zeigt, dass Shakespeare inzwischen entmythisiert ist und nur noch als großer Dichter wahrgenommen wird. Seine unübersehbare Präsenz im literarischen Diskurs macht ihn aber noch immer zu einem nicht wegzudenkenden Teil der deutschen Literatur, auch wenn man sich ihn nicht mehr auf dem Olymp vorstellt, auf dem er in Johann Heinrich Rambergs Stich «Apotheose Schillers» im *Minerva*-Taschenbuch von 1820 den deutschen Dichterkollegen in Empfang nimmt.

Shakespeares Kunst

Was in Shakespeares Stücken unmittelbar ins Auge springt, ist die reiche Ausdifferenzierung ihres Personals. Bei ihm kommen neben den Hauptfiguren, die der oberen Gesellschaftsschicht angehören, Menschen aus vielfältigen Lebensbereichen zu Wort. Es ginge zu weit, von einem Querschnitt durch die Gesellschaft zu sprechen; doch zumindest der Ranghöhe nach sind alle Schichten vertreten. Es gibt darin Könige, Hochadlige, den niederen Adel, Kaufleute und Angehörige des gemeinen Volkes bis hinunter zum Totengräber, daneben Funktionsträger wie Erzbischöfe, Bischöfe, Mönche, Ärzte, Generäle und Leutnants. Hochgestellte Frauen haben ihre Kammerfrauen und Ammen, Fürsten ihre Höflinge und Narren. Fast allen werden bedenkenswerte Sätze in den Mund gelegt, und das in ebenso abgestufter Sprache. Fürsten reden mit kunstvoller Rhetorik, Höflinge wie Osric in *Hamlet* zuweilen in affektiert gedrechselter Sprache, der Totengräber mit einer Mischung aus Halbbildung und Mutterwitz und der betrunkene Pförtner in *Macbeth* mit ungenierter Deftigkeit. Manche dieser Nebenfiguren haben nur einen kurzen Auftritt und bieten trotzdem dem Schauspieler Gelegenheit, daraus ein Kabinettstück zu machen. Genauso ausdifferenziert wie die soziale Vielfalt ist die psychologische und moralische, wie im vorangegangenen Teil des Buches (vielleicht bis zum Überdruss des Lesers) wiederholt gezeigt wurde. Zwischen der stoischen Vernünftigkeit eines Horatio und der Vernunftlosigkeit eines Caliban, zwischen der Besonnenheit Prosperos und dem rasenden Wahnsinn Lears gibt es alle Abstufungen von guten und schlechten, vernünftigen und leidenschaftlichen Charakterdispositionen. Diese Vielfalt, die Shakespeare zeigt, macht die Universalität seiner Kunst aus. Bei ihm finden Leser und Zuschauer Identifikationsmöglichkeiten für beinahe jede menschliche Befindlichkeit.

Bei der Betrachtung des *Sommernachtstraums* und beiläufig auch bei anderen Stücken wurde bereits gezeigt, wie Shakespeare die Vielfalt der von ihm dargestellten Realität dazu benutzt, um ein zentrales Thema auf unterschiedlichen Ebenen mit unterschiedlichem Akzent sichtbar zu machen. Diese «Vielstimmigkeit» der Darstellung zeichnet ihn ebenso aus wie die Vielfalt des Dargestellten.

«Vielfalt in der Einheit» war die Grundformel, die im 18. Jahrhundert, als sich die Ästhetik zu einer eigenen Disziplin entwickelte, von fast allen Theoretikern als Merkmal des Schönen angesehen wurde. Allerdings gab es kein Kriterium dafür, wo der magische Punkt zu finden ist, bei dem sich Vielfalt und Einheit die Waage halten. Die Klassizisten sahen ihn näher bei Einheit, die Romantiker näher bei Vielfalt. Manche kamen zu dem Ergebnis, dass dieser Punkt ein undefinierbares Etwas, ein *je ne sais quoi* (ich weiß nicht, was) sei; und auch diese Formel taucht in den ästhetischen Debatten immer wieder auf.

Es ist offensichtlich, dass Shakespeares Kunst auf der Seite der Vielfalt liegt, weshalb sie von Vertretern der klassizistischen Regelpoetik als Wildwuchs empfunden und entsprechend getadelt wurde. Dabei berief man sich auf Aristoteles, aus dessen Poetik man für das Drama die drei Einheiten – die des Ortes, der Zeit und der Handlung – herausgelesen und zum Dogma erklärt hatte. Shakespeare hielt sich an keine von ihnen. Er schrieb Stücke wie *Antonius und Cleopatra,* dessen Handlung in Rom, Ägypten und Griechenland spielt, Stücke wie *Ein Wintermärchen,* wo sich die Handlung auf 16 Jahre erstreckt, und Stücke wie *König Lear,* wo zwei Handlungen nebeneinander ablaufen. In alldem sahen Kritiker wie Gottsched schlimme Verstöße gegen die aristotelischen Regeln.

In einem anderen Punkt aber war Shakespeare viel näher an Aristoteles als die regelkonformen Klassizisten. Wenn heute der Begriff ‹aristotelisch› auf ein Drama angewendet wird, versteht man darunter die Gegenposition zur Brechtschen Verfremdungstechnik des epischen Theaters. Aristotelisch ist ein Stück, dessen beabsichtigte Wirkung auf der Identifikation des Zuschauers mit den Charakteren auf der Bühne beruht. Mit solcher Identifikation erklärt Aristoteles die Wirkung der Tragödie, wenn er sagt, dass sie durch Erregung von Schrecken (Phobos) und Jammer (Eleos) im Zuschauer eine Katharsis bewirke. In seiner verlorengegangenen Schrift zur Komödie hätte sein Modell sicher ganz ähnlich ausgesehen, denn auch in dieser Gattung wird eine Spannung aufgebaut und wieder gelöst, nur dass an die Stelle des angstvollen Schreckens eine positive Erwartung und an die Stelle des jammernden Mitleidens die Auflösung der Spannung durch erleichertes oder schadenfrohes Gelächter erfolgt. Für dieses aristotelische Reaktionsmuster hat kein Dramatiker wirkungsvollere Auslöser geliefert als Shakespeare. Bei ihm wird in Stücken wie *Macbeth* nicht nur der Schrecken bis zum äußersten Grauen gesteigert, er versteht es zugleich wie kein anderer, durch eingelegte Szenen von makabrer Komik wie dem Auftritt des Pförtners die Hauptspannung des Stücks kurz zu senken, um sie danach weiter steigern zu können – das ist *comic relief,* ‹komische Entlastung›.

Um Shakespeares dramatische Kunst würdigen zu können, muss man sich seine Stücke auf der elisabethanischen Bühne vorstellen. Der Anglist Manfred Pfister unterscheidet in seinem Standardwerk *Das Drama* zwei Kommunikationssysteme, das innere zwischen den Personen auf der Bühne und das äußere zwischen Bühne und Publikum. Im späteren Theater der Guckkastenbühne war es möglich, die Illusion aufzubauen, als gäbe es das Publikum gar nicht. Auf der elisabethanischen Rampenbühne, die auf drei Seiten von Zuschauern umgeben war, musste dagegen das äußere Kommunikationssystem von Anfang an und ohne Unterbrechung in die Dramaturgie einbezogen werden. Da es außerdem für den Schauplatz weder Kulissen noch eine andere räumliche Begrenzung gab, musste das innere Kommunikationssystem des dramatischen Textes so angelegt sein, dass die Personen auf der Bühne in Raum, Zeit und Handlung zusammengehalten werden. Wie kaum einem anderen Dramatiker gelingt es Shakespeare, seine Figuren einerseits so reden zu lassen, dass sie sich dem Publikum mitteilen und damit auf der Bühne lebendig werden, und andererseits so, dass sie als Akteure wirksam werden. Hier zeigt sich seine Kunst in besonderem Maße und verrät dabei seine Erfahrung als Schauspieler. Seine Charaktere drücken nicht nur sich selbst aus, sie manipulieren auch unablässig ihre Mit- und Gegenspieler. Das Manipulative seiner Stücke gehört zu den wesentlichen Gründen, weshalb sie noch heute dramaturgisch so wirksam sind.

Zu den großartigsten Beispielen manipulativer Sprache gehört die Rede, die Mark Anton vor der Leiche Caesars hält. Darin geht er von dem aus, was Brutus Caesar vorwarf, und schiebt immer wieder den Satz «und Brutus ist ein ehrenwerter Mann» ein, während er gleichzeitig all das aufzählt, was Caesar für das Volk getan hat, so dass am Ende die Zuhörer nicht auf der Seite des ehrenwerten Mannes, sondern auf der des toten Caesar sind. Ein subtileres Beispiel für Manipulation ist Jago, der mit heuchlerischer Besorgtheit Othello vor dem «grünäugigen Monster» der Eifersucht warnt und sie in ihm gerade dadurch anstachelt. In den Komödien dient das Manipulieren vor allem komischen Zwecken. Auch hier gibt es ein Beispiel, das an rhetorischer Raffinesse der Rede Mark Antons nicht nachsteht. Es ist Portias Plädoyer, in dem sie die Rechtsposition Shylocks zum Schein aufnimmt und ihn in dem Glauben wiegt, dass er das Pfund Fleisch aus Antonios Körper bekommen werde, doch dann deduziert sie mit kasuistischer Schläue das genaue Gegenteil aus dem Vertrag.

Die einzige Barriere bei Shakespeare ist die komplexe Sprache, die es heutigen Zuschauern schwer macht, den Aufführungen zu folgen, und die sicher auch für die Zuschauer seiner Zeit nicht leicht zu verstehen war. Zu bedenken ist hier aber, dass in einer Zeit, in der Analphabetentum die Regel war, das Verstehen gesprochener Sprache besser trainiert war als heute. Vor allem konnten die Menschen gesprochene Texte, notgedrungen, sehr viel länger behalten. Da ist es dann nicht mehr ganz so unwahrscheinlich, dass Shakespeares Stücke, für deren Aufführung heutige Regisseure vier und mehr Stunden brauchen, in zwei Stunden heruntergespielt wurden, wenngleich anzunehmen ist, dass auch damals schon Kürzungen vorgenommen wurden. Dass das elisabethanische Publikum bereits durch die allsonntägliche Predigt, zu deren Besuch sie durch Gesetz verpflichtet waren, für das Verständnis elaborierter Rhetorik vorbereitet waren, wurde bereits an früherer Stelle erwähnt.

In seiner eigenen Rhetorik nutzt Shakespeare nicht nur das klassische Repertoire der Antike, sondern eine komplexe Bildersprache, auf die schon bei den Sonetten eingegangen wurde. Da die Bühne keine Kulissen kannte und nur wenige charakteristische Requisiten einsetzte, musste alles Nichtsichtbare durch Sprache vor das innere Auge des Zuschauers gerufen werden. Das machte eine bilderreiche Ausdrucksweise erforderlich, die dann auch auf Abstraktes ausgedehnt wurde. Auch dieser Bereich ist von der Forschung, unter anderen von dem deutschen Anglisten Wolfgang Clemen, gründlich untersucht worden. Daneben gab es klassische Kunstgriffe, die seit der Antike Allgemeingut der schreibenden Zunft waren. *Variatio delectat,* ‹Variation erfreut›, lautet ein Grundsatz, der auch heute noch Schülern beim Aufsatzschreiben ans Herz gelegt wird. Bei Shakespeare lässt sich beobachten, wie er bestimmte Methoden ausprobiert, um den prunkvollen Ornat seiner dramatischen Sprache zu höchster Wirkung zu bringen. So fällt im mittleren Teil seines Schaffens, vor allem in *Hamlet,* auf, dass er eine gemeinte Sache gern mit zwei bedeutungsähnlichen Wörtern ausdrückt, von denen oft das erste lateinischen, das zweite angelsächsischen Ursprungs ist. Hier ein beliebiges Bespiel aus der früher zitierten Rede des Odysseus, wo es heißt: *the primogenitive and due of birth* (das Erstgeburtsrecht und das Vorrecht der Geburt). Solche Wortpaare machen nicht nur das Gemeinte für die verständlich, die das Fremdwort nicht kennen, sondern intensivieren auch die Bedeutung und erhöhen zugleich den rhetorischen Glanz der Sprache. Obwohl Shakespeares Sprache aus heutiger Sicht manieriert wirkt, hat er selbst sich in seinen Stücken über sprachliche Manieriertheit oft mokiert. So macht er in *Hamlet* den affektierten Höfling Osric, der leere Worthülsen drechselt, zur Witzfigur; und die langatmige Sprachgirlande des Polonius lässt er durch den Einwurf «Mehr Inhalt, weniger Kunst!» aus dem Mund von Hamlets Mutter unterbrechen, wobei eine besondere Ironie darin liegt, dass Polonius unmittelbar davor den Satz *brevity is the soul of wit* (Kürze ist des Witzes Seele), äußerte, der zum geflügelten Wort wurde. Shakespeare war sich offensichtlich des schmalen Grats zwischen wirkungsvoller Rhetorik und sprachlicher Angeberei bewusst, was ihn nicht hinderte, bis hart an die Grenze und in seinen späten Stücken auch darüber hinaus zu gehen. An die Grenze geht er auch beim Gebrauch des Stilmittels der Übertreibung. Bei Versdramen funktioniert poetische Sprache wie Musik in der Oper. Dabei gibt es außer dem An- und Abschwellen der stimmlichen Lautstärke auch eine semantische Dynamik. Übertreibung ist gewissermaßen ein semantisches Fortissimo, das für moderne Ohren lächerlich wirken kann. Das gilt z. B. für den im *Hamlet*-Kapitel zitierten Ausbruch des Helden, als er sich im Grab Ophelias mit ihrem Bruder streitet. Um dies nicht lächerlich zu finden, muss man sich klar machen, dass Hamlet hier seine Leidenschaft in Form einer Spracharie zum Ausdruck bringt. So wie wir keinen Anstoß daran nehmen, wenn eine sterbende Opernheldin noch kraftraubende Koloraturen singt, so fanden die

Elisabethaner nichts Lächerliches an solch maßlosen Übertreibungen. Ganz im Gegenteil, sie genossen es, wenn Shakespeare seinem Affen Zucker gab und rhetorische Koloraturen erfand, die sie vorher noch nie gehört hatten.

Besondere Originalität und gedankliche Tiefe zeigt Shakespeare in seinen Vergleichen. Im Zusammenhang mit den *conceits* der Sonette war von «semantischer Polyphonie» die Rede. Eine andere Form von Mehrdeutigkeit, der man bei ihm und seinen Zeitgenossen auf Schritt und Tritt begegnet, sind Wortspiele. Bei den Sonetten wurde schon gesagt, dass *puns* oft nur vermutet, aber nicht immer eindeutig identifiziert werden können, weshalb man davon ausgehen muss, dass es sehr viel mehr davon gibt, als der heutige Leser ahnt. Vor allem auf dem Gebiet der sexuellen Anzüglichkeit enthalten die Stücke so viele Wortspiele, dass der Sprachforscher Eric Partridge ein ganzes Buch über *Shakespeare's Bawdy* (Shakespeares Zoten) schreiben konnte. Deutschen Lesern und Theaterbesuchern entgeht das meiste, weil sich die Wortspiele nur selten übersetzen lassen. Eine besonders glückliche Hand als Übersetzer hat auf diesem Feld Frank Günther, dem es oft gelingt, ein deutsches Äquivalent für das englische *pun* zu finden. Wenn beispielsweise Hamlet Ophelia fragt, ob er in ihrem Schoß liegen dürfe und sie dies entrüstet zurückweist, erwidert er: «ich meinte an ihrem Schoß» und fügt mit Unschuldsmiene hinzu: *Do you think I meant country matters?* Da *country* wie *cuntry* ausgesprochen wird und *cunt* das Vulgärwort für die weibliche Scham ist, ist Ophelias Reaktion verständlich. Günther findet dafür die Übersetzung: «Sie meinen, ich meinte was Anschößiges?»

Neben sexuellen Anzüglichkeiten gibt es den großen Bereich von Anspielungen auf zeitgenössische Ereignisse oder auf allgemeines Bildungswissen. Auch hierfür ein Beispiel: Als Hamlet nach dem Verbleib des von ihm erstochenen Polonius gefragt wird, antwortet er, dass der «beim Abendessen ist, nicht da, wo er isst, sondern wo er gegessen wird». Dabei nennt er die Tischgesellschaft *a convocation of political worms* und fügt hinzu: *your worm is your only emperor for diet. Diet* bedeutet außer ‹Diät› auch ‹Reichstag›, so dass hier eine Anspielung auf den Reichstag von Worms vorliegt, vor dem sich Luther in Anwesenheit des Kaisers rechtfertigen musste. Da Hamlet in Wittenberg studiert hat, war den Gebildeten der Bezug klar.

Shakespeares wirkungsvollstes sprachliches Ausdrucksmittel ist der Blankvers, den er zu Beginn seiner Karriere bereits in voll entwickelter Form bei seinen Vorgängern und Konkurrenten vorfand. Der Blankvers ist ein reimloser Vers von fünf Jamben, der sich in doppelter Hinsicht der Prosa annähert: zum einen durch die Reimlosigkeit und zum anderen durch den gleichmäßigen Wechsel von unbetonten und betonten Silben, der dem natürlichen Sprachfluss des Englischen nahe kommt. Da das Englische beim Übergang vom Mittel- zum Neuenglischen die meisten Flexionsendungen abgelegt hatte, war die Anzahl einsilbiger Wörter erheblich angewachsen. Das machte es nicht nur leicht, Verszeilen mit regelmäßiger Abfolge von Hebungen und Senkungen zu schreiben, es ließ diesen Wechsel auch als den natürlichen Rhythmus der Sprache erscheinen. Allerdings droht dabei die Gefahr des Leierns, wenn der Wechsel allzu gleichmäßig erfolgt und wenn jede Verszeile mit einem Satz- oder Gedankenende schließt. In Shakespeares Werk lässt sich eine Entwicklung beobachten, die zu immer größerer Flexibilität des Blankverses hinführt. In den frühen Stücken schloss er die Szenen oft noch mit einem Reimpaar ab und flocht manchmal längere Reimpassagen und ganze Sonette ein. Später ließ er den Sprachfluss oft durch Enjambement über das Versende hinaus in die folgende Zeile übergehen; und um das Leiern innerhalb der Zeile zu vermeiden, fügte er gedankliche Zäsuren ein. Außerdem bediente er sich zunehmend der Prosa, durch die sich die Vertreter der Unterschicht von den Hauptcharakteren abheben.

Man hat versucht, an der Entwicklung der sprachlichen Mittel Datierungskriterien für die Dramen abzulesen, was nicht immer zu eindeutigen Ergebnissen führte. Unstrittig ist aber, dass Shakespeare die Ausdrucksskala seiner dramatischen Sprache stetig erweiterte. Dabei brilliert er nicht nur durch rhetorische Kunstfertigkeit, sondern zeichnet sich vor den anderen Dramatikern auch dadurch aus, dass er alle Stilregister beherrscht. Bei ihm reden hochgestellte Personen auf hohem Stilniveau und einfaches Volk wie einfaches Volk. Nicht genug damit, er versteht es auch, hohes Pathos zu parodieren und seinen Clowns Worte in den Mund zu legen, die wie Nonsens-Dichtung klingen. Am auffälligsten ist seine Kunstfertigkeit dort, wo er – wie in *Verlorene Liebesmüh* – vom gedrechselten Stil des Hofes in den Naturton derber Volksdichtung überwechselt. Noch kunstvoller ist die Stilskala im *Sommernachtstraum* ausdifferenziert, wo er die Handwerker ungelenk stammeln lässt und den Naturgeistern Verse von magischer Beschwörungskraft in den Mund legt. Es soll aber auch nicht verschwiegen werden, dass Shakespeare nicht selten über das Ziel hinausschießt und sprachliche Pirouetten dreht, die von manchen Kritikern – wohl nicht zu Unrecht – als Imponiergehabe getadelt werden.

Die größte Kunst beweist Shakespeare in seiner Menschendarstellung. Er ist der erste Dramatiker, dem es gelang, Charaktere auf die Bühne zu bringen, die in der kurzen Zeit einer zweistündigen Aufführung eine glaubwürdige und für den Zuschauer nachvollziehbare innere Entwicklung durchmachen. Erst dadurch, dass ein Held wie Macbeth als bewunderter Held beginnt und als Verbrecher endet, entsteht tragische Wirkung. Ohne eine solche Entwicklung wäre ein guter Held, der tödlich endet, ein Märtyrer, und ein böser nur ein Verbrecher, den die gerechte Strafe ereilt. Während Shakespeare mit seinem Ordnungsdenken im Lager der Konservativen stand, gehörte er als Psychologe zur Avantgarde der zeitgenössischen Dichter und Intellektuellen, die den Humanismus beim Wort nahmen und sich der Erforschung des Humanen widmeten. Man könnte ihn auch zur Avantgarde des englischen Empirismus zählen; denn er hat die Facetten der menschlichen Seele in solcher Vielfalt dargestellt, dass spätere Psychologen seine Figuren oft als Muster menschlicher Verhaltensweisen zitierten. Das macht ihn über seine poetische Kunst hinaus zu einem der größten Erforscher der menschlichen Innenwelt.

Shakespeares Größe

Seit Shakespeare im eigenen Land zum Gott und in Deutschland zum Abgott der Dichtkunst avancierte, wurde sein Status als größter Dramatiker aller Zeiten nur selten angezweifelt. Der amerikanische Literaturwissenschaftler Harold Bloom sieht in ihm sogar den «Erfinder des Menschlichen», wie der Titel seines Buches *Shakespeare. The Invention of the Human* (Shakespeare. Die Erfindung des Menschlichen) verkündet. Das setzt der Vergötterung die ultimative Krone auf. Eine provokante Gegenthese stellte der Literaturwissenschaftler Gary Taylor im Wochenmagazin *Time* vom 27. März 2006 auf, das den 390. Todestag des Dichters zum Anlass einer Würdigung nahm. Taylor wagte es, Zweifel an Shakespeares Einzigartigkeit zu äußern. Als Herausgeber der Werke von Thomas Middleton brach er eine Lanze für diesen Zeitgenossen des Dichters und sprach ihm Qualitäten zu, die Shakespeare durchaus ebenbürtig seien. Ähnliches sagte er über Ben Jonson. Am Ende kam er zu dem Fazit, dass Literaturkritik ein Nullsummenspiel sei, bei dem die positive Beurteilung des einen zur Geringschätzung der anderen führe. Schon 1990 hatte Taylor in seinem Buch *Shakespeare – Wie er euch gefällt* in einem Schlusskapitel die Fragwürdigkeit literarischer Werturteile erörtert und dort Dichter und Denker zitiert, die sich der Shakespeare-Verehrung verweigerten. Der Prominenteste unter ihnen ist Leo Tolstoi, der so rabiat wie kaum ein anderer an diesem Denkmal rüttelte. Tolstoi fühlte sich von Shakespeares Rhetorik abgestoßen und kam zu dem Schluss, dass Shakespeare nicht wirklich glaubte, was er schrieb, sondern nur die unreligiöse und unmoralische Haltung der Oberschicht seiner Gesellschaft wiedergab. Nicht ganz so ernst ist George Bernard Shaw zu nehmen, der sich mit notorischer Provokationslust zu der Aussage verstieg, dass er, nach Homer, keinen bedeutenden Dichter so sehr verachte wie Shakespeare. Im Kern warf er ihm nichts anderes vor, als dass er nicht die sozialistischen Ansichten der Fabian Society teilte, deren prominentestes Mitglied Shaw selbst war.

Niemand wird bestreiten wollen, dass sich gerade in der Kunstsphäre, in der sich Werte nicht exakt messen lassen, Einschätzungen oft verfestigen, ohne dass sie weiter kritisch überprüft werden. Daran hat auch der Anspruch auf Wissenschaftlichkeit, den die philologischen Fächer an der Universität erheben, nichts geändert. Im Gegenteil: Überall dort, wo Literaturwissenschaftler über das positivistische Sichern von Fakten hinausgehen und sich um Interpretation bemühen, nähern sie sich der Theologie an und betreiben Exegese von Werken, die sie wie heilige Schriften behandeln. Oft berufen sie sich dabei auf Literaturtheoretiker wie auf Kirchenväter. Gary Taylor hat Recht, wenn er auf die Qualitäten von Dichtern hinweist, die im Schatten Shakespeares zu gering geachtet werden. Von Middleton und Ben Jonson gibt es zweifellos Stücke, die eine Wiederbelebung auf der Bühne eher verdienten als z. B. Shakespeares *Cymbeline*. Doch so interessant die Stücke der beiden – und die von John Webster, Cyril Tourneur oder John Heywood – auch sein mögen, es fehlt ihnen das, was Shakespeare vor allen anderen auszeichnet: die sprachliche Feinstruktur. Wie sehr ihn das von seinen Zeitgenossen unterscheidet, erkennt man schon daran, dass das *Oxford Dictionary of Quotations* 2030 Zitate von ihm enthält, während Ben Jonson nur mit 57 und Middleton mit dreien vertreten ist. Zitate sind sprachliche Münzen, die nur ein Dichter von hohem Sprachvermögen in Umlauf setzen kann.

Die Fülle origineller und tiefsinniger Gedanken in Shakespeares Werken war und ist – wie am Anfang dieses Buches dargelegt wurde – das Hauptargument für die Zweifler an seiner Autorschaft. Wie konnte ein Mann von so geringer Schulbildung so kluge Dinge sagen und so tief in die Psyche der Menschen schauen? Gegenfrage: Wie konnte Mozart, der offensichtlich noch weniger Schulbildung genossen hatte, die Höhen und Tiefen menschlicher Empfindungen so wirkungsvoll ausdrücken? Weil er es mit musikalischen Mitteln tat, wird man sagen, und weil er dafür eine geniale Spezialbegabung hatte. Wieso aber braucht ein Genie mit einer genialen Sprachbegabung eine Universitätsausbildung, um das, was Mozart mit Tönen ausdrückte, in Worte zu fassen? Was Shakespeare inhaltlich sagte, hatten vermutlich schon viele vor ihm empfunden, nur konnten sie – um es in den Worten von Theseus im *Sommernachts-*

traum zu sagen – den «von der Fantasie geschaffnen Formen unbekannter Dinge» keine poetische Gestalt und «dem luftgen Nichts» kein «Haus zu wohnen drin und keinen Namen» geben. Um ein großer Sprachkünstler und zugleich ein scharfsinniger Gestalter des Allgemeinmenschlichen zu werden, kamen bei Shakespeare zu seinem angeborenen Sprachtalent drei Glücksfälle hinzu. Andere große Dichter wurden in Traditionen hineingeboren und bewegten sich auf Feldern, die schon von Vorgängern bearbeitet und abgeerntet worden waren. Shakespeare fand drei Felder vor, die mehr oder weniger Neuland waren. Das größte davon war das neue Selbstverständnis des Menschen, das sich von dem des Mittelalters so stark abhob, dass man die ganze mit der Renaissance und dem Humanismus beginnende Epoche darum die Neuzeit nennt. Auf diesem Felde hatten die Dichter, Künstler und Philosophen auf dem Kontinent bereits Großes geleistet, während England noch dabei war, seinen Rückstand aufzuholen. Das zweite Feld fand Shakespeare im Theater vor, wo er nur wenige Vorgänger hatte, die er allesamt mühelos übertraf. Selbst Marlowes grandiose Rhetorik konnte ihn nicht einschüchtern, da er selbst mehr Saiten auf seiner Leier hatte als der früh verstorbene Konkurrent. Das dritte Feld war ein spezifisch englisches, nämlich die Sprache. Auf der Insel hatte sich von der normannischen Eroberung bis zum Beginn der Neuzeit aus der Verschmelzung des heimischen Angelsächsischen mit dem Französischen der Eroberer eine völlig neue Sprache ausgebildet, die erst in der Shakespearezeit ihre heutige Form erlangte. Diese Sprache war in ihrem Wortschatz reicher und in ihrer Grammatik flexibler als die beiden Ausgangssprachen. Vor allem aber war sie noch so wenig verfestigt, dass Shakespeare sie wie Ton kneten konnte. Er selbst führte 1700 neue Wörter ins heutige Englisch ein. Ob er sie selbst erfand oder nur als erster schriftlich gebrauchte, lässt sich nicht beweisen. Doch dass er seiner Muttersprache das Äußerste an Elastizität abtrotzte und dies mit erkennbarem Gusto tat, ist in seinem Werk allenthalben zu beobachten.

Für Deutsche, die Shakespeare in der Regel in Übersetzungen lesen, tritt seine Pionierarbeit auf dem sprachlichen Feld hinter das zurück, was er inhaltlich als Herold der Neuzeit leistete. Hier zeigt er sich in seiner ganzen geistigen Größe. Bei Betrachtung seiner Weltsicht wurde bereits ausgeführt, dass er weit mehr als seine Zeitgenossen ein Seismograph des

Umbruchs vom Mittelalter zur Neuzeit war, denn in seinem Werk spürt man – um im geologischen Bild zu bleiben –, wie zwei epochale Schollen aufeinander stoßen und in den Tragödien zu Erdbeben führen. Sein Weltbild war, wie in diesem Buch von Werk zu Werk gezeigt wurde, noch immer hierarchisch vertikal. Doch in der theologisch-kosmischen Wertpyramide von Gott über die Engel, den Menschen, die Tiere und Pflanzen hinab zu den Mineralien gab es eine Bruchlinie, an der die Pyramide zu kippen drohte. Diese Linie ging mitten durch den Menschen, der mit seiner Vernunft dem Reich der Engel und mit seinen Leidenschaften dem der Tiere angehörte. Im Kapitel über das Tragische wurde dies näher ausgeführt, soll aber aus größerer Distanz mit weiterem Blickwinkel noch einmal betrachtet werden.

Das Heraufziehen der Neuzeit lässt sich als ein sozialer Horizontalisierungsprozess verstehen, dem auf der kulturellen Ebene ein analoger – oder ‹homologer›, wie Lucien Goldmann es nennt – Prozess in gleicher Richtung entsprach. Mit dem Verschwinden der Leibeigenschaft und dem Aufstieg des Bürgertums – beides setzte in England früher ein als auf dem Kontinent – flachte sich die soziale Feudalpyramide ab. In der kulturellen Hierarchie der Werte entsprach dem eine Verringerung des Wertgefälles zwischen Vernunft und Leidenschaft. Während im Mittelalter die göttliche Vernunft unzweifelhaft an der Spitze stand, gewann jetzt die Leidenschaft mehr und mehr an Wert, denn sie befähigte den Menschen, sich gegen die alte Ordnung aufzulehnen und sich von ihr zu emanzipieren.

Für Shakespeare war die Bruchlinie zwischen Vernunft und Leidenschaft noch ein Ort tragischer Erdbeben, nach deren Abebben die frühere Vertikalität mit geringerer Höhe wiederhergestellt wurde. Sichtbarer Ausdruck dafür ist, dass am Ende der Tragödien ein kompromissbereiter Pragmatiker die Macht übernimmt, der weniger Charisma hat als der gestürzte Held. Lässt man den Blick im 17. Jahrhundert weiter schweifen, wird man gar nicht übersehen können, wie die tragische Spannung zwischen Vernunft und Leidenschaft immer mehr schwindet. Nach dem politischen Erdbeben des Bürgerkriegs und der gewaltsam eingeführten Republik unter Cromwell folgte mit der Glorreichen Revolution von 1689 und der durch sie erzwungenen *Bill of Rights* die konstitutionelle

Monarchie. Mit der Anerkennung dieses Verfassungsdokuments musste Wilhelm von Oranien, der als Wilhelm III. auf den englischen Thron gerufen wurde, auf die klassischen Prärogativrechte der Krone verzichten: Er durfte ohne das Parlament keine Steuern erheben, keine Gesetze erlassen oder aufheben und kein stehendes Heer halten. Von da an befanden sich Krone und Parlament auf der gleichen Ebene: Das Parlament bedurfte der Regierung als Ausführungsorgan, und die Krone konnte nur wenig gegen den Willen des Parlaments unternehmen.

Bei Shakespeare hatte Menenius im Coriolan das Volk noch als die Glieder eines Körpers beschrieben, die den Bedürfnissen des Magens dienen müssen, weil sie sonst absterben würden. Nach 1689 entschied das Parlament darüber, wie viel Futter es dem Magen zu geben bereit war. Auch wenn es noch längst keine demokratisch gewählte repräsentative Volksvertretung war, vertrat es doch Interessen des Volkes auf Augenhöhe mit der Krone. Dem entsprach das ebenso horizontale Verhältnis von Vernunft und sinnlicher Wahrnehmung, das John Locke in seinem *Essay Concerning Human Understanding* (Versuch über den menschlichen Verstand) zur Grundlage seiner empiristischen Erkenntnistheorie machte. Dass dieser Essay nur wenige Monate nach der *Bill of Rights* herauskam, ist ein weiteres Indiz dafür, dass Strukturveränderungen der Gesellschaft und analoge Veränderungen in den Bewusstseinsstrukturen Hand in Hand gehen. In Lockes empiristischer Sicht ist die Vernunft ohne sinnliche Erfahrung leer und die sinnliche Erfahrung ohne Vernunft blind. Damit ist aus dem Antagonismus von Vernunft und Leidenschaft die Kooperation gleichberechtigter Kräfte geworden.

Ganz anders verlief die Entwicklung auf dem europäischen Kontinent. Hier ging die alte Feudalhierarchie in den ebenso hierarchischen Absolutismus über, dessen ideologische Widerspiegelung der cartesianische Rationalismus ist. Descartes – wie nach ihm Spinoza und Leibniz – sah weiterhin die Vernunft an der Spitze der Wertpyramide und glaubte, aus ihren «eingeborenen Ideen» auf gleichsam mathematische Weise, *more geometrico*, Erkenntnis deduzieren zu können. Die Horizontalisierung erfolgte hier mit hundert Jahren Verspätung erst durch die Französische Revolution. Aus Englands kulturellem Rückstand zu Beginn der Shakespearezeit war bis zum Ende des 17. Jahrhunderts ein Vorsprung von einem Jahrhundert geworden.

Als das englische Bürgertum mit der *Bill of Rights* eine verfassungsmäßige Basis für seinen Aufstieg hatte, boten sich der Mittelschicht zwei alternative Wertesysteme an, die im Folgenden wegen der Handlichkeit des Begriffs als ‹Ideologeme› bezeichnet werden. Auf der einen Seite stand das klassizistische Ideologem, das sich auf die in allen Menschen nach gleichen Regeln arbeitende Vernunft berief und Werte wie gedankliche Klarheit, regelhafte Schönheit, klassische Bildung und gesellschaftlichen Schliff vertrat; auf der anderen Seite zog das neue romantische Ideologem herauf, das der Vernunft die Natur, dem Denken das Fühlen, dem regelhaften Schönen das irrationale Erhabene, der Schulung an klassischen Vorbildern die Originalität des Genies und der gesellschaftlichen Norm die ausgeprägte Individualität entgegenstellte. Dieses Ideologem, das um 1800 in der Hochromantik kulminierte, kam in England schon um 1700 auf und fand in Anthony Ashley-Cooper, dem 3. Grafen von Shaftesbury, einen einflussreichen Vorläufer. Von England kam fast alles, was typisch für die romantische Bewegung war: die Wiederentdeckung des Mittelalters, die Neubewertung der Gotik, der Kult des Erhabenen und das Sammeln von Volksdichtung. Um wie viel später die Entwicklung in Deutschland einsetzte, erkennt man daran, dass Herder, der hierzulande mit dem Sammeln von Volksliedern begann, Shaftesburys Prosahymnus auf die Natur von 1709 ein halbes Jahrhundert später noch für so modern hielt, dass er ihn 1765 in deutsche Verse goss.

Während im Lauf des 18. Jahrhunderts das klassizistische Ideologem allmählich an Geltung verlor, stieg das romantische unaufhaltsam auf, setzte sich im 19. Jahrhundert in einer realistischeren Form fort und prägt noch heute unser Wertsystem. Die Aufklärung hatte zwar die Vernunft auf den Thron gesetzt, doch die Natur war viel eher geeignet, den aufstrebenden Bürger ideologisch zu legitimieren. Vernunft bedarf der Schulung und Bildung, was sich lange Zeit nur Wohlhabende leisten konnten. Doch Gefühle, Originalität und Individualität wurden jedem Einzelnen auf unterschiedliche Weise von der Natur in die Wiege gelegt. Darum hat sich das romantische Ideologem bis in die heutige Kultur der Selbstverwirklichung gehalten, während die rationale Aufklärung immer wieder Rückschläge hinnehmen musste.

Vergegenwärtigt man sich diese den Aufstieg des Bürgertums begleitende ideologische Entwicklung, kann es nicht verwundern, dass Shakespeare von ihr wie von einer Woge weitergetragen wurde. So sehr er in dem zentralen Konflikt von *passion* und *reason* für die Vernunft plädiert, so entschieden ergreift er auf der anderen Seite für Individualität, Fantasie, Originalität und leidenschaftliche Gefühle Partei. Insofern wird in seinem Werk der Widerstreit zweier Wertsysteme ausgetragen, die bis heute nach einer Synthese suchen. Beide sind Ausdruck bürgerlicher Interessen. Die Vernunft rechtfertigt den Anspruch auf Gleichheit, da sie in allen Köpfen nach den gleichen Regeln funktioniert; die Natur rechtfertigt die Freiheit des Individuums, das sich auf sein angeborenes Naturrecht beruft. Das macht Shakespeare, um Harold Blooms Titel wieder aufzunehmen, zwar nicht zum «Erfinder» des Menschlichen, aber doch zum vorausahnenden Verkünder des neuzeitlichen Menschen und seiner bürgerlichen Gesellschaft. Den englischen Neoklassizismus im späten 17. und frühen 18. Jahrhundert überstand er, ohne zum Klassiker zu werden. Danach trug ihn die Woge des romantischen Ideologems bis in unsere Zeit und hielt ihn so jung wie keinen anderen Dichter der Vergangenheit.

Für Deutsche liegt es nahe, Shakespeare mit Goethe und Schiller zu vergleichen, dies umso mehr, als die deutsche Literatur ihn im frühen 19. Jahrhundert als ihren dritten Klassiker betrachtete. Doch bei den Goldschnittklassikern stehen heute eher die beiden Weimarer, nicht der Brite. Schiller ist ein brillanter Rhetoriker und ein kluger Philosoph, doch im 21. Jahrhundert wirkt er sehr fremd. Er glaubte an die Versöhnung des sinnlichen mit dem sittlichen Menschen durch «ästhetische Erziehung». In den Briefen zu diesem Thema nennt er den nur sinnlichen Menschen einen «Wilden», den nur sittlichen, der seine Natur unterdrückt, einen «Barbaren». Beide Seiten, das natürliche Begehren und das moralische Sollen, müssen, so seine Forderung, durch ästhetische Erziehung dahin gebracht werden, dass der Mensch will, was er soll. Das ist ein idealistisches Programm, das Shakespeares Grundspannung von Vernunft und Leidenschaft durch Evolution aufzulösen versucht. Bei Shakespeare gibt es solchen Optimismus nicht. Seine Lösungen sind Kompromisse, bei denen auf beiden Seiten etwas Wertvolles verlorengeht: auf der Seite der leidenschaftlichen Natur das charismatische Individuum, auf der Seite der Vernunft die moralische Ordnung. Wegen dieser Ambivalenz rühren uns seine Stücke stärker an als die des Idealisten Schiller.

Auch Goethe dachte evolutionär. Sein ganzes Werk ist vom Gedanken einer Evolution durchdrungen, die durch die «Polarität» von Gegensätzen zu immer weiterer «Steigerung» getrieben wird. Bei ihm ist von einem tragischen Riss noch weniger als bei Schiller zu spüren. Schillers Idealismus und Goethes optimistisches Weltvertrauen mögen für Lebenshilfe taugen, aber in einer Welt, die die Gräuel des 20. Jahrhunderts erlebt hat, wirken sie anachronistisch. Shakespeare hingegen zeigte bereits in seinem vermutlich ersten Drama, der Trilogie *Heinrich VI.*, eine zerrissene Welt, die der heutigen sehr ähnlich ist. Auf dem Feld der Tragödie drängt sich der Vergleich mit einem anderen deutschen Dramatiker auf, Friedrich Hebbel, dies umso mehr, als Hebbel nicht nur Tragödien schrieb, sondern sich auch zum Wesen des Tragischen äußerte. Anders als Shakespeare vertrat er eine pantragische Sicht. In seinem Tagebucheintrag Nr. 2664 heißt es:

> Die Versöhnung im Tragischen geschieht im Interesse der *Gesamtheit*, nicht im Interesse des *Einzelnen*, des Helden …
> Das Leben ist der große Strom, die Individualitäten sind Tropfen, die tragischen aber Eisstücke, die wieder zerschmolzen werden müssen und sich, damit dies möglich sei, aneinander abreißen und zerstoßen.

Während Shakespeare, der am Anfang der europäischen Aufklärung stand, die tragische Spannung von Vernunft und Leidenschaft am Schluss seiner Tragödien noch zur Vernunft hin auflöste, wenn auch auf der niedrigeren Ebene des pragmatischen Common Sense, hatte Hebbel die Aufklärung hinter sich. Da sie in den Augen der meisten deutschen Dichter und Denker durch die Französische Revolution desavouiert war, gab es für Hebbel nichts, worauf er hoffen konnte, außer auf den irrationalen Lebensstrom. Wenn es überhaupt einen deutschen Klassiker gibt, der dem Geist Shakespeares nahekommt, ist es Georg Büchner in *Dantons Tod*. Doch der starb bereits mit 24 Jahren und damit in einem Alter, in dem Shakespeare allenfalls seine ersten Stücke geschrieben hatte.

Der «Schwan vom Avon», wie Ben Jonson den bewunderten Zeitgenossen nannte, lässt das heutige Theater eher wie einen Ententeich erscheinen. Doch es wächst die Hürde, die ihn vom modernen Publikum trennt. Seine Sprachkunst steht in einer jahrtausendealten Tradition, in der das Wort ‹Kunst› die Bedeutung von ‹Können› hatte und etwas bezeichnet, was auf den bewundernden Blick nach oben abzielt. Seit der Romantik ist aber der Aspekt des Könnens immer stärker von Werten wie Authentizität, Originalität und Kreativität in den Hintergrund gedrängt worden. Heute gelten Gedichte, in denen sich Subjektivität mit wenig Können artikuliert, als authentisch und formale Gimmicks, die noch niemand vorher ausprobiert hat, als originell. Bei Shakespeare ist Subjektivität immer in das Gewand einer kunstvollen Sprache gehüllt, die nicht mit originalitätssüchtigen Neuerungen blendet. Für das heutige Publikum, so scheint es, ist seine Dichtersprache einerseits zu komplex, um sie unmittelbar zu verstehen, und andererseits zu durchgeformt, um sie als Ausdruck spontaner Kreativität zu empfinden. Deshalb ist es inzwischen üblich, seine Stücke in Neuübersetzungen aufzuführen, bei denen viel von der Poesie, die Schlegel und Tieck ins Deutsche retteten, eingeebnet ist. Auch dies ist ein Symptom von Horizontalisierung.

Wenn heutige Regisseure glauben, Shakespeares Stücke durch gewaltsame Aktualisierungen und durch Einebnung ihrer Sprachkunst demokratiekonform machen zu müssen, dann bringen sie damit die Vollendung eben jenes kulturellen und sozialen Horizontalisierungsprozesses zum Ausdruck, dessen Beginn Shakespeare als Seismograph registrierte. Doch seiner Größe wäre es angemessener, wenn man ihn in seiner eigenen Zeit aufsuchte, anstatt ihn zu unserem Zeitgenossen zu machen. Es war gut und richtig, den einstigen Götzendienst an seinem Monument zu beenden, wie auch die Verehrung der übrigen Klassiker auf ein gesundes Normalmaß von kritischer Anerkennung zurückgegangen ist. Wir sind heute mit Recht stolz darauf, auf Augenhöhe miteinander zu verkehren und über uns nur solche Autoritäten anzuerkennen, die wir selbst durch eine demokratische Wahl für eine begrenzte Zeit mit Macht ausgestattet haben. Doch eine Kunst, die dank ihres Könnens jahrhundertelang dem Zahn der Zeit getrotzt hat – wie Shakespeare es für seine Sonette geradezu obsessiv forderte –, will auch heute noch mit dem bewundernden Blick nach oben wahrgenommen werden. Der Verfasser des vorliegenden Buches hofft, neben dem historisch dokumentierten Bild des großen Dichters auch das Bewundernswerte an seinem Werk gezeigt zu haben.

ANHANG

Stammtafel der Familie Shakespeares

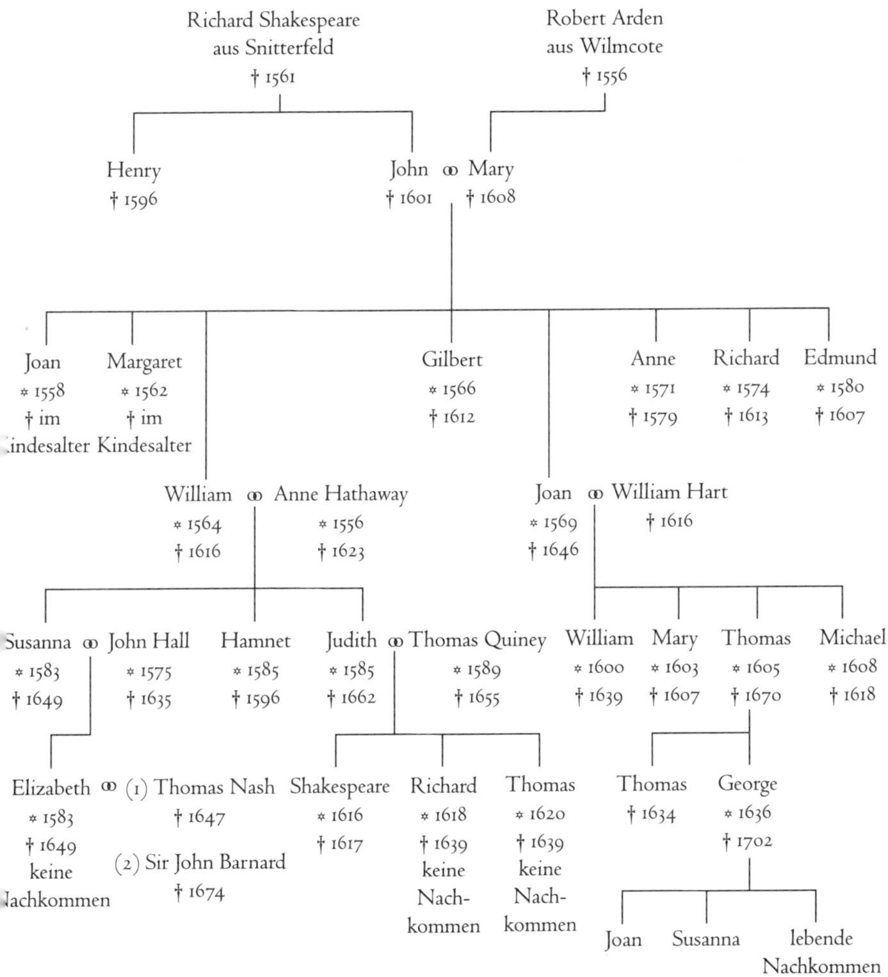

Shakespeares Werke

Abkürzungen:

VE = Vermutete Entstehung
BA = Bezeugte Aufführung
Ü = Überlieferung
Q = Quarto-Ausgabe
F = Folio-Ausgabe
Hall = Edward Hall, *The Union of the Two Noble and Illustre Families of Lancaster and York* (1542; erw. Ausg. 1550)
Holinshed = Raphael Holinshed, *The Chronicles of England, Scotland and Ireland* (1577)
Plutarch = Plutarch, *The Lives of the Noble Grecians and Romanes* (1579). Aus der französischen Fassung von Jacques Amyot übersetzt von Thomas North.

The Two Gentlemen of Verona. VE: 1590–1591; BA: keine; Ü: F 1623.
Quelle: Jorge de Montemayor, *La Diana Enamorada.* Übers. von B. Yonge 1582 (gedr. 1598).

The Taming of the Shrew. VE: 1590–1591. BA: 13.6.1594; Ü: F 1623.
Quelle: Das anonyme Stück *The Taming of a Shrew* (ca. 1589), das aber auch eine Nachahmung von Shakespeares Stück sein könnte.

King Henry VI
Teil 1: VE: 1592. BA: 1592; Ü: F 1623.
Teil 2: VE: 1590–1591. BA: keine; Ü: Q1 1594; Q2 1600; Q3 1619; F 1623.
Teil 3: VE: 1590–1591. BA: vor 9/1592; Ü: Q1 1595; Q2 1600; Q3 1619; F 1623.
Quellen: Holinshed und Hall.

Titus Andronicus. VE: 1592; BA: 24.1.1592; Ü: Q1 1594; Q2 1600; Q3 1611; F 1623.
Quellen: Keine Stoffquelle. Motive aus Seneca, *Thyestes*, und Ovid, *Metamorphosen.*

King Richard III. VE: 1592–1593; BA: 30.12.1593; Ü: Q1 1597; Q2 1598; Q3 1602; Q4 1605; Q5; 1622; F 1623.

Quellen: Holinshed und Hall, die sich beide auf Thomas Morus, *History of Richard III*, stützen.

Venus and Adonis. (Versdichtung). 1593.
Quelle: Ovid, *Metamorphosen.*

The Rape of Lucrece (Versdichtung). 1594.
Quelle: Ovid, *Fasti.*

The Comedy of Errors. VE: 1594; BA: 28.12.1594; Ü: F 1623.
Quellen: Plautus, *Menaechmi* u. *Amphitruo*, sowie Gower, *Confessio* Amantis.

Love's Labour's Lost. VE: 1594–1595; BA: Weihnachten 1597–1598; Ü: Q1 1598; F 1623.
Quelle: Offenbar Shakespeares Erfindung.

Richard II. VE: 1595; BA: 9. 12. 1595; Ü: Q1 1597; Q2 1598; Q3 (Nachdruck von Q2); Q4 1608; Q5 (Nachdruck von Q4); F 1623.
Quelle: Holinshed.

Romeo and Juliet. VE: 1595; BA: vor 1597; Ü: Q1 1597; Q2 1599; Q3 1609; Q4 undatiert; F 1623.
Quellen: Arthur Brooke, *The Tragicall History of Romeus and Juliet* (Versdichtung). Den Stoff nahm Brooke von Pierre Boistuau, *Histoires Tragiques* (1559), der ihn seinerseits von Bandello hatte.

A Midsummer Night's Dream. VE: 1595; BA: vor 1600; Ü: Q1 1600; Q2 1619; F 1623.
Quelle: Größtenteils Shakespeares Erfindung. Motive aus Plutarch, Chaucers *Knight's Tale* und Ovids *Metamorphosen.*

*King John.*VE: 1596; BA: keine; Ü: F 1623.
Quelle: Das anonyme Stück *The Troublesome Reign of King John* (1591).

The Merchant of Venice. VE: 1596–1597; BA: vor 1600; Ü: Q1 1600; Q2 1619; F 1623.
Quellen: Vielleicht ein früheres Stück *The Jew.* Das Motiv des verpfändeten Pfunds Fleisch von Ser Giovanni Fiorentino, *Il Pecorone*; das Motiv der Kästchenwahl von Richard Robinsons Version der *Gesta Romanorum* (1577).

Henry IV.
Teil 1: VE: 1596–1597; BA: 6.3.1600; Ü: Q1 1598; Q2 1599; Q3 1604; Q4 1613; Q5 1622; F 1623.
Teil 2: VE: 1597–1598; BA: vor 1600; Ü: Q 1600; F 1623.
Quellen: Holinshed und ein anonymes Stück *The Famous Victories of Henry the Fifth* (1594 registriert, 1598 gedruckt).

The Merry Wives of Windsor. VE: vermutlich zwischen den Teilen von *Henry IV*; BA: vor 1602; Ü: Q1 1601; Q2 1619; F 1623.
Quelle: Shakespeares Erfindung. Anspielungen auf den Grafen Mömpelgart, der 1592 England besuchte, 1597 in den Hosenbandorden aufgenommen wurde und 1595, 1598 u. 1600 Gesandtschaften nach London schickte.

Much Ado About Nothing. VE: 1598; BA: vor 1600; Ü: Q 1600; F 1623.
Quellen: Bandello in der französischen Übersetzung aus Belleforests *Histoires*

Tragiques, Ariosts *Orlando Furioso* in der Übersetzung von John Harington und Spensers *Faerie Queene*.

Henry V. VE: 1598–1599; BA: vor 1600; Ü: Q1 1600; Q2 1602; Q3 1619; F 1623.
Quellen: Holinshed und *The Famous Victories of Henry the Fifth.*

Julius Caesar. VE: 1599; BA: 21.9.1599; Ü: F 1623.
Quelle: Plutarch.

As You Like It. VE: 1599–1600; BA: vielleicht 2. 12. 1603; Ü: F 1623.
Quelle: Thomas Lodge, *Rosalynde, Euphues golden Legacie* (1590).

Hamlet. VE: 1600–1601; BA: Juli 1602; Ü: Q1 1603; Q2 1604; Q3 1611; F 1623.
Quellen: Ein verlorener *Ur-Hamlet* (vielleicht von Kyd). Der Stoff stammt aus der *Historia Danica* von Saxo Grammaticus. Er war den Engländern durch Belleforests *Histoires Tragiques* zugänglich.

Twelfth Night. VE: 1601; BA: 1601? und 2.2.1602; Ü: F 1623.
Quellen: Die Geschichte «Apollonius and Silla» in Barnabe Rich, *Farewell to Militarie Profession* (1581), die auf Belleforests Übersetzung einer *novella* von Bandello zurückgeht, der ihrerseits die italienische Komödie *Gl'Ingannati* (1531) zugrunde lag.

Troilus and Cressida. VE: 1602; BA: strittig; Ü: Q 1609 (2 Fassungen); F 1623.
Quellen: Chaucers Versdichtung *Troilus and Crisyede*, die auf Boccaccios *Il filostrato* zurückgeht; außerdem Halls und Chapmans Übersetzungen der *Ilias*.

Measure for Measure. VE: 1603; BA: 26.12.1604; Ü: F 1623.
Quellen: George Whetstones zweiteiliges Stück *Promos and Cassandra* (1578), dessen Stoff aus Giraldi Cinthios *Hecatommithi* stammt.

Othello. VE: 1603–1604; BA: 1604; Ü: Q 1622; F 1623.
Quelle: Eine *novella* aus Cinthios *Hecatommithi*.

All's Well That Ends Well. VE: 1604–1605; BA: keine; Ü: F 1623.
Quelle: Die Geschichte «Giglietta di Nerbona» aus Boccaccios *Decamerone* in der Übersetzung von William Painter in *Palace of Pleasure* (1566).

Timon of Athens. VE: 1605; BA: keine; Ü: F 1623.
Quelle: Plutarch; außerdem Painters *Palace of Pleasure* und Lukians Dialog «Timon, der Menschenfeind».

The History of King Lear. VE: 1605; BA: 26. 12. 1606; Ü: Q 1608.
Quellen: Holinshed, Spensers *Faerie Queene* und das anonyme Stück *King Leir* (1594 registriert; 1605 gedruckt. Shakespeare hat das Stück anscheinend 1610 überarbeitet s. u.).

Macbeth. VE: 1606; BA: 1606?, gesichert 1611; Ü: F 1623.
Quelle: Holinshed.

Antony and Cleopatra. VE: 1606; BA: keine; Ü: F 1623.
Quelle: Plutarch.

Pericles, Prince of Tyre. VE: 1607; BA: zwischen 5.1.1606 und 23.11.1608, da der venezianische Gesandte das Stück in diesem Zeitraum sah; Ü: Q1 1609; Q2 1609; Q3 1611; Q4 1619; Q5 1630; Q6 1635; dritte Folio-Ausgabe 1664.

Quellen: Gowers *Confessio Amantis* und Laurence Twines *The Pattern of Painful Adventures* (1576 registriert; o. D. gedruckt; Nachdruck 1607).

Coriolanus. VE: 1608; BA: keine; Ü: F 1623.

Quelle: Plutarch.

The Winter's Tale. VE: 1609; BA: 15.5.1611; Ü: F 1623.

Quellen: Robert Greene, *Pandosto, or The Triumph of Time* (1588), nachgedruckt 1607 unter dem Titel *Dorastus and Fawnia.*

The Sonnets (mit *A Lover's Complaint*). 1609.

The Tragedy of King Lear. VE: 1610; Ü: F 1623.

Überarbeitung von *The History of King Lear* (s. o.).

Cymbeline. VE: 1610; BA: April 1611; Ü: F 1623.

Quelle: Holinshed. Motive aus Boccaccios *Decamerone.*

The Tempest. VE: 1611; BA: 1. 11. 1611; Ü: F 1623.

Quellen: Sylvester Jourdan, *A Discovery of the Bermudas* (1619), William Strachey, *A True Reportory of the wrack and redemption of Sir Thomas Gates, knight, upon and from the island of the Bermudas, his coming to Virginia, and the estates of that colony* (handschriftlich 1610; gedruckt 1625). Auffällige Ähnlichkeiten mit der Handlung von Jakob Ayrers *Die schöne Sidea* (entstanden 1605; gedruckt 1618). Ferner Anlehnung an Montaignes Essay «Über Kannibalen».

Henry VIII (All Is True), zusammen mit John Fletcher. VE: 1613; BA: 29.6.1613; Ü: F 1623.

Quellen: Holinshed und Foxes *Book of Martyrs.*

The Two Noble Kinsmen, zusammen mit John Fletcher. VE: 1613–1614; Ü: Q 1634; 2. Folio-Ausgabe der Werke von Baumont u. Fletcher 1679.

Quelle: Chaucers *Knight's Tale.*

Umstrittene Zuschreibungen:

Edward III. VE: 1595?; Ü: Q 1596.

A Yorkshire Tragedy. VE: 1606–1607; Ü: Q1 1608; Q2 1619; dritte Folio-Ausgabe von 1664.

A Funeral Elegy. 1612. Die Elegie ist Master Wiliam Peter aus Whipton nahe Exeter gewidmet und nennt als Autor W. S.

Sir Thomas More. Das nur handschriftlich überlieferte Stück entstand über einen längeren Zeitraum in den 1590er Jahren und besteht aus Beiträgen verschiedener Autoren. Ein Beitrag wird auf Grund des Stils und der Handschrift Shakespeare zugeschrieben.

Folio-Ausgaben:

1623: Erste Folio-Ausgabe mit 36 Dramen.
1632: Zweite Folio-Ausgabe als Nachdruck der Ersten mit Modernisierungen der Orthographie und einigen Korrekturen.
1663: Dritte Folio-Ausgabe als Nachdruck der Zweiten mit einigen Korrekturen und neuen Fehlern. In den zweiten Nachdruck der Dritten Ausgabe wurden 1664 sieben Stücke aufgenommen, von denen nur für *Pericles, Prince of Tyre*, Shakespeares Mitarbeit als gesichert gilt.
Die folgenden sechs sind die sogenannten Shakespeare-Apokryphen:
The London Prodigal
The History of Thomas Ld. Cromwell
Sir John Oldcastle, Lord Cobham
The Puritan Widow
A Yorkshire Tragedy
The Tragedy of Locrine

Zeittafel

1558–1603	REGIERUNGSZEIT ELISABETHS I.
1564	(26. April) William Shakespeare wird als erster Sohn John Shakespeares und seiner Frau Mary, geb. Arden in Stratford getauft. Er ist das dritte Kind nach den im Kindesalter verstorbenen Schwestern Joan (*1558) u. Margaret (*1562). Weitere Geschwister: Gilbert (13.10.1566), Joan (15.4.1569), Anne (28.9.1571), Richard (11.3.1574), Edmund (3.5.1580).
1569–1570	AUFSTAND IM NORDEN.
1582	(28. November) William Shakespeare heiratet die acht Jahre ältere Anne Hathaway.
1583	(26. Mai) Taufe der Tochter Susanna.
1585	(2. Febr.) Taufe der Zwillinge Hamnet u. Judith.
1587	HINRICHTUNG MARIA STUARTS.
1588	SIEG ÜBER DIE SPANISCHE ARMADA.
1588	Shakespeares Name erscheint in einem Rechtsdokument.
1589–1591	Vermutliche Entstehung von *Henry VI*; 1, 2. u. 3. Teil
1590–1591	*Two Gentlemen of Verona. The Taming of the Shrew.*
1592	(3. März) Henslowe erwähnt eine Aufführung von *Henry VI.* Im September erscheint Robert Greenes *A Groatsworth of Wit,* worin auf Shakespeares Erfolg als Dramatiker angespielt wird.
1592	IM SOMMER SCHLIESSUNG DER THEATER WEGEN PEST. *Titus Andronicus.*
1593	Die Versdichtung *Venus and Adonis* erscheint mit einer Widmung an Graf Southampton. *Richard III.*
1593	SCHLIESSUNG DER THEATER WEGEN PEST.
1594	Die Versdichtung *The Rape of Lucrece* erscheint mit einer Widmung an den Grafen Southampton. Erste Erwähnung von Shakespeares Namen durch einen anderen Autor in *Willobie His Avisa. Comedy of Errors.*
1594–1595	*Love's Labour's Lost.*
1595	*Richard II, Romeo and Juliet, A Midsummernight's Dream.*
1596	(11. August) Beerdigung von Shakespeares Sohn Hamnet. Shakes-

peares Familie wird ein Wappen und damit der Status der Gentry bewilligt. Im November ersucht ein William Wayte um Arrest für den Dichter, von dem er sich bedroht fühlt. *King John.*

1596–1597 *The Merchant of Venice, Henry IV,* Teil 1.

1597 (4. Mai) Shakespeare erwirbt das Haus New Place in Stratford. *The Merry Wives of Windsor, Henry IV,* Teil 2.

1598 Francis Meres erwähnt in seiner Schrift *Palladis Tamia* die folgenden Werke Shakespeares: *Venus and Adonis, Lucrece, Gentlemen of Verona, Errors, Love's Labour's Lost, Love's Labour's Wonne, Midsummernight's dreame, Merchant of Venice, Richard the 2., Richard the 3., Henry the 4., King John, Titus Andronicus* und *Romeo and Iuliet.* Entstehung von *Much Ado About Nothing.*

1598–1599 *Henry V.*

1599 (21. Februar) Shakespeare wird mit 10 Prozent Anteilseigner am *Globe*-Theater.

1599–1600 *As You Like It.*

1600–1601 *Hamlet.*

1601 **8. FEBRUAR: ESSEX-REBELLION.**

1601 (7. Februar) Am Vorabend der Rebellion führt Shakespeares Truppe auf Wunsch der Verschwörer *Richard II.* auf, um die Rebellen anzufeuern, was für Shakespeare keine Folgen hat.
(8. September) Shakespeares Vater wird beerdigt. *Twelfth Night*
(31. DEZ.) GRÜNDUNG DER EAST INDIA COMPANY.

1602 (1. Mai) Shakespeare kauft für 320 Pfund 127 acre Land in Old Stratford. Am 23. September erwirbt er das Cottage gegenüber von New Place. *Troilus and Cressida.*

1603 **24. MÄRZ: TOD ELISABETHS I.**

1603–1625 **REGIERUNGSZEIT JAKOBS I.**
(19. Mai) Shakespeares Truppe, die *Lord Chamberlain's Men,* erhält eine Lizenz unter dem neuen Namen *King's Men.* Im Winter letzter Hinweis auf einen Auftritt Shakespeares als Schauspieler.

1603 *Measure for Measure.*

1603–1604 *Othello* und *Sir Thomas More* (?)

1604 **HAMPTON COURT CONFERENCE UND FRIEDENSVERTRAG MIT SPANIEN.**
Shakespeare wohnt bei einem Christopher Mountjoy in Silver Street, Cripplegate. *All's Well That Ends Well.*

1605 **AM 5. NOVEMBER WIRD DIE PULVERVERSCHWÖRUNG AUFGEDECKT.**
(4. Mai) Der Schauspieler Augustine Phillips hinterlässt Shakespeare ein Vermächtnis von 30 Shilling.

(24. Juli) Shakespeare kauft für 440 Pfund einen Anteil am Kirchenzehnten in Stratford. *King Lear, Macbeth.*

1606 *Antony and Cleopatra.*

1607 (5. Juni) Shakespeares Tochter Susanna heiratet den Arzt John Hall. *Pericles.*

1608 (21. Februar) Shakespeares Enkelin Elizabeth wird geboren, das einzige Enkelkind zu seinen Lebzeiten.
(9. September) Tod seiner Mutter. *Coriolanus.*

1609 Thomas Thorpe veröffentlicht *Shakespeare's Sonnets.*
Cymbeline.

1610 Shakespeare zieht sich allem Anschein nach ganz nach Stratford zurück.
The Winter's Tale.

1611 *The Tempest.*

1612 Im Prozess Belott gegen Mountjoy gibt Shakespeare ein Leumundszeugnis für Belott ab (seine erste erhaltene Unterschrift).

1612–13 Shakespeare schreibt zusammen mit John Fletcher das verlorengegangene Stück *Cardenio,* dessen Aufführung am 20. Mai und 9. Juli 1613 bezeugt ist.

1613 (28. Januar) Shakespeare erbt 5 Pfund von John Comte.
(10. März) Er kauft für 140 Pfund Blackfriars Gatehouse und nimmt am Tag darauf eine Hypothek auf (2. und 3. Unterschrift).
(31. März) Er erhält ein Honorar von 44 Shilling für den Entwurf eines Emblems für den Grafen Rutland.
AM 29. JUNI BRENNT DAS GLOBE-THEATER AB.

1613–1614 *The Two Noble Kinsmen* (mit John Fletcher).

1614–1616 Shakespeares Name taucht in einigen Rechtsdokumenten auf, u. a. geht es um den Versuch, Land einzuhegen, an dem er Rechte hatte.

1616 DIE PEACHAM-AFFÄRE ENDET MIT DER ABSETZUNG DES OBERSTEN RICHTERS COKE.
(10. Febr.) Shakespeares Tochter Judith heiratet den Gastwirt Thomas Quiney.
(25. März) Shakespeare macht sein Testament rechtsgültig (die restlichen 3 der erhaltenen 6 Unterschriften). Als Haupterbin setzt er seine Tochter Susanna ein. Seiner Frau vermacht er sein «zweitbestes Bett».
(23. April) An seinem vermuteten Geburtstag stirbt er im Alter von 52 Jahren und wird tags darauf beigesetzt.

1616–1623 Irgendwann in diesem Zeitraum wird ihm, vermutlich im Auftrag seines Schwiegersohns Hall, in der Holy Trinity Church in Strat-

	ford ein Grabmal errichtet, für das der Bildhauer Gheerart Janssen eine Porträtskulptur anfertigt.
1620	Francis Bacons *Novum Organum.*
1623	Shakespeares Freunde und Schauspielerkollegen John Heminges und Henry Condell geben 36 seiner Dramen in einem Folioband heraus, für den Martin Droeshout ein Porträt des Dichters in Kupfer stach. Von den vermutlich 1000 gedruckten Exemplaren sind rund 200 erhalten, davon nur 14 vollständig.
1632	2. Folio-Ausgabe mit Korrekturen.
1642	SCHLIESSUNG DER THEATER DURCH DIE PURITANER. BEGINN DES BÜRGERKRIEGS.
1645	HINRICHTUNG DES ERZBISCHOFS LAUD.
1649	HINRICHTUNG KARLS I.
1649–1660	ENGLAND IST REPUBLIK.

Quellenverzeichnis

Wortzitate

Alle Zitate aus Shakespeares Werken wie auch die Texte anderer englischer Dichter wurden vom Verfasser übersetzt. Vorlage für die Texte aus den Dramen war die Ausgabe *The Norton Shakespeare*, die ihrerseits auf *The Oxford Shakespeare* beruht. Die englischen Fassungen der Sonette folgen dem Text von *The Complete Sonnets and Poems* in *The Oxford Shakespeare* (2002).

Die einzige Abweichung betrifft Sonett Nr. 146. Hier hat in der überlieferten Erstfassung ein Fehler des Setzers dazu geführt, dass die letzten beiden Wörter der ersten Zeile am Anfang der zweiten wiederholt werden, so dass dort zwei Wörter verlorengingen. Der Verfasser hält die Emendation ‹*Spoiled by*› in der Oxford-Ausgabe für weniger plausibel als ‹*Feeding these*› in der Arden-Edition.

Bei Zitaten aus den Dramen werden im Text Akt, Szene und Vers angegeben, so dass sie in jeder Ausgabe leicht zu finden sind.

Die Sonette von Sidney, Daniel, Drayton und Spenser sind in fast allen größeren Anthologien enthalten. Die Zitate von Herder, Goethe, Nietzsche und Hebbel lassen sich nach den Angaben im Text ebenfalls leicht in allen Werkausgaben auffinden. So bleibt nur noch ein Zitat:

S. 323 «Es giebt vielleicht keine vollkommenere Darstellung …» Aus: A. W. Schlegel, *Über das Studium der griechischen Poesie*, hg. v. Paul Hankamer. Godesberg 1947. S. 76 f.

Bildzitate

Frontispiz: Das Chandos-Porträt (National Portrait Gallery). Zitiert nach: *The National Portrait Gallery Collection*, hg. v. Susan Foister u. a. London 1988. S. 40.

S. 19: *Eliza triumphans.* Zeitgenössischer Stich. Zitiert nach: Hildegard Hammerschmidt-Hummel, *William Shakespeare. Seine Zeit – Sein Leben – Sein Werk.* Mainz 2003. S. 122.

S. 24: Elisabeth in ihrem Parlament. Zeitgenössischer Stich (Ausschnitt). Zitiert nach:Alison Plowden, *Elizabethan England.* London 1982. S. 25.

S. 25: William Cecil. Porträt von oder nach Arnold van Brounckhorst (ca. 1560–70). Zitiert nach *The National Portrait Gallery Collection.* S. 33.

S. 30: Titelblatt der englischen Bibel von 1539. Zitiert nach: *Die Renaissance,* hg. v. Denys Hay. München 1968. Kap. 9, Abb. 34.

S. 31: Titelblatt von John Foxe, *Actes and Monuments* (1563). Zitiert nach: A. H. Dodd, *Elizabethan England.* London 1961. S. 119.

S. 42: Der Tauchstuhl. Zeitgenössischer Stich. Zitiert nach: Alison Plowden, *Elizabethan England,* S. 189.

S. 43: Öffentliche Hinrichtungen. Zeitgenössischer Stich. Zitiert nach: Roland Mushat Frye, *Shakespeare's Life and Times. A Pictorial Record.* Princeton 1967.

S. 46: Titelblatt des Handbuchs *The Mariners Mirrour* (1579). Zitiert nach: Hildegard Hammerschmidt-Hummel, *Shakespeare.* S. 42.

S. 47: Das Armada-Porträt. George Gower zugeschrieben (1588). Zitiert nach: *The Elizabethans.* The Pitkin Guide 1999.

S. 50: Robert Devereux, Graf Essex. Porträt von Marcus Gheeraerts (1596). Zitiert nach Hildegard Hammerschmidt-Hummel, *Shakespeare.* S. 172.

S. 51: Elisabeth I. Porträt von Marcus Gheeraerts (1592). Zitiert nach: *The National Portrait Gallery Collection.* S. 31.

S. 58: Die Konferenz in Somerset House 1604. Anonym (Ausschnitt). Zitiert nach: *The National Portrait Gallery Collection.* S. 43.

S. 59: Die Pulververschwörer. Stich von Johann Theodor und Johann Israel de Bry (1606). Zitiert nach: Jonathan Bate und Dora Thornton, *Shakespeare. Staging the World.* London 2012. S. 190.

S. 61: Porträt Jakobs I. Johann van Critz zugeschrieben (1606). Zitiert nach: F. E. Halliday, *Shakespeare. Eine Bildbiographie.* München 1965. S. 90.

S. 63: Shakespeares Zeitgenossen. Französ. Stich von 1844. Zitiert nach: Amédée Pichot, *Galerie des Personnages de Shakespeare.* Paris 1844.

S. 65: Longleat. Gemälde von Jan Siberechts (1675). Zitiert nach: *Die Renaissance.* Kap. 9, Abb. 32.

S. 68: Titelblatt der Ovid-Übersetzungen von Arthur Golding (1567). Zitiert nach: Tarnya Cooper, *Searching For Shakespeare.* New Haven 2006. S. 153.

S. 68: Titelblatt der Plutarch-Übersetzungen von Thomas North (1579) Zitiert nach: F. E. Halliday, *Shakespeare.* S. 33.

S. 69: Titelblatt von John Lyly, *Euphues. The Anatomy of Wit* (1579). Zitiert nach: F. E. Halliday, *Shakespeare.* S. 33.

S. 69: Titelblatt von Sir Philip Sidney, Arcadia, hg. v. seiner Schwester, der Gräfin Pembroke (1593). Zitiert nach: W. Keller u. B. Fehr, *Englische Literatur von der Renaissance bis zur Aufklärung.* Potsdam 1928.

S. 74: Titelblatt von William Cuningham, *The Cosmographical Glasse* (1559). Zitiert nach: A. H. Dodd, *Elizabethan England,* S. 141.

S. 75: Titelblatt von G. Gyfford, *A Discourse of the subtill Practices of Devilles by Witches and Sorcerers* (1587). Zitiert nach: Alison Plowden, *Elizabethan England.* S. 192.

S. 76: Titelblatt von John Norton, *The Herball or Generall Historie of Plantes* (1597). Zitiert nach: Alison Plowden, *Elizabethan England,* S. 252.

S. 77: Titelblatt von Thomas Coryate, *Coryats Crudities* (1611). Zitiert nach: *Die Renaissance.* Kap. 9, Abb. 50.

S. 84: Die Pose des Melancholikers. Miniatur von Isaac Oliver (ca. 1590–95). Zitiert nach: Titelbild von Roy Strong, *Artists of the Tudor Court. The Portrait Miniature Rediscovered* 1520–1620, London 1983.

S. 92: Sir Philip Sidney. Unbekannter Maler (ca. 1576). Zitiert nach: *National Portrait Gallery Collection.* S. 35.

S. 100: Panorama von London. Kupferstich von Claes van Visscher (1616). Zitiert nach: A. L. Rowse u. John Hedgecoe, *Shakespeare's England.* S. 160/161.

S. 103: Rede des Thomas Morus (angeblich von Shakespeares eigener Hand) aus dem handschriftlich überlieferten Stück *Thomas More.* Zitiert nach: F. E. Halliday, *Shakespeare,* S. 63.

S. 107: Lageplan der Londoner Theater. Zitiert nach: Maurice Hussey, *The World of Shakespeare and His Contemporaries.* London 1971. S. 42/43.

S. 109: De Witts Skizze des *Swan*-Theaters in der Kopie von Arendt van Buchell. Universität Utrecht. Zitiert nach: A H. Dodd, *Elizabethan England,* S. 159.

S. 111: Der Schauspieler Richard Burbage (vermutlich ein Selbstporträt). Zitiert nach: *The Oxford Companion to Shakespeare,* S. 57.

S. 112: *Kemps nine daies wonder.* Stich von 1600. Zitiert nach: *Porträt des Genius William Shakespeare.* Hamburg 1966. (im Bildteil).

S. 123: *Utriusque Cosmi Historia.* Titelbild des Buches von Robert Fludd (1617). Zitiert nach: Maurice Hussey, *The World of Shakespeare and His Contemporaries.* S. 24.

S. 124: Das Stufenmodell. Aus C. Bovillus, *Liber de Sapiente* (1509). Zitiert nach: Maurice Hussey, *The World of Shakespeare and His Contemporaries.* S. 27.

S. 125: Das Zwiebelschalenmodell. Ebenda S. 106

S. 126: *Sphaera Civitatis.* Titelblatt des Buches von John Case (1588). Zitiert nach: Gerhard Maier u. Alan Posener, *William Shakespeare.* Salzburg 1982. Bd. I, S. 14.

S. 130: Angebliches Marlowe-Porträt (1585). Unbekannter Maler. Zitiert nach: Tarnya Cooper, *Searching For Shakespeare.* S. 95.

S. 133: Neun vermutete Shakespeare-Porträts; lt. Quelle: 1. Das Chandos-Porträt. 2. Das Droeshout-Porträt, 3. Porträt von Zucchero, 4. Das Janssen-Porträt, 5. Das Hilliard-Porträt, 6. Die Auriol-Miniatur, 7. Ein Lucas François zugeschriebenes Porträt 8. Das Soest-Porträt, 9. Die Büste von Gheerart Janssen. Französischer Stich von 1844. Zitiert nach: *Galerie des Personnage de Shakespeare.*

S. 135: Shakespeares Geburtshaus in Stratford. Stich von 1769. Zitiert nach: R. M. Frye, *Shakespeare's Life and Times,* Nr. 7.

S. 146: Das Longleat-Manuskript. Von Henry Peacham (1594?) Zitiert nach: F. E. Halliday, *Shakespeare*, S. 58.

S. 148: Shakespeares Familienwappen mit dem Zusatz *the Player* aus dem Beschwerdebrief von Ralph Brooke (1602). Zitiert nach: R. M. Frye, *Shakespeare's Life and Times.* Nr. 43.

S. 149: New Place in Stratford. Zeichnung von George Vertue (1737). Zitiert nach: *The Oxford Companion to Shakespeare.* S. 317.

S. 158: Letzte Seite von Shakespeares Testament. Zitiert nach: F. E. Halliday, *Shakespeare.* S. 113.

S. 165: Shakespeares Büste in der Holy Trinity Church in Stratford von Gheerart Janssen. Zitiert nach: A. L. Rowse u. John Hedgecoe, *Shakespeare's Land.* S. 188.

S. 169: Henry Wriothesley, Graf Southampton. Miniatur-Porträt von Nicholas Hilliard (1594). Zitiert nach: Tarnya Cooper, *Searching for Shakespeare.* S. 127, Nr. 46.

S. 170: William Herbert, Graf Pembroke. Miniatur-Porträt von Isaac Oliver (1611). Zitiert nach: *The Oxford Companion to Shakespeare.* S. 340.

S. 181: Titelblatt von *Shakes-speares Sonnets* (1609). Zitiert nach: *The Sonnets* (The New Cambirdge Shakespeare) 1996.

S. 225: Titelblatt der *First Folio Edition* (1623). Zitiert nach: Tarnya Cooper, *Searching for Shakespeare.* S. 216.

S. 227: Inhaltsverzeichnis der Folio-Ausgabe. Ebenda S. 215.

S. 228: Liste der Schauspieler in der Folio-Ausgabe. Zitiert nach: F. E. Halliday, *Shakespeare.* S. 123.

S. 234: *Henry VI.*, Teil 1. Stich von Charles Geoffroy. Aus: Amédée Pichot, *Galerie des Personnages de Shakespeare.*

S. 236: *Henry VI.*, Teil 2. Ebenda.

S. 238: *Richard III.* Stich Ch. Geoffroy. Ebenda

S. 242: *King John.* Stich von Adèle Laisné. Ebenda.

S. 246: *Richard II.* Signatur unleserlich. Ebenda.

S. 250: *Henry IV.*, Teil 2. Stich von A. Laisné. Ebenda.

S. 254: *Henry V.* Stich von Ch. Geoffroy. Ebenda.

S. 256: *Henry IV.*, Teil 2. Unsigniert. Ebenda.

S. 260: *Henry VIII.* Stich von Emile Rouargue. Ebenda.

S. 266: *Two Gentlemen of Verona.* Stich von Ch. Geoffroy. Ebenda.

S. 268: *Taming of the Shrew.* Unsigniert. Ebenda.

S. 272: *Comedy of Errors.* Stich von Ch. Geoffroy. Ebenda.

S. 274: *Love's Labour's Lost.* Signatur unleserlich. Ebenda.

S. 278: *Midsummernight's Dream.* Adèle Laisné. Ebenda.

S. 280: *Midsummer-Night's Dream.* Ch. Geoffroy. Ebenda.

S. 284: *Merchant of Venice.* Stich von Ch. Geoffroy. Ebenda.

S. 288: *Merry Wives of Windsor.* Stich von Ch. Geoffroy. Ebenda.
S. 292: *Titus Andronicus.* Stich von S. Varin. Ebenda.
S. 296: *Romeo and Juliet.* Stich von Ch. Geoffroy. Ebenda.
S. 300: *Julius Caesar.* Stich von A. Laisné. Ebenda.
S. 306: *Much Ado About Nothing.* Unsigniert. Ebenda.
S. 310: *As You Like It.* Unsigniert. Ebenda.
S. 314: *Twelfth Night.* Stich von Ch. Geoffroy. Ebenda.
S. 320: *Hamlet.* Unsigniert. Ebenda.
S. 334: *Troilus and Cressida.* Unsigniert. Ebenda.
S. 338: *Measure For Measure.* Stich von Ch. Geoffroy. Ebenda.
S. 344: *All's Well That Ends Well.* Stich von A. Audibran. Ebenda.
S. 350: *Othello.* Stich von Ch. Geoffroy. Ebenda.
S. 354: *Timon of Athens.* Stich von A. Audibran. Ebenda.
S. 358: *King Lear.* Stich von Ch. Geoffroy.
S. 364: *Macbeth.* Stich von Lestudier Lacour. Ebenda.
S.368: Macbeth und Banquo begegnen den Hexen. In Holinshed, *Chronicles of England, Scotland and Ireland* (1577). Zitiert nach: F. E. Halliday, *Shakespeare.* S. 99.
S. 372: *Antony and Cleopatra.* Stich von Emile Rouargue. Zitiert nach: *Galerie des Personnages de Shakespeare.*
S. 376: *Coriolanus.* Stich von Varin. Ebenda.
S. 382: *Pericles.* Stich von Verdeil. Ebenda.
S. 386: *Winter's Tale.* Stich von Ch. Geoffroy. Ebenda.
S. 390: *Cymbeline.* Stich von Joubert. Ebenda.
S. 392: *Tempest.* Stich von Auguste Blanchard. Ebenda.
S. 403: Ein fiktives Shakespeare-Monument. Aus dem Titelblatt zu *The Doubtful Plays of Shakespeare.* London o. J.
S. 406: Garrick rezitiert eine Ode vor Shakespeares Monument. Stich von Caroline Watson nach einem Bild von Robert Edge Pine (1784). Zitiert nach: *The Oxford Companion to Shakespeare*, S. 159.
S. 408: Große Shakespeare-Darsteller des 18. Jahrhunderts. Stich von Charles Geoffroy in: *Galerie des Personnages de Shakespeare.*
S. 409: Bedeutende Shakespeare-Forscher des 18. Jahrhunderts. Stich von Charles Geoffroy. Ebenda.
S. 416: *Schillers Apotheose.* Stich von J. H. Ramberg (1820). Zitiert nach: *The Oxford Companion to Shakespeare.* S. 162.
S. 437: Stammtafel der Familie Shakespeare: Überarbeitete Fassung von A. L. Rowse und John Hedgecoe, *Shakespeare's Land. A Journey through the Landscape of Elizabethan England.* S. 14.

Literatur (chronologisch)

Zur Autor-Frage:

Kritische Diskussion

James Shapiro, Contested Will. Who Wrote Shakespeare? New York 2010.

Paul Edmondson u. Stanley Wells (Hgg.), Shakespeare Beyond Doubt. Evidence, Argument, Controversy. Cambridge 2013.

Kandidat Edward de Vere, 17. Graf Oxford

J. Thomas Looney, «Shakespeare» Identified in Edward de Vere, The Seventeenth Earl of Oxford. New York 1920.

Walter Klier, Das Shakespeare-Komplott. Essay. Göttingen 1994. 2. erweiterte Aufl.: Der Fall Shakespeare. Die Autorschaftsdebatte und der 17. Graf von Oxford als der wahre Shakespeare. Buchholz 2004.

Joseph Sobran, Alias Shakespeare. Solving the Greatest Literary Mystery of All Time. New York 1997. Dt.: Genannt: Shakespeare. Die Lösung des größten literarischen Rätsels. Aus dem Engl. v. Heidi Zerning. Köln 2002.

Mark Anderson, «Shakespeare» by Another Name. New York 2005.

Kurt Kreiler, Der Mann, der «Shakespeare» erfand. Edward de Vere Earl of Oxford. Frankfurt/M. 2009.

Kandidat Marlowe

Bastian Conrad, Christopher Marlowe: Der wahre Shakespeare. München 2011.

Kandidat Thomas North

Dennis McCarthy, North of Shakespeare. The True Story of the Secret Genius Who Wrote the World's Greatest Body of Literature. Amazon, Kindle Edition 2011.

Kandidat Sir Henry Neville

Brenda James u. William D. Rubinstein, The Truth Will Out. Unmasking the Real Shakespeare. Marlow 2005.

Brenda James, Henry Neville and the Shakespeare Code. Bognor Regis 2008

Ausgaben der Werke:

Die bestausgestattete und preisgünstigste einbändige englische Gesamtausgabe der Werke Shakespeares ist *The Norton Shakespeare,* hg. von Stephen Greenblatt (New York 1997). Wissenschaftliche Editionen in Einzelbänden sind *The Arden Shakespeare, The New Cambridge Shakespeare* und *The Oxford Shakespeare.* Reich kommentierte zweisprachige Einzelausgaben der meisten Stücke sind bei Reclam (mit Prosa-Übersetzungen) und bei dtv (mit Vers-Übersetzungen von Frank Günther) erhältlich. Speziell für Studienzwecke gedacht ist die unter dem Patronat der Deutschen Shakespeare-Gesellschaft erscheinende *Englisch-deutsche Studienausgabe der Dramen Shakespeares,* hg. von Rüdiger Ahrens, Werner Brännimann, Andreas Fischer u. Ulrich Suerbaum. Die klassischen Übersetzungen der Dramen durch August Wilhelm Schlegel und Ludwig Tieck unter Mitwirkung von Dorothea Tieck und Wolf Graf Baudissin überzeugen noch immer dank ihrer poetischen Sprache. Neuere Übersetzungen gibt es u. a. von Hans Rothe, Richard Flatter, Rudolf Schaller, Erich Fried und Frank Günther.

Wissenschaftlich edierte und kommentierte Standardausgaben der Sonette:

Shakespeare's Sonnets. Hg. v. W. G. Ingram u. Theodore Redpath. London 1964 u. 1978.

Shakespeare's Sonnets. Hg. v. Stephen Booth. New Haven u. London 1977.

Shakespeare. The Sonnets and A Lover's Complaint. Hg. v. John Kerrigan. Harmondsworth 1986.

Shakespeare: The Sonnets. Hg. v. G. Blakemore Evans. Cambridge 1996 (The New Cambridge Shakespeare).

Shakespeare's Sonnets. Hg. v. Katherine Duncan-Jones. London 1997 (The Arden Shakespeare). Erweiterte Paperback-Ausgabe: London 2010.

Shakespeare. The Complete Sonnets and Poems. Hg. v. Colin Burrow. Oxford 2002 (The Oxford Shakespeare).

Es gibt knapp 60 deutsche Gesamtübersetzungen der Sonette, darunter die von Karl Lachmann (1820), Andreas Schumacher (1826), Gottlob Regis (1836), Friedrich Bodenstedt (1862), Karl Simrock (1867), Stefan George (1909), Eduard Saenger (1909), Ludwig Fulda (1913), Therese Robinson (1927), Karl Kraus (1933), Richard Flatter (1934), Ilse Krämer (1945), Rudolf Alexander Schröder (1952), Rolf-Dietrich Keil (1959), Christa Schuenke (1994), Ulrich Erckenbrecht (1996), Wolfgang Kaußen (1998), Günter Plessow (2000), Klaus Reichert (2005; in Prosa) und Eric Boerner (2012).

Nachschlagewerke und Handbücher:

Francis Griffin Stokes, Who's Who in Shakespeare. London 1924. Reprint 1989.
Frank Ernest Halliday, A Shakespeare Companion 1564–1964. Harmondsworth 1964.
Alan u. Veronica Palmer, Who's Who in Shakespeare's England. Brighton 1981.
Levi Fox, The Shakespeare Handbook. London 1987.
Rolf Vollmann, Shakespeares Arche. Ein Alphabet von Mord und Schönheit (1988). 2. Aufl. Frankfurt/M. 1997. Gekürzt u. d. T. «Who is Who bei Shakespeare» bei dtv.
Michael Dobson u. Stanley Wells (Hgg.), The Oxford Companion to Shakespeare. Oxford UP 2001 (Nachdruck mit Korrekturen 2008).
Stanley Wells u. Lena Cowen Orlin, Shakespeare. An Oxford Guide. Oxford 2003.
Ina Schabert (Hg.), Shakespeare-Handbuch. Die Zeit – Der Mensch – Das Werk – Die Nachwelt. 5. durchgesehene und ergänzte Aufl. Stuttgart 2009.

Shakespeares England:

Allgemein

Alfred L. Rowse, The England of Elizabeth. The Structure of Society. London 1961.
Robert Ashton, Reformation and Revolution 1558–1660. London 1984.
Joyce Youings, Sixteenth-Century England. Harmondsworth 1984 (Pelican Social History of Britain).
John Guy, Tudor England. Oxford 1988.
Jasper Ridley, The Tudor Age. London 1988.
Ulrich Suerbaum, Das elisabethanische Zeitalter. Stuttgart 1989.
Ron E. Pritchard (Hg.), Shakespeare's England. Life in Elizabethan & Jacobean Times. Stroud 1999
Neil Mac Gregor, Shakespeares ruhelose Welt. Aus dem Engl. v. Klaus Binder. München 2013.

Reformation

Arthur G. Dickens, The English Reformation. London 1964.
Patrick Collinson, The Elizabethan Puritan Movement. London 1967.

Zur Situation der Frauen

Sara Mendelson u. Patricia Crawford, Women in Early Modern England. Oxford 1998.

Shakespeares London

Liza Picard, Elizabeth's London. Everyday Life in Elizabethan London. London 2003.

Richard Tames, Shakespeare's London on Five Groats a Day. New York 2009.

Elisabethanische Unterwelt

Arthur F. Kinney, Rogues, Vagabonds and Sturdy Beggars. Barre 1973.

Andreas Mahler (Hg.), Shakespeares Subkulturen. Typen – Tricks – Topographien. Passau 2002 (Anthologie zeitgenössischer Texte)

Kultur

Louis B. Wright, Middle-Class Culture in Elizabethan England. Chapel Hill 1935.

Arthur H. Dodd, Life in Elizabethan England. London 1961.

Alison Plowden, Elizabethan England. Life in an Age of Adventure. London u. a. 1982 (Reader's Digest).

Boris Ford (Hg.), The Cambridge Cultural History of Britain: Band 3: Sixteenth Century Britain. Band 4: Seventeenth-Century Britain. Cambridge 1992.

Wie sie damals lebten im elisabethanischen England. 1533–1603. Amsterdam 1998.

Frank Kermode, The Age of Shakespeare. New York 2004.

Theater

Edmund K. Chambers, The Elizabethan Stage. 4 Bde. Oxford 1923.

Robert Weimann, Shakespeare und die Tradition des Volkstheaters. Soziologie, Dramaturgie, Gestaltung. Berlin 1967.

Andrew Gurr, The Shakespearean Stage 1574–1642. Cambridge 1970, 4. Aufl. 2009.

Ders., Playgoing in Shakespeare's London. Cambridge 1987.

Ders., The Shakespearian Playing Companies. Oxford 1996.

George K. Hunter, English Drama 1586–1642: The Age of Shakespeare. Oxford 1997.

Zum elisabethanischen Weltbild

E. M. W. Tillyard, The Elizabethan World Picture. London 1943.

James Winny (Hg.), The Frame of Order. An Outline of Elizabethan Belief Taken from Treatises of the Late Sixteenth Century. London 1957 (Zeitgenössische Texte).

Maurice Hussey, The World of Shakespeare and His Contemporaries: A Visual Approach. London 1971.

Anthony Fletcher u. John Stevenson (Hgg.), Order and Disorder in Early Modern England. Cambridge 1985.

Helen Cooper, Shakespeare and the Medieval World. London 2010.

Shakespeare:

Appetizer

Stanley Wells, Coffee with Shakespeare. Vorwort von Joseph Fiennes. London 2008.

Einführungen

Gerhard Maier u. Alan Posener, William Shakespeare. 2 Bde. Salzburg 1982.

François Laroque, Shakespeare. Court, Crowd and Playhouse. Aus d. Französ. London 1993.

Reiner Poppe, William Shakespeare. Stuttgart 2000.

Michael Wood, In Search of Shakespeare. London 2003.

Thomas Kullmann, William Shakespeare. Eine Einführung. Berlin 2005.

Ulrich Suerbaum, Der Shakespeare-Führer. Stuttgart 2006.

Spark Notes 101: Shakespeare. New York 2006.

Andrew Dickson, The Rough Guide to Shakespeare. Hg. v. Joe Staines. London 2005.

Hans-Dieter Gelfert, Shakespeare. München 2. Aufl. 2014.

Bildbände und Kataloge

Amédée Pichot, Galerie des Personnages de Shakespeare. Paris 1844.

Frank Ernest Halliday, Shakespeare. Eine Bildbiographie. Aus dem Engl. v. Carl Brinitzer. Berlin 1965.

Roland Mushat Frye, Shakespeare's Life and Times. A Pictorial Record. London 1967.

Geoffrey Ashton (in Co-operation with The Royal Shakespeare Company Collection), Shakespeare. His Life and Work in Paintings, Prints and Ephemera. London 1990.

Walter Pape u. Frederick Burwick (Hgg.), The Boydell Shakespeare Gallery. Bottrop 1996.

Tarnya Cooper, Searching for Shakespeare. New Haven 2006.

Jonathan Bate u. Dora Thornton, Shakespeare. Staging the World. London 2012.

Shakespeare in seiner Zeit

Frank Ernest Halliday, Shakespeare in His Age. London 1956.
Ivor Brown, Shakespeare in His Time. Edinburgh 1960.

Biographisches

Edmund K. Chambers, William Shakespeare: A Study of Facts and Problems. 2 Bde. Oxford 1930.
Gerald Eades Bentley, Shakespeare. A Biographical Handbook. New Haven 1961.
Anthony Burgess, Shakespeare. London 1970. Dt.: Shakespeare. Düsseldorf 1982.
Samuel Schoenbaum, Shakespeare's Lives. Oxford 1970.
Ders., William Shakespeare. A Compact Documentary Life. Oxford 1977.
Alan Posener, William Shakespeare. Reinbek 1995.
Park Honan, Shakespeare. A Life. Oxford 1998. Dt.: Shakespeare. Sein Leben. Zürich 2001.
John Southworth, Shakespeare the Player: A Life in the Theatre. Stroud 2000.
Katherine Duncan-Jones, Shakespeare. An Ungentle Life. London 2001. Erweiterte Paperback-Ausgabe 2010.
Michael Wood. Shakespeare. New York 2003. Erw. Neuausgabe u. d. Titel «In Search of Shakespeare». London 2007.
Stephen Greenblatt, Will in the World. How Shakespeare Became Shakespeare. New York 2004. Dt.: Will in der Welt. Wie Shakespeare zu Shakespeare wurde. Berlin 2004.
Peter Ackroyd, Shakespeare. The Biography. London 2005. Dt.: Shakespeare. Die Biographie. München 2006.
Kate Emery Pogue, Shakespeare's Friends. Westport 2006.
René Weis, Shakespeare Revealed: A Biography. London 2007.
Jonathan Bate, Soul of the Age. A Biography of the Mind of William Shakespeare. New York 2009.
David Bevington, Shakespeare and Biography. Oxford 2010.
David Ellis, The Truth About William Shakespeare: Fact, Fiction and Modern Biographies. Edinburgh 2012.
Lois Potter, The Life of William Shakespeare. A Critical Biography. Chichester 2012.

Shakespeares Weltsicht:

Allgemein

Anthony D. Nuttall, Shakespeare the Thinker. New Haven 2007.

David Bevington, Shakespeare's Ideas: More Things in Heaven and Earth. Malden, Oxford u. Chichster 2008.

Ordnung

George Ian Duthie, Shakespeare. London 1951.

Leonard Tennenhouse, Power on Display: The Politics of Shakespeare's Genres. New York 1986. Reprint 2005.

Ekkehart Krippendorf, Politik in Shakespeares Dramen. Historien – Römerdramen – Tragödien. Frankfurt/M. 1992.

Vernunft und Leidenschaft

Lily B. Campbell, Shakespeare's Tragic Heroes. Slaves of Passion. Cambridge 1930.

Theodore Spencer, Shakespeare and the Nature of Man. London 1942.

Derick R. C. Marsh, Passion Lends Them Power: A Study of Shakespeare's Love Tragedies. Manchester 1976.

Arthur C. Kirsch, The Passions of Shakespeare's Tragic Heroes. Charlottesville 1990.

Ehre

Curtis B. Watson, Shakespeare and the Renaissance Concept of Honour. Princeton 1960.

Norman Council, When Honour's at the Stake. Ideas of Honour in Shakespeare's Plays. London 1973.

Natur

John Danby, Shakespeare's Doctrine of Nature: A Study of King Lear. London 1949.

Robert Speaight, Nature in Shakespearian Tragedy. London 1955.

Schein und Sein

Theodore Spencer, «Appearance and Reality in Shakespeare's Last Plays», in: Modern Philology 39 (1942), S. 265–274.

Wolfgang Clemen, «Sein und Schein bei Shakespeare». Festvortrag 1959, in: Ders., Das Drama Shakespeares. Göttingen 1969.

John Lawlor, «Appearance and Reality», in: Ders., The Tragic Sense of Shakespeare. London 1960.

Gerechtigkeit und Gnade

Ernst Theodor Sehrt, Vergebung und Gnade bei Shakespeare. Stuttgart 1952.
Robert Grams Hunter, Shakespeare and the Comedy of Forgiveness. New York 1965.

Mann und Frau

Juliet Dusinberre, Shakespeare and the Nature of Women. London 1975. 2. Aufl. Houndsville, Basingstoke 1996.
Linda Bamber, Comic Women, Tragic Men: A Study of Gender and Genre in Shakespeare. Stanford 1982.

Fortuna

Bernard J. Paris, Bargains with Fate: Psychological Crises and Conflicts in Shakespeare and His Plays. New Brunswick 2. Aufl. 2008.

Glaube und Skepsis

Roland Mushat Frye, Shakespeare and Christian Doctrine. Princeton 1963.
Roy Battenhouse, Shakespearean Tragedy: Its Art and Its Christian Premises. London 1989.
Henry Ansgar Kelly, Divine Providence in the England of Shakespeare's Histories. Cambridge/Mass. 1970
Ivor Morris, Shakespeare's God: The Role of Religion in the Tragedies. London 1972.
Peter Milward, Shakespeare's Religious Background. London 1973.
Robert G. Hunter, Shakespeare and the Mystery of God's Judgments. Athens 1976.
Robert R. Reed, Crime and God's Judgment in Shakespeare. Lexington, Ky. 1984
Richard Dutton, Alison Findlay u. Richard Wilson (Hgg.), Region, Religion, and Patronage: Lancastrian Shakespeare. Manchester 2003.
Peter Milward, Shakespeare the Papist. Ann Arbor 2005.
David Bevington, Shakespeare and Biography. Oxford 2010. (Darin das Kapitel «Religion», S. 74–98).

«Narren der Zeit»

Northrop Frye, Fools of Time. Studies in Shakespearean Tragedy. Toronto 1967.

Zum Tragischen

Karl Klein, Aspekte des Tragischen im Drama Shakespeares und seiner Zeit. Darmstadt 1979.
Hans-Dieter Gelfert, Die Tragödie. Theorie und Geschichte. Göttingen 1995.

Zu den Werken:

Sonette

James B. Leishman, Themes and Variations in Shakespeare's Sonnets. London 1961.

James Winny, The Master-Mistress. A Study of Shakespeare's Sonnets. London 1968.

Stephen Booth, An Essay on Shakespeare's Sonnets. New Haven 1969.

Alfred L. Rowse, Shakespeare's Sonnets: The Problems Solved. New York 1973.

Barbara Puschmann-Nalenz, Love's comfort and despair. Konzeption von Freundschaft und Liebe in Shakespeares Sonetten. Frankfurt/M. 1974.

Kenneth Muir, Shakespeare's Sonnets. London 1979.

Joel Fineman, Shakespeare's Perjured Eye: The Invention of Poetic Subjectivity in the Sonnets. Berkeley 1986.

Dieter Mehl u. Wolfgang Weiß (Hgg.) Shakespeares Sonette in europäischen Perspektiven. Ein Symposium. Münster, Hamburg 1993.

Helen Vendler, The Art of Shakespeare's Sonnets. Cambridge, Mass. u. London 1997.

Hildegard Hammerschmidt-Hummel, Das Geheimnis um Shakespeares ‹Dark Lady›. Dokumentation einer Enthüllung. Darmstadt 1999.

Paul Edmondson u. Stanley Wells, Shakespeare's Sonnets. Oxford 2004.

Michael Schoenfeldt (Hg.), A Companion to Shakespeare's Sonnets. Malden, Mass. u. Oxford 2007.

Clinton Heylin, So long as Men can Breathe. The Untold Story of Shakespeare's Sonnets. Philadelphia 2009.

Dramen insgesamt

Walter Naumann, Die Dramen Shakespeares. Darmstadt 1978.

Ulrich Suerbaum, Shakespeares Dramen. Tübingen 1996.

Harold Bloom, Shakespeare. The Invention of the Human. New York 1998. Dt.: Shakespeare. Die Erfindung des Menschlichen. Berlin 2000.

Kiernan Ryan, Shakespeare. 3. Aufl. London 2001. (1. Aufl. 1989).

René Girard, Shakespeare: Theater des Neides. Übers. aus d. Engl. v. Wiebke Meier. München 2011. (Franz. Original 1990)

Poetik und Dramaturgie

Muriel C. Bradbrook, Elizabethan Stage Conditions. A study of their place in the interpretation of Shakespeare's plays (1931). Nachdr. Cambridge 1968.

Dies., Themes and Conventions of Elizabethan Tragedy. Cambridge 1935.

Wolfgang Clemen, Shakespeares Bilder (1936). Neufass.: The Development of Shakespeare's Imagery. London 1951.

Molly M. Mahood, Shakespeare's Wordplay. London 1957.
Ernst Theodor Sehrt, Der dramatische Auftakt in der elisabethanischen Tragödie. Göttingen 1960.
Wolfgang Clemen, Das Drama Shakespeares. Göttingen 1969. Erw. Fassung: Shakespeare's Dramatic Art. London 1972.
Anthony Brennan, Shakespeare's Dramatic Structures. London 1986.

Shakespeares Sprache

Manfred Scheler, Shakespeares Englisch. Eine sprachwissenschaftliche Einführung. Berlin 1982.
Frank Kermode, Shakespeare's Language. London 2000.
David u. Ben Crystal, Shakespeare's Words. London 2002.

Shakespeares Stoffquellen

Geoffrey Bullough (Hg.), Narrative and Dramatic Sources of Shakespeare. 8 Bde. London 1957–75.
Kenneth Muir, The Sources of Shakespeare's Plays. London 1977.

Historien

E. M. W. Tillyard, Shakespeare's History Plays. London 1948.
Lily B. Campbell, Shakespeare's ‹Histories›: Mirrors of Elizabethan Policy. San Marino, Cal. 1947.
Irving Ribner, The English History Play in the Age of Shakespeare. Princeton 1957. 2. Aufl. London 1965.
Ernst Kantorowicz, The King's Two Bodies. A Study in Medieval Political Theology. 2. Aufl. Princeton 1966.
Wolfgang Iser, Shakespeare's Historien. Genesis und Geltung. Konstanz 1988.

Komödien

Muriel C. Bradbrook, The Growth and Structure of Elizabethan Comedy. London 1955.
Cesar L. Barber, Shakespeare's Festive Comedy. A Study of Dramatic Form and Its Relation to Social Custom. Princeton 1959.
Ernst Theodor Sehrt, Wandlungen der Shakespeareschen Komödie. Göttingen 1961.
John Dover Wilson, Shakespeare's Happy Comedies. London 1962.
Northrop Frye, A Natural Perspective: The Development of Shakespearean Comedy and Romance. New York 1965.
Volker Schulz, Studien zum Komischen in Shakespeares Komödien. Darmstadt 1971.
Kenneth Muir, Shakespeare's Comic Sequence. Liverpool 1979.

Robert Ornstein, Shakespeare's Comedies. From Roman Farce to Romantic Mystery. Newark 1986.

Kiernan Ryan, Shakespeare's Comedies. London 2009.

Problemstücke

William W. Lawrence, Shakespeare's Problem Comedies. New York 1931. 2. Aufl. 1960.

E. M. W. Tillyard, Shakespeare's Problem Plays. London 1950.

Northrop Frye, The Myth of Deliverance: Reflections on Shakespeare's Problem Comedies. Toronto 1983.

Vivian Thomas, The Moral Universe of Shakespeare's Problem Plays. London 1987.

Tragödien

Andrew C. Bradley, Shakespearean Tragedy. London 1904.

Lily B. Campbell, Shakespearean Tragic Heroes. Slaves of Passion. Cambridge 1930.

Levin L. Schücking, Shakespeare und der Tragödienstil seiner Zeit. Bern 1947.

Willard Farnham, Shakespeare's Tragic Frontier. Berkeley 1950.

Paul N. Siegel, Shakespearean Tragedy and the Elizabethan Compromise. Freeport, N.Y. 1957.

John Lawlor, The Tragic Sense in Shakespeare. London 1960.

Irving Ribner, Patterns in Shakespearian Tragedy. London 1960.

Kenneth Muir, Shakespeare's Tragic Sequence. London 1972.

John Bayley, Shakespeare and Tragedy. London 1981.

Dieter Mehl, Die Tragödien Shakespeares. Eine Einführung. Berlin 1983.

Jonathan Dollimore, Radical Tragedy: Religion, Ideology and Power in the Drama of Shakespeare and Contemporaries. Chicago 1984.

Rocco Montana, Shakespeare's Concept of Tragedy. The Bard as Anti-Elizabethan. Chicago 1985.

Thomas MacAlindon, Shakespeare's Tragic Cosmos. Cambridge 1991.

Robert S. Miola, Shakespeare and Classical Tragedy. The Influence of Seneca. Oxford 1992.

Madelon Sprengnether u. Shirley N. Garner (Hgg.), Shakespearean Tragedy and Gender. Bloomington 1996.

John Russell Brown, Shakespeare: The Tragedies. London 2001.

Hamlet

Elmer E. Stoll, Art and Artifice in Shakespeare. A Study in Dramatic Contrast and Illusion. Cambridge 1933.

Ders., Hamlet the Man. London 1935.
Levin L. Schücking, Der Sinn des «Hamlet». Kunstwerk, Handlung, Überlieferung. Leipzig 1935.
John Dover Wilson, What Happens in «Hamlet»? Cambridge 1935.
Ernest Jones, Hamlet and Oedipus. London 1949.
Peter Alexander, Hamlet, Father and Son. Oxford 1955.
Harry Levin, The Question of «Hamlet». New York 1959.
Kenneth Muir, Hamlet. London 1963.
Willi Erzgräber (Hg.), Hamlet-Interpretationen. Darmstadt 1977 (in der Reihe «Wege der Forschung»).
Harold Bloom (Hg.), William Shakespeare's Hamlet. New York 1986.
Andrea Stadter, Hyperion to a Satyr. «Hamlet» im Kontext zeitgenössischer Rachetragödien 1589–1603. Heidelberg 1989.
Harold Bloom (Hg.), Hamlet. New York 1990.
Martin Coyle (Hg.), Hamlet. Basingstoke 1992.
Stephen Greenblatt, Hamlet in Purgatory. Princeton 2001.
Günter Walch, Hamlet. Bochum 2004.
Dieter Mehl, Shakespeares Hamlet. München 2007.

Romanzen

E. M. W. Tillyard, Shakespeare's Last Plays. London 1938.
Ernest C. Pettet, Shakespeare and the Romance Tradition. London 1949.
Derek Traversi, Shakespeare: The Last Phase. London 1955.
Howard Felperin, Shakespearean Romance. Princeton 1972.
David Young, The Heart's Forest. A Study of Shakespeare's Pastoral Plays. New Haven 1972.
Cornelia Czach, Die Logik der Phantasie. Shakespeares Spätstücke: *Pericles, Cymbeline, The Winter's Tale* und *The Tempest.* Frankfurt/M. 1986.
Kiernan Ryan, Shakespeare: The Last Plays. London 1999.

Shakespeare-Rezeption

Klaus Peter Steiger, Geschichte der Shakespeare-Rezeption. Stuttgart 1987.
Gary Taylor, Shakespeare – wie er euch gefällt. Eine Kulturgeschichte von der Restauration bis zur Gegenwart. Aus dem Engl. v. Helga Schwalm. Reinbek 1992.
Ron Rosenbaum, The Shakespeare Wars. Clashing Scholars, Public Fiascoes, Palace Coups. New York 2006.

Shakespeare in Deutschland

Wilhelm Hortmann, Shakespeare und das deutsche Theater im XX. Jahrhundert. Berlin 2001.

Ruth von Ledebur, Der Mythos vom deutschen Shakespeare: Die Deutsche Shakespeare-Gesellschaft zwischen Politik und Wissenschaft 1918–1945. Köln 2002.

Roger Paulin, The Critical Reception of Shakespeare in Germany 1682–1914. Native literature and foreign genius. Hildesheim 2003.

Personenregister

Aus unserem Verlagsprogramm

Hans-Dieter Gelfert bei C.H.Beck

Edgar Allan Poe
Am Rande des Malstroms
2008. 249 Seiten. Gebunden

Edgar Allan Poe (1809–1849) ist der unamerikanischste und dennoch der wirkungsmächtigste amerikanische Klassiker. Er gilt als der Erfinder der Detektivgeschichte, als erster Theoretiker der Kurzgeschichte, als Virtuose des Grauens, als Ahnherr der phantastischen Literatur, als Initiator der «l'art pour l'art»-Ästhetik und als erster «poète maudit». Poe erwarb sich schon zu Lebzeiten den Ruf eines genialen Schriftstellers und lebte dennoch in bitterer Armut. Sein Leben folgte einem Zick-Zack-Kurs zwischen zwei Polen, die sich mit den Titeln von zwei seiner Geschichten umschreiben lassen: «Die Macht der Worte» und «Der Kobold des Perversen». Die brillanten Werke schrieb ein Autor, der von Gipfeln des Erfolges immer wieder in Alkoholexzesse abstürzte, in Depressionen versank und einen Selbstmordversuch unternahm. Der «Malstrom», auf den der Titel des Buches Bezug nimmt, bezeichnet den Abgrund, um den Poes Leben ständig kreiste, der aber zugleich jenen fremden, unbekannten Bereich darstellt, den er in seinem Werk erkundete. Die komplizierten Wechselbeziehungen zwischen Leben und Werk stehen im Zentrum dieser Biographie.

«Gelfert ist ein ausgewiesener Kenner und Liebhaber und überdies ein glänzender Vermittler angelsächsischer Kultur und Literatur [...]. Vermutlich liegt darin schon die Begründung, dass ihm der «heimatlose Europäer» Edgar Allan Poe letztlich vielleicht fremd, wenn nicht sogar unheimlich geblieben ist, in jedem Fall wohl aber nicht wirklich richtig liebenswert werden konnte: Denn dieser verhält sich zum britischen Understatement und Pragmatismus wie zum amerikanischen Messianismus und Optimismus geradezu antipodisch: Poe ist ein Paria der angelsächsischen Welt gewesen, und eigentlich bis heute geblieben.»
Süddeutsche Zeitung

Hans-Dieter Gelfert bei C.H.Beck

Shakespeare
2., durchgesehene Auflage 2014. 128 Seiten. Paperback
Beck'sche Reihe Band 2055

Typisch amerikanisch
Wie die Amerikaner wurden, was sie sind
2., durchgesehene Auflage. 2012. 215 Seiten. Paperback
Beck'sche Reihe Band 1502

Typisch englisch
Wie die Briten wurden, was sie sind
3., durchgesehene Auflage. 2011. 200 Seiten. Paperback
Beck'sche Reihe Band 1088

Was ist gute Literatur?
Wie man gute Bücher von schlechten unterscheidet
2., durchgesehene Auflage. 2010. 224 Seiten. Paperback
Beck'sche Reihe Band 1591